U0750972

浙江省法学会社会法学研究会会刊

东方社会法评论

主　　编：陈艾华
副 主 编：方益权　王宗正
执行编辑：周湖勇

厦门大学出版社 XIAMEN UNIVERSITY PRESS
国家一级出版社
全国百佳图书出版单位

图书在版编目(CIP)数据

东方社会法评论. 第3卷/陈艾华主编. —厦门:厦门大学出版社，2016.10
ISBN 978-7-5615-5939-0

Ⅰ.①东…　Ⅱ.①陈…　Ⅲ.①社会法学—文集　Ⅳ.①D90—052

中国版本图书馆CIP数据核字(2016)第032464号

出 版 人　蒋东明
责任编辑　甘世恒　邓　臻
封面设计　将卓群
责任印制　许克华

出版发行　厦门大学出版社
社　　址　厦门市软件园二期望海路39号
邮政编码　361008
总 编 办　0592-2182177　0592-2181406(传真)
营销中心　0592-2184458　0592-2181365
网　　址　http://www.xmupress.com
邮　　箱　xmupress@126.com
印　　刷　厦门市万美兴印刷设计有限公司

开本　720mm×1000mm　1/16
印张　28.5
插页　2
字数　500千字
版次　2016年10月第1版
印次　2016年10月第1次印刷
定价　79.00元

本书如有印装质量问题请直接寄承印厂调换

厦门大学出版社
微信二维码

厦门大学出版社
微博二维码

目　录

社会法与社会治理

劳动法

工会劳动监督专栏

社会保障法

教育法

卫生法、体育法

弱势群体保护法

社会法与社会治理

论劳动基本权的本土化

钱叶芳*

【摘要】 劳动基本权本土化首先要考虑到全球范围内劳工需求形式的变化。现行工会体制在意识形态、覆盖面、经验和组织结构等方面有潜在的优势,这是可予以利用的潜力,而工会维权者角色的实现至少要在组织独立性、经费独立性和工会诉讼代表权、基层工作人员权利完善等方面取得突破性进展。

【关键词】 劳动基本权　劳工需求　组织独立　经费独立　基层职业稳定

近30年来,伴随着劳动关系契约化、市场化而来的是劳资矛盾的普遍化,告状、上访、怠工、罢工、游行、阻碍交通、矿难、职业病、恶意拖欠工资、体罚、非法搜身,甚至打、砸、抢,屡见不鲜,而劳工团体一再缺位或错位。长久以来,中国一直是全球抑制通货膨胀的铁锚,但现在可能是那个时代结束的开端。[②]在国内外及体制内外很多复杂因素相互纠结的背景下,这种开端能否沿着可控制的体面劳动的方向发展,尚待观望与判断。在现行体制框架内,如何让工会的转型与中国社会的转型同步并相互促进,并催动劳动基本权实质化与本土化相融的进程,是本文要探讨的问题。

---

* 钱叶芳,女,浙江财经大学法学院教授。

② 《世界工厂加薪　助涨全球物价》,载《联合报》2010年6月9号,http://www.iarfc.org.tw/epaper/newepaper/news/100614/012.html,下载日期:2014年12月13日。

一、劳动基本权与劳工需求的关系

(一)劳工对劳动基本权的基本需求不变

在市场经济发展的历史长河中,经过不断的试错和调整,以结社权为核心的劳动基本权(包括结社权、集体谈判权和罢工权)作为一枚璀璨的文明标签闪亮在各国的宪法和人权体系内,与市场经济法治同在。

劳动基本权的权利主体是劳动者自愿组织起来的工会。历史上,国家立法对工会的规定大致经过了绝对禁止、相对禁止和完全承认三个阶段。许多现代国家把工会法作为劳动法典的主要组成部分,同时为了弥补劳动法的不足,又颁布了专门的工会法。这种做法与日俱增,使工会在协调劳动关系中起着劳动行政部门难以产生的作用。[①] 比如,日本比较重要的劳动法律都是在"二战"后制定的。最重要的立法有三项,即1945年制定的《工会法》、1946年制定的《劳动关系调整法》、1947年制定的《劳动标准法》。[②] 20世纪70年代,日本已形成了比较完整的劳动法律体系。根据日本劳动省出版物的划分方法,日本法律体系的第一大类为劳资关系法,主要调整工会与雇主之间的集体劳资关系事宜,包括《工会法》《劳资关系调整法》《国有企业劳资关系法》等。[③] 再如,英国自1871年通过了世界上第一部工会法之后,近年来不断加强调整劳资关系的立法。如1984年颁布了新的《工会法》,1992年颁布了《工会和劳资关系法》,1993年又颁布了《工会改革与职业权利法》。[④] 甚至在灵活的、任意就业的民族精神根深蒂固的美国,《国家劳动关系法》和《劳资关系法》作为主要的劳动法规相互制约,按照各自不同的调节目标调整着劳资之间的关系,通过促进或限制工会和资方的力量来达到解决劳动纠纷的目的。

(二)劳工对劳动基本权的需求形式发生了变化

近几十年来,西方绝大多数国家工会的会员人数不断减少,入会率持续下

---

① 关怀,林嘉:《劳动法》,中国人民大学出版社2006年版,第104页。

② 王益英:《外国劳动法和社会保障法》,中国人民大学出版社2001年版,第412页。

③ 张再平:《日本劳动法及其体系》,载《法学天地》1996年第6期。

④ 王益英:《外国劳动法和社会保障法》,中国人民大学出版社2001年版,第54页。

降。例如,1994年德工联拥有近977万会员,而到了2001年却减至767万。英国职工大会在20世纪70年代末入会率高达50%以上,但2001年入会率猛降至29%。美国劳联—产联在1975—1999年间损失了600万会员,入会率也从35%降至14%。加拿大劳工大会的入会率从1992年的36%降至2002年的30%以下。[①] 经济兴衰在一定程度上影响了工会入会率。一项调查结果显示,2008年由于美国正在遭遇几十年来最严重的经济衰退,使得长期以来呈下降趋势的工会入会率不降反升。过去两年中,美国工会入会率从2006年至2007年度的12%微升至目前的12.4%。[②] 工会组织力量衰退的原因很复杂,主要原因是劳工对需要工会的形式发生了从直接向间接,从一体到分层的渐变。

劳工需要工会的原始形式是一体的、直接的,这是由工业社会初期的生产关系和生产力水平决定的。其时,全体劳工的劳动条件和生存状态同等恶劣,对争取权利的集体力量有强烈的渴求和动力。他们自发组成工会,与资本和政府进行持续抗争,逐步获得从工时、工资到安全卫生等基准保护和就业服务,劳动法体系和劳动权利体系日益完备。在这个过程中,法律的作用开始渐行替代工会的作用,劳工内部开始分化,在劳动力市场供求关系中处于优势的高端劳工对工会保护的需求由强转弱。尤其是,随着现代信息和通信技术以及人力资源和长期雇用等管理理论的兴起,发达国家的传统就业部门比重下降,现代新型就业部门越来越人性化的企业内部管理模式抵消了雇员对工会的直接需求。于是,工会完成了争取劳动权利的历史使命,其立场自然从与资方对抗转移到对话。

必须强调,世界范围内工会力量的减弱并不意味着劳动基本权的重要性有所降低。一方面,在传统就业部门,尤其是在产业结构低下的发展中国家,劳资双方均需要劳动关系的集体协调来实现双赢。发达经济体也不例外。美国总审计署1994年就美国人民对加强劳动法规制所持态度进行了调查,结果发现雇主和工会代表都强烈支持加强规制。雇主和工会领袖都表达了期望在规制程序方面进行更多的合作。[③] 另一方面,工会的存在对现代就业部门的

---

① 欧阳应斌:《当前西方工运面临的挑战及其对策》,载《当代世界与社会主义》2003年第4期。

② 《经济衰退使美工会入会率上升》,载《京华时报》2009年9月9日,第046版。

③ [美]Daniel Foote.《美国劳动法的放松规制》,杜钢建、彭亚楠译,载《国家行政学院学报》2001年第5期。

雇主而言，是一种威慑，是对其善待员工的一种督促。也就是说，即使劳工未直接加入工会，完善的工会组织也以一种潜在的姿势护卫着劳动力市场的良性运行。

二、劳动基本权在我国实现的制度障碍

我国于 1997 年 10 月签署了《经济、社会和文化权利国际公约》，2001 年 2 月 28 日第九届全国人民代表大会常务委员会第二十次会议通过该公约，该公约对我国正式生效。关于集体劳动权的论述主要体现在公约第 8 条，同时该条款也是最为敏感的部分，涉及我国声明对(甲)款(即人人有权组织工会和参加他所选择的工会，以促进和保护他的经济和社会利益)保留的部分。之所以对公民自由组织工会和参与自己选择的工会的权利进行限制，主要是基于我国宪法所确认的国家政治结构，而且我国的《工会法》《社团登记管理办法》等相关法律法规也与该条款存在较大的出入。这种保留巩固了我国的一元工会体制，但一元工会体制本身并不是问题的关键，关键是这个工会必须有明确的定位和维权的动力。

我国《工会法》无形中设定了工会的实际立场。《工会法》第 3 条把“以工资收入为主要生活来源”作为界定工会会员资格的唯一标志。这就意味着除雇主之外的“以工资收入为主要生活来源”的管理层人员都具备工会会员的资格。第 6 条规定：“维护职工合法权益是工会的基本职责。工会在维护全国人民总体利益的同时，代表和维护职工的合法权益。”“人民”是个政治概念，未被剥夺政治权利的中华人民共和国公民概属人民，这其中自然就包括了企业主阶层。这使很多工会干部产生了“工会的职能不是单单保护职工的利益，企业主的利益也应保护”的错觉。2006 年 7 月中华全国总工会通过的《企业工会工作条例(试行)》明确提出党组织负责人可以担任工会主席。[①] 但是党组织负责人当任工会主席未必就一定能站在职工的立场和管理层谈判。江浙一带大量二线干部出任私企党委书记，企业衡量书记人选最基本的标准是“人缘

---

① 见《企业工会工作条例(试行)》第 23 条“职工二百人以上的企业工会依法配备专职工会主席。由同级党组织负责人担任工会主席的，应配备专职工会副主席”。

好,会办事,市里各部门关系熟”[1],一句话道尽了其中的奥妙。工会本应由工人自愿组建,但《工会法》第11条并没有明确建立工会和报请批准的主体。该条规定:“……工会组织的建立,必须报上一级工会批准。上级工会可以派员帮助和指导企业职工组建工会……”实际操作程序是,首先由企业就建立工会问题与上一级工会进行商谈,由企业明确提出组建时间并申请。[2]

最大的障碍是工会的经费来源制度。《工会法》第42条第2款规定“建立工会组织的企业、事业单位、机关按每月全部职工工资总额的百分之二向工会拨缴经费”,这笔经费是全国工会系统的主要经费来源。可以说这就是“老板工会”称呼之来源的社会交换学解释。[3] 根据民法“你给我什么我就给你什么”的对价原则,雇主和工会之间的交换在所难免。聪明的雇主往往支持成立这样的工会。中华全国总工会2009年7月公布了《行业性工资集体协商工作的指导意见》,要求我国非公有制企业员工工资标准不能由企业单方制定,而应由企业代表和行业工会或地方工会代表谈判商定。但是,行业性集体协商是否真正有效的核心问题是经费从哪里来。如果不是从劳动者那里来,行业工会能独立于地方政府和企业吗?另外,《工会法》第41条规定:“企业、事业单位、机关工会委员会的专职工作人员的工资、奖励、补贴,由所在单位支付。社会保险和其他福利待遇等,享受本单位职工同等待遇。”《企业工会工作条例(试行)》第24条进一步规定,“国有、集体及其控股企业……工会主席按企业党政同级副职级条件配备,是共产党员的应进入同级党组织领导班子。专职工会副主席按不低于企业中层正职配备。私营企业、外商投资企业、港澳台商投资企业……工会主席享受企业行政副职待遇”。这些规定旨在促使工会干部无后顾之忧地维护职工的权利,但事实上恐怕除了让他们享受来自企业和国家更多的好处从而加深他们的依赖外收效不大。

---

① 南方周末记者徐楠:《江浙一带二线干部出任私企党委书记成普遍现象》,http://news.sina.com.cn/c/2005-02-03/12305760540.shtml,下载日期:2014年12月23日。

② 北京市大兴区工会:《组建工会的基本程序与步骤》,2007-04-25,http://www.dxgh.cn/web/gh/zlhb/zlhbej/44626.htm,下载日期:2014年12月23日。

③ 社会交换理论产生于20世纪50年代末的美国,是针对结构主义和人类学提出的一种社会学理论。该理论以个人为研究主体,认为“人与人之间所有的接触都以给予和回报等值这一图式为基础”。用著名社会学家霍曼斯的话说“人的需要是通过他人满足的”,一切社会行为都是一种交换。社会交换即行动者以自己所拥有的某种“资源”作为“代价”,从其他行动者那里换取某种“报酬”的社会互动过程。其中,行动者一方所拥有,或能够支配的“资源”和行动者另一方对换取这些“资源”所付的“报酬”即社会交换的内容。

三、现行工会体制的潜力:渐进的角色转换

(一)现行工会体制的可取之处

在劳工权益的捍卫中,很多言论指向独立工会的解禁,要求允许建立真正的有劳动者自己组织和自愿参加的工会。笔者认为,这种推倒重来、伤筋动骨的做法不切实际,并不利于经济社会的成功转型。必须看到,现行工会体制仍然有它的优点,蕴含着发展出新的、建设性机制的可能。

首先是意识形态和权威潜能。今天劳资领域发生的问题,早就超越了我国政治和法律框架下的理解,这已经是公道天理的问题。我们工会制度在意识形态上超过西方的政治和工会制度,只是在改革和经济实践中变质了,失范了,它仍然有在比较健康、比较可行的制度下回归和改善的潜能。如果当下的工会体制能够走上劳资矛盾的前沿去保护劳动者,它的力量和权威性应当比从头建起的独立工会或者民间非政府组织要大,要实际。独立工会要达到的目的也无非是平衡劳资双方的利益以分享经济增长的成果。传统的工会组织也一直在理论上和实践上进行各种探索,力求在官方工会体制的框架中获得具有积极意义的突破,中央政府也从全面、协调、可持续发展的新发展观出发,出台了一系列有利于工人尤其是农民工的扶持政策。

其次是覆盖面潜能。《工会法》第 2 条规定,中华全国总工会及其各工会组织代表职工的利益,依法维护职工的合法权益。第 42 条规定,工会经费来源之一为建立工会组织的企业、事业单位、机关按每月全部职工工资总额的百分之二向工会拨缴的经费。据此,凡是职工或者说劳动关系的劳方当事人,不分劳动合同期限,不管是否有会员证,都是工会组织代表和保护的对象,包括农民工。这也是进步的地方。国外的工会体制主要保护加入工会的会员,而且基本上保护不定期雇佣的长期工人,对流动性强和灵活性强的劳工覆盖率低。因而,我国的工会体制具有保护劳动者群体的最大可能。

再次是经验潜能。尽管实质性一直遭受质疑,但在与资方几十年的妥协和周旋中,工会积累了丰富的处理劳资纠纷的经验。

最后是外壳潜能。从中华全国总工会到基础工会,这是一个机构庞大、组织严密的系统,经过几十年的建设,耗费了巨大的财政资金,也积累了巨大的固定资产,弃而不用是浪费。

(二)工会角色的渐进转化

1. 从福利部门到缓冲剂

在计划经济时期,工会在国有企业中,扮演的是福利部门的角色,主要工作就是给工人发各种票证和年节慰问品,以及在工人生老病死时上门慰问吊唁等等。市场经济时期,我国工会在沿袭其福利部门角色的同时,充当了劳资矛盾的缓冲剂。如,国际金融危机期间,中国全国总工会采取了开展"共同约定行动"、保增长促发展劳动竞赛活动、困难帮扶和送温暖等一系列措施。如果说在计划经济时期,工会的福利作用遍及了所有的企事业单位,市场经济时期的区别在于,工会的福利和缓冲剂角色在很多领域和企业留下了空白。富士康"跳楼门"、本田"罢工门",以及当下各地此起彼伏的工潮,工会在事发前后都缺席其中。

2. 从缓冲剂到谈判者

到目前为止,工会零零星星地扮演过谈判者的角色,主要集中在工资集体谈判。很显然,工会的这一尝试为昂首前行的资本所不屑。在底层劳动者已经起而抗争之际,到了劳资双方不得不寻找新平衡点的时候了。为避免每次的维权都需要付出企业停产和员工伤亡的代价,工会将不得不以谈判者的角色上场,进入到整个劳动关系之中。谈判的基本条件是主体自身的独立性和自主性。有学者认为,工会"独立自主地开展工作"要求的条件是国家健全三个方面的制度:一是工人加入(或选择不加入)工会的宪法自由和选举工会代表的民主权利;二是工会参与企业决策的集体谈判机制;三是积极维权的工会代表不受恐吓骚扰与打击报复的法律保障。[①] 应该说,这三个方面的制度在法律的层面已经确立起来,见之于《宪法》《劳动法》《工会法》和《劳动合同法》等。《工会法》第49条至第52条给以了积极维权的工会代表充分的法律保障,其力度并不亚于西方国家。笔者认为,我国工会之弱的症结在于前述决定工会立场的利益束缚,而立场的转变亦不得不经历一个渐进的过程。

四、劳动基本权本土化的制度建议

如前所述,劳动法制的完善和劳工对集体力量的需求之间存在一种明显

① 张千帆:《工会"独立自主"的三条件》,载《东方早报》2010年6月10日第A23版。

的此消彼长的关系。后起国家不仅可以利用引进先进国家的技术、设备和资金的后发优势，同样也享受了引进先进法律制度的后发优势。西方工会在长期的剧烈斗争中争取到的各项劳工权利，在我国劳动法制中皆有吸收，因此，我国工会享受了西方工会的斗争成果，相应省略了斗争过程。在全球化的今天，西方工会的和平策略和我国的社会制度决定了我国工会的和平性，争取权利的历史使命让位于维护权利的职能（其中包括在权利之下争取更多的利益）。或者说，在当前阶段，我国工会的职能应当定位于在一元工会的体制下维护弱势劳动者的合法权利和应得的利益，这也是我国工会的本土特色。现行工会远未发挥其作用，如何实现其维权职能是改革的基本目标，而目标实现的最基本的条件是要满足工会的独立性要求，因而至少在以下方面有突破性进展：

（一）组织上独立于地方政府，经费上独立于用人单位

1. 地方各级工会在隶属关系和工作人员的工资待遇上要独立于同级政府。现行地方各级工会主席享受同级副职待遇，兼任同级地方党委副书记，人大副主任或政协副主席。改革的思路是：在工会组织上实行垂直管理，由全国总工会在各行政区设立派出机构，独立于同级地方政府。各级地方总工会主席由上级工会任命，总工会主席任命本级各行业工会主席。市级总工会主席由省级总工会任命，可以绕过形式化的民主选举。更重要的是，这样的主席是专职工会工作人员，不兼任何副职，基本工资和待遇由上级工会支付，不受地方政府的钳制。

2. 工会会员会费应逐步成为工会经费的主要来源。收取会费的困难有二：一是会员少；二是对工会不信任。可取的方案是将目前由企业、事业单位、机关按每月全部职工工资总额的百分之二向工会拨缴的费用转为职工工资或福利费，或者直接称之为组织费用。因为这部分钱是税前列支，打入成本，而不是企业的利润，所以并不是企业的钱。就性质而言，这部分钱是工资成本，是劳动者工资中的社会组织费用。在市场经济条件下，这部分费用应该发给工人，再由工人交给工会。正如学者所言，“作为一种历史沿袭下来的制度，我们直接由企业交给工会。这并没有改变工会经费的性质，即这是工人自己的钱，不是企业的钱”[①]。既然如此，就应该消除企业主认为自己在养活工会的

① 温秀：《外企为什么拒建工会?》，http://finance.sina.com.cn/g/20041031/14031121333.shtml，下载日期：2014 年 12 月 12 日。

观念。企业不再拨缴工会经费,但是必须提供工会工作必要的场所和设施。鉴于职工有入会和退会的自由,在发展会员的时候应当坚持内外有别的原则,即,在法律援助方面,坚持工会服务对象的普及型,无论会员还是非会员都应予以帮助;在代表诉讼和代表集体谈判方面要有所区别,以吸引更多的会员,杜绝搭便车。

(二)工会的诉讼代表权

许多国家的劳动立法确认了劳动争议处理中的工会诉讼代表权。例如,德国代理雇员诉讼的代理人必须是律师或者工会的法律顾问,工会为会员提供法律咨询和代理诉讼均是免费服务,代理诉讼时如果败诉,工会还为会员承担败诉的费用。[①]《俄罗斯联邦劳动法典》第391条规定,如果员工、雇主或维护员工利益的工会不同意劳动争议委员会的决定而向法院提出申请……由法院审理个体劳动争议。[②] 有些国家甚至规定劳动争议的当事人只能是工会,不能是个人,典型如瑞典和新加坡。新加坡规定,职工个人与雇主不订立劳动合同,其权利义务由工会与资方签订的集体协议来规定,因而新加坡劳动争议的当事人是工会和资方,只有工会才有权代表会员参与劳动争议的调解、仲裁,工会会员或未参加工会的职工都不能直接申请解决劳动争议。[③] 工会的维权和监督职能在我国都未能正常发挥,主要原因在于工会代表权的不完整。有报道称,"全总目前正在争取工会的直诉权,若发生劳资纠纷时,工会可以在授权或不经授权的情况下,直接向法院提请诉讼,以改变劳动者与用工企业权利不对等的局面,以此来维护劳方权益"[④]。若终能实现,乃劳动者之福。

(三)完善对基层工会工作人员的权利保障

"端老板的饭碗不敢维权",是基层工会工作面临的最大问题,各种解决方案也在不断的探索中,如工会主席直选、工会工作者职业化等。笔者认为,基

---

① 周贤奇:《德国劳动、社会保障制度及有关争议案件的处理》,载《中外法学》1998年第4期。

② 《俄罗斯联邦劳动法典》,蒋璐宇译,北京大学出版社2009年版,第211页。

③ 雷远龙:《新加坡劳动争议处理制度的可鉴之处》,载《工人日报》2011年8月30日。

④ 索寒雪:《全总插手收入分配改革工资条例入今年立法日程》http://www.china.com.cn/economic/txt/2010－07/25/content_20567706.htm,下载日期:2014年12月23日。

层工会主席直选必须与其法律权利完善结合起来才能真正解决问题。《工会法》第 51 条规定，对依法履行职责的工会工作人员无正当理由调动工作岗位，进行打击报复的，由劳动行政部门责令改正、恢复原工作；造成损失的，给予赔偿。对依法履行职责的工会工作人员进行侮辱、诽谤或者进行人身伤害，构成犯罪的，依法追究刑事责任；尚未构成犯罪的，由公安机关依照治安管理处罚条例的规定处罚。第 52 条规定，有下列情形之一的，由劳动行政部门责令恢复其工作，并补发被解除劳动合同期间应得的报酬，或者责令给予本人年收入二倍的赔偿：(1)职工因参加工会活动而被解除劳动合同的；(2)工会工作人员因履行本法规定的职责而被解除劳动合同的。可见，《工会法》从岗位变动、解雇限制和人身自由方面对工会工作人员予以了就业保障。但是，他们缺一项最重要的权利——不定期合同签订权。按照我国目前的劳动合同制度，企业与基层工会工作人员签订的基本上是固定期限劳动合同，这是限制其独立性的症结，因为固定期限到期终止，企业可以选择不与工会工作人员续签合同。西方国家的工会代表之所以敢于维权，正在于其正式工身份，只要没有工作能力或行为方面的法定解雇事由，企业不得解雇。因此，建议劳动合同法和工会法予以相应修改，赋予基层工会工作人员不定期合同签订权。

浅议社会治理视野中社会法的共治属性

宗志强　陆通　谢玉滨*

【摘要】 党的十八届三中全会在党的正式文件中第一次提出了“社会治理”的概念。在以管理向治理转变、国家向社会转变、权力向义务转变的三个转变科学论断的指导下,我国国家治理体系和治理能力现代化的进程必将不断向前推进。概言之,社会治理可有两种模式、三种手段。两种模式为规则治理模式与非规则治理模式,三种手段为管治、自治与共治。无论是注重非规则治理的人治模式还是注重规则治理的法治模式,管治、自治、共治是基本的治理手段和方式。以治理手段为视角,则公法可视为管治手段,是管治法;私法可视为自治手段,是自治法;社会法可视为共治手段,是共治法。因此,社会法具有共治属性,共治是社会法的基本属性。优化管治、完善自治、扩大共治当是治理能力现代化的基本路径。本文探究社会治理的基本内涵,简要梳理社会治理视野中社会法的共治属性及一些具体运作,以求教于同人。

【关键词】 社会法　社会治理　规则治理　管治　自治　共治

---

* 宗志强:淄博市淄川区人民法院院长;陆通:淄博市淄川区人民法院民一庭庭长;谢玉滨:淄博市淄川区人民法院民一庭法官助理。

一、社会治理的基本内涵

“天下太平”是中国人自古以来的美好愿望。只有天下太平的“大治之世”，百姓才能安居乐业；只有天下大治，国家才能繁荣昌盛。① 这种美好愿望既存在于文景之治、贞观之治、开元之治的人治历史之中，也存在于建设社会主义法治国家的当代现实之中。

（一）、社会治理的概念与特征

社会“治理”正式被提出是在党的十八届三中全会上，《中共中央关于全面深化改革重大问题的决定》中明确指出全面深化改革的总目标：完善和发展中国特色社会主义制度，推进国家治理体系和治理能力现代化。② 社会治理具有三种手段：管治、自治与共治。如果将“天下大治”比作一尊巨鼎，那么支撑这尊巨鼎的三个鼎足当是管治、自治与共治。管治可定义为管控性治理手段，自治可定义为自主性治理手段，而共治可定义为协同性治理手段。

社会治理通过管治、自治与共治来实现其功能，这三种手段具有不同的特征。

管治强调管控与干预，比较“霸道”，构建统治秩序时，强调命令、强制、行政手段、军事手段等。管治的重点不在公众参与，而在于政府的强制力，因此，它的中心是统治者。在管治关系中，管治者与被管治者地位不平等，管治者可以对被管治者进行管控和干预。不论是韩非子的法家思想，还是孔子的儒家思想，都强调以统治者为中心，体现管治手段。

自治强调自主与排他。在自治关系中，没有管治者与被管治者之分，强调自主、独立，力求排除干预。当然，自治过程也需要合作，但这只是量变因素，这种量变因素仍不能改变意思自治、自主、独立的本质。自治具有广泛的应用领域，例如村民自治、意思自治、社区自治、大学自治、学生自治、业主自治、公司自治、私法自治、居民自治等。私人自治被理解为“个人通过其意思自主形

---

① 胡鞍钢：《天下大治是最大公益产品》，载《人民日报》2013 年 3 月 6 日第 9 版。

② 应松年：《加快法治建设促进国家治理体系和治理能力现代化》，载《中国法学》2014 年第 6 期。

式形成法律关系的原则”。[①]

共治则强调参与和协同。在共治关系中,亦没有管治者与被管治者之分,各方都是平等的参与者,力求协同。即便其中有主导者,但也只是量变因素,这种量变因素仍不能改变主体平等、参与、协同的本质。共治也具有广泛的应用领域,例如国际共治、民族共治、党政共治、警民共治等。共治强调多元参与、民主协商,有效广泛调动各类社会组织和公民参与国家各层次的治理工作,例如工会、共青团、妇联、社会联合会等。共治可以更有效地引导群体、维护权益、化解矛盾。

管治、自治、共治三种社会治理手段并非相互割裂、相互冲突,而是构成一个有机的体系。对同一事项,三种手段可以依次、交替、反复实施,以此达到大治的理想状态。国家治理如此,企业内部治理如此,社区治理亦是如此。

(二)社会治理中的规则治理

法的本质属性当是以国家强制力为后盾的社会规范体系,道德规范虽属社会规范,但没有国家强制力作为实施后盾。在本质属性之外,法还有其他一些属性。规则、权利、义务、责任、法域、部门法、公法、私法都是从不同角度观察法律得出的正确结论。本文试图从权利的规则保障即治理手段的角度分析法律规则的有关属性,特别是社会法的有益属性。

从权利保障的角度,权利可以视为规则确认、保障的利益。太史公曰“天下熙熙,皆为利来,天下攘攘,皆为利往”,这里的“利”可引申为利益及其保障。所谓保障,指保护、屏障利益安全、促进利益最大化及其便捷实现的一切手段,如自力保障与他力保障、私力保障与公力保障、规则保障与非规则保障。利益的确认与保障本与规则无关,可任意为之。但后来规则成为确认利益、保障利益最普遍、最稳定、最有效的手段。包括法律规则、道德规则、宗教规则在内的各种社会规则,其功能和内容均确认利益、保障利益。规则因利益确认及其保障而生,利益因规则保障得以安全和不断发展。规则治理特别是法律规则治理(法治)最终成为确认、保障个人、组织和社会利益——社会治理最重要的手段。

法谚有云“无保障的权利不是权利”,故规则对利益的确认与保障需名至实归。权利为保障之名,义务和责任为保障之实。权利可指规则确认并保障的利益;义务可指预防权利困境、实现权利和促进权利实现的保障手段;责任

---

① 易军:《私人自治与司法品行》,载《法学研究》2012年第3期。

可指救济权利困境的保障手段。换言之，一切规则都是利益确认及其保障的统一体，仅有权利确认而无保障手段不能称之为规则。权利保障的内容可分为权利安全保障与权利促进保障。权利安全保障又可分为事前安全保障与事后安全保障。事前安全保障为预防性保障，事后安全保障为救济性保障。预防性保障的功能在于防止权利困境，救济性保障的功能是摆脱权利困境，而促进性保障的功能则是扩大权利范围、便捷权利实现。预防性保障只能发生在权利困境出现之前，救济性保障只能发生在权利困境出现之时、之后。从保障手段的角度，权利保障则可分为弥补性保障与惩罚性保障。弥补性保障的功能是恢复权利本来状态，惩罚性保障则以加重的形式强化保障效果。惩罚性保障虽然在权利困境出现后实施，但有特殊预防及一般预防的功能。弥补性保障，又可分为金钱性保障与非金钱性保障，前者如赔偿损失，后者如赔礼道歉、停止侵害、消除影响、工伤康复等。另外，从实体与程序的角度，权利保障亦可分为实体保障与程序保障。实体保障的客体是实体权利，程序保障则可指确保实体权利实现以及摆脱争议困境、便捷权利行使的各种方法、步骤、标准、顺序。

从演变过程来看，权利保障经历了从个体保障向集体保障的转变；集体保障又经历了从非国家保障向国家保障的转变，以及从国家保障向社会保障的转变。社会保障即权利的社会化保障，这种社会化一方面体现为对社会权利的确认、保障；另一方面体现为对一般权利的社会化保障，如保障人身权的各种社会保险、社会救助以及社会慈善等。

具体到权利的法律规则保障，可分为公法保障、私法保障及社会法保障。公法保障可有宪法保障、刑法保障、行政法保障、程序法保障，《民法通则》《合同法》中关于合同的备案、审批，无效合同的处理规则、违约、侵权责任的承担方式等，这些实为管控性、干预性规则，似为公法规则。国家不予干涉、管控的法律规则，如对平等主体的授权性规则方为私法规则。而国家主导，社会参与的法律规则可为社会法规则，如养老保险、医疗保险等，是国家、单位、个人共同参与、国家主导。

对同一项权利的法律规则保障是有机的体系。例如，对劳动者生存权的法律规则保障，既有重大责任事故罪、重大劳动安全事故罪的刑事实体规则的保障，也有刑事诉讼的程序规则保障；既有侵权责任的实体、程序保障，也有养老保险、医疗保险的实体、程序保障。既有强制保险的保障，也有自主性商业保险的保障。管治性的公法保障、自治性的私法保障和共治性的社会法保障，三者共同构成对劳动者生存权保障的有机体系。

二、社会法的共治属性

(一)共治的概念

“共治”是一个较新的概念。共治的目的在于公共利益最大化,这要求从“国家管理”全面转向“国家治理”,涉及经济、政治、文化、社会、生态以及国家安全等各个方面。在实践中,共治的方式有党委领导、政府负责、社会协同、公众参与、法治保障等,就是把政府、社会以及群团组织融入一个统一系统化的协调治理体系内,营造一个多维度、宽空间的社会主义建设发展格局。共治强调利益共享、风险共担、协同共进。

(二)社会法的概念

关于社会法的定义,理论界有时间较长的研究,但至今没有定论。20世纪末,中国社会主义市场经济体制确立仅仅几年后,出现了不少社会法研究成果。有的学者将这些理论研究整理为:广义社会法论、中义社会法论和狭义社会法论。但是,这种广义、中义和狭义理论的划分显然与其他法律规范,如民法、刑法之广义、狭义理解存在巨大的反差,这种分类并不科学。社会法之广义、中义和狭义不是同类同质法律规范的诠释,这种广义使社会法扩展至环境法、消费者法甚至经济法等若干带有公法与私法融合色彩的法律界面,也是20世纪初各国法律社会化影响不同法律门类的理念解析,而中义的社会法被解释为劳动法与社会保障法,狭义社会法则被界定为社会保障法。显然,这种广义、中义与狭义的学术划分不尽科学。

笔者认为,社会法应当是使用共治手段来治理社会的法律体系规范的总称,不限于劳动法与社会保障法。如果研究管治、自治与共治的存在状态,那么合理的安排应当为一个橄榄形,共治为多数,管治与自治为少数。

(三)社会法是共治法

我们既可以说社会法是对社会权利的保障法,是对社会弱者的保障法,是特别的行政法,是关于“扶权论”的过程法,但同时我们也应当注意到国家与其他社会主体在权利保障问题上的平等参与和协同。无论管治、自治还是共治,目的只有一个:权利保障。从这个角度,从社会治理手段、社会治理能力的角

度，治理手段上的特性具有一定的技术价值和理论意义。可以认为，不论保障对象如何，不论过程如何，凡是以国家管治为特征的法律规范均为公法，凡是以自治为特征的法律规范均为私法，凡是以社会共治为特征的法律规范均为社会法。可以认为，调整社会共治关系，具备社会共治属性的法律规范体系即为社会法。

（四）研究社会治理视野中社会法共治属性的重要意义

研究社会治理视野中社会法共治属性具有重要意义。我国社会正在发生深刻变化，进入城市化加速发展的转型时期。随之而来出现了一系列的法律问题，例如农村人口大规模流向大城市成为城市劳动者，这些劳动者的合法权益无法得到保障；[①]社会分配不公，出现城市社会极化现象，导致诉讼案件大量增加，出现了过度倚重诉讼的问题等。计划经济管理模式还有残余，传统的政府纵向单一管理在社会管理制度中还起着主导作用。据此，分析研究管治、自治、共治这三种社会治理手段，探索在新的社会背景下兼顾效率目标和稳定目标的社会治理体系及运营模式显得非常紧迫。通过研究社会治理手段，可以全面综合地改善管理模式和制度环境，激发社会活力，强化人民民主，维护公平公正的社会价值，尽快建立多元化区域性管理模式，理顺政府各职能部门之间、政府与社会团体及个人之间的关系，确立权力分配规则和行为规范，明确各级政府在城市管理中所应扮演的角色。[②]

三、优化管治、扩大共治的具体司法实践

在社会治理过程中，除了正面的分析，似乎还应重视一些反面的检讨。长期以来，我们过分倚重管治手段，而忽视了自治手段和共治手段。这主要表现为：一是民事责任管治手段的弊端日益显现；二是刑事责任管治的手段作用发挥不足；三是社会法共治的手段还比较有限。具体来说，有以下几个方面：

---

① 冷建辉：《我国的工伤保险制度与司法实践问题研究》，大连海事大学硕士论文，2011 年 6 月。

② 顾朝林：《论城市管治研究》，载《城市规划》2000 年第 9 期。

(一)民事责任管治手段在保障劳动合法权益方面存在弊端

1. 过劳死问题。劳动者加班,用人单位只需支付两倍、三倍的加班费就可以。按照这种民事管治的思维惯性,只要支付加班费就可以无限加班。如果可用金钱来补偿无限加班,那么过劳死就会层出不穷,劳动力如何得以为继?因此,应当规定加班时间占法定劳动时间的上限,以此进行有效管治。

2. 工伤保障问题。实践中,传统的民事责任管治手段在有效预防工伤事故、切实保障劳动力资源延续上存在明显缺陷。用人单位欠缴劳动者社会保险,仍过多沿用用人单位承担民事责任的传统管治手段,规定未缴纳工伤保险的用人单位按照工伤保险待遇项目对劳动者进行补偿。一旦发生工伤,用人单位倾向于事后一次性金钱补偿,过度依赖"照章赔偿"。工伤保障的核心不是事后一次性金钱补偿,而是事前预防、扩大工伤保险覆盖面和工伤职工的康复。事前预防主要靠严格的行政管治,民法上惩罚性赔偿的预防功能仍然有限;扩大工伤覆盖面,也不应过度依赖"照章赔偿"的老办法,应靠"欠缴社会保险费入轻罪"的刑事手段进行有效管治。在补偿金额的支付方式上,不应依赖于一次性支付的民事责任方式,而应强化定期待遇支付和工伤康复。

在工伤保险待遇的逻辑构成问题上,工伤保险不应沿用无过错民事责任管治方式,而应引入"社会保险有限救急、民事责任无限托底"的管治体系。对此,交强险具有很强的借鉴意义。笔者以为,凡强制保险均因其足够的社会性而应归入社会保险的范畴。交通事故受害人权利保障问题已经具备相当的社会性,因而以强制保险的方式加以保障,因而属于社会保险而非侵权责任保险。交强险有12万元的补偿上限,上限之外由民事责任补足,二者形成有机的衔接与配合。但工伤保险中没有这样的规定,即便是劳动者严重违章,也不应扣减其待遇。实践中,相当比例的工伤事故是劳动者违章所致,如果不能有效督促劳动者遵守安全生产制度,预防和减少工伤事故的效果就会大打折扣。因此,应当借鉴交强险赔付内容的合理划分,规定工伤保险待遇的支付上限,给工伤职工以救急性的保障和康复性的保障;超出限额的部分则以无限民事责任为补充,采取损失的完全填平原则并进行过错分担。这种管治方式不但更为公平,还有利于强化劳动者的安全生产意识,预防和减少工伤事故。

3. 劳务关系问题。对"提供劳务者的受害人权利保障"的管治条款存在弊端。《侵权法》第35条规定,"个人之间形成劳务关系,提供劳务一方因劳务造成他人损害的,由接受劳务一方承担侵权责任。提供劳务一方因劳务自己受到损害的,根据双方各自的过错承担相应的责任"。这是对"提供劳务者的

受害人权利保障”的管治条款，但其主体仅限于个人之间。但实践中，单位临时雇佣个人因工受伤的，无法享有工伤保险待遇，只能用“提供劳务者受害责任纠纷”的程序案由，并参照“雇员受害赔偿”司法解释的实体规则进行保障。这种以民事责任进行保障的管治方式首先在实体法与程序上存在冲突，同时，以民事责任管治手段保障非典型用工中劳动者的合法权益，看似有效，实则贻害巨大。这给用人单位以临时用工方式规避劳动法义务，规避缴社会保险义务开了口子。按照劳动法的精神，单位与个人之间的关系只能有两种，要么是劳动关系，要么是承揽关系，不存在单位与个人之间的劳务关系。虽是临时用工，但劳动者提供的劳动仍然直接构成单位生产、经营活动的组成部分，这就是劳动关系，应以劳动法上的管治手段、共治手段加以保障。

4. 农民工工资问题。为了保障建设领域农民工工资而采用的民事责任管治手段存在弊端。最高人民法院突破了“合同相对性”的民法理论，规定建设工程实际施工人可以越过合同的转包方一并起诉发包方，由发包方在欠付工程款的范围内承担清偿责任。这些民事责任管治手段造成了民事实体法上的破洞，其保障效果并不尽如人意。实际上，欠薪入轻罪、建筑工程不缴纳工资保证金不得开工，这些刑事管治手段、行政管治手段更为有效。

概言之，在社会化保障的观念和技术尚未形成之初，突破过错责任以无过错责任、严格责任救济损害、保障权利，在当时是历史的进步。但随着社会法观念和技术的不断成熟，民法学者依然迷恋于“严格责任”“大规模侵权”“惩罚性赔偿”等传统的民事责任管治手段，希望借此有效保障权利，这似乎已是不可能完成的任务。

（二）现有制度在程序保障方面过分倚重仲裁诉讼的传统管治手段

在程序保障方面，现有制度仍然过分倚重仲裁、诉讼的传统管治手段，忽视了社会保险经办人直接支付的社会化共治手段。

1. 交强险问题。本来，交强险保险公司作为社会保险的保险人，应当直接向被害人支付保险金，但现有的程序设计为以被告身份参加侵权诉讼。这已是舍近求远，但最高人民法院为了进一步强化对交通事故受害人的权利保障力度，又出台司法解释，规定在交通事故侵权案件中追加商业险保险公司一并参加诉讼。这实际上是将侵权之诉与合同之诉合并，突破了诉的合并理论。导致的问题是：无论是交强险公司还是商业险公司，都十分乐于参加这种混搭的诉讼，待法官算好各种费用以后，拿判决书回去销账即可。现在，处理交通

事故的法官苦恼不已,只能调侃法官已经沦为保险公司的理赔员。应当加强对保险公司的软约束,使其主动理赔,例如直接与伤者就医的医院对接,将医疗费支付给医院。实际上,立法完全可以,也应当明确规定交强险公司甚至是商业险公司的直接理赔义务,将它们纳入社会共治的渠道中去,让他们承担其应尽的社会法义务。

2. 劳动人事仲裁问题。在劳动人事仲裁方面,社会管治手段比较单一。应强化律师、法学学者担任仲裁员参与仲裁的力度,不断扩大其社会化程度,将来真正建立起政府引导、社会广泛参与的"社会保障仲裁制度"。在社会组织维权方面,正如福州大学汤黎虹老师大力倡导的,如《食品安全法》修法过程中采纳的鼓励媒体监督的"社会共治"条款那样,应当鼓励工会、行业组织、中介机构和媒体广泛参与权利保障,以集体协商、媒体监督、产品安全社会信用评级等方式不断优化传统的行政管治模式,不断扩大社会共治的广度和深度。

四、完善社会治理的一点建议

党的十八届三中全会提出的"社会治理能力现代化"的目标,对于社会主义法治国家的建设指明了方向。十八届三中全会决定关于社会建设部分的表述为"十三、创新社会治理体制"[①]。并提出坚持系统治理,加强党委领导,发挥政府主导作用,鼓励和支持社会各方面参与,实现政府治理和社会自我调节、居民自治良性互动。坚持依法治理,加强法治保障,运用法治思维和法治方式化解社会矛盾,坚持综合治理,强化道德约束,规范社会行为,调节利益关系,协调社会关系,解决社会问题。坚持源头治理,标本兼治,重在治本,以网格化管理、社会化服务为方向,健全基层综合服务管理平台,及时反映和协调人民群众各方面各层次的利益诉求。概言之,可以概括为"优化管治、完善自治、扩大共治"。政府简政放权是优化管治,发挥市场在资源配置中的决定性作用可视为完善自治,而扩大社会保险覆盖面、发挥社会组织的维权功能、扩大人民陪审员参审范围可视为扩大共治的具体举措。

"优化管治、完善自治、扩大共治"意味着对权力应用的有效制约、公共权力参与的拓展以及为公共福祉恪守责任等方面,尤其能够在有限治理空间中

---

① 顾朝林:《发展中国家城市管治研究及其对我国的启发》,载《城市规划》2001年第9期。

实现治理资源的优化配置与组合。扩大共治可能会导致政府主导能力的削弱，但是，这并不是质疑政府的执政能力，也不是否定政府的可持续发展，扩大共治也不能曲解为范平等的无政府主义治理制度。[①]

完善社会治理，具体来说，主要有以下几个方面：第一，扩大社会治理主体。除执政党和政府外，社会治理的主体还可包括社会、群团组织、非政府组织与个人，例如工会、共青团、妇联、商会、村委会、居委会、企业、公司、协会等。第二，改变社会治理权力运行向度。将传统的自上而下的政府权力运行方向改为多元化参与的横向发展、网络化发展，实现多方互动。第三，拓宽国家治理界线，扩大非政府组织的空间管辖范围，使社会各阶层不同利益主体实现求同存异。

社会治理过程中，法院起到了不可或缺的重要作用。当前我国正在开展司法改革，法院应当在司法改革中更加明确自己的定位与职能。法院通过个案的审判来确立规则，引导社会尊重规则，从而减少矛盾、化解纠纷、提高效率。

综上，社会治理体系的现代化建设应当不断完善优化公法管治、完善私法自治，扩大社会法共治。这样，中国人民才能过上安定和谐的生活，实现社会和平、共同富裕，国家得以迅速发展，实现伟大复兴的“中国梦”。

---

① 陈家喜、蔡国：《我国城市社区治理的结构转型》，载《中共宁波市委党校学报》2012年第3期。

论社会权的司法保护路径

张元华*

【摘要】 伴随着社会的发展进步,人们对权利谱系中自由权与社会权之内涵与关系的认识不断深化。作为完整个人不可或缺的权利内容,二者具有相互关联性,若无司法保护之途,均将沦为空谈而未能成为真正的权利,尤其是作为最低人权保障的社会权,更应强化人格尊严的司法保护。不少国家对社会权的司法保护已经进行了有益探索并付诸实践,为我国完善社会权的司法保护提供了可资借鉴的蓝本,应以此为契机,通过扩大社会权保障的范围与广度,推动人格尊严的最低保护力度,从而促进人民法院在全面深化改革中的地位提升与准确定位,体现出裁判作为维护社会公平正义最后一道防线的社会功能,倒逼人大科学立法与政府严格执法,为推动"法治中国"进程提供制度支撑与实践能量。

【关键词】 权利 自由权 社会权 司法保护

西方法谚有云:"无救济即无权利!"社会权作为权利之一种,是人成其为人的最低人格彰显,理应给予保护途径尤其是司法保护。社会权如若不能通过司法途径予以救济,在发生权利冲突或权利受到侵犯时,就难以得到公正、有效的保障,也就不能称其为真正的法律权利,而只是政治话语中或道德意义上的权利而已。纵观我国当前的政治生态与人民法院定位,尚未在政治理念

* 张元华,男,温州市中级人民法院民一庭法官,西南政法大学博士研究生。

与程序构建中对社会权提供有效的司法保护，大大影响到社会权之权利本质，也无法真正发挥出权利之应有功能。本文遵循基本权利二分之路径，通过域外借鉴与域内考察相结合的方式，从法院地位提升、相关制度完善及法院裁判方式三方面提出社会权司法保护之具体路径，以助益于社会权之司法保护在实践中落地生根，进而促进人民法院职能定位明晰与职能作用发挥。

一、社会权之探源

权利并不能在真空中存在，是人们在一定社会发展阶段对自身生存、生产、生活与发展权能的一种法律确认，受到多种因素的影响与制约，诸如经济条件、国家体制、文化习俗等等。“权利永远不能超出社会的经济结构以及由此经济结构所制约的社会的文化的发展。”[①]早在古希腊与古罗马的自然法和自然权利思想中，就蕴含着的简单的人权理念，被认为是权利的萌芽阶段。在柏拉图“理想正义”和亚里士多德“自然正义”的思想影响下，自然法学者整体认为自然世界中存在一种自然法，它赋予每个人相同的理性，人在理性的支配下生活，不但按照自然生活，也按照公正生活，人们拥有平等的公民权。在自然状态下，自然法则教导着有意遵从理性的全人类：人人都是平等独立的，任何人不得侵害他人的生命、健康、自由或财产。[②] 权利观念虽发展较早，但其直接渊源应是欧洲文艺复兴运动中的人文主义思潮，以及随后宗教改革和启蒙运动所宣扬的自由平等和“天赋人权”等观念。从权利的发展历程来看，理论界对其分类形成了两种学说，即“三分法”和“二分说”，但观二者的理论积淀与影响力来看，后者占据主流。“二分说”认为，公民权由公民自由权和公民社会权两部分组成，其理论根基在于传统人权或者基本权利的哲学基础基于双重假定：一是将人设定为自然状态下的人；二是对权利来自何处的追问。前者假设了一种前社会、前政治和前历史的自然状态，后者追问的结果则确立了权利来自造物主这一答案，两者的结合形成了人权或者基本权利的自然权利或者天赋权利观。[③] 除了理论依据之外，自由权与社会权二分的文本根据是：一般认为，二者分别对应于国际人权两公约，即社会权泛指《经济、社会和文化权

---

① 《马克思恩格斯全集》(第 3 卷)，人民出版社 1973 年版，第 12 页。

② [英]洛克：《政府论》(下篇)，叶启芳、瞿菊农译，商务印书馆 2011 年版，第 6 页。

③ 张弘：《欧盟宪法公民社会权司法救济及借鉴》，载《北方法学》2009 年第 6 期。

利国际公约》规定的权利;自由权泛指《公民权利和政治权利国际公约》规定的权利。[①] 在社会经济不断改善的推动下,国家职能不仅仅是消极的"守夜人"角色,政府需要从主动提供保护与给付义务方面考虑,介入到公民的生活和社会的经济中,由此形成的福利国家观念实际上在西方世界各国得到了实践认可。社会权观念最早可追溯到1919年德国魏玛宪法时期的"社会国家",社会权是"针对那些伴随资本主义高度化而产生的失业、贫困、劳动条件恶化等弊害,为保障社会的、经济的弱者而形成的20世纪的人权"。[②] 社会权正是随着福利法治国的产生而形成的一种权力形态,是社会发展到一定阶段要求国家提供利益与物质帮助,扩展了权利的范围覆盖面,转变了权利的属性功能度,实现公民合乎尊严的生活、社会又好又快地发展的优良宪政秩序。

人作为一种"类存在物",必有其共性,人类社会方能和谐发展。立基于前文对权利的"二分说",二者是否就没有任何联系呢?当然不是。传统观念认为,社会权利不是针对所有人的普遍性的权利;社会权利直接涉及的仅是特定的人们,它更多的是一种利益,一种政府作为施主可以随意施舍或者撤销的赏金、福利、特权或者一种好处,而非人人生而有之的个体性的权利。[③] 权利是一个纷繁复杂的体系,难以通过条块进行分割,二者作为统一于权利之下的子权利,虽然存有理念上的差别,但并非彼此毫无关联。社会权是自由权的一种补充、一种保障。[④] 从实质上来说,社会权是个人获得完全社会化以及作为社会交往的主体生存和发展所必需的基本权利,它的实现以社会保障责任与国家和政府保障责任为前提。[⑤] 虽然说社会权实现确实需要依赖于一国的经济发展水平和财政政策,社会立法的制定与否属于立法机关的立法裁量范围,但除此之外,应该通过宪法来给政府施加相应的强制性义务,法院也有维护与保障社会权实现的义务,否则就无法成为一种"司法上的权利",沦落为停留在理

---

① [美]杰克·唐纳利:《普遍人权的理论与实践》,王浦劬等译,中国社会科学出版社2001年版。

② 袁立:《中国社会权司法保护路径的建构》,载《南通大学学报(社会科学版)》2011年第3期。

③ 参见[美]伯纳德·施瓦茨:《美国法律史》(中译本),王军译,中国政法大学出版社1990年版,第272~276页。另见[美]杰克·唐纳利:《普遍人权的理论与实践》(中译本),王浦劬等译,中国社会科学出版社2001年版,第31页。

④ 冯彦君:《中国特色社会主义社会法学理论研究》,载《当代法学》2013年第3期。

⑤ 莫纪宏:《论对社会权的宪法保护》,载《河南政法管理干部学院学报》2008年第3期。

论中与书面上的权利。

二、社会权之保障路径

(一)域外借鉴

社会权已在各国宪法中被作出规定,并明确为可审判的权利而得到广泛的保护,但保护途径有所不同,归纳起来主要有三种方式:一是视社会权为可审判的、主观权利以直接保护。不仅在宪法中明确规定社会权,而且建立了违宪审查制度,如德国、法国、意大利、日本、希腊、爱尔兰、西班牙、葡萄牙、南非、芬兰、瑞典、匈牙利、俄罗斯和其他独联体国家等,最突出的当属德国、南非和芬兰。如1919年德国《魏玛宪法》第162条规定"关于工作条件之国际法规,其足使世界全体劳动阶级得最低限度之社会权利者,联邦应赞助之";联合国大会于1966年12月16日通过了《经济、社会和文化权利国际公约》;1975年《希腊共和国宪法》第二编规定"个人权利和社会权利";1982年《葡萄牙共和国宪法》在第三章专节规定"社会方面的权利与义务",1991年《乌兹别克斯坦共和国宪法》则在第九章规定"经济和社会权利"。二是通过适用公民和政治权利来对社会权进行间接保护。对于在宪法中没有明确规定社会权的国家,更多地是通过适用某些公民和政治权利,来对社会权进行间接保护,主要表现为通过平等和程序规范,将实质性保护扩展到经济社会领域的权利。如加拿大最高法院将该国的《权利与自由宪章》第15条(不得歧视的法律的平等保护与获益权)适用于福利和其他社会福利。德国联邦宪法法院也确认了平等享有国家提供的福利的原则。美国法院在Goldberg诉Kelly案中裁定,第14条修正案的法律正当程序权要求应当为福利受益人提供举证听证,以使他们能够在自己的福利被福利当局终止之前申明他们的合格条件。[①] 三是视社会权为客观法律规范而予以间接保护。将经济和社会权利作为客观规范来看待,以指导原则或立法命令的形式出现的不少。一方面,法院通过适用指导原则解释权利法案、立法和其他政府行为,这些指导原则有可能成为社会权的来源。如印度最高法院认为宪法第四部分的"国家政策指导原则"在解释基本权

---

① 龚向和:《通过司法实现社会权——对各国宪法判例的透视》,载《法商研究》2005年第4期。

利的内容上至关重要。由此，第21条规定的不被剥夺生命权被解释为包括生活权、生活基本必需品如适当营养、衣装、阅读便利和住房权、健康及教育权。另一方面采取宪法指令的形式，法院可以发布宣告性命令，宣称立法机关在执行相关指令上的失败属于违宪，甚至发布强制命令，迫使立法机关贯彻指令。[①]

(二)域内考察

由国家性质、社会主义道路及社会制度所决定，我国宪法虽历经演变，但从不缺乏对社会权的制定与保障，体现出了社会主义的科学性与优越性。自新中国诞生后的第一部宪法到现行宪法，从未间断过对社会权的规定，且随着经济社会条件的不断改善，对社会权内容及其保障措施予以完善、丰富，总纲中对社会权的保障条款，由1954年宪法的2条增加至1978年宪法的5条直至1982年宪法的6条。现行《中华人民共和国宪法》第33条第3款明确规定“国家尊重和保障人权”，从多个角度对社会权进行了确认，囊括范围相对比较广泛，具体来说，第14条、第19条至第22条、第26条分别规定了国家在经济、教育、科学、医药卫生、文学艺术、环境方面的价值追求，赋予国家积极作为的义务；第42条至第49条则主要规定了劳动权，休息权，退休人员的生活受到国家和社会保障的权利，社会保障权，受教育权，进行科学研究、文学艺术创作和其他文化活动的自由权利，妇女在政治的、经济的、文化的、社会的和家庭的生活等各方面享有同男子平等的权利，婚姻、家庭、母亲和儿童受国家的保护的权利。我国虽于2001年2月28日签署并批准加入《经济、社会、文化权利国际公约》，但现行宪法没有明确规定国际条约与国内法的效力关系，致使国际公约在适用上的困难。就当前情况来说，我国公民虽不可能直接适用国际人权条约的相关规定，但就国际人权公约所规定的内容和体现的理念来说，我国公民应享有不低于人权公约规定的权利。

21世纪前后，我国在经济社会转型发展取得明显成效的同时，民生保障方面相对不足而问题日益凸显。为因应时变，我国制定了大量的社会法，对社会权进行具体细致的规定，使得诸多的社会权权利事实清晰、保障主体明确。在社会保障方面，如1989年《中华人民共和国环境保护法》、1994年《中华人民共和国劳动法》、1998年《失业保险条例》、1999年《社会保险费征缴暂行条

① [挪]艾德等:《经济、社会和文化的权利》，黄列译，中国社会科学出版社2003年版，第22页。

例》、1999 年《城市居民最低生活保障条例》、2007 年《中华人民共和国就业促进法》;在弱势群体保护方面,如 1991 年《中华人民共和国未成年人保护法》、1992 年《中华人民共和国妇女权益保障法》、2008 年《中华人民共和国残疾人权益保障法》、1996 年《中华人民共和国老年人权益保障法》、1993 年《中华人民共和国消费者权益保护法》;在教育权利保障方面,如 1986 年《中华人民共和国义务教育法》、1995 年《中华人民共和国教育法》、2003 年《中华人民共和国民办教育促进法》、1996 年《中华人民共和国职业教育法》;公益事业举办方面,如 1997 年《中华人民共和国献血法》,等等。这些法律对社会权的确权,是宪法社会权的具体化,是"宪法委托"下的社会权立法。当法律自身与宪法相抵触时,依照我国法律规定,全国人民代表大会及其常委会可以对行政法规、地方性法规、自治条例和单行条例以及最高人民法院、最高人民检察院作出的司法解释等进行合法性审查,可依照法定程序审查至最终予以撤销。但该审查不包括对全国人大及常委会自身制定的法律审查,与国外的违宪审查制度尚有一定差距,难以真正实现全面的合法性审查。且根据现行《宪法》第 67 条的相关规定,宪法解释权仅限于全国人大常委会,各级人民法院自然不是法定的宪法解释机关,更不用说违宪审查权。这可以说我国虽有立法,但没有立法后的审查,更准确地说是没有法律适用过程中对立法的一种审查。另外,按照我国实践,所有行使公共权力的机关都是人权保障机构,应当担负起人权保障的职能,履行好保障人权的义务。但这些机构并不具有人权保护专门机构的性质与功能,因此我国还没有严格意义上的国家人权保护机构。①

三、社会权之司法保护路径

公民社会权要作为一种真正意义上的法律权利,就必须具有可以在法庭裁决的权利。否则就会变味或者形同虚设。我国《宪法》第 33 条规定"国家尊重和保障人权",是我国人权保障的最高法律依据。为此,也建立了立法、行政和司法的相关保障机制。社会权作为人权的重要组成部分之一,理应得到司法保护。《中华人民共和国行政诉讼法》第 11 条第 6 项规定:公民对行政机关没有依法发给抚恤金的,可提出行政诉讼。对其他社会权的救济则缺乏配套

① 韩大元:《国家人权保护义务与国家人权机构的功能》,载《法学论坛》2005 年第 6 期。

的程序法律规定。相比自由权,社会权没有得到相应的司法救济,这与宪政基本理念相违背。

(一)确立法院独立地位

社会权作为关乎最低限度的人权保障问题,谈社会权的司法保护,前提是执掌司法权的法院能说得上话,且就案件而言说出的话能算数,也就是说司法裁判的终局性与权威性。当前的法院地位与管理、法官人格与裁判独立亟须改进,同时也需要加强裁判的执行力度,营造良好的崇法尚法环境。我国《行政诉讼法》第11条规定的受案范围以"人身权、财产权"为标准,对社会权的保护仅体现在该条第6款,即"认为行政机关没有依法发给抚恤金的"可以提起行政诉讼,将大多数社会权排除在司法保护范围之外。自5月1日起,我国已经全面施行立案登记制,这是目前拓宽社会权司法保护之路,实现社会权司法保护最可行、最经济之路。因为宪法诉讼与违宪审查制度因牵涉政体调整,不得不慎重考虑与全盘操作,而立案登记制实施则可以扩大法院受案范围,是一种切实可行的举措,但关键在于进一步明确法院定位与地位,确保法院受理的案件能够实质性化解。根据我国宪法规定的实行人民代表大会制度下"一府两院"的政体,司法机关本应只指涉法院、检察院,与同级政府具有相同宪法地位的国家机构。然在具体设计上不是采用狭义上的司法机关(包括法院和检察院)概念,而是采用了广义上的司法机关(还包括前期的侦查机关和后期的监狱机关)概念,也可称之为"大司法"模式。司法权由法院和检察院共同行使,甚至还赋予给侦查、执行机关来行使,导致了司法和行政职能交错配置,政府机构中的司法局和政法委就是其中的典型。司法机关此种交错的体制构建,导致司法权的运行非常复杂,容易受到外部场域的干扰与影响。在现有法律框架下,法院既不具有独立的法律地位,也不具有独立的实际能力。我国《宪法》第126条规定"人民法院依照法律规定独立行使审判权,不受行政机关、社会团体和个人的干涉",但《宪法》第3条第3款规定"国家行政机关、审判机关和检察机关由人民代表大会产生,对它负责、受它监督"。我国的政治构架是人大监督下的"一府两院"模式,各地法院设置要经权力机关批准,法院主要人选要经权力机关选举或任命,向权力机关汇报工作,接受权力机关宏观和微观上的监督,因此法院在整个国家机构中并不具备严格意义上的法律独立地位,尤其是法院在人、财、物方面受制于同级政府的"地方化"问题严重,法院工作容易受到党政机关的制约掣肘。当前尝试设立跨行政区域的法院,对法院人、财、物实行省级统管,具有较强的合理性与科学性,但应密切结合法院

工作实际，既防止虚报资金，又防止调控过度，确保人尽其才、物尽其用。我国长期强调并坚持政治对于法制工作的统领作用，旗帜鲜明的政治性是中国法院区别于西方国家法院的根本因素。在人民代表大会制度下，法院与其他国家机关之间是分工合作的关系，各级法院在党委的领导统筹下，在人民代表大会的监督支持下，相互配合、协同工作，集中力量共同解决一些重大问题，携手应对重大突发事件。这正是西方司法中立、被动理念所忌讳和避免的。[①] 虽说不能完全照搬照抄西方做法，但也应在遵循司法规律的前提下确立法院地位，构建起相对独立的司法运行制度。

（二）建立健全相关制度

一是建立违宪审查制度。“权利救济之大端莫过于宪法救济。”[②]宪法作为母法，宪法救济也就自然成为公民权利救济之根本，山东齐玉苓案首开引用宪法进行判决的先河。然而，我国目前没有建立起有效的违宪审查机制，公民的宪法权利受到侵犯后往往“诉讼无门”，导致公民的宪法权利无法得到有效保障。从社会权的性质来看，社会权的实现需要国家的积极作为，既需要作为立法机关的人大作为，通过制定法律为后续的执法、司法提供保障，也需要政府执法、法院司法的作为，通过法律的应用提供社会权的维护与保障。具体到可操作的违宪审查机制构建来说，有三种情形：如认为所涉法律违宪，则应该裁定中止诉讼并报请最高人民法院认定。最高人民法院审查后，认为合宪的应裁定恢复诉讼；认为违宪的应根据《宪法》第 67 条向全国人大常委会书面提出违宪审查要求。如认为所涉法规违宪，则应看法律就该问题是否作出过规定。如果法律已经作出过规定并且规定合宪，则应直接适用法律；如果法律没有规定或者法律规定违宪，则应根据《宪法》第 67 条或《中华人民共和国立法法》第 90 条向全国人大常委会书面提出进行审查要求，由专门委员会审查后提出意见。如认为所涉规章及以下的规范性法律文件违宪，则法官享有对以上冲突规范的选择适用权。二是完善公益诉讼制度。美国首创建立了公益诉讼制度，分集团诉讼、告发人诉讼、实验案件三种；欧洲有类似的公益诉讼称团体诉讼，英国有用公法名义保护私权之诉，法国有越权之诉，德国有代表人诉

---

① 刘耀辉：《强化社会权效力的路径探析——一种比较法视角》，载《武汉公安干部学院学报》2010 年第 1 期。

② 程燎原、王人博：《权利及其救济》，山东人民出版社 1998 年版，第 374 页。

讼;日本法律中则有居民诉讼、民众诉讼。[①] 从宪政的角度看,公益诉讼是违宪审查的前奏,也是当代中国宪法诉讼的特殊表现形式。因为公益诉讼基于其特殊性,有利于维护因民事侵权、违法行政、违宪立法等侵犯的权益。当然,公益诉讼需要系列配套制度跟进,尤其是在司法保护环节,关键在于法院要落实好诉讼程序规定,为进入公益诉讼的当事人提供权益与制度保障。最高人民法院出台的民事诉讼法司法解释第284条至第291条首次对提起公益诉讼的条件、管辖、立案公告、与私益诉讼关系、是否适用和解调解等相关程序,作出了明确规定。但毕竟此类案件的司法实践才刚起步,不少问题将不断涌现,单就环保公益诉讼来说,由于环境民事公益诉讼周期长,诸如原告得不到持续的项目资金支持时无法坚持完成诉讼,损害评估鉴定费用高,判决得不到执行的风险大,胜诉后环境修复资金和服务损失等款项的使用,等等,都需要在将来的司法实践中不断探索予以完善。三是健全案例指导制度。当今社会发展日新月异,单靠法律和司法解释皆难以有效解决新奇、疑难案件。我国虽不是判例法国家,但并不等于否认上级法院案例的指导作用。实行案例指导制度,通过司法机关对有关案件的判决,指导下级法院或同级法院对类似案例进行类似判决,在改变"同案不同判"现象的同时,既可有效引导社会公序良俗,又可倒逼法院案件审理工作,加强理论探讨与总结提升,更好地发挥理论作用来指导审判实践,实现"从审判实践中来、到审判实践中去",从而提升司法公信力。至今,最高人民法院已经发布了十批52个指导性案例,涵盖的范围比较广泛,可以说是囊括了民商事、刑事和行政诉讼的方方面面,既有利于统一法律适用和裁判尺度,提升司法效率,促进司法公正,又弘扬了社会主义法治精神和社会主义核心价值观。退而言之,作为维护社会公平正义最后一道防线的法院,其审判活动起码应该对行政机关当前行为,以及以后相关行政行为的正当程序能够进行有效制约与规范,否则,人民法院的功能缺失与地位不存。

(三)规范法院裁判方式

一是基于平等权的合理性审查。设立社会权目的之一,就是给予弱势群体最基本的生活保障,能够有尊严地生活,真正体现出平等权思想。基于平等权的合理性审查,是保护社会权的一种便利选择,并不需要具体界定社会权的权利范围,也不至于仅仅将社会权视为一种愿景上的道德或国家目标规范,能

---

① 参见袁立:《中国社会权司法保护路径的建构》,载《南通大学学报(社会科学版)》2011年第3期。

够在平等权利与平等原则的层面上给予广泛保障。对于联邦法院而言，尤其是对于社会经济立法而言，站在尊重立法机关的立场，立法者于立法当时的实际目的或法院事后发现的可想象之目的都可以被视为正当目的，而且手段与目的之间只需有合理关联即可，此即为合理性审查标准。[①] 基于平等权的合理性审查，并不质疑社会资源分配是否应该有群体上的差异，而在于群体分类是否合理，如区分缺乏合理性论证则可判定其带有歧视性而违宪。如1982年的“移民子女学费案”，布仁南法院的多数意见认为，立法将家长过错的负担转移到其子女身上，并不符合正义的基本观念；而且，公共教育并非宪法赋予个人的权利，也不仅仅是与其他社会福利相同的某种利益，因为教育对维持社会机制、个人生活所产生的长期影响，使得基于法律地位而剥夺基本教育的原则很难符合平等保护的宪法规范。[②] 法院通过个案来对是否需要保障社会权、保障方式等问题作出具体判断，由此实现有限社会资源的充分利用。二是对社会政策请求权的承认与促进。社会权内容往往随着经济社会的发展而变化，与社会规范和政策密切相关，其保障是国家的一种宣示性义务或政策性目标，具有一定的政治色彩。即诸多社会权不仅体现为法律，还体现在诸多的政府社保政策上，其承认与落实情况直接关乎社会权的保障程度。但其本质还是种基本人权，可以通过法律规定、原理以及技术等，将政治问题转化为法律问题予以解决。南非Grootboom案具有典型意义，其适用《宪法》第26条：“任何人都有权获得足够的住房。国家必须在其可利用资源的范围内采取合理的办法和其他措施逐渐达到这项权利的实现。任何人都不得被从其住宅中驱逐，在没有获得法院在考虑所有有关的情况后发布的命令之前，任何人都不得毁坏他人的住宅，任何法律都不得允许任意将人们从其住宅中驱逐。”尽管南非宪法这一权利条款要求国家在其可利用资源的范围内采取合理的立法或其他措施逐渐实现这项权利，但其并没有产生个人直接获得住处或者住房的请求权。[③] 该案系个人通过合理的政策请求权实现其间接权利保障，意味着国家在保护某项经济和社会权利方面怠于制定法律和政策时，个人可向法院

---

① 《宪法权利限制的司法审查标准：美国类型化多元标模式的比较分析》，转引自蔡琳：《论社会权裁判的方式及其理由》，载《内蒙古社会科学》（汉文版）2010年第4期。

② 龚向和：《作为人权的社会权——社会权法律问题研究》，人民出版社2007年版，第186～187页。

③ Jeanne M. Woods: Justiciable Social Rights as A Critiqueof the Liberal Paradigm, *Tex. Int'lL. J*, 2003, p.796.

请求立法和行政机关采取合理的立法或其他措施来保障社会权的实现。司法者并非永远只能做跟随者的角色,某种情况下它还可以为引领者。在其权限范围之内,司法机关可发挥其积极作用,这将有助于社会政策和相关立法的推进。[①] 三是判决政府履行最低限度义务。社会权作为一种积极权利,涉及社会资源的再分配,往往对应着一定的政府义务。这就意味着当自由市场无法兑现这些权利时,国家有义务采取行动以促使政府来保障社会权的实现,这在很大程度上取决于政府履行义务的情况,同时也需要对政府义务的履行情况进行判断。对于国家的社会权保障义务,联合国经济、社会和文化委员会已经确定了一个必须得到保证的最低限度的概念,其在1990年《第3号一般性意见:缔约国义务的性质》中提出:各缔约国应用"一切适当方法,尤其包括立法方法"履行《公约》第2条所载的义务。此即国家"最低限度的核心义务",以满足和实现公民最基本生活需求为限度,且应尽最大努力获取相应资源。[②] 在南非TAC(Minister of Health v. Treatment Action Campaign)案中,法院根据《宪法》第28条,认为每个儿童都具有对基本营养、住房、基本医疗保健服务和社会服务的权利,并责令南非政府采取措施,撤销有关禁止奈韦拉平推广的命令,在全国各家医院广泛使用该药物以有效阻止艾滋病病毒在母婴之间传染。尽管法院并没有明确创造一种权利,但"法院……必须……如同立法机关一样运用其广泛的权力去影响政策的形成",可以要求政府机关必须履行明确且不能迟延的义务,对社会特殊群体提供特殊的医疗服务,或间接促使立法机关制定出相关法律,可以发挥积极作用来实现社会权。

四、结　　语

社会权作为权利体系中不可或缺的组成部分之一,在保障社会中弱势群体的人格尊严具有重要意义,理应给予完备的司法保护之途。因为对社会权的司法保护,可以保障那些缺乏起码的生存手段和能力的人的基本生存需要,维护了他们能够成其为人的起码尊严,使平等不至停留在抽象权利或书本理论上,而成为人们内心、日常生活中的感性体验,以及社会群众可以看得见的

---

① 胡敏洁:《论社会权的可裁判性》,载《法律科学》2006年第5期。

② 张敏:《社会权实现的困境及出路——以正义为视角》,载《河北法学》2014年第1期。

平等尊严，将社会权导向了一种真正意义上的平等，即实质平等。同时，还可昭示出司法在社会权保障中所具有的不可替代价值，对于进一步明确人民法院在国家权力谱系中的定位，赋予人民法院应有的国家治理功能，为更好地发挥出人民法院司法保障功能，提升人民法院的地位、加速“法治中国”建设进程提供了良好契机。

劳动法

加班同意的法理基础与制度建构

——基于台湾地区劳动立法与学说的考察

胡玉浪*

【摘要】 雇主要求劳工加班,在征得工会或劳资会议的同意后,还需征得劳工的同意,以保护劳工的时间主权不受侵犯,实践程序正义,避免强迫劳动。如果工会或劳资会议同意加班,将产生免罚的效力和强行性解除效力;如果劳工也同意加班并付出劳动,雇主应依法支付加班费。但若工会、劳资会议或劳工不同意加班,雇主不得强迫劳动,否则应承担法律责任。未经雇主同意,劳工不得自行加班,以保证劳动基准法关于工作时间的规定落到实处。

【关键词】 加班命令权　加班同意权　加班工资

工作时间是劳动者履行劳动给付义务的时间。工作时间的标准长度和最长限度由法律直接规定。为保证法律关于工作时间的规定落到实处,劳动基准法对雇主使劳工超过法定工作时间工作或是在例假日工作规定了严格的要件和程序,并强制支付加班费,违反者应承担民事责任、行政责任甚至刑事责任。但是法定工作时间并非工作时间之绝对上限,而是在一定条件下容许超过"该工作时段数"的劳动基准,针对工作时间的长度承认例外之原则性规范。[②] 为避免雇主滥用加班权力,随意延长工作时间,我国台湾地区"劳动基准法"第30条规定:"劳工每日正常工作时间不得超过八小时,每二周工作总

---

* 胡玉浪,福建农林大学管理学院,教授。

② 王能君:《劳动基准法上加班法律规范与问题之研究——日本和中国台湾之加班法制与实务》,载《台北大学法学论丛》总第81期。

时数不得超过八十四小时。”第 32 条第 1 项规定：“雇主有使劳工在正常工作时间以外工作之必要者，雇主经工会同意，如事业单位无工会者，经劳资会议同意后，得将工作时间延长之。”由此奠定了雇主要求劳工加班须经工会或劳资会议同意的法律基础。在此基础上，雇主要求劳工加班原则上还应征得劳工本人的同意。本文主要借鉴我国台湾地区的劳动立法、行政函释、判例和学说，对加班同意的法理基础与制度建构进行初步探讨，希望有助于我国加班同意法律制度的完善和劳动者利益的法律保护。

一、加班同意的法理基础

（一）加班同意与时间主权

在劳动关系中，所谓时间主权是指劳资双方对于工作时间和休息时间的决定权和控制权。工作时间是劳动者在雇主的指挥命令之下“受拘束的时间”，休息时间则是劳动者自“劳动解放保障”而自由支配的时间。“工时制度对劳工之意义，除系劳动力之付出时间，亦包含劳工对其时间主权之掌握自由度；对资方而言，工时制度为其经营成本之主要考量因素，亦代表其对劳工时间主权之干涉范围。”[①]由于个别劳工相对于雇主而言明显处于弱者地位，“劳工欠缺自己的时间主权，不但欠缺其对自己工作时间、休闲时间之自主预先安排空间，亦对其身心都将产生相当之影响，而不利于工作与生活调和”。[②] 其中，雇主强制劳工加班，更是严重侵犯了劳动者本于工作时间与休息时间区分前提下所拥有的时间主权和自由生活。法律规定雇主要求劳工加班必须取得工会或劳资会议的同意，既是劳动者拥有时间主权的重要标志，也是劳动者行使时间主权的重要途径，其目的是借由集体的力量限制传统上由雇主以经营为目的所掌握的时间主权，尊重、回复并妥善维护劳动者作为一个自然人以及自由人的时间主权，保障劳工职业生活、家庭生活和社会生活的平衡，保障精神自由，促进人格发展，提升生活品质。

---

① 林建德：《工作与生活调和——以工时制度为中心》，台湾东华大学 2013 届硕士学位论文。

② 林建德：《工作与生活调和——以工时制度为中心》，台湾东华大学 2013 届硕士学位论文。

(二)加班同意与程序正义

“正义是社会制度的首要价值，正如真理是思想体系的首要价值一样。”[①]正义包括实体正义与程序正义。实体正义指结果方面的正义，程序正义指过程方面的正义，二者相辅相成、辩证统一。工作时间是劳动者履行劳动给付义务的时间，休息时间是劳动者免予履行劳动给付义务而自由支配的时间。休息时间并不只是空闲时间，也是一个人所掌握的自由时间。雇主要求劳工加班，不仅侵犯了劳动者的时间主权，也对劳动者的身心健康造成了重大影响。科学研究表明，即使由于工作任务比较轻松，长时间持续的工作也会影响到劳动者的健康：“每周工作时数大于60小时者，其心肌梗塞危险性比每周工作时数小于40小时者高出2倍，每天睡眠小于5小时，或每周有两天以上睡眠时间小于5小时者，急性心肌梗塞危险性高出2—3倍。”[②]“每天工作11小时以上，急性心肌梗塞危险性增加3倍，成年型糖尿病危险性增加4倍，每周工时60小时，因为重大伤病提早退休的机会增加3倍，长工时也明显带来主观上自认健康不佳与疲倦”[③]，甚至引发过劳死。由于在生产经营实践中，基于天然灾害、意外事故、经营需要等原因，从实体正义的角度完全禁止任何形式的加班并不可行，因此从程序正义的角度出发，通过立法规定雇主要求劳工加班应经工会同意，如事业单位无工会者应经劳资会议同意，赋予时间主权受到不利影响的劳动者之“程序参与”的权利以及“共同决定”的机会，乃尊重和保障程序正义之必然选择。

(三)加班同意与强迫劳动

根据国际劳工组织《强迫劳动公约》，所谓“强迫劳动”是指“任何人受惩罚、威胁、被迫从事非本人自愿从事的一切工作或劳务。“强迫劳动或强制劳

---

① [美]约翰·罗尔斯：《正义论》，何怀宏等译，中国社会科学出版社1988年版，第4页。

② Lin Y, Tanaka H. 1996, *The Fukuoka Heart Study Group. Overtime work, insufficient sleep, and risk of non-fatal acute myocardial infarction in Japanese men*, *Occup Environ Med* 59, 2002, *P*447-451. 转引自刘梦蕾：《工作时间基准除外之适用——论我国劳动基准法第84条之1》，台湾政治大学2006届硕士学位论文。

③ Hulst M, *Long workhours and health*, *Scand J Work Environ Health* 29, 2003, *P*171-188. 转引自刘梦蕾：《工作时间基准除外之适用——论我国劳动基准法第84条之1》，台湾政治大学2006届硕士学位论文。

动几乎在全世界范围内都被谴责和禁止。”[①]“摆脱强迫劳动或强制劳动是国际劳工组织（ILO）职责和能力范围内必须实现的最重要的人权之一。”[②]“在现实中，由于害怕被解雇，工人们被迫在国家法律允许的工作时间以外加班工作；在其他情况下，如果工作薪酬是基于生产率目标的，则工人可能被迫在正常工作时间以外加班，因为只有这样，他们才能获得最低工资。”上述情况是否属于强迫劳动？1951 年联合国和国际劳工组织联合设立的关于强迫劳动问题的委员会强调：“虽然从理论上来说，工人可拒绝在正常工作时间以外加班工作，但他们的弱势地位意味着他们在实践中别无选择，只能被迫加班，以便获得最低工资和或保住自己的工作。委员会认为，在利用工人的弱势地位，以处罚、解雇或支付低于最低标准的工资相威胁强迫工人工作或提供服务的情况下，这种利用工人弱势地位的行为不再只是恶劣就业条件的问题，而是一种以处罚相威胁强迫工人劳动的行为，需要利用《公约》为工人提供保护。”[③]由此可见，对于加班是否构成强迫劳动，国际劳工组织采广义的概念：雇主直接命令劳工加班固然可成立强迫劳动，对不愿加班者施加不利益从而迫使劳工“自愿”加班也构成强迫劳动。确立加班同意制度，规定雇主要求劳工加班应事先征得工会或劳资会议的同意，有利于弥补个体劳工力量的不足，保障劳工的合法权益，预防或减少强迫劳动现象的发生。

二、雇主要求劳工加班应征得工会或劳资会议的同意

（一）雇主要求劳工加班需经工会或劳资会议同意的立法解读

台湾地区“劳动基准法”第 32 条第 1 项规定“雇主经工会同意，如事业单位无工会者，经劳资会议同意后”，得延长工作时间。对比 2002 年修正前条文：“雇主经工会或劳工同意，并报当地主管机关核备后，得将第三十条所定之工作时间延长之。”其主要含义是：第一，将“雇主经工会或劳工同意”修改为雇主经工会或劳资会议同意，方可延长工作时间，以避免即使事业单位内有工会组织，雇主亦可不征询工会意见，而经由个别劳工同意后，即可实施延长工时。

① 国际劳工组织：《反对强迫劳动：给雇主和企业的手册》，2009 年，第 1 页。
② 国际劳工局：《消除强迫劳动相关公约调查报告》，2007 年，第 1 页。
③ 国际劳工局：《消除强迫劳动相关公约调查报告》，2007 年，第 67 页。

第二,借由工时变更之集体同意权的赋予,使原本仅具有沟通性质的劳资会议被赋予具有法律效力的同意权,劳资会议被提升为工会以外另一具有实质意义的劳资集体协商机制。第三,程序的要件采工会同意优先主义,即雇主应首先征得工会的同意,“事业单位无工会者,经劳资会议同意”,方可延长工作时间,工会关于劳动条件集体协商之优先地位获得法律的承认和尊重。[①]

(二)雇主要求劳工加班需经工会或劳资会议同意的原因分析

工作时间的决定深具权力意涵,牵涉到劳资双方对时间资源的争夺,影响到资本的最终关怀——利润率以及劳工的体力与精神负荷。通常在劳动基准法的制度设计上,雇主在违反劳动基准法时,除法律有明文规定外,即便得到劳工个人同意,仍不免受到处罚。由于个别劳工通常没有能力与雇主对抗,当雇主要求其同意时,鲜有反抗之能力。因此,若规定劳工个人同意得使雇主免受劳动基准法之处罚时,则劳工因为无法与雇主对抗而不得不同意,所以此种规定有可能损及劳工的权益。[②] 规定雇主要求劳工加班应征得工会的同意,无工会者应征得劳资会议的同意,即以集体同意制度作为最低劳动条件之工时限制的解除条件,有利于弥补单个劳工力量的不足,避免雇主可以无视工会或劳资会议制度的存在,以化整为零、各个突破的方式取得劳工的“同意”,实际上陷入雇主单方决定加班劳工被迫进行加班的状态,以弥补劳工谈判力量的不足,避免或减少强迫加班现象,保障劳工利益。

(三)雇主要求劳工加班需经工会或劳资会议同意的法律效力

根据“劳动基准法”第 32 条第 1 项,“雇主经工会同意,如事业单位无工会者,经劳资会议同意后”,方可延长工作时间。“劳动基准法”赋予工会事业单位未组织工会时赋予劳资会议有同意雇主延长工作时间的权限后,雇主如有延长工作时间的需求,已经无法再以取得个别劳工同意的方式来践行延长工作时间之法定程序,必须经工会无工会时经劳资会议决议,雇主方能再逐一与个别劳工协商延长工作时间。从公法角度看,雇主经工会或劳资会议同意后要求劳工加班具有两种效力:一是免罚的效力或免责的效力,即可使雇主要求

---

① 张鑫隆:《论弹性工时——工作与生活之调和》,载《2008 年劳动基准法实务争议问题学术研讨会论文集》。

② 王能君:《劳动基准法上加班法律规范与问题之研究——日本和中国台湾之加班法制与实务》,载《台北大学法学论丛》总第 81 期。

劳工超过"劳动基准法"规定的法定工作时间劳动合法化，避免受到同法第79条第1项规定的处罚；二是强行性解除效力，即该集体同意可作为解除"劳动基准法"第30条对于法定工作时间上限规定之强行性限制。在司法实践中，法院亦将"劳动基准法"第32条第1项所定工会或劳资会议同意视作雇主延长工作时间之生效要件，而非仅是主管机关之行政监督事项，故而雇主未经工会或劳资会议同意而延长劳工工作时间应属无效，劳工得拒绝配合并不因此受到不利益待遇。[①]

三、雇主要求劳工加班应继续征得劳工的同意

(一)雇主要求劳工加班应征得劳工同意的原因分析

根据集体劳工法原理，劳资双方集体同意之劳动条件的内容，必须有法律明文规定或符合"团体协约法"第19条之法规效力的规定，始有取代个别劳动契约内容的法律效力，而劳动基准法关于工会或劳资会议同意加班的规定是否具有私法上的效力，并不明确。[②] 在学说上对于雇主经工会或劳资会议同意后是否立即取得命令劳工加班的权力，或者说劳工是否就负有加班的义务，台湾地区学者的观点也不一致。第一，肯定说。在劳动基准法的规定下，雇主延长工作时间只要经过工会同意，无工会者得到劳资会议同意即属合法，劳工即应服从之，不过，劳工若有健康或其他正当事由，不能接受加班工作者，劳工得拒不加班，雇主不得强制之(见"劳动基准法"第42条)。[③] 第二，否定说。工会或劳资会议的同意及个别同意并非相斥的两个要件，应依劳动基准法之劳动保护的立法意旨，将两者解释为雇主欲实施例外工时制度之双重要件。[④] 雇主如有加班之必要时，除依照法定程序取得工会或劳资会议同意后，对于须

---

① 周兆昱:《现行法下劳资会议决议法律效力之研究:以法院判决评释为中心》,载《台湾劳动评论》第3卷第2期。

② 张鑫隆:《劳动条件之集体决定与工时制度之法政策》,载《台湾劳动法学会学报》第10期。

③ 黄程贯:《劳动法》,台湾空中大学出版社1997年版,第418页。

④ 张鑫隆:《劳动条件之集体决定与工时制度之法政策》,载《台湾劳动法学会学报》第10期。

从事加班之特定劳工,仍须取得其同意,个别劳工始负加班之义务。[①] 第三,团体协约、劳动契约或工作规则规定说。雇主若欲实施延长工时,必须有劳动契约上之根据。所谓劳动契约上之根据,一般而言,系指团体协约、劳动契约以及工作规则,不一定要取得劳工个人的同意。[②]

加班属于法定正常工作时间之例外情形,必须课以严格的要件和程序。雇主要求劳工加班,除须经工会或劳资会议同意之外,还必须取得劳工的同意。主要理由是:第一,工作时间属于劳动契约的重要内容。雇主要求劳工延长工作时间,涉及劳工的时间主权和自由生活。劳动契约虽因劳动从属性和严重附合化而规范功能减少,然劳动契约由本人以意思表示同意的特质以及给与当事人为自身利益把关的机会不容剥夺,以保证劳工的时间主权不受侵害。第二,劳动过程是劳动力和生产资料相结合的使用过程,虽然工会和劳资会议可以就是否同意延长工作时间作出决定,但真正参与劳动过程履行加班义务的是劳工本人。由于不同劳工的身体状况、家庭情况、兴趣爱好、时间安排等各不相同,工会或劳资会议同意加班的决定很可能对劳工的身心健康和个人生活产生不利影响。第三,工会是以劳动条件之维持、向上为目的,并为此目的而受特别保护之团体,故其本质上是一种代表劳工利益的组织。[③] 但是工会作为一个法人,工会的利益与工会会员的利益不会完全一致,工会亦有可能以利益交换来同意雇主提出的不利于劳工的工时制度。所谓应征得劳工本人的同意,不是指"只要雇主有事先取得劳工概括同意,劳工有亲口答应愿意在必要时配合公司需求加班的话,雇主命令劳工加班就不违法",而应指"雇主每次命令加班前,都要商请劳工同意"。[④] 雇主若以团体协约、劳动契约、工作规则等概括取得劳工对于延长工时同意的效力,不仅无法达到缓和劳动契约从属性的效果,更加深了雇主对于时间主权之掌握程度,将有违劳动基准法保障劳工最低劳动条件之立法意旨,更不利于促进劳工工作与生活的平衡。[⑤] 雇主经工会或劳资会议同意后,如果劳工之前同意加班之后不愿意加班,雇主

---

① 台湾劳动法学会编:《劳动基准法释义——施行二十年之回顾与展望》,台湾新学林出版股份有限公司2009年版,第374页。

② 王能君:《劳动基准法上加班法律规范与问题之研究——日本和中国台湾之加班法制与实务》,载《台北大学法学论丛》总第81期。

③ 陈建文:《工会行动权的事理思考与法理探讨》,载《台湾劳动法学会学报》第9期。

④ 邱骏彦:《劳工有加班的义务吗?》,载《劳动法教室》第100期。

⑤ 林建德:《工作与生活调和——以工时制度为中心》,东华大学2013届硕士学位论文。

不能强制劳工加班；如果劳工之前不同意加班之后同意加班，雇主要求劳工加班并不违法。基于忠实义务和劳资合作精神，雇主确有加班的合理性和必要性时，劳工应尽量配合雇主的加班要求。[①]

(二)雇主要求劳工加班应同时具有客观必要性

工作时间是劳工按照劳动合同的约定履行劳动义务的时间，准时上班下班本属当然，延长工作时间则是例外，劳工并无于法定或约定工作时间之外劳动的义务。由于加班将加重劳工的身心负担，影响劳工的家庭生活和社会生活，对劳工具有重大不利益，因此，"劳动基准法"第 32 条第 1 项规定，"雇主有使劳工在正常工作时间以外工作之必要"，经工会或劳资会议同意加班后，方得延长工作时间。如果没有"在正常工作时间以外工作之必要"，仍不能强使劳工加班。即使雇主已经获得工会或劳资会议的同意并且有劳动契约上之依据而取得加班命令权，若无必要而命令劳工加班时，仍有可能构成加班命令权的滥用。[②] 至于是否具有延长工作时间的必要，须分别就事业单位之内部运作与外部市场状况加以讨论。就内部运作而言，包括实施延长工时之业务内容、部门、方式与时间数等；就外部市场状况而言，例如景气繁闲、订单多寡与交货时程等，均须综合加以考量。[③] 若雇主不具有加班的必要性，仍执意强迫劳工工作，应认为其滥用加班命令权。即使雇主确有须使劳工在正常工作时间以外工作之必要，劳工如果有不得已之事由而无法加班，雇主的加班命令仍有可能构成滥用加班命令权而无效。[④]

(三)雇主要求劳工加班应征得劳工同意的法定例外

1、天灾、事变或突发事件。台湾地区"劳动基准法"规定：因天灾、事变或突发事件，雇主有使劳工在正常工作时间以外工作或者于星期例假日、法定节

---

① 台湾地区《劳工值日(夜)应行注意事项》规定：劳工值日(夜)工作，本部认定非正常工作之延伸，基此，就法理而言，劳工并无担任值日(夜)之义务。事业单位如确有必要要求劳工值日(夜)，须征得劳工同意，而基于劳资合作之精神，劳工自应尽量与雇主配合。

② 王能君：《劳动基准法上加班法律规范与问题之研究——日本和台湾之加班法制与实务》，载《台北大学法学论丛》总第 81 期。

③ 李玉春：《劳工工作时间之契约法规范——抑制延长工时之契约法思考》，2011 年度劳动基准法实务争议学术研讨会论文手册。

④ 王能君：《劳动基准法上加班法律规范与问题之研究——日本和中国台湾之加班法制与实务》，载《台北大学法学论丛》总第 81 期。

假日、特别休假日等加班工作,雇主得不经工会、劳资会议同意,径行命令劳工加班,但应于延长工时开始后二十四小时内通知工会,并报当地主管机关核备。加班时间除工资加倍发给外,并应于事后补假休息,[①]违者处新台币2万元以上30万元以下罚锾。[②] 由于"天灾、事变或突发事件"事属急迫,若要事先得到工会或劳资会议的同意,势必缓不济急,所以雇主如认为确有必要时,即得命令劳工加班,不必征得劳工的同意。[③] 基于忠实义务,在紧急状况下,如未造成劳工权益的严重损害,劳工应有加班的义务。[④]

2. 特定性质或特定行业劳工加班不受限制。公用事业影响国计民生,涉及重大公共利益。"为有效提供必要的公共服务,(标准工作时间的)豁免安排实属必须。对个别工种或行业来说,豁免安排也是不可或缺的。常见的豁免形式是'按职业或职责'豁免。"[⑤]台湾地区"劳动基准法"第33条规定:"第三条所列事业,除制造业及矿业外,因公众之生活便利或其他特殊原因,有调整第三十条、第三十二条所定之正常工作时间及延长工作时间之必要者,得由当地主管机关会商目的事业主管机关及工会,就必要之限度内之命令调整之。"由于程序上只是"会商",无须征求工会的同意。[⑥] 同法第41条规定:"公用事业之劳工,当地主管机关认有必要时,得停止第三十八条所定之特别休假。假期内之工资应由雇主加倍发给。"基于公共利益,法律亦未规定雇主要求劳工于休假日上班应征得工会、劳资会议和劳工的同意,亦未要求雇主应给劳工补假休息。

---

① 劳动关系建立在劳动给付和工资给付的基础上。如果说劳动给付是工资的本质之源,工作时间就是工资计算的外在依据。雇主要求劳工延长工作时间,其实质是对工作时间制度的一种变动,并在雇主和劳工之间形成了新的权利义务关系,雇主有给付延长工作时间之劳动给付对价的义务。其目的是透过要求雇主给与经济补偿,来减少雇主任意延长工作时间或例假日工作的情形以保护劳工,不使其工作时间过长。

② 参见"劳动基准法"第32条、第40条、第79条。

③ 王能君:《劳动基准法上加班法律规范与问题之研究——日本和中国台湾之加班法制与实务》,载《台北大学法学论丛》总第81期。

④ 杨通轩:《个别劳工法》,台湾五南图书出版股份有限公司2011年版,第265页。

⑤ 香港劳工处:《标准工时政策研究报告》,2012年,第4页。

⑥ "劳动基准法"第3条规定:"本法于左列各业适用之:一、农、林、渔、牧业。二、矿业及土石采取业。三、制造业。四、营造业。五、水电、煤气业。六、运输、仓储及通信业。七、大众传播业。八、其他经中央主管机关指定之事业。"

四、未经同意加班行为的法律后果

(一)雇主未经工会或劳资会议同意强制加班的法律后果

工作时间属于劳动基准法的组成部分。根据台湾地区“劳动基准法”第79条,如果雇主未经工会、劳资会议同意强制延长工作时间或者要求劳工于例假日工作的,处新台币2万元以上30万元以下罚锾(第1项第1款);劳工行政主管部门得公布事业单位或事业主之名称、负责人姓名,并限期令其改善;届期未改善者,应按次处罚(第3项)。通过“两罚制”的制度设计,并强化劳动检查措施,以充分发挥劳动基准法抑制加班的功能。

(二)雇主取得工会或劳资会议同意后强制劳工加班的法律后果

劳动权是一项基本人权。劳动关系具有人身性和财产性,劳动与劳动者的人身不能分离。从保障人权和劳动者的身心健康考虑,雇主不得违背劳动者的意愿强迫劳动。即使工会、劳资会议同意加班,但劳工不同意延长工作时间或者于法定节假日工作的,雇主仍不得强制加班或对不加班者予以扣发全勤奖金等不利益待遇。如台湾行政函释就明确指出:“‘劳动基准法’第三十七条明定纪念日、劳动节日及其它由‘中央’主管机关规定应放假之日,系劳工法定权益,劳工于上述放假期间不同意照常工作,雇主不应作为扣发全勤奖金之依据。”[①]但是,“雇主如依‘劳动基准法’第三十九条规定事前经征得劳工同意于休假日工作,劳工即有在该休假日工作之义务,如劳工届时未到工,除事先告知雇主或有正当理由者外,得由劳资双方约定,予以旷工处分”[②]。

(三)劳工未经雇主同意自行加班的法律后果

根据台湾地区“劳动基准法”第32条,雇主要求劳工加班应符合法定的条件和程序,并依法支付加班费,唯此延长工作时间之规范方式系基于雇主利益取向之单向规定。但若劳工主动加班,雇主是否有受领劳动给付的义务并给付加班费?台湾地区各界有不同见解:第一,否定说。劳工在正常之工作时间

---

① 1987年1月15日台内劳字第468376号函。

② 1987年1月6日台内劳字第462952号函

外,为雇主延长工作时间,本不在雇主预期范围内,是其延长工作时间之提供劳务,自须基于雇主明示或可得推知之意思予以准许外,劳工始得向雇主请求延长时间之报酬,盖劳工并无强使雇主受领劳务给付之理。[①] 第二,劳工举证说。劳工自行将下班时间延后,须举证证明其延后下班时间系因工作上之需要,方能请求延长工作时间之工资。[②] 第三,支付正常工时之工资说。根据台湾地区"劳动基准法"第24条关于"雇主延长劳工工作时间者"应加成给付工资规定之反面解释,劳工亦得请求雇主延长工时,唯雇主不需负担额外之加班费用,仅需给付正常工时之薪资即可。[③]

依债法原理,除有特殊规定外,债权人并无受领义务,债务人之债务亦并不因受领迟延而消灭,仅其责任得消极减免而已。劳动法虽然没有规定雇主有受领劳务的义务,不过,根据劳动契约有人格属性的特质,与其他一般契约不同,根据诚信原则劳动契约有一系列的附随义务,由于提供劳务的过程对劳工也是人格开展的一种形式,而保护人格权属雇主附随义务,所以应承认在劳动契约中,雇主受领劳务不仅是权利,也是义务。[④] 但若在法定或约定工作时间以外,劳工是否有主张加班的权利,雇主是否有受领劳动给付的义务及是否应支付加班费,需要具体分析。

1、工作时间是劳动基准法的重要组成部分,工作时间的标准长度和最长限度由法律直接规定,劳资双方均有守法的义务,不得任意突破限制。不仅雇主不得任意延长工作时间,也禁止劳工为获得加班费而"自愿"延长工作时间。因为即使是自愿加班,长时间的劳动也会对劳工的身心健康和家庭幸福造成损害。"根据法律规定,雇主延长工作时间应当加成给付工资,有助劳工赚取更高收入,但这或会鼓励雇员为了金钱回报而增加超时工作的时间,最后导致部分雇员的工时更长;而更长工时亦会对安全与健康带来负面影响(例如压力及意外)。雇员的个人生活时间减少了,他们就更难平衡工作与家庭之间的责任,在有些情况下最终令他们工作与生活失衡。"[⑤]

2、为避免劳资双方因加班和加班费问题发生争论,原则上应于团体协约、

---

① 台湾高等法院2007年度劳上字第58号判决。

② 台湾"最高"法院2012年度台上字第792号判决。

③ 林建德:《工作与生活调和——以工时制度为中心》,东华大学2013届硕士学位论文。

④ 刘士豪:《劳动关系中雇主受领劳务迟延之研究》,载《台北大学法学论丛》第57期。

⑤ 香港劳工处:《标准工时政策研究报告》,2012年,第36页。

劳动契约或工作规则中明确规定，劳工确因业务需要必须于工作时间以外加班劳动的，应事先填写加班申请单，载明加班理由及所需要的时间，经主管领导核准后始得加班，以作为付出加班劳动并获得加班费的证据。劳工未依前述规定申请加班，其加班时间不予认定，亦不得报支加班费。

3、在实践中，劳工未经雇主同意"自愿"加班是否属于加班时间以及能否获得加班费，需要回归工作时间的本质进行分析。工作时间是劳工在雇主的指挥命令之下"受拘束的时间"。工作时间的判断标准如下：第一，强制性。某项活动是基于雇主强制劳工参加，还是任由劳工自愿选择参加。第二，业务相关性。劳工从事的活动与履行劳动给付义务是否具有高度关联性。第三，利益性。劳工参加活动的目的，是为了促进雇主的利益还是为了劳工个人的利益，或者同时强化雇主和劳工的利益。对于实务中劳工"自愿"延长工作时间是否属于工作时间，必须综合强制性、业务相关性和利益性以及其他标准进行综合判断：雇主故意给劳工布置大量的在正常工作时间无法完成的工作，劳工不得不延长工作时间以完成该工作，即使雇主明确声明拒绝加班也不会支付加班费，该延长工作时间仍应认定为工作时间，但若劳工故意将正常工作时间内可以完成的工作放在"延长工作时间"完成，劳工在"延长工作时间"内"加班"干私事，劳工向雇主明确表示愿意义务劳动等，该"延长工作时间"不属于工作(加班)时间。如果劳工未经雇主同意自行加班的时间能够被确认为工作时间的，雇主必须加成给付加班工资，而不应如论者所言，雇主"仅需支付正常工时之工资"。

"利益争议"处理机制的缺失与建立

徐小洪*

【摘要】 中共中央国务院《关于构建和谐劳动关系的意见》提出,"依托协调劳动关系三方机制完善协调处理集体协商争议的办法,有效调处因签订集体合同发生的争议和集体停工事件"。在制度设计上,"利益争议"协商协调处理机制缺乏有效规范;工会无法有效参与处理。在现实中,"利益争议"主要表现为三种形式"劳工群体事件""签订集体合同争议""拒绝集体协商"。"利益争议"处理机制缺失导致劳资冲突转化为劳政冲突,极端的表现就是迫使执政者动用刑法对付劳动者,迫使劳动者将劳资矛盾指向政府,指向法律,甚至执政党。

【关键词】 签订集体合同争议 拒绝集体协商争议 协商协调处理机制

随着中国集体劳动关系的发展,"利益争议"增多与对其无有效处理机制的冲突日益显现。本文对"利益争议"处理机制缺失的现状与建立的可能性进行分析。

---

* 徐小洪,北京明德劳动关系与就业研究所研究员,经济学教授,主要研究方向为劳动关系。

一、"利益争议"协调处理机制缺乏有效规范

(一)将无序的"劳工群体事件"(群体性劳动争议)引入有序的集体协商制度

从特定角度出发,劳动争议可以分为权利争议和利益争议。权利争议,一般是指劳资双方在实现法律、集体合同和劳动合同规定的权利和义务过程中发生的争议,权利争议的处理以法律法规、集体合同和劳动合同为依据,大多数国家都基本上采取司法救济程序来解决。利益争议,是劳资双方当事人基于经济社会状况之变迁与发展,对于将来构成彼此间权利义务内容之劳动条件,主张继续维持现存条件或应予变更调整之争议①。对利益争议处理,一般需要通过劳资双方协商、谈判,同时,为促成妥协与合作,允许双方依法进行产业行动,如果陷入僵局,第三方介入进行协调。

当前,我国"利益争议"集中体现在"劳工群体事件""签订集体合同争议"和"拒绝集体协商争议"。较规范的集中在"签订集体合同争议"和"拒绝集体协商",同时,制度安排是试图将无序的劳工群体事件引入有序的集体协商制度。

(二)现行劳动争议处理制度对"利益争议"("签订集体合同争议"和"拒绝集体协商争议")缺乏规范

1. 签订集体合同发生争议。《劳动法》规定,"因签订集体合同发生争议,当事人协商解决不成的,当地人民政府劳动行政部门可以组织有关各方协调处理"。劳动部《集体合同规定》第 49 条,集体协商过程中发生争议,双方当事

---

① 台湾地区黄越钦先生说,劳资间发生争议虽然原因甚多,但归纳之不外乎以下两者:一为契约当事人一方不依约定履行,即违约是也;另一种情形则为履约方面并无问题,但当事人却认为基于经济、社会条件的变动,依约履行已经不能满足其希望,故必须重新修改约定。……所谓调整事项之劳资争议,依同法(指台湾地区的劳资争议处理法——引者注)第 4 条第 3 项之规定,则是指劳资双方当事人对于劳动条件主张继续维持或变更之争议。换言之,系劳资双方当事人基于经济社会状况之变迁与发展,对于将来构成彼此间权利义务内容之劳动条件,主张继续维持现存条件或应予变更调整之争执,例如工资、奖金、津贴之增加、工时之减少等调整之争议。简而言之,即是"换约"或"缔约"问题。黄越钦:《劳动法新论》,中国政法大学出版社 2003 年版,第 319 页。

人不能协商解决的，当事人一方或双方可以书面向劳动保障行政部门提出协调处理申请；未提出申请的，劳动保障行政部门认为必要时也可以进行协调处理。第50条，劳动保障行政部门应当组织同级工会和企业组织等三方面的人员，共同协调处理集体协商争议。一些地方性法规有些具体规定，如《浙江省集体合同条例》第39条，劳动者一方与用人单位因签订集体合同发生争议，应当协商解决。协商不成的，任何一方可以向有管辖权的人力资源和社会保障主管部门申请协调处理。人力资源和社会保障主管部门可以组织同级工会、有关主管部门以及企业代表组织协调处理。人力资源和社会保障主管部门处理因签订集体合同发生的争议，应当自受理之日起三十日内结束协调处理。争议复杂需要延期的，延长时间最长不得超过十五日，并应当向争议双方书面说明延期理由。

显然，签订集体合同发生争议时，如何协商、协调或协调不成如何解决，均无具体规范。

2. 用人单位无正当理由拒绝工会或职工代表集体协商。《工会法》规定，“违反本法规定，有下列情形之一的，由县级以上人民政府责令改正，依法处理：……(四)无正当理由拒绝进行平等协商的”。《集体合同规定》规定，用人单位无正当理由拒绝工会或职工代表提出的集体协商要求的，按照《工会法》及有关法律、法规的规定处理。一些地方性法规有些具体规定，如《浙江省集体合同条例》第42条用人单位违反本条例规定，有下列情形之一的，由人力资源和社会保障主管部门给予警告，责令其限期改正：(1)不按规定进行集体协商、签订集体合同的；(2)拒绝或者拖延另一方集体协商要求的；(3)阻挠上级工会指导下级工会和组织职工进行集体协商、签订集体合同的。

显然，用人单位无正当理由拒绝工会或职工代表集体协商时，如何限期改正，不改正如何处理等无具体规范。

3. 无有效机制进行处理的典型案例。沃尔玛(湖南)百货有限公司常德水星楼分店工会委员会“履行集体合同纠纷”的仲裁。工会诉求之一是“责令被申请人与申请人就闭店问题进行集体协商”。常德市劳动人事争议仲裁委员会仲裁裁决书〔2014〕常劳人仲字50号裁决为，“就集体协商本身而言，无论是《集体合同规定》《湖南省集体合同规定》等规定，还是双方签订的《集体合同书》的约定，均只明确‘一方提出集体协商，另一方应予回复，无正当理由不得拒绝集体协商’，并未就不予回应的一方应承担何种责任或如何承担责任予以规定或约定。而仲裁委并非行政执法部门，亦无权作出‘责令’任何一方进行协商的裁决”。结果以没有规范为理由裁决工会败诉。

二、工会无法有效参与处理集体劳动争议,特别是"利益争议"

(一)工会参与及协调处理集体劳动争议制度的缺陷

集体劳动争议可分为三类:集体劳动争议(10 人以上,共同请求)、团体争议(集体合同争议)和劳工群体事件。

现行工会处理集体劳动争议制度。《工会参与劳动争议处理试行办法》(1995 年)第六章"参与处理集体劳动争议"规定如下:第 26 条规定,发生集体劳动争议,用人单位工会应当及时向上级工会报告,依法参与处理。工会参与处理集体劳动争议,应积极反映职工的正当要求,维护职工合法权益。第 27 条规定,因集体劳动争议导致停工、怠工的,工会应当及时与有关方面协商解决,协商不成的,按集体劳动争议处理程序解决。第 28 条规定,因签订和履行集体合同发生争议,用人单位工会可以就解决争议问题与用人单位平等协商。第 29 条规定,因签订集体合同发生争议,当事人双方协商解决不成的,用人单位工会应当提请上级工会协同政府劳动行政部门协调处理。第 30 条规定,因履行集体合同发生争议,当事人双方协商解决不成的,可以向劳动争议仲裁委员会申请仲裁;对仲裁裁决不服的,可以自收到仲裁裁决书之日起 15 日内向人民法院提起诉讼。上级工会依法律法规的规定及本办法参与处理。根据以上规定,工会参与处理集体劳动争议制度可做以下解读:

其一,《中华人民共和国劳动争议调解仲裁法》规定,"劳动者一方在十人以上,并有共同请求的,可以推举代表参加调解、仲裁或者诉讼活动"。显然,此项规定表明可以没有工会参与。

其二,集体合同争议,可以分类为以下三种情形:第一种情形是,签订集体合同发生争议。如上所述,《劳动法》、劳动部《集体合同规定》作了相应规定。第二种情形是,履行集体合同发生争议。《工会法》规定,"因履行集体合同发生争议,经协商解决不成的,工会可以向劳动争议仲裁机构提请仲裁,仲裁机构不予受理或者对仲裁裁决不服的,可以向人民法院提起诉讼"。第三种情形是,用人单位无正当理由拒绝工会或职工代表集体协商。如上所述,《工会法》《集体合同规定》作了相应规定。从《工会法》《劳动法》《集体合同规定》等的相应规定中可以看到,签订集体合同发生争议时,工会是协商或协调的一方,但如何协商、协调或协调不成如何解决,均无具体规范。履行集体合同发生争议时,工会是提请仲裁或提起诉讼的主体;用人单位无正当理由拒绝工会或职工代表集体协商时,工会是向县级以上人民政府提出要求的一方,但如何限期改正,不改正如何等也无具体规范。

其三,劳工群体事件。《工会法》第27条规定,企业、事业单位发生停工、怠工事件,工会应当代表职工同企业、事业单位或者有关方面协商,反映职工的意见和要求并提出解决意见。对于职工的合理要求,企业、事业单位应当予以解决。工会协助企业、事业单位做好工作,尽快恢复生产、工作秩序。显然,工会是代表职工反映职工合理要求的一方,但对"合理要求"及如何代表停工、怠工职工无具体规范。

(二)"利益争议"与"维护合法权益"发生冲突

《工会法》第27条中的"职工的合理要求""签订集体合同发生争议"和"拒绝集体协商争议"是利益争议,是要求变更现有既定的劳动条件或劳动待遇时发生的争议,即在法定权利之外新的权利要求的争议,是争取新的权益。这与中国工会的基本性质"维护'合法权益'"之间发生冲突。《工会法》第2条规定:"中华全国总工会及其各工会组织代表职工的利益,依法维护职工的合法权益。"

(三)以《劳动合同法》第39条解除集体行动劳动者彻底否定了《工会法》第27条的工会代表权

现实中,企业对组织或参与集体行动的工人,往往依据《劳动合同法》第39条第2款、第3款,以停工、怠工"严重违反用人单位规章制度""给用人单位造成重大损害"为由单方面解除劳动合同。一些地方法院在审理案件时大多以《劳动合同法》第39条为依据,判定参与集体行动的工人严重违纪从而支持企业的单方解除权。另外,个别引用其它法律依据的判例,最终也认为不能否定企业根据《劳动合同法》第39条所享有的劳动合同解除权。[①]《工会法》第27条规定,"企业、事业单位发生停工、怠工事件,工会应当代表职工同企业、事业单位或者有关方面协商,反映职工的意见和要求并提出解决意见。对于职工的合理要求,企业、事业单位应当予以解决。工会协助企业、事业单位做好工作,尽快恢复生产、工作秩序"。发生停工、怠工事件时,工会具有代表

---

① 深圳中级法院判卷书,(2012)深中法劳终字第4015—4030号。

职工进行协商的权利,亦即,参与停工、怠工事件的职工应当由工会作为其代表与单位进行协商。但是,如果参与停工事件的职工被解除劳动合同,并被认定为合法解除,那么他们就不可能再由工会来代表了。因为,当被解除劳动合同时,这些职工就已经不再是该企业的职工,也就不是该企业工会会员了。因为,中国工会是企业化工会,以劳动者与某一用人单位有劳动关系,成为某一用人单位职工,领取其工资为会员资格。《中国工会章程》第 1 条规定,"凡在中国境内的企业、事业单位、机关和其他社会组织中,以工资收入为主要生活来源或者与用人单位建立劳动关系的体力劳动者和脑力劳动者,不分民族、种族、性别、职业、宗教信仰、教育程度,承认工会章程,都可以加入工会为会员"。中国工会是以工资或劳动关系为会员资格的会员代表者、维护者,也就是说,有工资或有劳动关系的会员或职工才是工会的被代表者、被维护者。显然,解除劳动者、工会会员劳动合同就否定了工会的代表权和维权权。

三、"利益争议"处理机制缺失导致劳资冲突转化为劳政冲突

劳资"利益争议",工人要求集体协商,资方拒绝,工会出局,工人进行罢工,法律无法应对,对工人进行行政拘留、刑事拘留,形成劳政冲突。

1. 利益争议中,政府、劳动部门、资方,甚至工会形成守法的,共同对付追求合理要求的劳动者的一方。在利益争议中,政府、劳动部门、工会、资方都要求依法处理:资方守法,政府、劳动部门执法,工会维护合法权益;但劳动者不认同,认为不合理,进行罢工。结果:政府依法处理:行政拘留、刑事拘留;劳动部门依法处理,罢工认定为旷工,资方依法解除劳动合同。更有意义的是,在资方拒绝集体协商和劳资协商不成时,现行规范均要求政府劳动部门和政府出面解决:资方拒绝集体协商,由县级以上人民政府责令改正,依法处理;协商不成,劳动保障行政部门协调处理。但政府和劳动部门处理的原则是"依法处理",但利益争议实际上是无法"依法处理",如果能依法处理,实际上也不会发生此类事件了,因一开始,资方就要求"依法处理",而劳动者不愿意。同时,政府、劳动部门、资方"依法处理"的法是调整个别劳动关系的法,而并不是调整集体劳动关系的法,这显然是法律错位。显然,此时,政府、劳动部门、资方,甚至工会站在了一起,共同依法对抗劳动者。

2. 由此导致的恶性结果是,迫使执政者动用刑法对付劳动者、迫使劳动者

将问题指向政府,指向执政者。劳资矛盾直接转化为劳政矛盾,极端的表现就是迫使执政者动用刑法对付劳动者(对劳资冲突中的劳动者动用刑法是早期资本主义劳资关系的特征之一)。有学者分析2014年劳动者集体行动,得出的结论是,“劳动争议案件正在向治安刑事案件转化的趋势”。更有劳工学者兼劳工律师在微信中描述,“2014年,13名工人代表被刑事起诉,9名工人代表被刑事拘留,不少于240名工人被行政拘留,不少于1000名工人被拘传和临时关押,不少于2000名工人因参加集体行动被报复性开除”。同时,也迫使劳动者将问题指向政府,指向执法者。如因劳资冲突被判处有罪的广州某工人在《自辩书》中说:“真正有罪的是那些利用人民赋予的权力肆意侵袭工人合法权益的强权。他们可以随意践踏国家法律,站在这被告席上的应该是他们而不是我们这些无辜的工人。”也有人指出,“有一些工人,虽然因带领工人维权被判刑,但从监狱出来后反而成为一个成熟的劳工维权人士”。

今天,经济上,有可能出现制造业倒闭潮,外资大量撤资,企业解散,劳动合同终止;劳动者可能采取集体抗争、集体行动(而不再是个体行为);出现超出现行劳动争议处理法律框架的“利益争议”,这些已经成为现实,甚至可能成“燎原之势”,更为严峻的是我们应对无力,甚至措手无策。也正因如此,中共中央、国务院《关于构建和谐劳动关系的意见》中明确要求,“依托协调劳动关系三方机制完善协调处理集体协商争议的办法,有效调处因签订集体合同发生的争议和集体停工事件”。各地地方政府也进行制度创新。

四、制度演进与创新

(一)广东、上海制度创新

1. 压缩集体协商内容的《广东企业集体合同条例》

(1)劳资双方针对集体协商制度展开博弈。2014年,广东企业集体合同条例进行修订,劳资双方针对集体协商制度展开了博弈。比如,集体协商的内容,最初,广东省企业集体协商和集体合同条例(修订草案征求意见稿)一稿中,集体协商内容较为广泛,如,第7条,“职工一方可以就下列多项或者某项内容与企业进行集体协商,签订集体合同:(一)劳动报酬;(二)工作时间;(三)休息休假;(四)劳动安全与卫生;(五)补充保险、福利;(六)女职工、未成年工特殊保护;(七)劳务派遣人员权益保护;(八)职业技能培训;(九)劳动合同管

理;(十)奖惩;(十一)裁员;(十二)集体合同期限;(十三)变更、解除集体合同的程序;(十四)履行集体合同发生争议时的协商处理办法;(十五)违反集体合同的责任;(十六)双方认为应当协商的其他内容"。

但是,劳动者仍然要求增加集体协商内容,如"深圳打工者中心"提出,"1、建议第七条:增加工作岗位、工厂规章制度的拟定与修改、因客观原因无法履行劳动合同的处理、工会的权利。理由:根据劳动合同法,工厂的规章制度应当经职工代表大会或者全体职工讨论,提出方案和意见,与工会或者职工代表平等协商确定。因此在集体合同中亦应当包括此方面。现实情况中,劳动者常受到工厂变相调岗或解除合同而无计可施,相关的权益及赔偿往往得不到保障;另外,很多企业现时并没有工会或工会不能正常履行职责,使致工人未能行使工会的权利而显得更加薄弱。2、建议第八条第二款:增加女职工四期待遇、工伤(职业病)工资待遇。理由:在女职工特殊时期及劳动者发生工伤后,往往得不到人性化的对等"。

同时,资方表示反对,《香港六大商会〈广东省企业集体合同〉的意见》中表示,"企业是其投资者的私有产权,投资者对此应拥有自主经营的基本权利。然而《修订草案》涉及集体协商事项众多,几乎涵盖了企业运营的绝大部分环节,令企业自主经营权不复存在"。"《修订草案》所列出的协商内容都是国家的政策法规已有明确规定的,中国政府对保障劳动者权益已制订了不同的法律法规,包括工会法、劳动法、劳动合同法、'五险一金'社会保障制度、生产安全等。就这些已有法规规定的事项进行协商,实质含义便成为职工可以不受政策法规约束,不按市场规则向企业提出无底线的要求。"

(2)压缩集体协商内容。广东省企业集体合同条例(修订草案修改二稿征求意见稿)删除了第一稿中的"(七)劳务派遣人员权益保护;(八)职业技能培训;(九)劳动合同管理"。最终通过实施的第三稿《广东省企业集体合同条例》(2014 年 9 月 25 日广东省第十二届人民代表大会常务委员会第十一次会议通过)作了更多的删除,删除第二稿中的"(六)奖惩,主要包括劳动纪律、考核奖惩制度和奖惩程序;(七)裁员,主要包括裁员的方案、裁员的程序、裁员的实施办法和补偿标准"。

(3)"压缩集体协商内容"是试图消解集体劳动关系。"压缩集体协商内容",似乎是减少集体协商制度与现行劳动法律制度的冲突。实质上,其一是虚化集体协商制度[①],其二是试图将集体劳动关系消解,试图用调整个别劳动关系的劳动法律取代集体协商制度。集体协商制度是调整利益冲突的制度,是调整集体劳动关系的制度,而现行劳动关系调整体制的特征是试图将集体劳动关系消解,都转化为个别劳动关系进行调整,所以,现行劳动法律基本上都是调整个别劳动关系的制度。用调整个别劳动关系的制度来调整集体劳动关系本质上就是法律错位!而且不可能成功,结果肯定是用刑法来对付集体劳动关系。

2. 广州市通过劳动关系三方机制建立调停制度

《广州市劳动关系三方协商规定》(2011年9月22日广州市第十三届人民代表大会常务委员会第44次会议通过,2011年11月30日广东省第十一届人民代表大会常务委员会第30次会议批准,2011年12月14日公布,自2012年1月1日起施行)第17条,"劳动关系集体协商过程中出现下列情形之一的,争议双方均可以向三方协商会议办公室提出调停申请:(一)签订集体合同过程中发生争议的;(二)因重大意见分歧导致集体协商无法继续进行的;(三)出现集体停工、怠工的;(四)出现其他需要调停的情形的。"用人单位发生劳动者集体停工、怠工事件,当事人未提出调停申请的,用人单位所在地的区、县级市三方协商会议应当主动进行调停,并对调停申请的提出、费用、调停程序、调停员的资格审查和日常管理等作了详尽的规定。

3. 制定"签订集体合同争议"和"拒绝集体协商争议"协商协调处理规则

近来,有些地方已经对"签订集体合同争议"和"拒绝集体协商争议"协调处理制度作了进一步的细化。比如,广东和上海。

《广东省企业集体合同条例》对"签订集体合同争议"和"拒绝集体协商争议"协调处理作了进一步的细化。如,规定了原则:"第三十一条,职工方和企业应当根据事实,遵循合法、有序、平和的原则,处理集体协商争议。"规定增加调解组织,如第32条的"基层人民调解组织或者具有劳动争议调解职能的组织"、第33条的"企业所在地地方总工会"、第34条的"企业方面代表"、第35条的"集体协商专家名册中指定人员"、第36条的"各级人民政府应当统筹协

---

① 集体协商应当包含哪些内容,确实是一个可以讨论的问题,比如,美国规范的强制性谈判主题和许可性谈判主题。可参见[美]罗伯特·A. 高尔曼:《劳动法基本教程——劳工联合与集体谈判》,马静、王增森、李妍、刘鹏飞译,中国政法大学出版社2003年版,第156页。

调人力资源社会保障、公安、司法行政、国有资产监督管理机构等有关部门,会同地方总工会、企业方面代表组织"。明确调解协议的效力:"争议经调解达成协议的,职工和企业应当履行。"规定了公共部门发生在集体协商过程中发生停产、停业等事件时,政府的职权:"当地人民政府可以根据实际情况发布命令,责令上述企业事业单位、职工停止该项行为,恢复正常秩序""当地人力资源社会保障行政部门、政府有关部门、地方总工会、企业方面代表组织应当指导和督促双方开展集体协商,化解矛盾。"

今年修订后的《上海市集体合同条例》也对协商协调处理机制作了进一步的细化。如,增加"指导"环节:"第三十四条,职工一方或者企业一方无正当理由拒绝或者拖延另一方的集体协商要求,或者双方在集体协商过程中不能达成一致或者签订集体合同的,职工一方可以提请上级工会、企业一方可以提请企业方面代表进行指导。""职工一方提请指导、协调处理,已建立工会的,由工会提出;尚未建立工会的,由职工一方协商代表提出。"增加处理的法律手段:"第三十九条,企业无正当理由拒绝或者拖延集体协商的,市和区、县总工会可以作出整改意见书,要求企业予以改正。""企业拒不改正的,按照本市公共信用信息管理的相关规定将该信息纳入市公共信用信息服务平台。"

(二)依托协调劳动关系三方机制完善协调处理集体协商争议的办法,有效调处因签订集体合同发生的争议和集体停工事件

1. 现行体制下,这一制度创新可能无法得到有效实现。中共中央国务院《关于构建和谐劳动关系的意见》中提出了这一制度创新的要求,但在现行体制下,这一制度创新可能无法得到有效实现。劳动关系三方机制有效运行的前提是劳资双方都要有自由、独立的组织。国际劳工组织的《三方协商促进履行国际劳工标准公约》明确提及,"现有的国际劳工公约和建议书,尤其是一九四八年结社自由和保护组织权利公约、一九四九年组织权利和集体谈判权利公约及一九六〇年(产业级和国家级)协商建议书中的条款、肯定了雇主和工人建立自由、独立组织的权利,并要求采取措施,促进国家一级的政府当局与雇主组织和工人组织之间的有效协商,以及许多国际劳工公约和建议书的条款都规定了就实施公约和建议书的措施问题与雇主组织和工人组织进行协商"并规定:

第1条,本公约中“代表性组织”一词系指享有结社自由权利的最有代表性的雇主组织和工人组织。

第3条1. 本公约规定的程序中的雇主代表和工人代表应由他们的代表性组织(如存在此种组织)自由选出。

2. 雇主和工人应以平等地位参加从事协商的任何机构。而这个基本前提,大家都明白在中国是不存在的,而且中国特色的特色也就在于不存在自由、独立的劳资组织,亦即,在现行体制是根本否定、排斥独立、自由的劳资组织的。

2. 以台湾地区集体劳动关系的发展为例进行说明。台湾地区黄越钦先生说“劳资争议处理法是争议权行使的规范,而争议权是协约自治模式的核心,继受劳动法制并不继受协约自治模式,争议权的行使自然虚有其名。抑有进者,我们采行的是统合模式,基本上,排斥协约自治,因此有意无意间遂将劳资争议处理法当作‘治安工具’来使用,于是劳资争议处理法即使在政治上解严之后仍没有任何实质上的松绑,更遑论进步。由于目前集体劳动关系法制的基本模式从统合主义出发,即已排斥协约自治,由此一前提展开之规范体系当然距离协约自治目标日远,事实上,从统合主义出发,而希望达到协约自治的结果,乃是一种荒谬的期待。以目前的情况而论,除非调整大前提,修正统合主义改采协约自治模式,让集体劳动法制发挥作用,否则所谓集体劳动关系法制只能形式上存在,或供学理之研究”①。黄越钦先生的法理分析是对现实集体劳动关系的真实反映。据台湾地区王振寰、方孝鼎先生分析,国民党自来台后,对劳资关系采取干预主义的做法。一是劳动法令体系的干预,它扶植工会,另一方面以行政机关介入劳资关系,预防工会演变为国家不能接受的范围的形态。二是戒严体制。戒严法严厉地规范劳工的集体行为,将之视为治安问题以及政治问题,使得劳工的结社权和争议权受严厉的限制,而有利资本家对劳工控制。1987年解除戒严令之后,政治干预消失、劳工运动兴起。1987年,国民党政府宣布解除戒严令,凌驾于劳工法令之上的非常时期法令大多停止适用,对于劳资关系的第二重外部干预撤除大半,担负内部控制任务的国民党党组织与情治人员,失去依傍后影响力逐渐式微,规范劳资关系的工具只剩下劳工法令了。而在此情况下,频繁的劳工集体抗争行动出现,并对当局与资方造成极大的压力。1987年年底、1988年年初,台湾地区发生了战后第一波

---

① 黄越钦:《劳动法新论》,中国政法大学出版社2003年版,第156页。

工潮。在若干中、大型企业，劳工以争取年终奖金为诉求，以罢工、怠工、合法休假(实际上是罢工之手段，掀起数十起重大劳资争议事件。到了 1988 年年底、1989 年年初，年终奖金争议风潮再度掀起，由于在 1988 年间兴起许多自主工会，第二波比第一波工潮更激烈、更广泛。在第一波年终奖金工潮当中，当局尝试以劳工法令规定的程序进行“协调”不过，这种协调通常没有效果。到了第二波年终奖金工潮的时候，当局不再旁观，开始以处理治安问题的手段介入争议。当局派出警察、镇暴部队或检察官，将劳工的争议行为当作破坏社会秩序或破坏私人财产的行为进行压制与调查。

(三)现行体制内，建立“利益争议”协调处理机制过程中，工会可能发挥的作用

1. 法律的目的是实现利益最大化从根本上说，法律是“保护利益”的手段，法律是调整利益冲突，以实现利益最大化的工具。劳资争议，从静态上可以区分“权利争议”和“利益争议”，但动态上可以转化：利益上升为权利，利益是形成中的权利。所以，“利益争议”协商协调处理机制的建立、规则化是劳动关系法治化的需要。

2. 法律依据

(1)“合理要求”。《工会法》第 27 条规定，企业、事业单位发生停工、怠工事件，工会应当代表职工同企业、事业单位或者有关方面协商，反映职工的意见和要求并提出解决意见。对于职工的合理要求，企业、事业单位应当予以解决。工会协助企业、事业单位做好工作，尽快恢复生产、工作秩序。

(2)《劳动法》《工会法》等法律法规的相应规定。如本文第一部分引述的相应规定：签订集体合同发生争议的“协商”“协调处理”。用人单位无正当理由拒绝工会或职工代表集体协商，“责令改正，依法处理”“给予警告，责令其限期改正”。

3. 以“职工的合理要求”为依据，代表职工，与资方协商，并强化工会法律监督和督促

(1)当出现利益争议时，工会应当以《工会法》第 27 条“职工的合理要求”为依据，对“职工的合理要求”进行界定，代表职工与资方协商，并监督和督促有关方“予以解决”。

(2)在资方拒绝集体协商时，《工会法》规定，由县级以上人民政府责令改正，依法处理；《浙江省集体合同条例》规定，由人力资源和社会保障主管部门给予警告，责令其限期改正。以以上法律法规为依据，工会应当坚持“职工的

合理要求”,代表职工,与资方协商,并监督和督促有关部门履行自己的职责。

(3)在劳资双方协商不成时,现行规定“双方协商”,“协商不成”,“人力资源和社会保障主管部门可以组织同级工会、有关主管部门以及企业代表组织协调处理”。显然,在协商和协调时,工会应当坚持“职工的合理要求”,代表职工协商、协调,并监督和督促有关部门履行自己的职责。

(4)在处理集体停工事件时,工会更是应当坚持《工会法》第 27 条,坚持“职工的合理要求”,代表职工进行协商,反映职工的意见和要求并提出解决意见,并监督和督促有关部门履行自己的职责和“予以解决”。

论劳动关系社会协调机制发展的基础、重点与难点

谢天长*

【摘要】 从政府、市场和社会等三个层面看，劳动关系协调机制存在政府机制、市场机制和社会机制三类机制。在劳动关系的常态下，劳动关系社会协调机制是最为直接、最为妥适的协调机制，其基础在于劳动者通过行使团结权与用人单位直接进行利益博弈，直接处分自己的权益。政府避免因其干预并引发劳动者与用人单位对政府的不满，从而使政府成为矛盾的指向对象。劳动关系协调机制发展的重点在于发展合适的社会组织，并建立相应的协商程式。难点在于如何保障党委领导、政府主导与社会协调机制的相生相长，恰当界定三者的作用范围与干预边际。

【关键词】 劳动关系；社会协调机制；基础；重点；难点

在劳动关系的协调机制中，存在政府机制、市场机制和社会机制之别。政府作为公共资源的掌管者和分配的决定者，在劳动者利益保护和劳动关系协调中发挥主导性的作用。同时，政府作为公共利益的维护者，又具维护社会公平和正义的道德责任，应当担负起保护劳动者合法权益、维护劳动力市场秩序的重任。市场则从另外一个利益驱动的角度发挥调节劳动关系的作用。政府和市场在劳动关系协调中具有十分重要的作用和突出的地位。但因为客观上

* 谢天长，男，法学博士，现为福建警察学院法律系教授、现代行政法研究所所长，美国圣地亚哥州立大学（SDSU）访学学者，主要研究社会法、纠纷解决机制。基金项目：福建省社会科学规划基金项目“群体劳动争议治理的法律对策研究”（2013B048）。

存在政府失灵[①]和市场失灵的情形,以及劳动关系本身所具有的广泛性和社会性特征,社会公众不再纯粹寄望于政府和市场来协调劳动关系,而在政府和市场之外寻求社会力量来弥补它们的不足,并形成相关的协调机制,从劳动关系的社会性特征看,劳动关系的主导协调机制还应产生于社会之中。以工会、行业协会、企业家协会、雇主组织、工商联、经营者协会、公益组织、社会调解组织、社会伙伴组织、劳动公共服务组织等各种形式出现的社会组织,都对劳动关系产生一定的影响和调适作用。如何正确认知这些组织的地位,引导它们发挥好对劳动关系的正面作用,形成稳定的劳动关系社会协调机制,从而促进劳动关系的和谐稳定发展,是值得研究的问题。

一、劳动关系社会协调机制发展的重要基础

(一)观念更新是制度发展的基本前提

劳动关系社会协调机制的发展,首先有赖于对这一机制发展的观念更新。观念更新包括:

1. 对政府职能的观念更新。在计划经济体制下,政府是万能的,它管辖的事务几乎囊括了社会生活的全部。市场经济得到发展之后,一部分职能让位于市场调节,通过市场力量自行解决供求平衡问题。伴随着市场生长的是公民自主意识的提升和自我管理的需求,实际上,公民在市场经济的增长中不仅获得较为丰富的物质基础,也获得了自我约束与管理的能力。这种能力的施展需要政府让渡其权力,松绑其对社会的控制,把错误安在政府身上的职能返还给社会[②],有社会通过一定的社会组织实现对公共事务的调节。实际就是在原先完全有政府控制的管理体制中,生发出市场调节协调机制、社会协调

---

① 诺思认为:“国家的存在是经济增长的关键,然而国家又是经济衰退的根源。”意即:一方面,国家通过向不同的势力集团提供不同的产权,获取租金的最大化;另一方面,政府还试图降低交易费用以推动社会产出的最大化,从而获取国家税收的增加。这两个目标常常是背反的,这就是著名的“诺思悖论”。“诺思悖论”描述了国家与社会经济相互联系和相互矛盾的关系,也揭示了国家局限之所在。

② 2013年3月17日上午,十二届全国人大一次会议闭幕后,国务院总理李克强在人民大会堂金色大厅与中外记者见面并回答记者提问。李总理回答有关政府职能转变的提问时说道:“不是说政府有错位的问题吗?那就把错装在政府身上的手换成市场的手。”

机制。对劳动关系的协调，同样存在政府协调、市场协调和社会协调的分化，这也是本文立论的基础。

2. 对市场局限性的进一步认识。这一点已经非常清楚，市场存在很大的盲目性，容易在导致利益目标的单一性，导致唯利是图而忽略社会利益甚至国家、民族的整体利益。

3. 对劳动关系认知的观念更新。劳动关系是现代社会中最基本的社会关系，涉及每一个家庭和个体。劳动关系中的企业，不能仅仅确定为投资人的企业。企业作为一个整体，是社会的，是关乎投资人、劳动者、社区、银行、关联企业和其它社会主体的利益综合体。对劳动关系的认知，要置身于这样的背景下加以考察。唯有如此，才能在简单对应劳动者与雇主之间的这种社会关系中，在宽阔的社会视野中加以体认，才能正确评价。既然劳动关系的社会性是如此的突出，就要注意利用社会力量、培育社会资源来协调劳动关系。从成熟资本主义国家的实践看，政府和个人都无法全面解决劳动关系中的全部问题[①]，而且最主要的问题的最终解决，都要依靠劳动关系的社会协调机制，包括集体协商、劳动规章、社会压力等手段。

4. 对劳动关系协调机制分析框架的观念更新。对劳动关系协调机制的分析，不少人认为已初步实现从强调个别劳动关系协调到集体劳动关系协调的转变[②]。这是不够的。一方面，现有的劳动关系尚未出现完整意义的集体劳动关系，也就没有真正意义上的集体劳动关系协调的问题，需要进一步认识我国劳动关系的现状和特点[③]，并从中分析这种劳动关系状态下劳动关系的协调问题。另一方面，劳动关系的集体协调，不能仅仅限于对三方机制等社会协调机制的研究，还要考虑到劳动关系国际化、分散化之后劳动关系协调机制的其它形式。对劳动关系协调机制的分析，要从平面层面的分析，增加纵向的分析，即从政府、社会、个体(市场)三个层面上来研究劳动关系的协调机制问题，劳动关系既存在政府协调机制，也存在市场调节机制，还有社会协调机制，而且劳动关系的社会协调机制是最为主要的协调机制。社会协调机制不仅指

---

① 王晓龙，陈菁：《调节劳动关系是时代赋予工会的重要使命》. 载《中国党政干部论坛》2009 年 8 期。

② 常凯：《劳动关系的集体化转型与政府劳工政策的完善》，载《中国社会科学》2013 年第 6 期。

③ 游正林：《对中国劳动关系转型的另一种解读——与常凯教授商榷》，载《中国社会科学》2014 年第 3 期。

向某种协调机制,而是诸多协调机制的集合。

5. 对劳动关系领域中发生的争议、纠纷等的观念更新。对劳动关系领域的纷争,甚至是范围比较大、冲突比较激烈的纷争,首先要从经济层面、劳动者与用人单位经济利益冲突的层面来认识,不能动辄上升到政治层面,把这种纷争一概视之为影响社会稳定的群体性事件,进而采取"维稳"的种种不当手段。不注意消解小纷争,甚至纵容用人单位的违法行为①,等到纷争扩大难以控制时,又挤压劳动者的权利空间,或者干脆推向社会。这是十分不负责任的行为。实实在在地面对劳动者与用人单位存在的实际分歧与冲突,拿出具有实际意义的解决方案,就能扎实解决这种纷争。

(二)给予劳动关系社会协调机制以正确的认知

我国的劳动者整体对党和政府重视民生、加快推进经济结构转型、深化分配体制改革是相当满意且高度认同的,这是评价劳动关系社会协调机制发展的政治基础。同时,劳动者存在对加强党的自身建设和推进教育、医疗、就业等公共服务职能具有迫切的期望和要求。这些要求归结为一点,就是要加强利益协调的社会管理能力。在劳动关系协调的层面,除了要增强政府对劳动关系的刚性干预外,就是要发展劳动关系的社会协调能力和协调机制,切实协调好劳动者与用人单位之间的利益关系,这个利益关系包含了党和政府对公共建设的推进强度,也包含了社会分配体制的改革力度。在政府基本完成了劳动法律制度的立法工作之后,政府对劳动者的底线保障,主要在于落实这些法律制度。对劳动者而言,争取底线之上的利益分配,需要劳动者自身的努力。劳动者个体的力量当然有限,实践证明也是难以达到保障劳动者权益的目的。切实可靠的方式就是劳动者组织起来,以集体的力量实现与用人单位平等协商。这才是更为理智的社会机制——政府、劳动和资本三方通过谈判和协商来取得一致的社会机制②,从而在社会初次分配中获得相对合理的份额。

劳动关系的社会协调机制就是在劳动者的需要和现实利益的激励中产生并发展的,是劳动者维护自身权益的一种常态方式和通行渠道。就这种机制

---

① 范晶波:《劳工生存与国家保护:中国劳动监察的现实定位及发展趋向》,载《理论月刊》2013 年第 11 期。

② 李慧:《公平分配:深化改革的出发点和归宿——专访中国社会科学院社会政策研究中心秘书长唐钧教授》,载《领导文萃》2015 年第 3 期

而言，它不关乎国家、民族、政治等范畴，而仅是协调利益的一种方式。这种方式在影响、渗透和调控劳动关系的过程中，呈现自主性、直接性和法律性等特征。

自主性。劳动关系社会协调机制是以劳资双方直接参与[①]、坦诚面对为基础建立起来的协调机制。这个机制中的双方即劳资双方在协调劳动关系和利益时，都是作为直接的利益主体来参与的，他们能够自主地对其中的利益进行处分。他们作为独立的法律主体，能够自主地作出任何决定，无须与其它主体协商。

直接性。劳动关系社会协调机制的双方或者多方，往往就是劳动关系中的直接主体[②]，是利益直接享有者和后果的直接承受者。由劳方和资方为代表的利益关系主体，在劳动关系的协调中十分明了自己的利益之所在，以及利益让渡的空间。他们在协调劳资利益的过程中，能够积极争取权益，也能直接作出让渡，而无须假人之手。

法律性。无论是劳方还是资方，他们自身的行为首先要建立在合法的基础之上，亦即没有违法劳动法律法规的行为，因为违反劳动法律法规定的行为是无可协商和谈判的。同时，就劳资双方的协调程序和结果而言，也要遵守法律法规定的规定，比如信息的公开与透明、不能采取违法的劳资行动，等等。劳资协调的结果，也不能违反法律规定，诸如拒缴个人所得税来满足增资要求，或者以违法裁员的方式来满足在职员工的利益，或者违法用工等。

正确认知和把握劳动关系社会协调机制的这些特性，有助于我们促进对劳动关系社会协调机制重要性和必要性的认识，也有助于如何建设劳动关系的社会协调机制，为劳动关系社会协调机制的发展提出具有实践意义的具体制度设计。

（三）把发展劳动关系社会协调机制纳入社会建设的整体规划中

当前，各方面都在热议如何加强社会建设，讨论比较多的是政府放权和加强社会组织建设。加强社会建设实际尚未有成熟和成型的模式，各方面仍在探索之中。加强社会建设在宏观上至少应从以下方面加以认识：其一，政府要在观念上认识在自身权力的局限性，改变“万能政府”的观念变成“有限政府”

① 王立伟：《内部市场与统一的社会政策》，载《山东社会科学》2010 年第 5 期。

② 郭庆松：《论劳动关系博弈中的政府角色》，载《中国行政管理》2009 年第 7 期。

的观念。其二,在行动上要有下放权力的决心、勇气和行动。把直接管理的诸多事务分配给社会组织实施,通过社会组织实现社会管理、社会自治。政府做好对社会组织的管理、监督和协调,实际是提供更为优质的行政监督和服务。其三,发展各种社会组织,政府把自身管不好、管不了的职能让渡给社会组织来实施,让社会组织依法发挥作用。政府通过购买服务的方式对社会组织给予具体经济回报。社会组织在购买政府服务中自主竞争,也发展和改善社会组织自身。政府还通过培训社会义工、志愿者等方式促进社会组织的发展,通过一定的政策扶持激励民众参与到社会服务中来。党的十八届三中全会明确提出要改进社会治理方式,激发社会组织活力,预防和化解社会矛盾,创新社会治理体制,提高社会治理水平。①

在劳动关系的多元化状态下,如何在社会建设的整体规划中谋划和发展劳动关系的社会协调机制,是具有重要意义的课题。从整体上,我国具有典型意义的劳动关系社会协调机制首先发端于体制外,即农民工、外来工依靠自身的力量或者松散的组织自发维护自身利益。因为现有的体制整体上没有保护这部分劳动者的利益,他们没有组织自己的工会,劳动时间超过法定高限、劳动条件低于法定标准、排除纳入现有城镇社会保障体系之内。把这部分游离于现有体制之外的劳动者纳入到现有的体制内,提供相对稳定和有效的劳动关系协调机制,就能避免劳资之间的激烈冲突,就能够保障在政府的视野内和可控的范围内运行劳动关系。最重要的内容,就是建立劳动者认同的工会或其它劳动者组织,建立比较完善的劳资协调机制②。这是我国当前社会建设中必须规划并实行的问题。

---

① 何元增、杨立华:《社会治理的范式变迁轨迹》,载《重庆社会科学》2015 年第 6 期。

② Social Responsibility of Business Corporations, *A Statement on National Policy by the Research and Policy Committee of the Committee for Economic Development*, 1971, vol. 6.

二、劳动关系社会协调机制发展的重点

(一)劳动关系协调中的利益结构及其整合

我们认为,利益结构有三个方面的核心要素:首先是利益资源的占有和支配状况,这主要通过生产资料的所有制结构得以体现;然后是利益主体——包括利益个体和利益群体;最后是利益分配机制。[①] 劳动关系中的利益结构则以劳动者作为劳动力资源的所有者和支配者,享有对劳动力资源占有、使用、支配和收益的全部权利。劳动者、用人单位和政府三者间的利益博弈中,核心问题都指向劳动力资源,包括劳动力资源的可持续利用和利益回报。在劳动力资源的利益主体中,政府侧重关注劳动力资源的可持续利用,这是政府扶强弱者、保护社会利益的职责之所在。用人单位侧重关注劳动力资源的利益回报,即在劳动力资源获得多大的利润。劳动者则既关心劳动力资源的持续利用,也关注劳动力资源的回报。当然还有其他社会力量会基于不同的立场关注劳动力资源的利益结构,比如政党、公益组织等。而解决不同主体间利益分歧的重要手段就是通过恰当的利益分配机制,即通过劳动关系协调机制能够兼顾各方诉求,平衡各方利益。建构这种利益分配机制首先需要在政治层面上解决利益交换的模式,即通过政治整合来规范、协调和调整利益的交换。政治整合的基本手段一是政治斗争,二是制度化建设。其中制度化建设的核心内容就是实现从权利均衡到机会均衡的飞跃[②]。常态社会中通常依靠建立一定的政治运行规则来控制政治各方参与者并形成利益交换模式,亦即通过诸多制度性措施机制性地调整各方利益。

这个规则基于什么样的理由和事实来确立就是利益整合与均衡必须考虑的首要问题。在劳动关系中,一个基本的事实是劳动者在劳动关系中的从属地位,在与雇主的比较中处于劣势地位。政府作为公共利益的代表需扶强作为弱者的劳动者群体。从政治学意义上说,政府组织的存在理由就在于对社

---

① 陈淑妮:《企业社会责任与人力资源管理研究》,人民出版社 2007 年版,第 228～229 页。

② 郭爱萍,黄毓哲:《劳资关系协调机制建立的若干思考》,载《江西行政学院学报》2008 年第 4 期。

会弱势群体利益的保护和对强势群体势力的控制。[①] 需要追问的是,在保护弱者、抑制强者、维护公平的需要下,政府依据什么样的制度体系来制定规则,或者立法应该遵循什么方针,实际就是这个制度体系的原点何在。这个问题的答案应该从宪法的层面予以详细回答,但我们可以肯定的是,在既定的宪法体制下,我们遵循宪法、根据宪法来确定这个利益分配和均衡规则是保证这个规则具有合法性的基础,也可以认为是规则的原点。因此,我们对于劳动关系中各方利益协调的目标就是均衡各方利益,切实照顾劳动者的弱者地位。而均衡各方利益的制度规则则需要追根溯源于宪法的要求和具体规定,并受到宪法规则的统摄和支配。从制度层面而言,宪法统摄了劳动法、行政法、经济法、民商法等部门法,劳动法等各部门法又统摄该部门法下的各项制度。劳动关系社会协调机制的构建与完善,必须在劳动法的原则规定下予以规定,并遵从宪法、劳动法、行政法等法律规定的支配,这是从整体上设计劳动关系社会协调机制的制度基础,也是整合各方利益的基本前提。

(二)制定"社会组织法",促进社会组织的发展

社会组织法中的社会组织,是涵盖广泛的范畴。就劳动关系中可能涉及的社会组织,则包括党派、工会组织、职工委员会、雇主团体、非政府组织、共青团、妇联、居委会、村委会和其它社会团体等。劳动关系社会协调机制的发展,有赖于政府权力的释放和社会组织的成长。目前面临的困难在于:一方面我们长期按照万能政府的格局,政府无所不包、无所不管,没有很好地扶持和支持社会组织。另一方面是社会组织还有个发展的过程,放低登记门槛,鼓励社会组织自己管理、自己监督、自己成长,政府应给予扶持[②]。工、青、妇等应发挥应有作用,鼓励大量的民间组织应运而生。

当下,社会组织不成熟给实现政府主导型社会管理创新带来了重重困难。这绝不是政府包揽社会事务的借口和理由,相反政府应该创造条件让社会组织尽快成长起来。具体包括:

1. 肥沃社会组织生存的法制土壤。社会组织的发展离不开法制。其中最基本的条件就是法律法规的完善。法律法规的缺失是我国社会组织长远发展的最大制约因素。这就需要尽快制定出台社会组织的基本法律,如《社会组织法》或《社会组织促进法》。同时各级各部门要抓紧制定社会组织的相关法

---

① 朱成水:《社会利益结构的三次重大转型》,载《理论月刊》2011年第10版。

② 宋桂祝:《政治整合:社会利益结构的制度性调整》,载《学理论》2010年第17版。

规、条例、意见等。不仅如此，还要以相关法律法规为依据对社会组织进行管理，让社会组织在法治的土壤里茁壮成长[①]。

2. 改革社会组织的管理体制。虽然以深圳为代表的一些地方开始探索社会组织登记管理实现政府主导型的社会管理创新研究。但是总体来说，社会组织的二元管理体制并未突破，一方面，政社并未真正分离，许多社会组织与政府还有着千丝万缕的联系；另一方面，大量的社会组织游离于“正式”的社会组织编制之外[②]。这种管理体制必须在实践中真正被打破，否则社会组织很难成长为参天大树，有所作为。这就需要政府有壮士断腕的魄力和勇气同旧的社会组织管理体制作斗争。

3. 加大对社会组织的扶持力度。这是实践中对社会组织发展见效最快的途径。具体说来包括：一是制定相关的优惠政策。从国际非政府组织的发展来看，政府的资金投入政策、税收减免政策以及激励政策是非政府组织有效运行的重要保障。各级政府可以通过加大对社会组织的财政投入力度，建立社会组织发展专项资金、减免、返还税收的形式扶持社会组织的发展。二是采取一些有效的措施。如对社会组织进行分类指导、重点扶持；通过建立社会组织孵化器、加速器，培育社会组织发展基地；加大对社会组织人才的培养、引进和输送力度，引导大学生到社会组织中就业创业等。三是扩大政府购买社会组织服务的比例[③]。政府通过购买或委托服务的形式，增加社会组织之间的竞争，激发社会组织活力的做法在国外已经相当普遍和规范，我国一些地方也做了一些尝试，将这些尝试总结推广不失为一种不错的选择。各地可以制定规范，明确凡是能交给社会组织且社会组织能承担的项目都交由社会组织承担。

4. 减少对社会组织的干预程度。政府的主导作用要通过把握方向、制定政策、调配资源、做好监督等方面发挥，对于社会组织的过细、过多干预如同参与企业的微观管理一样有害。因此除了加法，实现政府主导型社会管理创新还离不开减法。这就需要加快政府职能转变，减少政府对社会组织的干预，斩断政府同社会组织不应该有的联系。

---

① 时影：《转型时期利益整合的困境与出路：基于国家自主性的视角》，载《学习与实践》2010 年第 8 版。

② 郑琦：《完善党对社会组织的领导》，载《中国党政干部论坛》2015 年第 2 版

③ 张维克：《社会治理视域下社会组织的培育与管理》，载《中共青岛市委党校青岛行政学院学报》2015 年第 3 期。

5.构建社会组织的监督评价机制[①]。政府减少对社会组织微观干预的同时要增补对社会组织的监督评价职能。通过分类监督的形式对社会团体、基金会和民办非企业单位进行监督。同时要形成监督评价机制,定期不定期地对社会组织的行为进行监督、控制。并将评价结果进行公示,运用考核评价结果,既要做到对优秀社会组织的奖励,又要做到对不合格社会组织的惩罚甚至清退。

(三)建立社会协商程式

我国政府在号召让权于社会的同时,也要着力研究社会组织在缺乏行政权力介入的情况下如何进行协商及化解纠纷的问题。我国社会力量介入社会纠纷、参与协调社会矛盾是多样的,包括纠纷主体间自主协商机制、人民调解机制、仲裁机制、社会团体及行业协会介入矛盾争议各方的协商机制、律师介入协商机制等。这些社会协商机制必须建立在一定程式基础上,包括对社会协商机制的界定、管辖的纠纷范围与类型、社会协调机制的不同形式及其对应的纠纷范围、社会协调的程序、社会协调机制与诉讼机制间的关系及衔接问题、社会协商的效力等,促使多元社会协调机制成为有机统一的整体[②]。从当前国家与社会的关系看,从非公权力介入的角度对社会协商机制进行综合研究,努力构建具有中国社会主义特色的社会协商机制及其法律体系,进一步加快政府职能的转换,发展社会组织和社会力量,提高社会自治能力,是解决政府与社会之间矛盾的必由之路。

三、制度难点:党委领导、政府主导与社会协调机制的相生相长

(一)党委对劳动关系的领导

在劳动关系的协调体系中,党委处于领导的地位,应切实加强党委对劳动

---

① 赵园园:《实现政府主导型的社会管理创新研究》,载《中共福建省委党校学报》2013年第1期。

② 汪亚民:《不挂靠能让民间组织健康发展》,http://blog.sina.com.cn/s/blog_4bfd13590100y309,html,访问时间:2011-11-28.

关系的领导，以保证劳动关系协调体系的顺利构建。首先，要理顺党委与整体劳动关系协调体系之间的关系。各级党委(党组)与同级或下级劳动关系协调体系之间的关系是领导与被领导的关系，但这种领导是包括政治领导、思想领导和组织领导的总领导，而不是上下级间的领导与服从关系。其次，党委要适当改变对劳动关系协调体系的领导方式。党委领导要善于结合当代劳动关系的发展潮流和当前劳动关系的实际，集中精力抓好贯彻党的路线方针政策，尤其要贯彻执行好党的劳动关系政策，必要时通过法定程序，使其变为劳动关系协调的刚性措施。要摒弃直接干预劳动关系事件的行为，不得采取对劳资争议和劳资矛盾直接下指示或作决定的领导方式，应当通过组织和宣传工作，以及必要的法律程序，把党的意志转化为协调劳动关系的直接行动。对劳动争议中的党员劳动者，要通过抓好思想政治工作，以说服、教育、动员和引导的方式引导党员发挥先锋模范作用①。再次，党委也要加强自身的组织建设以更好地领导和协调劳动关系。从现实的选择看，把总工会改造为党委直接领导下的一个工作部门应是最佳选择，即在党委下成立一个领导协调劳动关系的专门委员会，可称之为“劳动关系工作委员会”，与现有的纪律检查委员会、政法委员会、教育工作委员会并列。最后，加强党的组织工作，培养和选拔优秀干部担任劳动关系协调工作的领导。干部素质的高低直接影响到了党委对劳动关系的领导和劳动关系协调机制整体功能的发挥。同时，在企业工会、外来工和农民工中吸收先进分子加入党组织，通过这些先进分子更好地发挥党组织的领导、协调作用。

(二)政府主导的含义及制度性

政府主导型社会管理创新，其最重要职能就是把握社会管理创新的方向，明确社会管理创新的基本原则和价值取向，并为社会管理创新做好坚强的后盾。发挥政府对劳动关系协调的主导作用，要在更新观念、努力转变政府职能、打造服务型政府等方面深化改革，保障政府主导劳动关系协调的制度化。

1. 要明确政府主导的边界。政府主导不是政府万能，更不是政府包办社会事务。实际是要树立有限政府、服务型政府的理念，依法明确确定政府在社会管理中的范围和职责界限。凡社会组织、企事业单位、公民个人能够自主管理，市场机制能够有效调节，行业协会和社会中介组织能够有效自律的，政府

---

① 赵园园:《实现政府主导型的社会管理创新研究》，载《中共福建省委党校学报》2013 年第 1 期。

要坚决退出。真正实现从大政府到小政府、从全能政府到有限政府、从管制型政府到服务型政府的观念转变和行为转变。

2. 进一步拓宽公众参与渠道。从实践来看,政府决策不当往往是引发社会问题的重要因素。政府要不断完善决策机制,明确公众参与政府决策的事项、权利、程序以及政府违反相关规定的问责制度,确保公众参与政府决策合法性、有效性和可操作性①。各级政府要切实落实"行政参与"的制度要求,对事关群众切身利益的重大决策,必须采取听证、公示等方式广泛听取群众意见,吸纳相关社会组织进行民主协商。

3. 政府购买服务。政府要不断创造条件下放权力,将原来由政府承担的社会事务交由社会组织或其它机构承担②,政府通过购买服务的方式实现社会管理,减少直接干预和面对社会事务矛盾。政府工作的侧重点转移到创造平台、制定政策、管理和服务社会组织的方面上来。因此,政府在放权让社会组织参与社会管理的同时,需制定法律规范社会组织的设立及其活动方式和内容,并监督社会组织的行为。

(三)社会协调机制的独立性、自益性

当前社会力量参与劳动关系协调的实例越来越多,赋予社会力量享有单独的劳动关系协调的权利,对于现阶段的劳动保护和劳动者权益的实现具有十分重要的理论与现实意义。社会力量参与劳动关系作为社会力量所享有的一种独立权利逐步为人们所认可。实际上,社会力量劳动关系是一种古老而又与时俱进的权利,产生有着深刻的法哲学和经济学上的理论基础,更有其独立存在的价值。社会力量参与劳动关系的协调是劳动力共益权与自益权的统一,是长远利益与眼前利益的统一,是劳动者直接利益和间接利益的统一,也是劳动同时作为权利和义务在劳动关系协调机制中的统一。

社会协调机制主要是由社会组织来主导的,而社会组织是一种特殊的现代机构,是非政府的、非营利的民间机构,是介于政府与企业之间的第三部门,承载着现代社会"小政府、大社会"的深层文化理念,具有中立性和不同寻常的自主地位。如格兰特社会会的道格拉斯·邦德所说:"政府受着社会和政治危

---

① 孙建、洪英、卜开明:《社会协商机制的法律体系建构研究》,载《中国司法》2011年第12期。

② 刘洁婷:《经济转型的动力机制研究》,载《安徽农业科学》2012年第5期。

机的掣肘，以致不能把精力和财力用于培植新的思想，资助新的创造发明。”①劳动关系的社会协调，就是针对劳动争议而由不带有行政或利益团体色彩的协调者居间调停的一种机制。社会组织在调解纠纷的过程中获得声誉和支持，实现组织的宗旨与目标。

四、结　　语

我国劳动关系社会协调机制实际生发于劳动关系的利益结构，即劳动者与用人单位之间的利益关系，但其制度的发展还需治理者观念上的更新，并把劳动者的社会组织建设纳入其社会治理的通盘考虑之中。劳动关系社会协调组织的重点在于如何恰当发挥工会的作用，并合理吸纳劳动者自发组织进入工会体系，或者工会如何指导和管理劳动者的自发组织，并为劳动者自主地与用人单位协商劳动权益建立有效的协商程式。这里包含着党委如何实现其领导作用，政府如何发挥其主导作用，以及劳动者组织如何自主谈判而不逾矩等难题。这些问题的解决，实际有赖于通过一定的法律规则来明晰，即通过劳动法律制度及相关制度的发展加以厘定，使劳动关系社会协调机制的发展逐步走向法治的轨道。

① 高祖林：《政府主导下的官民共治：我国社会管理模式的转型方向》，载《马克思主义与现实》2013 年第 2 期。

论继续履行劳动合同选择权的理论基础与立法完善

黄书建*

【摘要】《劳动合同法》第48条规定了用人单位违法解除劳动合同的法律责任,目的是为了遏制普遍存在的用人单位随意解除与劳动者之间已经确定的劳动关系现象,尽可能保护处于弱势地位的劳动者的合法权益。但是由于该条规定存在诸多缺陷,致使在司法实践中难以实现倾向性保护劳动者合法权益,同时也影响到劳动者与用人单位双方权益保护的衡平,故需要加以完善。

【关键词】《劳动合同法》第48条　立法　缺陷　完善

用人单位违法解除劳动合同,是指用人单位违反法律规定的条件和程序单方解除劳动合同。《劳动合同法》第48条规定:"用人单位违反本法规定解除或者终止劳动合同,劳动者要求继续履行劳动合同的,用人单位应当继续履行;劳动者不要求继续履行劳动合同或者劳动合同已经不能继续履行的,用人单位应当依照本法第八十七条规定支付赔偿金。"根据该条规定,用人单位违法解除或终止劳动合同的,按照劳动者的选择,用人单位可能承担的法律责任包括两个方面:其一是继续履行劳动合同,其二是支付赔偿金。当然,劳动者的选择权不是绝对的,因此,该条同时规定了一除外情形,即劳动合同已经不能继续履行,劳动者只能要求用人单位支付赔偿金。从条文规定的精神看,在

---

* 黄书建,男,浙江省宁波市江北区人民法院审判员。

用人单位违法解除劳动合同的情形下，劳动者维护自身合法权益主动性很强，但是笔者在办理劳动争议案件的过程中发现，由于条文规定存在以下几个方面的缺陷，劳动者权益的实质维护存在众多不确定因素：一是条文规定处理模式单一，无法适应动态的现实生活，例如用人单位违法解除劳动合同，劳动者要求继续履行该合同时，受案法院只能支持，不能作其他选择；二是条文设计不科学，与其他条文有冲突，依此作出的判决显失公平，例如未提前三十日通知劳动者解除合同的情形，是适用违法解除劳动合同条款还是适用代通知金条款，或者两个条款同时适用；三是条文规定过于简单、笼统，容易引发同案不同判的现象，表现为法院判处继续履行劳动合同的案件，劳动者待工期间损失的计算标准各异。本文着重从劳动立法的宗旨出发，考察我国劳动争议案件审判实践，并针对上述问题提出以下几点相应的建议。

一、继续履行劳动合同选择权应归属法官自由裁量范畴

按照《劳动合同法》第 48 条的规定，用人单位违法解除劳动合同，劳动者要求继续履行的，用人单位应当继续履行。立法上明确规定劳动者有选择是否应当继续履行劳动合同权利，可以促使审判人员树立在审理劳动争议案件时，需要倾向保护处于弱势地位的劳动者权益的理念，从而较好地体现劳动立法意图，防止审判人员徇私舞弊。压缩审判人员自由裁量权的行使是我国审判权谨慎的一种表现，也是我国司法模式的特色之一。但是，我们在肯定这种立法模式的同时，也要反思其存在的局限性。在现代社会，审判人员不可能以有限的法条去处理无穷的社会事务。笔者认为，继续履行劳动合同选择权应归属法官自由裁量范畴。理由是：

1. 立法必然并且应当允许存在一定的不确定性，这是立法由浪漫主义向现实主义发展的必然结果。卢埃林认为："法律是不断变化的规则，是法官或其他官员处理案件的行为或对这种行为的预测，因而是不确定的。"[①]法律的模糊性所具有的法律普适性恰恰是立法者所需要而为法律精确性所不具备的。因此，民事立法主要着眼于对民事行为性质作肯定或否定的评价，至于裁量结果需留给司法机关一定的余地，如此才能体现法律的明确性、稳定性和强制性。

---

① 沈宗灵：《现代西方法理学》，北京大学出版社 1992 年版，第 309 页。

在人类生活当中,没有任何东西是静止不动的。立法者在立法之前固然会考虑现实生活中可能出现的各种情况,但面对复杂的社会关系,立法难以穷尽千变万化的社会现实。因此,从立法技术上看,有限的法律只能作出一些较为原则的规定,作出可供选择的措施和上下活动的幅度,促使司法主体灵活机动地因人因事作出更人性的处断。英国法学家哈特主张:"法律只能订立一些通则,不能完备无遗,不能规定一切细节,把所有的问题都包括进去。"①事实上,法律规定越明确,其条文就越容易在执行过程中被更改,最终反而违背了法律制定之初的目的。

从认识论角度看,法律规范是对社会关系的认识反映。唯物辩证法认为,主体认识能力的有限性和客体运动变化的无限性是个矛盾。精确性和模糊性是人类相辅相成的两种认识形式。自然科学达到精确认识的可能性要比社会科学大,而社会科学则常常需要运用模糊性认识。模糊数学的创始人查德也指出:"对于人文系统,大概不可能达到既精确而又符合实际的效果。在这个意义上,模糊性理论特别是语言变量的应用,将试图达到一种对于现实世界中普遍存在的模糊性和精确性的适用。"②在现今任何立法当中,概括式立法、其他条款的存在,正是法律认识模糊的表征。

2. 司法实践表明,目前许多司法机关并未真正按照劳动者继续履行劳动合同的选择权来裁判。在劳动者与用人单位关系恶化,互相攻击的情况下,法院往往会以双方丧失继续合作的可能判处解除劳动合同。这种处理方式不失为一种妥当的方法,因为:第一,法院支持劳动者的诉求,可能引发双方矛盾的进一步升级。尤其是目前我国不少用人单位实质上是个体经营模式,在这种环境下,劳动者继续进入原单位工作,正可谓是"仇人相见,分外眼红",新的矛盾的产生必定不可避免。第二,劳动者选择进入原单位工作其实并非真正割舍不了原单位,只是一种利益驱动使然,即选择进入原单位工作能获取更大的利益。当赔偿的数额大于进入原单位工作所得时,没有任何人会想继续履行该份合同。所以,法院审理的继续履行劳动合同案件,目前发现的主要还是存在于高工资收入人群当中。第三,也即是更重要的一点,依照我国的社会交往现实,劳动者进入原单位安心工作的可能性缺乏基础,也就是说,法律意义上的继续履行劳动合同可能存在,但现实意义上的继续履行劳动合同多数已经

---

① [英]哈特:《法律的概念》,张文显译,中国大百科全书出版社 1996 年版,第 128 页。

② 齐振海:《认识论新论》,上海人民出版社 1988 年版,第 254 页。

不存在。因此有学者认为："简单强调劳动合同必须实际履行，现实中不可行，……而且一律要求实际履行，不利于劳动力的自由流动和优化组合。"[①]在这种情形下，判处继续履行劳动合同并不是一种合乎常理的选择。

综上，笔者认为，在用人单位违法解除劳动合同的情况下，劳动者可以作出继续履行劳动合同或要求用人单位支付赔偿金的选择，同样司法机关也应有司法自由裁量的余地，故立法应作如下调整，将"应当"改为"一般应当"，把继续履行劳动合同选择权归属于法官自由裁量范畴内。

二、排除程序性违法解除于违法解除劳动合同的内容之内

劳动合同的解除，可以分协议解除和单方解除两种情形。单方解除，是指享有单方解除权的当事人以单方的意思表示解除劳动合同。所谓单方解除权，是指当事人依法享有的，无须对方当事人同意而单方决定解除劳动合同的权利。[②] 由于单方解除权的行使不需经对方当事人同意，因此《劳动合同法》作出了比较严格的限制。用人单位违法解除劳动合同是指用人单位违背《劳动合同法》的强制性规定解除与劳动者之间订立的劳动合同。

虽然《劳动合同法》对用人单位违法解除劳动合同界定比较模糊，仅简单指示为"违反本法规定"，但根据具体规定可知，用人单位违法解除劳动合同可区分为三类情况：第一种情况是用人单位违反《劳动合同法》的实体性规定，解除与劳动者之间的劳动关系。这里的实体性规定指的是《劳动合同法》规定的解除劳动合同的禁止性条款，比较典型的如《劳动合同法》第 42 条的规定。现实生活中常见的情形有以下几种：(1)以劳动者不能胜任工作为由解除劳动合同；(2)以违反单位规章制度为由解除劳动合同；(3)以单位经济性裁员为由解除劳动合同。第二种情况是用人单位违反《劳动合同法》的程序性规定，解除与劳动者之间的劳动关系。用人单位解除劳动合同除必须遵守一定条件外，还需要依照一定的程序进行，《劳动合同法》第 40 条与第 41 条对此均有规定，即在符合解除条件的同时，用人单位还需履行提前 30 日的通知义务。第三种情况是用人单位同时违反《劳动合同法》的实体性规定与程序性规定与劳动者

---

① 蔡吉恒：《用人单位违法解除劳动合同的法律责任亟待完善》，载《专业者》2003 年第 2 期。

② 王全兴主编：《劳动法学》，高等教育出版社 2004 年版，第 163 页。

解除劳动关系。

在上述三类不同的解除劳动合同情形中,用人单位存在的过错程度显然有很大区别,依照错责相当的一般法律原理,用人单位承担的法律后果理应有所区别。特别是劳动者因公负伤、女职工“三期”等情形,在绝大多数国家都作了解除合同的禁止性规定,一旦违反,将承担严重的法律后果。但是《劳动合同法》第48条规定,用人单位违法解除与终止劳动合同的,不区分情形,其所承担的法律责任完全一致。这一规定遭到了诸多学者的质疑。目前,对用人单位程序性违法解除劳动合同应否纳入双倍赔偿的内容争论尤其激烈。有观点认为,如用人单位未违反解除劳动合同的禁止性条件,仅未尽到预告解除的义务而解除劳动合同,应适用《劳动合同法》规定的代通知金对这种行为进行补正,补正后可以不再适用违法解除劳动合同的惩罚性条款,即不再适用《劳动合同法》第48条之规定。有观点认为,用人单位违反程序性规定解除劳动合同与违反实体性规定解除劳动合同在性质上是一样的,都是违法解除劳动合同,所以在法律责任上也不应有所区别,即两种违法解除行为统一适用《劳动合同法》第48条之规定。为此,还将严惩程序性违法解除行为提高到重视程序法这一法学原理的高度。

司法实践中,对程序性违法解除劳动合同如何适用法律也比较混乱。从各地已经作出的判决来看,目前主要存在三种不同情形的处断方法:第一种是单独援引《劳动合同法》第40条的规定,单处代通知金;第二种是单独援引《劳动合同法》第48条的规定,单处赔偿金;第三种是同时援引上述两条规定,并处代通知金与赔偿金。第一种情形主要见于上海,上海市高级人民法院发布的《关于适用〈劳动合同法〉若干问题的意见》①中规定:“如用人单位在已经具备解除条件的情况下,只是存在未提前30天通知劳动者等程序瑕疵的,则用人单位应当通过支付相应的‘代通知金’等方式加以补正,但无需支付赔偿金。”第二种情形在江苏无锡的判例中可见。一旦用人单位支付了补偿金,则无须支付赔偿金等其他任何费用,其主要依据是最新的《劳动合同法实施条例》。第三种情形在广州等地的判决书中可见。用人单位违法解除劳动合同,需同时支付代通知金与赔偿金,其主要依据是最高人民法院发布的《关于审理

---

① 沪高法〔2009〕73号第8条:用人单位因“违法解除或终止合同”需向劳动者支付赔偿金的适用范围。

劳动争议案件适用法律若干问题的解释》所体现的精神。[①]

笔者认为,《劳动合同法》第 48 条所规定的用人单位违法解除劳动合同法律责任应排除其程序性违法解除这一情形。首先,程序性违法解除相比实体性违法解除而言,用人单位存在的过错程度相对较轻。在实体性违法解除中,过错完全在用人单位一方,劳动者不存在任何过错,而在程序性违法解除当中,劳动者同样存在一定的过错,比如劳动者不能胜任工作或者严重违反用人单位的规章制度等。《劳动合同法》第 48 条规定针对的是用人单位负完全过错的情形,因此用人单位须接受最严厉的处罚,即双倍支付经济补偿金。显然,将程序性违法解除同样纳入违法解除劳动合同法律责任的范畴有违错责一致的基本法理。其次,对用人单位程序性违法解除行为的惩罚,《劳动合同法》第 40 条、第 41 条中已有规定,《劳动合同法》第 48 条如果再对此进行规定,其内容必须衔接一致,但是上述条文的适用范围以及法律后果完全不同,从逻辑上分析,第 48 条规定也不应含有程序性违法解除的内容。正是准确把握了第 48 条规定所体现的精神,上海市高级人民法院才作出如此规定。

三、明确待工期间损失计算标准

在支持劳动者要求继续履行劳动合同案件的判例中,往往涉及一个待工期间损失计算问题。所谓待工期间损失,是指用人单位违法解除劳动合同造成劳动者在被解除劳动合同时至恢复履行期间的损失。关于这段期间的损失,用人单位如何弥补,不同地区的法院,有时同一地区的不同基层法院采用的计算标准也不相同。根据笔者搜集的资料分析,目前待工期间的损失计算主要有以下几种方式:第一种方式是按当地最低工资标准对劳动者进行赔偿。例如,宁波市海曙区人民法院在判处继续履行劳动合同的案件中就以这种方式进行处理,以每月 960 元的标准赔偿劳动者。第二种方式是按当地社会平均工资标准对劳动者进行赔偿。宁波市镇海区法院有过这类判例。第三种方式是按解约前十二个月的平均工资标准进行计算。深圳市劳动争议仲裁委员

---

① 我国《经济补偿办法》第 10 条规定:"用人单位解除劳动合同,未按规定给予劳动者经济补偿的,除全额发给经济补偿外,还须按经济补偿金数额的 50%支付额外经济补偿金。"笔者认为,此处所规定的 50%经济补偿金应理解为赔偿金,也就是说,《经济补偿办法》也体现了经济补偿与赔偿可以同时进行。

会的仲裁裁决就是依此标准进行计算的。[①] 第四种方式是按劳动合同订立的月工资标准进行计算。这种判例主要出现在上海市的一些法院,该市静安区法院在王某诉建筑产品公司劳动纠纷案中判决,建筑产品公司按劳动合同约定月薪1700元支付王某待工期间的损失。[②] 除此以外,在关于待工期间的劳动者的奖金损失及其他福利性待遇能否得到支持也存在很大的争议。

鉴于上述问题同案异判现象严重,笔者认为,《劳动合同法》第48条应对此进行明确。同时,笔者建议采用第三种或第四种方式计算待工期间的损失,另外还需比照同类工种工人的全部所得以确定解职劳动者损失组成。理由如下:

1. 可以更好地防止用人单位违法解除劳动合同现象的发生。《劳动合同法》实施后,用人单位违法解除劳动合同的现象得到了一定程度的遏制,但是这种现象始终未得到真正改善,很大一部分原因是用人单位能从违法行为中获取利益。用人单位违法解除劳动合同后,似乎需要支付一笔不小的赔偿金,但与其完成劳动合同将来要支付给劳动者的待遇相比,用人单位可以节省一大笔开支,即使法院判决继续履行劳动合同,若依照第一种或第二种方式计算损失,用人单位仍然可以从解除的违法行为中收益。在这种环境下,用人单位的违法解除劳动合同的行为如何能得到彻底改善?但以第三种或第四种方式计算待工期间的损失,用人单位则不得不考虑违法解除员工的高昂成本。因此,一些学者一再强调:"不能让用人单位从违法解除劳动合同中获益。"[③]

2. 符合《违反〈劳动法〉有关劳动合同规定的赔偿办法》(以下简称《赔偿办法》)的精神,也符合《合同法》的一般原理。《赔偿办法》第3条规定:(1)造成劳动者工资收入损失的,按劳动者本人应得工资收入支付给劳动者,并加付应得工资收入25%的赔偿费用;(2)造成劳动者劳动保护待遇损失的,应按国家规定补足劳动者的劳动保护津贴和用品……应得工资收入应理解为因用人单位违反法律法规或劳动合同的约定,解除劳动合同造成劳动者不能提供正常劳动而损失的工资收入,包括计时工资或者计件工资以及奖金、津贴和补贴等货币性收入。"所谓违法解除劳动合同的赔偿责任,是劳动合同违法解除后才

---

① 深劳仲案〔2008〕197号仲裁裁决书裁决:第一被诉人解除劳动合同的行为被撤销后,其应按申诉人在第二被诉人工作期间的最后十二个月的平均工资标准支付待工期间的工资。

② 李鸿光:《员工因隐瞒污点遭解聘,法院判决维护劳动权利》,www.chinacourt.org/html/article/200904/02/351474.shtml

③ 李国光:《劳动合同法理解与适用》,人民法院出版社2007年版,第512页。

承担的法律责任，而劳动者已经付出劳动应得的工资收入，与用人单位违法解除劳动合同的行为无关。”[①]

《合同法》第113条规定：“当事人一方不履行合同义务或者履行合同义务不符合规定，给对方造成损失的，损失赔偿额应当相当于因违约所造成的损失，包括合同履行后所获得的利益，但不得超过违反合同一方订立合同时预见到的因违反合同可能造成的损失。”即赔偿数额包括将来履行合同所产生的可得利益损失，这个损失在订立合同时可以预见到的。劳动者与用人单位订立劳动合同后，在用人单位不违法解除劳动合同的情形下，劳动者只要正常提供劳动，可以预见到其在合约期内应得的收益。因此，关于用人单位的过错责任，不能排除同工种工人所得奖金、津贴类收入。或许有人认为，劳动者不在岗位，没有提供劳动，应和在岗工人有所区别。[②] 但是，我们不应忽视造成这一结果的原因，正是在于用人单位。

合理配置用人单位违法解除劳动合同的法律责任具有重要的法律意义和现实意义。因为在配置时，既要考虑到维护用人单位的正常发展，又要倾向性照顾劳动者的合法权益；既要实现劳动关系的稳定性，保障社会和谐稳定，又要促进人力资源的合理流动，有利经济发展。笔者认为，对司法实践中不断暴露出来的问题进行总结与反思，是努力探寻立法上合理配置的有效途径。从这个意义上说，《劳动合同法》第48条的立法完善还远远没有结束。

---

① 曾群助、曹晓冬：《浅析用人单位违法解除劳动合同的法律责任》，载《探索者》2005年第12期。

② 支持采用第一种或者第二种方式计算待工期间损失的，其所依据的重要理由之一正在于此。

从法与德的博弈中探求劳动争议案件调解新机制

李 飒*

【摘要】 劳动争议调解是平息劳权纠纷、建立和谐劳动关系的重要途径。本文从契约法和社会法理论出发,对劳动争议调解的性质和范畴进行法理分析;通过分析实践中我国劳动争议诉讼调解的现状,探究劳动争议诉讼调解背后的三方道德,通过法官的自由心证发挥裁判者的道德良知,在法与德的博弈中以求完善我国劳动争议调解制度。

【关键词】 劳动争议诉讼调解 自由心证 法与德

随着我国劳动制度改革的深化以及劳动者维权意识增强,劳动争议案件呈现上升趋势。尤其是近两年来,《中华人民共和国劳动合同法》颁布实施后,集体劳动争议案件增多,处理难度加大,劳动争议调解制度作为我国预防和解决劳动争议的主要方式,对于预防矛盾激化,化解社会矛盾,维护和发展和谐稳定的劳动关系,促进和谐社会建设具有重要意义。然而,虽然2007年12月29日,全国人民代表大会常务委员会第三十一次会议通过的《中华人民共和国劳动争议调解仲裁法》明显突出了调解功能,将调解作为劳动人事争议的基本原则和重要程序,强化了调解在争议处理过程中的地位和程序。但是,仍然存在不少问题,本文试图根据我国国情,借鉴外国先进立法经验,通过构筑"三道防线"对劳动争议调解制度进行完善,真正实现调解制度在妥善处理社会矛

---

* 李飒,法学硕士,山东省济南市历下区人民法院法官。

盾，实现社会公平正义，构建和谐社会中不可替代的作用。

一、劳动争议调解的法理思考

从调解制度本身来看，双方当事人的合意是调解的本质特征。合意是指求大同、存小异的有原则的自愿，调解过程则类似于在第三者帮助或主持下展开的契约交涉过程。也就是说，调解的正当性源于纠纷当事人的合意，即是否选择调解，如何进行调解，以及是否接受调解的结果，都依赖于双方当事人的自愿选择。“在诉讼程序中的私法自由处分，与在诉讼程序外权利拥有的自由处分并无两样。”[①]如果说契约理论的萌芽和发展是意思自治与社会秩序博弈的结果，则调解也可以认为是主体合意调控法律关系的体现。从这个层面上说，调解可以看作是契约的一种非典型情态，而调解制度仍涵盖于契约理论体系的范畴。雇佣劳动本质上是劳动力与资本的交换。在市场经济萌芽和初期阶段，雇佣关系一直被视为私法范畴，在法律上受到民法的自由契约制度保护。劳动关系作为一种特定的社会关系，绝非只是两个价格间劳务与报酬的关系，也非两个对等人格间的纯债权关系，其间含有一般的债的关系中所没有的特殊身份要素和社会要素。对劳动关系的调整和对劳动权的保障突破了传统的民法领域，劳动争议调解的法理内核也突破了一般意义上的调解理论。

从作为兼容自由权和社会权属性的劳动权角度来看，以合意为正当性的基础是权利本位的必然结果，近现代私法与公法相互交融渗透，劳动争议调解也是私法上的意思自治原则在劳动纠纷解决领域的延伸。因此，只有在劳动契约权利范畴内，如果在调解组织的主持下，当事人经过协商，就劳动争议解决行为是否实施或实体上的权利义务调整达成共识、形成合意，应视为对争议的形成的新契约或协议，其效力应得到法律的认可。从作为社会法范畴的劳动法角度来看，劳动争议可界定为权利事项争议及调整事项争议。所谓权利事项在法理上属于“履约”问题，而调整事项属于“缔约”问题。基于“缔约自由”之原则，必须由双方当事人自主进行。

许多学者对于调解尤其是劳动争议调解提出质疑。有人认为：调解的本质特征即在于当事人部分地放弃自己的合法权利，这种解决方式违背了权利

① [德]拉德布鲁赫：《法学导论》，米健译，中国大百科全书出版社 1997 年版，第 126 页。

是受国家强制力保护的利益的本质,付出的代价却是牺牲当事人的合法权利。这违背了法制的一般要求。也有人提出:无论调解中怎样坚持合法原则,只要调解离开了较审判更低的成本尽量实现审判所能达到的纠纷解决的预期,只要把审判上的解决等同于正义的实现,其结果就会自然而然地使人联想到"打了折扣的正义"。笔者认为,遏制和消除冲突的消极影响、恢复社会秩序和制度的常态,维护和保障冲突所侵害的合法权益是对待冲突的理想方式,但不同主体对不同冲突所采取的方式以及对解决冲突效果的追求并不一致。从实效上看,劳动争议调解追求的主要是争议和纠纷的化解和消除,及冲突权利的处置和损害的补偿结果,而调解机制的灵活性恰恰是其最大优势和特色。这种灵活性给予当事人最大的自主选择和自由,承认并保障他们在法律许可范围内的处分权,既包括实体内容,也包括程序内容,当事人可以通过协商选择自己能够接受的结果,也有权决定最符合自身实际的纠纷解决方法和手段。同时,调解结果不单纯局限于已发生纠纷的解决,未来的劳动协议也可以成为当前纠纷的解决途径。西方有句著名法谚"瘦的和解胜过胖的诉讼",生动形象地阐释了诉讼中和解对于解决争议所起的作用以及在争议解决体系中的地位。博登海默也说:仲裁者和调解者在作裁定时受法律的基本规则和原则支配,故不能因此简单地说法律的有效范围缩小了。可以假定,在许多情形中他们都是受法律指导的,特别是当上述基本规则同时又反映了该特定社会中占支配地位的正义观念的时候更是如此。

二、我国劳动争议诉讼调解的现状分析

(一)我国劳动争议诉讼调解现状

目前,我国对劳动争议诉讼案件的处理,一般同处理普通的民事纠纷案件一样,适用《民事诉讼法》的规定,即调解尚不是劳动争议案件处理的前置程序。目前劳动争议案件中只有部分工伤事故纠纷,实行强制调解。然而,应当看到,这里的强制调解,仅仅适用于"简易程序",且仅限于部分工伤事故纠纷。因此,总体而言,在我国目前的劳动争议诉讼中,调解仅是一个选择适用的程序,并非前置的必经程序。从实践来看,劳动争议(含劳务纠纷)诉讼案件的调解率普遍低。再者,很多情况下完全按照现行法律规定办的话,现实可行性小,所以调解较之于判决的优势就凸现出来。

（二）我国劳动争议诉讼调解现状成因

劳动争议案件的调解率低这一情况的出现，除了调解制度本身固有的局限性以外，如对程序的约束具有随意性、需要法官花费较多的时间和精力对当事人作思想工作等，还有其他多方面的原因。从社会发展的角度说，随着市场经济的发展和各方面改革的深入，社会主体的独立利益日益明显区分，劳资双方的利益关系更趋多样化和复杂，法院协调这些利益关系的难度增大。始于20世纪80年代的法制化建设发展至今日，人民群众的法律意识已有了很大提高，对法律和诉讼的信任和依赖加强，当事人对于法院执法有了较大信心，更愿意通过判决来保护自己的权利。从司法制度自身的角度来说，我国法院大力推行的民事审判方式改革，强调弱化法官的职权，法官在诉讼中处于消极的中立地位，这与调解要求法官主动介入，依职权来做双方当事人的工作，甚至向当事人提出自己对解决纠纷的意见和建议恰恰是相反的，使得法官在裁判者和调解者的角色转换上面临着更大的困难。

1. 劳动争议案件自身的特点影响了诉讼调解率。首先，争议双方地位严重失衡。其次，劳动者整体文化水平的低下，社会成员的法律意识较为淡漠，法律知识和从事法律行为的经验普遍欠缺。

2. 劳动争议诉讼程序的特点影响了诉讼调解率。首先，我国劳动争议案件实行仲裁前置程序，起诉到法院的案件通常较难做调解工作。其次，劳动争议案件的一方当事人是用人单位，表现为企业、个体经济组织甚至与劳动者建立劳动关系的国家机关、事业组织和社会团体等。这些实体不可能真正“参加诉讼”，它必然要委托代理人代替它进行诉讼活动。在被授权可以进行调解活动的委托代理人中，尤其是律师，是否能准确而充分地代表单位的利益，作出某些让步，交换某些利益，往往也制约着调解工作的顺利进行。再次，近年来，群体性劳动争议案件基本呈逐年上升的趋势。群体性劳动争议在案件数量增长和涉案人数增长的同时，还呈现出涉及面广、当事人情绪激动、争议双方利益矛盾突出、争议内容复杂交织等几个方面的特点，调解难度相当大。最后，审判法官的专业化程度参差不齐。目前我国的劳动庭置于民庭中，民庭的法官在审理各类普通民事案件的同时也审理劳动争议案件。

3. 劳动争议案件中的三方道德影响了诉讼调解率。劳动争议诉讼中的法官、用人单位、劳动者三方，法官居中裁判，在案件审判中主要运用法律审判，兼顾道德审判。法律的有形审判和道德的无形审判构成真正意义上的“天网恢恢，疏而不漏”。诉讼参与人的道德水准很大程度上影响到案件的调解与

和解以及人民法院能否真正做到案结事了与定分止争。

三、发挥裁判者的道德良知,完善劳动争议调解机制

(一)"三道防线"调解劳动纠纷,将矛盾过滤到最小

对于劳动争议的解决,依据我国《劳动法》与《企业劳动争议处理条例》中的相关规定,我国劳动争议处理的程序是"一调一裁一诉",即调解、仲裁和诉讼程序。在这三种解决程序中调解往往是最不被人重视的,但调解所应且所能发挥的作用是不可估量的。

1."第一道防线"——劳动争议基层调解制度

(1)基层调解应设为必经程序。依据哈贝马斯的沟通理论:人们总希望过一种美好而真诚的生活,而要达至这种生活,就需要相互沟通。调解之所以能达到"合意的双重获得"[①],就在于双方都具有一种"沟通的理性"。这种合意解决纠纷的方式,不仅使人们之间交往成为可能,而且进一步发展、改进和交换其对社会角色和自我的认同。这里的调解是劳动争议基层调解(而非仲裁和诉讼程序中的调解)即在用人单位劳动争议调解委员会主持下,在查明事实、分清是非、明确责任的基础上,通过双方当事人互谅互让,最后就劳动争议的解决达成一致意见的活动。"没有意志自由——真实的,想象的或假定的意志自由,契约在概念上就无法与因遗传而定的劳动的专业化和产品的交换区别开。"[②]由于劳动争议调解委员会是一种基层组织,所以,这种调解是整个劳动争议调解的最低层次,也是第一次调解(但不是必经程序),故称其为基层调解。如不经过基层调解直接到仲裁委申请仲裁,不服再到法院起诉,必然造成仲裁委和人民法院的负担。另外,由于基层调解组织是依法设立在基层的组织,住所地距劳动者居住地较近,能够减少劳动者维权成本,便于双方解决纠纷。

其次,根据《劳动法》第80条的规定,企业劳动争议调解委员会的设立也

---

① [日]棚濑孝雄:《纠纷的解决与审判制度》,王亚新译,中国政法大学出版社1994年版,第79页。

② [美]麦可尼尔:《新社会契约论》,雷喜宁、潘勤译,中国政法大学出版社1994年版,第3页。

是任意性规范，实践中《劳动法》实施 15 年来，由于企业设立劳动争议调解委员会，不是强行性规范，我国一些企业，尤其是私有企业和中、小企业从经济效益及人才资源成本考虑，都不设立劳动争议调解委员会。《仲裁调解法》第 10 条"企业劳动争议委员会"形同虚设。

再次，由于劳动争议双方当事人的根本利益，所以基层调解大多为双方当事人所接受，劳动争议通过基层调解结案的占有大多数。

由此可见，劳动争议基层调解在今后的立法中设为必经程序作为调解劳动争议的"第一道防线"是非常必要的。

(2)完善基层调解组织及其人员的任职条件，为了使劳动争议案在基层组织调解成功率高，公平、公正地解决劳动纠纷，还必须从立法上完善"第一道防线"。第一，建立健全真正有完全独立的三方构成的劳动争议调解委员会。第二，劳动争议调解委员会的调解必须具有相应的资格、持证上岗。笔者主张借鉴美国联邦斡旋与调解局(即 FMCS)的做法，将工作的重点放在冲突的预防层面上——通过发展培训计划和劳动者和管理层进行合作，促进沟通。并利用积极的沟通，在劳动者和管理层之间形成一种合作伙伴关系而非对立斗争关系。

2."第二道防线"——劳动争议行政仲裁调解制度

"第二道防线"仲裁程序中的《调解仲裁法》第 42 条已经明确规定劳动争议案件先行调解制度，此职能属于劳动争议仲裁委员会，纠其性质属于行政调解范畴。仲裁程序在为法院分流大量案件的同时，也对案件起了过滤作用，一些矛盾不是很难调和的案件在该阶段已经消化掉，这对于仲裁程序解决劳动争议纠纷产生和谐作用。

3."第三道防线"——劳动争议诉讼调解前置

《中华人民共和国劳动法》作为解决劳动纠纷的唯一诉讼程序法，没有把调解制度作为必经程序，这既不能及时有效地化解社会矛盾，又为二审法院增加了负担，还有可能加剧激化社会矛盾。诉讼程序作为调解制度的最后一道防线，立法上设为劳动争议纠纷的必经程序，使调解制度更加有效地发挥，及时化解矛盾纠纷，维护社会和谐稳定的功能。另外，在诉讼程序中适用先行调解原则，也是世界多数国家的做法。如"根据德国《劳动法院法》，调解时，在案件正式审理前，在主管该案件的法庭首席法官(职业法官)的主持下，就双方争议的事实与当事人进行了口头协商，以促使当事人达成和解的程序。下面对劳动争议诉讼调解前置的法理作如下分析：

(1)调解前置是由劳动关系的特殊性决定的。调解程序的目的，一是为促

进当事人和解,尽快解决劳动争议维护劳动关系的和谐稳定;二是在调解不成的情况下,为日后的开庭作准备,为我们可以借鉴德国立法经验,在劳动争议案件中先行调解,完善我国劳动争议调解制度。这完全符合我国国情,早在抗日战争、解放战争时期中国共产党领导下的抗日根据地,解放区的司法机关独创了"马锡五的审判方式",这种审判方式的核心内容是采用调解形式,解决民事案件。边区的法官到田间、地头、农民的家里,通过对当事人双方做耐心细致的教育工作,调解处理了大量的各类民事案件,为当时的社会稳定做出了积极贡献。在今天处理劳动争议纠纷同样可以采用先行调解的原则。这是因为,相对于法官裁判结案,调解最重要的效果就是在不伤害感情的情况下,通过协商和妥协达到人际关系的恢复,从而缓和、解决冲突。而在裁判程序中,法官首先要考虑的是查明事实、分清责任,法庭互不相让的辩论制度驱使双方都试图达到压倒对方的结局,无论最终的结果如何,双方之间本来的良好关系都可能被破坏,导致劳动关系无法延续,这并不是对双方都有利的解决方法。因此,世界各国劳动争议诉讼制度虽然各有差异,但总的来说,都非常重视调解程序,以期尽可能促进劳动关系的和谐与安定,防止劳动争议演化为激烈的对抗。在劳动争议诉讼中强调调解前置,通过调解方式解决劳动争议诉讼,不仅有利于纠纷的快速彻底解决,以消除社会不稳定因素,维护社会稳定,而且有利于当事人自动履行调解协议的内容,减少上诉和强制执行的概率。

另外,在诉讼程序中,应当借鉴审理离婚案件的有关规定,审理劳动争议案件也必须先行调解。因为,同婚姻关系一样,劳动关系也是有人身属性的,劳动者隶属于用人单位,两者的地位并不完全平等。通过调解,不但能及时解决纠纷,劳动者能继续回到用人单位工作使劳动关系继续得以维持,而且还能融洽双方在未来日子里的合作。所以,劳动争议案件有其特殊性,对这种案件的审理不能坚持一般民事案件的"自愿、合法"的调解原则。但这种调解结果又避免了法官将权力强加给当事人而导致的"不过是向因缺乏资源而不能通过审判购买正义的人们推销质低价廉的正义而已"。①

(2)调解前置利于保障劳动者的利益。劳动者进行劳动争议诉讼的根本目标就是要获得劳动合同以及劳动法中所确立的劳动权利。这些劳动权利(如获得工作报酬的权利),在很多情况下对于劳动者的生活,甚至是生存是至关重要的。尽快解决纠纷是对劳动者诉权的最大保障。故此,将调解程序前

---

① [日]棚瀬孝雄:《纠纷的解决与审判制度》,王亚新译,中国政法大学出版社1994年版,第47页。

置，能够尽量减少结案周期，使劳动者获得以最快速度解决纠纷的机会，这是对劳动者诉权的重要保障。

(3)调解前置利于减轻司法压力。近十年来，我国的劳动争议案件大幅增加。2008年《劳动合同法》实施后，劳动争议案件急剧增长。在法官总体数量增加不多的情况下，法院担负的审判任务非常艰巨，受理案件的数量大幅上升与审判力量有限的矛盾日益突显。实行调解前置制度，可为法院减轻大量的案件负担，使法院集中精力解决法律上的疑难案件，提高裁判的质量。如果不重视调解，法院将面临因裁判所引起的上诉多、申诉多、执行难等问题，陷于负重与被动局面。

(4)调解前置有利于提高人们对法院的认同度。近几年，集体劳动争议案件比较突出，以企业关闭破产、职工安置、改制改组企业劳动关系处理、下岗职工社会保险福利待遇、企业恶意拖欠职工特别是农民工工资等为主要的冲突引发点。当事人往往采取过激方式向法院施压，处理稍有不慎，就会导致静坐、围堵交通、集体上访等严重干扰社会秩序的突发事件。而且其中有不少属于政策规范的情况，由法官根据自由裁量作出的裁判一方面往往很难保证当事人和社会能够接受，另一方面也会造成法律适用不统一和不确定的结果。而通过调解，则不仅可以彻底解决这类棘手而又烦琐的案件，又可以有效地息讼止争，减轻司法压力，并提高人们对法院的认同度。

(二)一审定终局，缩短劳动争议诉讼审限

对劳动争议案件应实行一审终审制，且审限也应缩短。一方面，这是由劳动争议需要及时处理的性质决定的。由于此类案件诉讼费用低，极易引起当事人上诉。而劳动者往往以快速结案拿到钱为目的，上诉周期长导致劳动者不能及时实现利益，这反而被单位利用，无故拖延审判周期实现对劳动者的报复心理。另一方面，在劳动争议处理中，实行的是仲裁前置原则，这种案件在进入诉讼之前已经过劳动争议仲裁委员会的处理，没必要再由法院来进行几个审级的审理。当然，如果判决确实有错，可以通过再审程序来加以纠正。通过以上这些制度设计，便能大大提高劳动争议处理的效率，使调解原则的运用更加合理化。

(三)以法官之自由心证充分发挥裁判者的道德良知

所谓自由心证，就是对证据的证明力及其取舍法律不作规定，由法官根据证据与待证事实之间的关联性，以自己的法律意识及道德良知来自由判断、取

舍的证据制度。自由心证之“自由”即法官独立,“心”即良心、良知和理性。其核心即是法官对案件证据的审查、判断、认可程度以及对案件事实的最终评定,完全按照内心信念形成“心证”,当这种“心证”达到深信不疑或者排除任何合理怀疑的程度,便成为法官内心确信,法官进而据此对案件作出裁判。自由心证反映了一个问题的两个方面:一是证据证明力的大小强弱及其真伪判断、取舍,均由法官凭借自我理性的启迪和良心的感受,独立地形成自己的意见;二是法官对案件事实的评定,必须建立在内心深处对自己的主观判断确信无疑的基础之上。法治国家在诉讼制度中均引入了自由心证制度,作为法定证据制度不足之弥补。其特性在于它的动态性,它是一种重要的执法手段,其价值在于用这种手段去补救和完善法律制度的“完备性”,故有人认为“自由心证是程序公正的终点站”。还有学者称,“自由心证主义是对法官的一种解放”。自由心证的过程实质就是法官行使自由裁量权的过程。它要求法官根据法律真实裁量、严格依法裁量、以有利于实现法律效果和社会效果相统一裁量、以有利于实现程序公正与实体公正相统一裁量、依据公开原则裁量、依据合乎情理原则裁量。

“七一讲话”强调,“必须坚持五湖四海、任人唯贤,坚持德才兼备、以德为先用人标准,把各方面优秀人才集聚到党和国家的事业中来”。并引人注目地提出了“以德修身、以德服众、以德领才、以德润才、德才兼备”的用人导向。我国学者贺麟认为,“我们以后必须确切认识,必基于道德学术的法治,才是人类文化中正统的、真正的法治”。法治并不排斥社会道德伦理等对人们内心的影响和外在行为的自我约束,相反,法治的最终目的是向道德准则的接近和迈进。法官职业道德的重要性不亚于法律的素养。厚德才能载法,德正才能法严。司法公正与法官的良知密不可分,而法官的良知与法官的职业道德息息相关。作为法律公正和社会正义的代言人和公断者,职业法官应当是法律理念、职业良知、职业素质和职业道德操守的综合载体。正因为如此,法官具有良好的职业道德和个人素养,对于确保司法公正、维护法治尊严至关重要。

《法官法》第3条[①]、第7条[②]、第9条[③]对法官的要求表明主法者已经认识到要从日常的行为准则中、从选任工作中，对法官有较高的思想道德要求。具有良好的职业道德素养是一名职业法官必须具备的基本条件，也是职业法官群体得到社会认同的一个先决条件。如果司法者没有良好的职业道德素养，将民众所赐的正义之剑用来谋取私利，就会极大地损害整个社会的公平正义。当然，这绝不意味着长期受到诉讼法学界的推崇"重实体、轻程序"的司法传统——"审判实践中就是'万能的法官，半能的当事人'。在诉讼中，当事人成了完全的'经济人'，居于一种从属的地位。而法官则是完全的'道德人'，审判以法院为中心"[④]。

从本人审判实践上看，劳动者时常处于弱势地位，需要体现法官的道德保护。如单位有时恶意诉讼，明知自己存在败诉可能，却无故拖延时间，让劳动者不能及时拿到钱；即便是想出钱，但是为了出口恶气，实现让劳动者拿钱拿得不痛快的报复心理；有的用人单位不从法律角度思考问题、完善用工制度，而是出了用工问题后上升到劳动者人品问题、完全从人情世故角度解决问题，缺乏法律思维。这时法官如果仅凭法律作出裁判也许很容易，但这会引起单位新一轮的上诉来拖延时间；而劳动者多半是想快速拿到钱结案，他们没有时间和精力耗在诉讼中，仅仅简单判决无疑给劳动者雪上加霜。此时法官的道德就体现在多做单位的工作、争取以法释理，让单位拿出现钱结案。劳动者在加班费、工资标准等方面存在举证困难，导致在整个诉讼中处于弱势地位。法官的道德就体现在做出举证责任在单位的推定，让单位限期提供。在许多劳动、人事争议案件中，法院的管辖范围很小，不属于法院受理范围，法官依法裁判很简单，但这就致使劳动者的很多权利无法得到很好的保护，这时法官的道德就体现在不怕麻烦，苦口婆心地做用人单位的工作，协调多方关系，多为劳动者争取应得利益。另外，单位也不总是处于优势地位，这就需要法官的道德

---

① 《法官法》第3条：法官必须忠实执行宪法和法律，全心全意为人民服务。

② 《法官法》第7条：法官应当履行下列义务：(1)严格遵守宪法和法律；(2)审判案件必须以事实为根据，以法律为准绳，秉公办案，不得徇私枉法；(3)依法保障诉讼参与人的诉讼权利；……(4)维护国家利益、公共利益，维护自然人、法人和其他组织的合法权益；(5)清正廉明，忠于职守，遵守纪律，恪守职业道；(6)保守国家秘密和审判工作秘密；(7)接受法律监督和人民群众监督。

③ 《法官法》第9条：担任法官必须具备下列条件：(4)有良好的政治、业务素质和良好的品行。

④ 田平安、肖晖：《人性假设与民事诉讼法的修改完善》，载《法学家》2004年第3期。

杠杆向用人单位倾斜。如单位只因不懂法而违反法律规定,劳动者要求的又仅仅是劳动所得之外的惩罚性赔偿;单位在签订劳动合同时签名的不是负责人本人,而是他人代签;劳动者索要加班费、公休假工资情形下,由于涉及面广人多,用人单位如果完全支付执行,可能致使用人单位无法继续运营,等等。这时就需要法官以道德良知运用自由心证原则在事实认定上作出平衡,这种小过错只需单位对用人管理上做适当补偿即可。最后,法官不能一味追求调解而善意夸大法律制裁的严厉程度或某行为的法律后果。有些基层法官对于法律的关注,主要是行为的正当化问题和促使法官裁断目的的实现。通过"善意地夸大",既是基于普通百姓对制定法(成文法)的具体规定不了解或了解不多为前提,以期收到一种心理战术的效果;更为重要的是法官可由此而使自己显得通情达理、仁慈而富有人情味,给自己预期的司法裁决结果留下宽裕的回旋余地,使司法受众产生感恩心理,使法官避免因裁决不被当事人接受时而产生的不必要的正面冲突。"这可以说是一种'批评从严,处理从宽'的传统'政法'战术在司法中的运用和延伸。"①

近几年来笔者从中国实际出发,结合各类劳动争议案的特点,在审判实践中探讨出一条重调解制度解决劳动争议案之路,即在案件判决前主审法官主持对劳动争议双方进行多次调解,根据双方当事人的意见,巧妙地利用调解技能,使双方达成调解、和解协议,最后由法院制作调解书或撤诉裁定书。个别劳动争议案经过法院反复做工作,确实调整不成的案件,法院才判决,且判后进行回访,减少上诉率。2011 年笔者审理的大部分劳动争议案都以调解结案,只有极少数案件是判决,调撤率达 83%。此做法既化解了用人单位和劳动者双方之间的矛盾,又为上级法院减少了负担,有借鉴意义。同时,为诉讼程序设立先行调解的制度提供了实践依据。

结束语

法治时代里,裁判者仍被期待着服从道德的指引。但是,他要服从法律之内的道德的指引。换言之,他所扮演的角色、他所履行的职责要求他主持法律之内的正义而不是法律之外的正义。从构建和谐社会的需要出发,将调解作为劳动纠纷处理的基本原则,构筑"三道防线"调解劳动争议案,通过法官的自

---

① 苏力:《送法下乡》,中国政法大学出版社 2000 年版,第 279 页。

由心证发挥裁判者的道德良知，在法与德的博弈中最大限度地将争议通过调解快捷、平稳化解，维护劳动关系和谐社会稳定繁荣，是本文写作的出发点。“实体法的公正目标依靠公正程序的自然演进而实现。”[①]希望更多基层法院的法官静下心来，多对法律进行概念性、基础性地分析，从中找出普适性和地方性的最佳结合点，少犯一些形式主义的错误，从而来配置我们的审判资源，拓展我们的审判工作，完善我们的审判制度。唯此，我们今天正努力进行的法院改革才不致沦为明日改革的对象。

① 陆平辉:《确立“程序本位”理念的理论意义和实践意义》，载《学习与探索》2003 年第 2 期。

韩国"外国人雇佣许可制"劳工权益问题探析

吴锦宇、尹　虎*

【摘要】 为了缓解劳动力不足现象,韩国政府于1993年10月对外开放劳动力市场,开始引进外籍劳工。然而,外籍劳工政策的制定和实施,其难度远远超出了韩国政府的预想,棘手问题倍出,让韩国政府处于不利局面。其中最让韩国政府进退两难的则是外籍劳工权益问题。本文将以韩国的"外国人雇佣许可制度"为考察对象,分析该制度在保障劳工权益方面的缺陷,探讨其不良影响,阐明劳工权益保障问题在维护经济秩序和构建和谐社会过程中的重要作用,并进一步寻求完善我国劳务政策的政策启迪。

【关键词】 韩国　外籍劳工政策　外国人雇佣许可制　劳工权益

一、问题的提出:以2014年一场韩国社会风波谈起

"外国人雇佣许可制度"(以下简称为雇佣许可制)是韩国政府向存有劳务

* 吴锦宇,男,浙江定海人,意大利摩德纳－雷焦·艾米利亚大学博士,中国人民大学经济学博士后,浙江工商大学经济学院讲师,研究方向为国际比较劳动法与劳动关系;尹虎,朝鲜族,男,吉林延吉人,日本法政大学博士,清华大学管理学博士后,浙江工商大学东亚研究院讲师,研究方向为国际关系与东亚研究。

合作关系的指定国家劳工发放 E-9 签证的制度。目前,韩国政府已跟 15 个国家签订了劳务合作谅解备忘录(MOU)。雇佣许可制于 2004 年 8 月正式实施,2014 年迎来了 10 周年。正是在这具有纪念和象征意义的 2014 年,韩国国内出现了围绕雇佣许可制的论战及对抗,且演变成为一场席卷政治、经济、学术、宗教等多领域的社会风波,严重冲击了韩国现行外籍劳工制度,引起了韩国民众乃至国际社会的广泛关注。[①]

2014 年年初起,韩国市民团体、人权机构、学术界以及宗教团体相继举行了各式各样的集会,揭露雇佣许可制侵害外籍劳工权益的罪行,要求政府废止该制度。[②] 另一方面,以雇佣劳动部、产业人力公团、中小企业联合会为代表的韩国政府和经济界则强调雇佣许可制在弥补劳动力缺口,减少非法外籍劳动等方面的成就,也试图通过一系列宣传活动来淡化外籍劳工权益受侵的不良影响。[③] 在媒体的跟踪报道下,外籍劳工权益问题演变成为 2014 年度韩国社会的热点和焦点,对今后韩国劳动力市场的走向和多文化社会的构建起到了不可忽视的影响。2014 年 10 月,知名人权保障机构"大赦国际"(Amnesty International)和"时代周刊"(Time)对韩国雇佣许可制的批评则成了来自外部的"冲击",加大了此次风波的国际影响力。[④]

那么,韩国的雇佣许可制到底存有何种权益问题以致引发一场社会风波,其影响是什么?而且,韩国外籍劳工政策对我国劳务方针的制定和劳动市场的发展有何借鉴价值?遗憾的是,我国学界当前研究不足以解答以上问题。虽然,我国也曾出炉过相关韩国雇佣许可制的研究成果[⑤],但是,这些成果侧重于介绍韩国外籍劳工政策,并没有综合把握雇佣许可制实施以来的多次补

---

① Baeg cheo:《行于多文化社会的外国人歧视》,载《周刊京乡》2015 年 1 月 7 日版。

② Gim Gibeom:《雇佣许可制 10 年》,载《京乡新闻》2014 年 8 月 17 日版。

③ 雇佣劳动部:《外国人雇佣劳动制相关部门开始了协调工作[EB/OL]》,http://www.korea.kr/policy/pressReleaseView.do? newsId=156048023&call_from=extlink,下载日期:2015 年 4 月 2 日。

④ 《大赦国际称农产业外籍劳工人权问题非常严重》,载《京乡新闻》2014 年 10 月 20 日版。

⑤ 尹豪的《韩国外籍劳工政策及外籍劳工现状》(《人口学刊》2004 年第 1 期)、胡辉华的《韩国现行外籍劳工管理政策评析》(《江西社会科学》2004 年 10 月)、金永花的《韩国外籍劳工现状及雇佣许可制度分析》(《人口学刊》2009 年第 2 期)、周伟萍和李秀敏的《韩国引进外籍劳工政策与中韩劳务合作》(《社会科学战线》2014 年第 10 期)、孙正民的《2014 年韩国劳务市场发展述评》等是国内相关研究的代表性成果。

充和修改,也没有围绕某一关键问题(劳工权益问题)进行深层解剖。本文将围绕韩国雇佣许可制的劳工权益问题进行探讨,分析具体缺陷和不良影响,希望本研究能够向学界和相关政府部门提供资料和视点上的线索。

二、雇佣许可制的出台与外籍劳工权益问题

20世纪80年代以来,随着经济快速发展,韩国对劳动力的需求急剧增加,但由于低生育率、老龄化和就业观念的转变等原因,韩国的制造业、服务业、建筑业、水产业以及农畜业等产业出现了劳动力供应匮乏的现象。[①] 其中,以出口为主的中小企业和"3D"(Dirty "脏"、Difficult"累"、Dangerous "险")企业的劳动力不足尤为严重。为了解决劳动力短缺问题,1993年10月,金泳三政府决定对外开放劳动力市场,实施了"外国人产业研修生制"(以下简称为产业研修制)。

简单而言,产业研修制是引进"产业研修生"的制度。而且,产业研修生是指通过合法渠道进入韩国,在指定企业以获得产业技术为目的从事劳动的外国人。因其工作目的是"研修",产业研修制并没有给予研修生"工人"身份。[②] 产业研修生的劳动权利和待遇不仅没能得到"劳动基准法"的保护,还被剥夺了政治及经济层面作为"工人"应具有的地位和权利。例如,产业研修生不可以组织或参与工会,不允许随意变更工作单位,还不能享受最低工资保障和意外事故赔偿等。

此外,产业研修制名义上由韩国政府的"产业劳动力政策审议委员会"管理,而实际上却由"中小企业联合会"掌控。"中小企业联合会"是产业研修制的利益集团,因此,它难以站在中立的立场上维护外籍研修生的权益[③],其结果导致外籍劳工深陷困境中,雇主辱骂和虐待产业研修生、限制人身自由、拖欠工资等情况时常发生。在基本权益受侵的背景下,越来越多的外籍劳工离开指定工作地,成了非法劳工。1994年至1999年,产业研修生的平均"离岗率"为22.1%。2000年以后外籍劳工的"离岗"问题变得更为明显,2003年则

---

① 宋晓梧:《国际劳务合作与海外就业》,劳动出版社1994年版,第242页。

② 尹豪:《韩国外籍劳工政策及外籍劳工现状》,载《人口学刊》2004年第1期。

③ 胡辉华:《韩国现行外籍劳工管理政策评析》,载《江西社会科学》2004年第10期。

达到 78.3%,这又客观上说明了产业研修制的破产。[①]

卢武铉总统上任伊始便提出"废除产业研修制,实行雇佣许可制"的政策主张,赢得了广泛支持。2003 年 7 月 31 日,韩国国会终于通过《外籍劳工雇佣等相关法律》,从 2004 年 8 月 17 日起正式施行了雇佣许可制。产业研修制并没有立即取消,而是同雇佣许可制平行执行,直至 2007 年 1 月 1 日才正式废止。鉴于劳工权益问题曾促使产业研修制的失败,雇佣许可制对产业研修制进行了大幅度的修改。其中,在权益问题上的改善主要体现在以下几点:

第一,雇佣许可制规定外籍劳工拥有"劳动者"身份,使其成了"劳动基准法"的保护对象。这说明雇佣许可制理论上赋予了产业研修制曾剥夺的外籍劳工组织工会、参加集体谈判等权利。此外,雇佣许可制还规定,外籍劳工同韩国劳动者一样享受《劳动安全保健法》《最低工资法》《男女雇佣平等法》《工伤事故赔偿保险法》《工会与劳动关系调整法》《职业稳定法》等的法律权利。

第二,为了保障外籍劳工的合法权益,雇佣许可制要求雇主与外籍劳工签订劳动合同,以外籍劳工为受益人支付工资保险、人身意外伤害险、医疗保险、回国资金保险等费用。

第三,雇佣许可制不仅采用了最低工资标准,还明示外籍劳工有权享受奖金、有薪假等待遇。

第四,雇佣许可制改变了产业研修制不允许外籍劳工改变工作单位的做法,承认了外籍劳工改变工作单位的权利。

第五,为了防止劳务输出过程中贿赂问题的出现,雇佣许可制加强了劳工人员选拔和引进的透明度,确立了政府直接负责引进和管理外籍劳工的运营体制。

比起产业研修制,雇佣许可制赋予外籍劳工更多的自由,表面上看起来更为人道。然而,10 年来的经验表明,韩国政府未能从产业研修制的失败中吸取足够的教训,韩国外籍劳工政策忽视劳工人格和权益,仅将外籍劳工视为劳动力产品的本质依然没有改变,外籍劳工基本权益至今未能得到有效保障。随着时间的流逝,这一弊端变得越来越突出,最终引发 2014 年冲击韩国社会的一场风波。

---

① 孙正民:《韩国外籍劳务引进制度比较研究》,载《经贸实务》2010 年第 2 期。

三、雇佣许可制在劳工权益保障上的缺陷

雇佣许可制的劳工权益问题不仅源于制度本身缺陷,也出自政策执行上的不足。韩国社会各界和国际舆论十分关注此问题,希望彻底解决侵犯外籍劳工权益的现象。雇佣许可制实施以来,韩国政府也多次对该制度进行了补充和修改,其中,EPS－TOPIK 考试制度(2005 年)、诚实劳动者再入国制度(2012 年)、外籍劳工招聘信息公开制度(2012 年)、外籍劳工退职金出境后领取制度(2014 年)等是最具影响力的调整。然而,雇佣许可制度对产业研修制的修改和补充,并没能满足国际社会对保障外籍劳工权益的要求,也没有跟得上韩国民众人权意识的进步。雇佣劳动制侵害外籍劳工权益,主要体现在以下 8 个方面。

第一,雇佣许可制无法保障外籍劳工在职场上的平等权。《劳动许可制》第 22 条规定,禁止差别对待外籍劳工,但它并没有明示违反此规定时所受的制裁与惩罚。不带有强制性的这一法规显然不能对雇主形成有效约束。外籍劳工往往会被分派到低薪、劳动时间长的岗位,而在休假和奖金方面,外籍劳工却很难获得相应的待遇。不仅如此,雇佣许可制甚至连外籍劳工的人身安全也无法确保。外籍劳工在职场遭受辱骂、殴打的情况时常发生。2012 年,韩国国家人权委员会对从事渔业劳动的外籍劳工进行的调查显示,多达 43%的劳工在工作现场曾被殴打过。① 但这一现象未能引起韩国政府的足够重视,直到 2013 年 2 月,发生印尼籍劳工杰伊(音译)氏在船上被韩国企业主活活打死,引起韩印两国间外交纠纷后,韩国政府才临时增派人手加强了对外籍劳工雇佣企业的监管。②

第二,雇佣许可制并不具备能够保障外籍劳工权益的行政资源和体系。为了管理外籍劳工雇佣劳动部特设了外国人综合支援中心。然而,由于没有

---

① 全国民主劳动组合联盟釜山支部:《外籍劳工人权共同对策委员会声明书,印尼船员的死亡源于海洋水产部的不作为》, http://busan.nodong.org/xe/? document_srl＝1503197,下载日期:2014 年 2 月 26 日.

② 全国民主劳动组合联盟釜山支部:《外籍劳工人权共同对策委员会声明书:印尼船员的死亡源于海洋水产部的不作为》, http://busan.nodong.org/xe/? document_srl＝1503197,下载日期:2014 年 2 月 26 日.

足够的人员及预算支持，外国人综合支援中心的职能不得不限于手续问题上，不但无法管理数以万计的外籍劳工，更不能有效监管外籍引进劳工的企业。地方政府的外籍劳工管理部门同样存在行政资源缺乏的问题。因此，外籍劳工权益受侵或意外事故发生时，政府机构很难及时妥当处理，结果导致外籍劳工几乎处于无政府保护的危险境地。

第三，雇佣许可制的法律救济模式不合理。雇佣许可制规定权益受侵的外籍劳工可向政府机构提出仲裁。可是，雇佣劳动部要求外籍劳工自行提供能够证明权益受侵的法律证据，这一前提让缺乏相关法律知识的外籍劳工对“仲裁权利”望而却步。此外，由于雇佣许可制对企业的约束力较弱，即使外籍劳工仲裁机构认定企业有错，下达修改错误的政令，企业往往会采取消极应对之策，导致仲裁效果不佳。外籍劳工还可以选择民事诉讼来保护自我权益，但因缺乏时间、资金和在留期限等原因，走完诉讼全过程的外籍劳工极少，大部分人不得不中途选择放弃。

第四，雇佣许可制虽然承诺了外籍劳工成立工会的权利，可这些权利目前仅停留在纸面上。早在 2005 年外籍劳工成立了属于自己的工会，韩国政府却找出种种理由，迟迟未予以承认。为了赢得工会的合法地位，外籍劳工以将雇佣劳动部告上了法庭。2007 年，韩国高等法院判定外籍劳工胜诉，并要求雇佣劳动部承认外籍劳工工会的合法地位。对此结果，雇佣劳动部立刻表示反对，向韩国大法院(最高法院)提出了上诉。在韩国政府的压力下，至今大法院围绕外籍劳工工会的裁判一直没有取得实质性进展。[①] 而在这一期间内韩国政府却以“签证问题”为由，相继将参与和组织外籍劳工工会的主要负责人遣送回国，体现出抵制外籍劳动工会的强硬立场。

第五，劳动许可制严格限制选择职业，主动更换工作单位的自由和权利。外籍劳工只有在公司休业或倒闭、雇主合法地解除劳动合同等不可抗力的原因下才可以申请转换工作单位。劳动许可制还限制了制造业、农业、渔业、建筑业等产业之间的职业移动。按照出入境管理法规定，外籍劳工自提出更换单位申请之日起 2 个月内，未能找到新工作，就必须得离境。[②] 2012 年，韩国政府出台雇佣许可制新方针，将外籍劳动在雇佣中心得到招聘信息后再选择

① 《8 年的等待，外籍劳工工会》，载《劳动者联盟》2015 年 6 月 6 日版。

② Byae hyeonJin;《外籍劳工制度改善讨论会》，载《现代佛教》2014 年 12 月 11 日版。

新职场的做法修改为企业选择工人的模式。[①] 这一新规定使外籍劳工成功更换工作的可能性变得更加渺茫。不少雇主恶意利用这一点,拖欠劳动者工资,拒绝偿付退职金,严重危害外籍劳工权益。联合国曾于2012年8月要求韩国对该制度进行修改。

第六,为了防止违法劳工成为非法劳工,从2014年7月29日起,韩国政府实施了"外籍劳工退职金出境后领取制度"。外籍劳工无法在离开韩国时及时领取到退职金,而在回到本国后14日后拿到这笔资金。根据《韩国劳动标准法》第36条,雇用企业应在劳动者"退职后"的14天内支付薪水、补偿金等。[②] 显然针对外籍劳工的"出国后"14天内支付的退职金认领制度与该法规背道而驰。而且,这一出境满期保险金则是将基本月薪的一部分存在保险公司,因此金额不可避免地会有出入,严重影响着外籍劳工的利益。[③]

第七,雇佣许可制在实施过程中,未能兑现依照国家最低工资标准的相关要求发放工资的承诺。韩国国会环境劳动委员会2014年10月的调查显示,19%的外籍劳工月收入收入未达到当年最低标准108.89万韩元(约合人民币5800元)。[④] 不仅如此,雇主不按时支付外籍劳工工资的现象也较普遍。例如,Gim HaeSeong牧师负责经营的NGO"外籍劳工之家"所接收的咨询和求救中,多达60%内容与工资支付问题相关,侧面上反映了其问题的严重性。[⑤]

第八,韩国雇佣许可制不允许民间劳务中介的介入,从外籍劳工派遣国家的选定到外籍劳工的引进、职业教育都由国家机构负责,为避免劳务派遣国的不正当行为,还与劳务派遣国政府特签订了MOU。然而,这一制度未能在劳务派遣国严格执行。在雇佣许可制实施过程中,劳务派遣国出现了与产业研修生制度实施期一样的乱收费、行贿受贿等现象。如越南、菲律宾、印尼等国的劳务人员需向本国相关机构交纳3000~8000美元的规定外费用才能进入韩国。韩国政府对此现象并没有足够的对应之策,雇佣许可制实施以来,尽管

---

① Dasan:《人权中心强烈谴责雇佣劳动部剥夺选择职场权利》, www.rights.or.kr/164,下载日期:2012年7月17日。

② 金秀坤:《韩国劳资关系》,经济科学出版社2005年版,第386页。

③ Yu Ir Hoan:《外籍劳工保险金制定发生变化》,载《Bu.ndang新闻》2014年7月24日版。

④ 丁玎:《外籍劳工在韩国收入差距大两成月入不足5800元》, http://www.chinanews.com/hr/2014/10-22/6703931.shtml,下载日期:2014年10月22日.

⑤ Kim HyaeSeong:《外籍劳工的现状及实态》,载《牧师传教时报》2006年2月16日。

采取了中断越南、蒙古、印度尼西亚等国合作之策，但其实际效果有限，高额的中介费目前仍然是外籍劳工的经济负担的主要根源。

四、雇佣许可制中权益问题的负面影响

经济全球化的发展必然伴随劳动力以及人力资源在国家间的移动，并使之越来越活跃。作为技术、资金、货物、劳务流的重要组成部分，外籍劳工日趋成为各国政府关注的重要因素。在这一背景下，仅将外籍劳工仅视为劳动产品，忽视权益保障的韩国外籍劳工政策，产生了不可忽视的国内外负面影响，其主要表现有以下四点：

第一，雇佣许可制未能控制非法外籍劳工的增长，危害韩国国内经济稳定。雇佣许可制在权益问题上的缺陷，促使数以万计的外籍劳工成为非法劳工，脱离了韩国政府的管理。在雇佣许可制下 2014 年 6 月为止，共有 15.8% 的外籍劳工脱离了指定单位成了非法劳工。[①] 其中建筑业的"离岗率"为 24%，渔业则高达 34%。[②] 这一现象说明存在诸多权益问题的雇佣许可制不可能真正意义上解决外籍劳工"离岗"问题。非法劳工的增加直接冲击了韩国国内的劳动市场和税收体系，导致韩国政府无法准确把握国内劳动经济的动向，给韩国经济的稳定增添了不定因素。

第二，韩国政府内部对雇佣许可制的意见分歧加大。2008 年通商产业部中小企业指导科科长朴朱泰发表了《雇佣许可制度，没有实际利益，副作用却很多》一文，以"劳动环境"为视角，严厉批评了雇佣许可制。[③] 现职政府人员发表文章谴责其他部门所负责执行的工作实属罕见。可以说，外籍劳工权益问题加剧了韩国政府内相关经济、劳动、人权、法律等各部门相互间的不满和纠纷。例如，2008 年，韩国高等法院判定外籍劳工组成工会的要求合法，并劝告雇佣劳动部保障外籍劳工的劳动三权。2012 年，韩国国家人权委员会出版"移住人权指南"要求雇佣劳动部改善外籍劳工的工作条件，承认外籍劳工工

---

① 法务部出入国·外国人政策本部：《出入国·外国人政策》，载《统计月报》2014 第 12 期。

② Jeog yeongSeob：《雇佣许可制是奴隶许可制》，载《迎接差别与榨取的 10 周年》，外籍劳工后援会 2014－08－01。

③ 金永花：《韩国外籍劳动力雇佣许可制度评析》，载《经济论坛》2009 年第 1 期。

会。值得注意的是，与雇佣劳动部同属劳动管理部门的环境劳动委员会于2014年发表文章承认雇佣劳动制在保护外籍劳工问题上的不足，让雇佣劳动部处于尴尬局面，表现出了韩国政府在外籍劳工政策上的混乱和不协调。[①]

第三，围绕着外籍劳工的权利问题，韩国政府与工人组织、宗教团体以及人权组织间的矛盾越来越凸显。为了更好地组织和领导在韩外籍劳工的劳动运动，保障在韩外籍劳工的权益，韩国民主劳动组织总联盟设立了专门机构，并积极推进与外籍劳工所属国工会间的交流。2010年9月，韩国民主劳动组织总联盟通过与尼泊尔总工会签订"合作备忘录"，取得了指导在韩尼泊尔籍劳工运动的合法地位。之后，以尔莱尔(音译)为代表的尼泊尔籍劳工成了韩国外籍劳工争取合法权益的先锋力量。韩国政府与民主劳动组织总联盟之间的矛盾随之出现了加深的迹象。[②] 此外，韩国国内佛教、基督教、天主教等宗教团体也相继成立了维护外籍劳工权益的相关机构，并与韩国国内人权组织一同行动，在韩国国内的影响力日趋增大。2014年8月17日，韩国佛教、基督教、天主教等宗教团体在首尔光化门广场举办的集会将2014年反对雇佣许可制的活动推向了高潮。宗教界代表们发表共同声明指出，雇佣许可制是现代版的奴隶制，其严厉措辞和坚定的立场引起了韩国舆论的广泛关注。[③]

第四，导致韩国政府国际恶化的局面。2009年以来，国际劳工组织"ILO"多次劝告韩国政府保障外籍劳工的权益。其中，2012年3月出版的"ILO理事会报告书"对韩国劳工政策的批评最为严厉。该报告书不仅揭发了韩国政府忽视外籍劳工权益的不当做法，还劝告韩国政府扩大外籍劳工变更工作地权力，改善外籍劳工退休金给付制度及各种保险制度。[④] 2009年，联合国社会人权委员会也对雇佣许可制存有的压迫和差别进行了谴责，还要求韩国政府根据国际社会的相关条约承认外籍劳工工会的合法性。[⑤] 2014年，"大赦国

---

① 丁玎：《外籍劳工在韩国收入差距大两成月入不足5800元》，http://www.chinanews.com/hr/2014/10－22/6703931.shtml，下载日期：2014年10月22日.

② Choi seungho：《外籍劳工工会10年，韩国社应会赋予其合法》，载《每日劳动新闻》2015年4月27日。

③ Gim seoyeon：《实行10年，应废止还是维持外国人雇佣许可制？》，*The financial News*，2014年8月12日。

④ Choi seungho：《外籍劳工工会10年，韩国社应会赋予其合法》，载《每日劳动新闻》2015年4月27日。

⑤ Jeog yeongSeob：《雇佣许可制是奴隶许可制》，载《迎接差别与榨取的10周年》. 外籍劳工后援会，2014－08－01。

际"公布了以"苦涩的收获"为题的报告,描绘出一幅韩国雇主以恐吓和暴力逼迫外籍劳工,并为其提供肮脏住所的可憎画面。[①] 美国时代周刊转引"大赦国际"上述评价报告,明确了对韩国雇佣许可制的反对立场,对雇佣许可制的合法性和人道性提出了质疑。[②] 可以说,国际社会对韩国劳工政策的批评和谴责,严重影响了韩国政府的声誉,产生了不可忽视的负面作用。

结语:对我国劳务政策的政策启示

冷战后,中韩双边经贸关系的迅速发展为两国间劳务合作的顺利推进提供了有力保障。韩国成了继日本和新加坡之后中国对外劳务输出的第三大市场。2011 年 10 月 26 日,时任国务总理的金滉植在政府中央办公大楼会见到访的时任中国国务院常务副总理李克强,签署了雇佣许可制的 MOU,使中韩间的劳务合作关系进一步规范化。据韩国国家统计局的报告显示 2014 年 8 月为止就职于韩国的合法中国劳工数已达 248794 人。[③] 由此可见,韩国的外籍劳工政策以及雇佣许可制与中国劳务政策有着密切关联。因此,分析和探讨雇佣许可制的劳工权益问题,显然对我国劳务政策的制定也有着积极的借鉴意义。其价值和借鉴意义可以归类为以下四点:

第一,关注中国海外劳工权益。中国海外劳工权益是指我国海外劳工的合法劳动权利和利益,既包括目的地国和我国国内法上规定的权利,也包括国际条约和双边条约赋予我国海外劳工的合法权益。存在于韩国雇佣许可制的劳工权益问题说明,我国的劳务人员在韩国也有可能处于权益受侵的不利处境。这一局面又要求我国政府加强就职于韩国的中国劳工的权益保护。2012 年 5 月 16 日,我国通过了首部对外劳务合作领域的专门立法即《对外劳务合作管理条例》,为对外劳务合作关系的健康发展打下了坚实基础。值得关注的是,该条例突出体现了保障中国海外劳工权益的立法意图。[④] 只有建立有效

---

① 《大赦国际称农产业外籍劳工人权问题非常严重》,载《京乡新闻》2014 年 10 月 20 日。

② Charlie Campbell, South Korea Must End the Rampant Abuse of Migrant Farm Workers, Says Amnesty. , http://ti. me/1wrSCy1 ,下载日期:2014 年 8 月 20 日

③ 韩国国家统计厅:《2006—2014 年外国人劳动者统计》,2014-08-13.

④ 范姣艳:《海外劳工权益保护迈出重要一步》,载《法制日报》2012 年 10 月 2 日。

的法律平台，从国际法和国内法两个层面有效保护我国海外劳工的合法权益，才能促进我国劳动力输出的良性循环，建立和谐的涉外劳务输出关系，提高我国涉外劳务输出在国际上的地位与形象。毋庸置疑，这一方法也适用于在韩中国劳工权益的保护和中韩劳务合作的发展。加强劳务输出人员的法律教育，在韩国设置维护中国劳工权益的机构也是解决问题的重要途径。

第二，向在韩中国企业提供相关劳资关系的指导和建言。对于中国籍跨国公司而言，“劳资关系”是在国外经营企业时最为陌生的领域。在韩中国企业也并不例外，上海双龙韩国工厂罢工事件(2004 年、2006 年、2009 年)是其典型案例。“中国企业走出去”战略背景下，众多中国企业在韩国设立了分支机构或以直接并购、融资的方式在韩国扎下了根。因韩国国内劳动力短缺问题，部分中国企业也在韩雇佣了外籍工人，形成了外籍公司雇佣外籍工人的模式。考虑到外籍劳工权益问题的敏感性，中国各级政府和驻韩大使馆有必要对在韩中国企业进行相关指导和建言，事先防止因劳工权益问题成为韩国人权、宗教团体批评、反对对象的可能性。

第三，谨慎对待当前国内外籍“黑工”问题。近年来，东南亚“黑工”不断涌入用工荒严重的珠三角地区，呈现增长之势。例如，2013 年，东莞市查获的外籍“黑工”为 400 多人，2014 年则超过了 800 人。中山市 2014 年查处“三非”案件 278 宗，957 人，几乎是 2013 年的 4 倍。[①] 由于“非法身份”他们的各种权益很难得到法律保障和社会关心。另一方面，韩国的经验表明，外籍劳工的“国籍”又很容易发展成为外交问题，引起国际舆论的关注。不得不承认，我国保障本国农民工权益的制度与系统还未十分健全。在这种背景下，外籍劳工的大量进入，难免会影响我国劳动市场及经济秩序的稳定。对此现象，我国应提高警惕，有必要严格控制“黑工”流入的同时，另一方面加快完善国内农民工权益相关的制度。

第四，关注韩国外籍劳工政策的经验及教训，早日构思未来我国外籍劳工政策。国家统计局的数据显示，2012 年中国的劳动年龄人口所占比例自 1995 年以来首次出现下降。[②] 2004 年春季以来，一直被认为剩余劳动力接近于“无限供给”的中国，出现了“民工荒”现象。我国还处于需要大量廉价劳动力的阶段，一些招工难的企业选择外籍黑工作为用工资源的补充，是导致上述“黑工”

---

① 李栋:《广东去年查获五千“洋黑工”》，载《广州日报》2015 年 3 月 31 日。

② 雷东瑞:《用工成本上涨催生“外籍黑工”》，http://news.xinhuanet.com/world/2013－08/12/c_125153282.htm，下载日期:2013 年 8 月 12 日。

问题的主要原因。劳动年龄人口的继续下降，将来会促使我国重新审视劳动政策。为了解决劳工短缺问题，持续发展国内经济，我国今后也有可能制定相关法规引进外籍劳工。在此背景下，关注和分析与中国有着相近的文化，人口年龄结构又相似的韩国外籍劳工政策，使其成为有利于我国劳务政策制定的参考经验及教训，显然具有其独特价值。中国应充分考虑韩国雇佣许可制劳工权益问题的前提下，及早构建具有中国特色的保护外籍劳工权益之理论。

广东省中山市劳资纠纷源头治理的调查与思考

"劳资纠纷的源头治理"课题组*

引 言

2014年10月中国共产党第十八届中央委员会第四次全体会议审议通过的《中共中央关于全面推进依法治国若干重大问题的决定》,明确了全面推进依法治国的总目标、重大任务,从在党的领导下坚持中国特色社会主义制度,到贯彻中国特色社会主义法治理论;从形成完备的法律规范体系、高效的法治实施体系、严密的法治监督体系、有力的法治保障体系,到形成完善的党内法规体系;从坚持依法治国、依法执政、依法行政共同推进,到坚持法治国家、法治政府、法治社会一体建设,再到实现科学立法、严格执法、公正司法、全民守法,促进国家治理体系和治理能力现代化。党的十八届四中全会标志着中国法治建设迈入了新阶段。法治化对于人力资源和社会保障事业法制的科学发

---

* 本文系广东省中山市人社局2014年重点课题——"劳资纠纷的源头治理"最终成果,课题负责人:周贤日(华南师范大学教授、博士),课题组成员:黄旭东(华南理工大学)、陈小嫦(广东医学院)、戴均峰(增城市教育局)、邓娟(广州市人民检察院)、冼淑铃(华南师范大学)、张仙(华南师范大学)、杨焕章(华南师范大学)、彭慧婷(华南师范大学),感谢广东省中山人社局的大力支持和人员参与调研等工作。对本文的标题编辑有所改变,同时,鉴于篇幅对本文的参考文献予以删除,特此说明。

展具有重要意义。加快劳资关系领域法治建设，不仅是实现和谐稳定劳资关系法治目标的重要条件，而且也是劳资关系各项制度、规则、程序正常运行的根本保证。

劳资关系是当代社会中最重要的关系之一，劳资关系的和谐稳定是社会和谐稳定的基础。当前，我们正处在全面深化改革的重要时点，经济、政府和社会等各种改革正深入开展，各种社会矛盾凸显，其中劳资关系不和谐是较突出的矛盾。在此背景下，劳动争议成为影响社会和经济可持续发展的制约因素，对劳动争议进行治理就成为亟须解决的现实问题。位处珠三角腹地的中山市，是广东省产业集群升级创新试点城市，有各类市场主体 20 多万家，近年来大力推进产业转移、鼓励企业转型升级，劳资关系日趋多元化、复杂化，劳动争议也相应持续增长，新问题和新矛盾层出不穷，特别是群体性、突发性以及其他社会组织介入的劳资纠纷数量增加，不可预测、不可控制的可能性和现实性上升。因此，加强劳资纠纷的源头治理显得尤其重要、尤为紧迫。

鉴于在实际的用人单位与劳动者和社会公众的语境、用词中，人们习惯把用人单位、使用劳动力者称为“资方”，把提供劳动力一方的劳动者称为“劳方”，所以我们在本课题中使用“劳资关系”“劳资纠纷”一词和相关论述，在这一含义和背景下，资方往往在某种意义借指“用人单位”，或者实际已受劳动法律规制的某些类型“雇主”，劳方借指“劳动者”，或者特定的“雇员”。

一、本次调查和研究概述

中山市劳资关系总体上是和谐稳定的，但由于经济与社会、认识与实践等多方面原因，也存在不少矛盾和问题，健全矛盾源头治理机制显得尤为紧迫。本课题组在华南师范大学法学院周贤日教授的组织下，课题成员多次与中山人社局相关部门负责同志进行座谈，走访了中山有关企业，对中山市近年来劳资纠纷的治理情况及存在的主要问题进行了调研，并对东莞、深圳、广州等其他珠江三角洲地区的劳资关系和相关领域进行了调研、比较，结合浙江等地的经验。现概述如下。

（一）中山劳资关系的立体图景

中山近年来进行产业结构优化，推动传统产业转型升级，不仅内资百强企业销售收入和税收快速增长，百家外资企业及来料加工企业转型升级进展良好,还有众多的个体工商户也转型升级为企业。据统计,2011年中山市社会从业人员已达2086366人,其中第二产业比重较大,特别是制造业人数最多,达1339847人。第二产业、第三产业的迅速发展,突破了大工业时代的劳动模式,用工制度也呈现出多样化。如果从单纯的用人单位与劳动者的关系约束形式看,无固定期、长期劳资关系和短期、灵活劳资关系等形态都存在于劳资关系之中。在无固定期、长期劳资关系下,国企、学校、医院等部门的无固定期、长期工(人们通常称为正式工)的待遇普遍高于同单位的短期、灵活(人们通常称为非正式工),员工的维权意识相对不迫切和不明显,所以出现劳资冲突的情况较少,这些机构的劳资纠纷通常在机构转型、改制或重组过程中才较为突出。

在短期、灵活劳资关系中,有两类特殊人群值得关注:一类是外来务工人员,另一类是非正规就业群体。就农民工群体而言,第一代农民工对工会的团结权和集体谈判权并不热心,只有发生拖欠工资或工伤等劳资纠纷后才进行"被动性维权"。随着"80"后、"90"后新生代农民工成为劳动大军的主力,他们更向往城市生活,其利益诉求愿意明显提高,维权观念明显增强,追求体面劳动和尊严生活的价值取向与集体意识更为强烈,为提高工资福利等扩大自己权益的"主动性维权"行为逐渐增多。就第二类特殊人群而言,"非正规就业"是指非全日制、临时性的和弹性工作等就业形式,他们与资方的劳资关系持续时间短,无书面劳动合同或劳动合同不规范,没有或者短缺社会保障,也没有工会等组织形式,而且这类人群比例还不低。

从近年中山市劳动争议的情况来看,劳动争议案件数量仍然呈高位运行态势,外来务工人员是劳动争议案件中的主要构成人员,一旦发生劳动争议案件,往往是"群体性、系列性劳动争议案件"。这些案件争议主要集中在追索加班工资、正常工作时间工资、未签订劳动合同二倍工资、解除劳动合同的经济补偿金或赔偿金、社会保险费用等。

(二)当前中山治理劳动争议的主要经验

自1994年我国《劳动法》颁布、1995年实施以来,特别是2007年我国《劳动合同法》和《劳动争议调解仲裁法》颁布、2008年实施以来,尽管劳资关系的新问题、新挑战层出不穷,但也是构建和谐劳资关系力度最大的20年时期(1994—2014年),中山市创造和积累了丰富的经验。

1. 创新治理模式,大力推行劳动保障监察"两网化"工作

"两网化"是劳动保障监察工作实现责任网格化、运行网络化的新体制。

根据推进“两网化”建设工作需要，为促使各镇区加大建设工作力度、以点带面、以示范促规范，根据各镇区实际情况，市人社局下发了《关于进一步推进我市“两网化”网格示范点建设工作的通知》，督促、指导各镇区建立本地区“三级网格”示范点。各镇区按照通知要求上报本地区示范点名单，经统计，除三乡镇白石社区、火炬开发区联富社区两个市级示范点外，各镇区“三级网格”示范点共有 23 个。该批示范点成为中山市推动“两网化”建设工作的有力抓手。

同时，自主开发了中山市“两网化”电子地图综合信息指挥系统，以地理信息为载体，进一步强化了对重点行业、厂企的动态管控。全市共完成用人单位用工信息网上申报 15960 条，完成年度任务的 107%；完成用人单位劳动年审 21696 家；完成劳动监察案件信息录入 3000 条。初步实现了对用人单位情况、用工情况、案件事件情况、监察人员情况等信息基于电子地图的直观显示、定位，并与现有的中山市劳动保障监察系统实现动态数据关联，有利于对重点行业、厂企的动态管控。企业如果遇上问题或者用工人员遇上问题，劳动监察部门会及时地与他们沟通解决。

2. 做实协商，积极推进工资集体协商工作

在“政府定底线、行业出标准、企业谈增幅”原则的指引下，中山市人社局以三方协调机制为依托，联合市总工会重点指导企业建立规范的协商机制，解决集体合同流于形式的问题。2011 年年底，中山市发布了《关于全面推进工资集体协商工作实施意见》文件，明确工资集体协商工作的总体目标是：力争用 3 年时间，基本在全市已建工会企业普遍建立工资集体协商制度。目前，中山市已建立工会组织的企业有 18238 家，覆盖企业（经济组织）25028 家，14599 家企业签订了工资集体协商协议，全市已建立工会组织的企业工资集体协商制度的比例为 80.05%，已初步达到预订的工作目标。

中山市人社局重点指导非国有企业开展工资集体协商、签订集体合同，将小榄本田制锁有限公司、邮政局等执行工资集体协商比较规范的企业的工作经验及具体做法，通过多种渠道向其他有条件的企业推广。同时，积极倡导和探索开展区域性和行业性工资集体协商，对小榄镇、古镇等产业集群性质明显的区域，探索建立行业性的集体协商制度，使行业劳资关系调整工作逐步制度化、规范化，提高全市的集体合同和工资集体协商制度覆盖率。

3. 关口前移，注重发挥劳动争议解决机制的合力

为及时、有效、快速解决劳动争议问题，做到“关口前移”，从 2003 年开始，中山市开创性地将组建劳动争议调解委员会的重点放在行政村（社区）中，提出了仲裁于镇、调解于村的工作思路。在做好村级劳动争议调解工作的基础

上,于2008年上半年将劳动争议调解机构的组建向企业延伸,提出了协商于厂的工作思路,要求已成立工会组织的企业,成立企业劳动争议调解委员会。至2011年年底,成立了市劳动人事争议调解委员会,镇区劳动争议调解委员会24个,村(社区)级劳动争议调解委员会272家,聘请调解员790人,实现全市覆盖;成立企业劳动争议调解委员会199家,聘请调解员757名,形成了覆盖全市的四级劳动争议调解网络。2012年,新成立企业劳动争议调解机构115家,2013年新成立企业劳动争议调解机构129家。目前中山市成立企业劳动争议调解委员会440家,聘请调解员1550名。近三年,中山市企业劳动争议调解委员会调处劳动争议1716宗,涉及人数3383人次,涉及金额2243.09万元。由于及早介入,早调解,早解决,早上报,化解矛盾于萌芽状态,促进了企业劳资关系的和谐稳定。同时,也加强了与企业的信息沟通,有效减少了劳动争议的发生。

二、中山市劳资纠纷治理面临的主要问题

(一)"简政强镇事权改革"对基层劳动监察工作的影响

2011年4月8日,中共中山市委、市政府印发《关于简政强镇事权改革的实施意见》,提出要把握科学发展主题和加快转变经济发展方式主线,根据中山不设县、直辖镇区行政管理扁平化的实际,以统筹城乡发展、加强社会管理、提高行政效能、优化公共服务为重点,本着宏观统筹上移、微观管理下移,权利责任对等、精简高效便民,统筹分类指导、稳步有序推进的基本原则,稳步有序推进简政强镇事权改革。2011年9月21日,市政府制定《中山市市属部门与镇区事权调整若干规定(试行)》,先后公布第一批、第二批市属部门下放镇区事项目录,将1500多项行政管理事项和权限下放镇区,由各镇区在辖区内实施。根据清理后的权力下放清单,原来由市人社局行使的集体合同和工资集体协议审查、劳动年审、社会保险待遇核定等三十多项权力下放到镇区。

中山启动大部制改革后,随着越来越多职能部门的工作下沉到镇街,基层工作日益繁重,在经费、场地、编制等方面存在较大缺口,与事权下放相应的配套未能同步到位,基层劳动监察面临着"小马拉不动大车"的困境。从镇街的情况来看,原来属于市政府职能部门的职责下沉到基层,事权逐步往镇区转移、集中,镇区承担起基层社会治理服务的覆盖面越来越广,不得不面临管理

服务任务过重、人员资金严重不足、队伍管理乏力、管理服务效果不佳等困境，不得不从其他部门调人、借人，例如分局的劳动监察人员现在归镇区领导，一些具有丰富劳动监察经验的工作人员被抽调去其他部门，致使基层劳动监察工作开展乏力。同时，不少镇区不得不额外聘用编外辅助人员来协助管理。但是这类编外人员各自为政、力量分散，同工不同酬，待遇较低，人心不稳。不同队伍之间相互攀比，影响了工作积极性，增加了队伍管理的难度。

（二）工资集体协商机制的推行问题

工资收入是职工生活的主要来源和保障，是关系职工生活、生存最核心的经济利益。工资集体协商机制是工会维护职工权益的主要手段，也是市场经济国家工会维权的通行做法。工会代表职工与企业一方就工资分配制度、分配形式、收入水平等事项进行谈判协商，实现劳资双方共同决定职工工资分配方式。建立工资集体协商机制已经成为实现职工工资正常增长的主要途径和重要制度保障。但工资集体协商机制在推行过程中存在一些问题，这些问题的存在影响到全面推动建立工资集体协商机制的进程和效果。

1. 认识有误区

许多企业认为工资协商是只就增加职工工资而进行的协商，将给企业增加经济负担，因此许多企业害怕工会向他们提出开展工资集体协商的要求。由于企业没有认识到工资集体协商是企业和职工共决共赢的重要举措，认为只是要钱手段，因此，大多数企业持抵制态度，对工资集体协商制度建设流于形式。

外资企业以他们具有先进科学的现代企业管理制度和薪酬增长制度，且外企职工工资远高于社会平均工资为由不愿谈；小型私营企业由于还处于资本原始积累的初级阶段，他们往往认为职工工资应在符合法律的规定下由企业自己决定，更是不愿谈；而大型国有企业，则以总公司进行工资总额限制并执行严格的薪酬体系为由，也不愿谈。同时，由于工会干部与企业建立了劳资关系，工会主席等领导成员往往是公司领导层成员，导致工会在企业的强硬态度下不敢谈。

其实，对工资集体协商的正确理解应该是就职工工资的增减进行的协商，而且在集体协商中要建立起工资增长和支付的保障机制。不但在企业效益好时可通过工资集体协商建立起工资正常增长机制，而且当企业遇到经营困难时，可通过工资集体协商让职工让渡一部分利益，与企业共渡难关。

2. 信息不对称，协商结果不理想

在工资集体协商过程中,由于劳资双方主体对信息的占有量不同,导致出现信息不对称和不完全现象,使得拥有较少信息的一方在协商中处于劣势,影响最终协商结果不理想,难以实现集体协商预期的公平公正效果。工资集体协商必须以企业信息为基础,在协商中确定劳资双方都能接受的工资水平、最大增长目标以及工资的兑现都要依托相关信息来进行,如企业经济效益、企业劳动生产率、企业人工成本、企业资产负债表和损益表的变动情况等这些信息是否真实和完全直接影响到协商的成功、质量、效果。在工资集体协商过程中,企业方相对职工方具有强大的信息优势。许多企业不愿为职工方提供企业真实经营状况,有的企业为了获得经济利益甚至会采取隐瞒信息或制造虚假信息的手段向对方提供虚假陈述,导致最终的工资集体协商结果公平公正失衡。

3. 工会职能弱化

《工会法》规定,维护职工合法权益是工会的基本职责。工会是劳动者利益的代表者,是为了维护劳动者利益而同雇主进行交涉的谈判者。现阶段很多企业虽设有工会,但其职能没有随着市场经济的深化而进行相应变革。在管理体制上,工会属于企业的内设部门,许多工会领导人都是兼职。工会运行的财政依靠企业支持。如此一来,工会缺乏制衡企业的动力和客观条件。当企业目标和职工目标发生冲突时,工会容易偏向企业的利益或者受企业行政的意志左右。另一方面,当发生劳资纠纷时,工会往往通过内部调解企业与职工的利益分歧,而不是代表职工与企业进行协商。工会不能真正代表职工利益与企业进行工资集体协商,即使通过协商签订了协议,也大多流于形式。工会的职能仍有待加强。

(三)劳动者反映诉求的渠道不畅通

1. 企业调解制度有待完善

《劳动法》《劳动争议调解仲裁法》《企业劳动争议调解委员会组织及工作规则》等法律、法规实施以来,企业劳动争议调解工作取得了较大成效,但也还存在一些问题和不足,有待在实践中不断研究探索和改进完善。一方面,企业劳动争议调解委员会原本就不是强制设立的,是建立在企业自愿的基础上的,许多非公有制企业更多地从保护出资人权益的角度考虑如何激励或约束经营者的行为,而较少考虑让职工成为其中的参与者,也就没有建立工会组织,因此建立企业劳动争议调解委员会较为困难。在建立了劳动争议调解委员会的国有企业中,大多劳动争议调解委员会机构不完备、工会组织实际上隶属于该

企业，工会组织的作用未得到有效的发挥，不能独立开展工作，阻碍了集体谈判和集体合同制度在非公有制企业中的开展和深入推广。另一方面，目前企业的集体合同普遍流于形式，千篇一律，内容空泛，作用得不到有效发挥；企业调解委员会作为负责调解本企业内部劳动争议的群众性组织，应是企业内部自行协调劳资关系矛盾的有效机构，但实际其作用没有充分有效地发挥，机构不完备，人员不到位，没有发挥应有的作用。劳动者出现不满情绪时，企业管理层没有认真对待或没有较好的沟通和申诉渠道，任职工的诉求发酵。即便有些管理人员听取了劳动者的意见，但不及时或者不能及时解决，采取一拖了之的方法，使得本来可以内部协商、调解的矛盾没能在萌芽状态下解决。

2. 村社调解尚未完全发挥作用

基层调解制度是一项具有中国特色的解决民间纠纷与维护社会稳定的争议处理机制，由我国传统的民间调解制度发展而来，并在我国社会发展的漫长进程中逐步发展成型。《劳动争议调解仲裁法》第10条规定："发生劳动争议，当事人可以向企业劳动争议调解委员会、依法设立的基层调解组织和在乡镇、街道设立的具有劳动争议调解职能的组织申请调解。"依据目前劳资纠纷的现状，基层的劳动争议调解委员会尚未完全发挥出它应有的作用，具体的原因如下。

第一，重视程度不够。有的企业主认为基层劳动争议调解"职能软"，对基层劳动争议调解工作在化解矛盾纠纷上的作用持怀疑态度，未能把基层劳动争议调解工作提上重要议事日程，重治理，轻防范，对基层劳动争议调解工作重视不够，支持不力，投入不够。

第二，某些劳动争议调解组织有名无实，形同虚设。明确了各调解中心和调解委员会的调解组织成员，但乡镇劳动争议调解中心和企业劳动争议调解委员会作用没有发挥出来，仅仅发了个成立的文件，挂了个机构牌子，并未安排专门的劳动争议调解室，使基层劳动争议调解组织调处力量成为没有办公场所的"虚拟机构"。

第三，调解人员的素质和调解水平不高。《劳动争议调解仲裁法》中对调解员的资格有明确规定，要求由公道正派、联系群众、热心调解工作，并具有一定法律知识、政策水平和文化水平的成年公民担任。但基层劳动争议调解组织成员、现任的调委会主任大都身兼数职，因要顾全其他工作，难以全身心地投入到人民调解工作中，很难腾出精力抓调解工作，经常出现在职不在位现象。而且有的调解组织成员水平参差不齐，有些缺乏专业的劳动法律法规知识，更缺乏灵活的调解水平和丰富的调解经验。

第四,基层劳动争议调解组织制度不健全。某些基层劳动争议调解组织虽然成立,但是没有建立起相应的工作机制和章程,工作职责不明确。

3. 信访调解的困境

2009年8月11日,中山市建立综治信访维稳中心推进平安工程,目标是成为民情信息的收集中心、信访案件的流转中心、矛盾纠纷的调处中心、群防群治的指挥中心、重点人群的服务中心、法治教育的宣传中心。该中心集合了综治、信访、司法、公安、流动人员管理、劳动保障等多个部门,设有受理平台、办公室、调解室、中心会议室、群众休息区、指挥中心等功能区,整合和简化了群众的上访渠道,除此之外,还根据从接访中排查到的情况,安排挂钩组到基层下访,努力把矛盾化解在萌芽状态,这可谓是"联动调处机制"的雏形。但中山市的信访途径解决劳资纠纷仍存在一些困境:

第一,"稳定压倒一切"的政治压力下,"维稳""避免群众性上访"成为开展实际中信访工作的主要目的,缺乏法治思维和法治机制。固然,稳定是发展的基础,没有稳定就没有发展,但这是否会牺牲一部分人的利益?为了"稳定",劝返不择手段,劝返后无力解决问题,致使政府公信再失;为了"稳定","小闹小解决,大闹大解决,不闹不解决"的畸形信访文化在社会中不断蔓延,侵蚀着人们的心灵,社会为之付出更多更大的代价。

第二,劳动者法律意识薄弱,老户访、重访较多。由于司法程序的复杂性,当事人对一个环节不服就会引起上访。由于劳动者尤其是外来务工人员,法律意识不强,就业思维陈旧,为了就业而对企业侵犯自己权益的行为要么是"忍辱负重",要么只想到"上访"来解决,对于司法途径一窍不通或者不信任我们的司法机制。

第三,"早发现"但未能做到"早解决"。信访行为在刚开始没引起接访人重视,造成接访的简单表面化,上访人觉得自己被敷衍了事。不重视初访的思想根源是缺乏执政为民的意识,其害处是使相关部门丧失了主动解决上访案件的大好时机,最后有可能发展为越级访和闹事缠访。

(四)工会维权机制乏力

《工会法》规定,维护职工合法权益是工会的基本职责。然而在实践中,工会面对严峻的劳资关系矛盾以及大量损害职工合法权益的问题和行为,无法切实有效采取相应措施,无法有效保障职工权益,在职工维权方面乏力。

1. 基于工会自身的分析

第一,工会在经济上依附企业。从法律上说,工会是独立的主体。但在实

践中，工会的办公地点、办公经费等经济来源依赖于企业提供，企业工会对企业具有严重的经济依附性。这导致工会往往被视为企业的内部机构，在处理劳资纠纷时不得不看企业老总脸色，工会维权缺乏独立性和自主性。

第二，企业工会主席多由企业领导层人员担任。有的由党委书记、副书记兼任，有的是由副总或人力资源经理兼任，工会主席同时代表了劳资双方的冲突立场。企业领导层往往优先考虑企业利益，让企业领导层领导职工维权机构缺乏其合理性，使企业过度干预工会运作，导致工会维权机制不畅和作用降低。

第三，工会干部自身素质不适应维权要求。有些工会干部维权实践不多、能力不够、本领不硬，担心在维权时无法控制局面，存在畏难思想。有些工会干部官本位思想严重，完全将自己当成官员，未积极深入职工群体，与职工群众脱节。有些工会干部在维权过程中更多考虑的是自己的得失，对维权缺乏应有的责任感和使命感。在维权过程中不愿为职工利益而奔走呼号，不愿与企业发生摩擦，往往与企业妥协。

2. 基于维权依据的分析

第一，《工会法》《劳动法》《劳动合同法》等法律法规是工会维权的主要法律依据，但这些法律规定往往不够详细具体，缺乏相关配套法规作为补充，在实践中可操作性不强。资方违法行为要么难以受到法律制裁，要么违法成本很低。例如，《工会法》第 52 条规定，如果职工因参加工会活动或工会工作人员因履行本法规定的职责而被解除劳动合同，惩罚措施是“由劳动行政部门责令恢复其工作，并补发被解除劳动合同期间应得的报酬，或者责令给予本人年收入二倍的赔偿”。从上文所述惩罚措施可以看出，法律对于企业的打击力度是不够的。虽然司法解释对工会工作人员权益被侵害的司法救济进行了规定，但通过司法救济的效益和强度是有限的，往往司法裁决了，执行起来也遇到阻力。

第二，广泛建立工会组织是工会维权的前提和保证，但现行法律对工会组建方面缺乏刚性的制裁条款。《工会法》规定：“拒建工会的行为，依法由劳动行政部门责令其改正，拒不改正的，提请县级以上人民政府处理。”但是对于具体如何处理，并没有明确的规定。现实中，工会组建存在很多困难，尤其是在外企、私营企业，工会组建工作更是步履艰难，很多企业不愿组建工会。

第三，工会维权手段主要就是签订集体合同、开展集体协商。但法律并没有赋予工会能够保证双方平等对话协商、签订集体合同的相应手段。发生劳资纠纷时，工会往往只是以局外人——“调停者”的身份周旋于劳动者和企业

之间,角色冲突,处境非常尴尬。这与我国工会"维护职工合法权益"的基本职责并不相符。

3. 基于职工角度的分析

第一,职工维权意识不强。工会要发挥维权职能,需要职工的积极配合、主动参与和大力支持,这样才能形成维权合力。但实践中,当合法权益受到侵害时,有的职工选择沉默,消极等待;有的职工担心维权不成反而得罪企业管理层,不愿维权;还有的职工不知道自己享有的权利,不知道可以向工会组织寻求帮助,不懂运用法律维权。

第二,职工对工会缺乏信任。现实中,很多工会组织难以赢得职工信任。企业工会干部大多由企业任命,工会干部的企业领导色彩浓重。工会对维权职能的宣传力度又不够,导致职工对工会维权的信任度不高。在发生劳资纠纷等问题时,很多职工不会主动向工会寻求帮助。

(五)劳动争议处理机制衔接不畅

劳动争议处理体制具体由劳动争议调解制度、劳动争议仲裁制度和劳动争议诉讼制度三大部分组成。根据《劳动法》与《劳动争议调解仲裁法》的规定,发生劳动争议,当事人不愿协商、协商不成或者达成和解协议后不履行的,可以向劳动争议仲裁委员会申请仲裁;对仲裁裁决不服的,可以向人民法院提起诉讼。可见,我国现行劳动人事争议纠纷处理是党委领导,司法、行政机关多方参与,协同配合,人民群众受益的多元化纠纷解决机制。理论上,这种处理机制应该能够达到一定的纠纷处理分流的效果,提高纠纷解决的效率。

从劳动争议处理机制的整体看,劳动争议处理机制应具有全局性和系统性,同一案件争议处理的连贯性和系统性对当事人而言是极其重要的。但实际上,由于劳动争议仲裁工作受政府劳动行政部门指导,而法院审判是独立进行,仲裁委员会与法院在适用法律法规、政策上确实表现出不同的倾向性:在处理劳动争议案件的过程中,劳动仲裁更倾向于劳动法律法规及劳动保障部门的政策规定和社会效果等因素,而人民法院则更加注重于整个法律体系及最高人民法院的司法解释及有关劳动争议判例。可见,法院与劳动仲裁机构在适用法律上采取的是有差异的思路。

此外,由于劳动争议涉及法律法规及政策较多,对法律法规及相关政策的规定、适用也难免会存在一些法律空白、法律漏洞、法律冲突,劳动仲裁机构与人民法院在处理劳动人事争议上裁审依据有差异或适用标准不统一的情况时有发生。而这很大一部分也是裁审结果透明化、示范性不够所致。裁审结果

的透明化可以让法院和劳动仲裁委共同研究案件的裁审衔接、证据认定等相关问题，互相通报裁审办案情况，统一裁审法律适用尺度和标准。裁审结果的示范性可以很好地节约诉讼成本，将典型案件的裁审结果公开，可以对之后的裁审工作起到示范和指导作用，避免前后相同案情的案件因审理人员的不同或审理人员对法律法规理解的不同而有不同的判决，既能降低诉讼成本也能保证“同案同判”。目前，我市仲裁院仅定期向市人民法院调取劳动争议案件的起诉数据及一审法院作出的民事判决书，尚缺乏成型的裁审沟通成熟机制。国家、省级层面的裁审实体和程序规范的统一性汇编等工作与实际裁审工作需要还有差距。

三、劳动争议源头治理的经验借鉴

（一）东莞预防与处理群体性劳资纠纷的做法

在劳资纠纷的预防与处置的体系构建上，许多地方除了从“管”的角度，有针对性的制定劳资纠纷尤其是群体性劳资纠纷的排查调处机制、群体性劳资纠纷的应急预案外，也开始从社会治理、转变政府职能、建设服务性政府的角度重视劳资关系大环境的建设。如，东莞市从建设和谐劳资关系大环境、构建和谐劳资关系、构建处置劳资纠纷群体性突发事件机制三个层次与内容构建劳资纠纷的预防与处置的体系，其主要做法是：

1. 重视劳资关系和谐大环境的建设

其中具创新意义的做法是，2009 年以来东莞市政府为外来务工人员所办的十件事：一是转变管理服务理念，确定“新莞人”作为外来工和外地来莞常住人员的新称谓。二是在全国首创成立服务管理流动人口的专门机构新莞人服务管理局，大力完善新莞人管理服务工作。三是实施新莞人培训工程，加强培训就业服务。四是加强工资和用工管理，提高最低工资标准。五是做好社会保障工作，率先在全国建立城乡一体的社会养老体系和医疗保障体系。六是解决新莞人子女教育问题，采取积分制方式招收新莞人子女入读公办学校。七是推进廉租房和经济适用房建设，采取政府新建廉租房小区和收购农民旧房的办法，以较低价格出租给新莞人。八是积极满足新莞人文化需要。九是在全省率先发放居住证，探索实行积分制入户政策。十是保障新莞人的民主政治权利，选举一批新莞人担任党代表和政协委员，公开选拔新莞人担任市

工、青、妇部门专职领导。

2. 积极构建和谐劳资关系

一是加强法制宣传和教育。引导和帮助劳动者增强维权意识,以法律手段维护自身合法权益;强化企业社会责任,引导企业建立劳资关系柔性化协调机制,自主做好劳资关系调整。二是以信访疏导为基础,源头化解矛盾。以12333劳动保障电话服务热线为平台基础,畅通信访渠道,推进大接访。加强基层力量,强化培训,着重培训村和社区劳动服务站基层调解员,提升基层化解劳资矛盾的能力。工作重心下移,推进大排查。突出对规模较大、人数较多以及曾经发生劳资纠纷案件的企业进行重点排查,全面排查不稳定因素。三是以劳动监察为重点,加强执法。规范企业用工,对重大违法企业实行依法、依规向社会公布、公开制度,坚决查处和纠正违反劳动保障法律、法规的行为。建立用人单位分类监控管理制度,对企业实行分级网格化、网络化管理,提高防范的针对性和有效性。对用工管理和工资待遇等重点问题进行重点跟踪约谈。突出联动,形成监控合力,定期排查,加快事件处理,防止事态扩大和形成不良连锁反应。四是以健全机制为保障。建立和完善了工资集体协商机制。建立健全以劳动合同为基础的劳资关系协调机制,定期走访,督促企业做好劳动合同签订工作,提高劳动合同签订率。五是着力优化服务。加快推进农民工积分制入户。提供资助,着力抓好新莞人培训。设立600多个服务点,积极为新莞人提供免费公共就业服务。丰富文化生活,强化人文关怀,增强员工对企业的认同感和归属感。

3. 构建劳资纠纷群体性事件应急处理机制

在市应急指挥体系下,全市32个所有镇街建立了以书记或镇长为主任的应急管理委员会和相关部门的应急机构,明确责任,建立制度,制定预案,强化值守,做到信息联动、预案联动、工作联动,形成了"市—镇街—村居—单位"四级纵向的应急处理网络。针对劳资关系突发事件处理,在市应急办公室的统一指导下,一是成立了劳动部门的突发事件协调小组,统一指挥处理突发事件。二是制定了较为完备的应急预案。明确了处理原则、处理程序、处理措施、报告制度以及跟踪处理和事件评估等。三是区别情况,快速处置。按照"快速反应、依法规范、协调配合"的原则,做到早发现、早报告、早控制、早解决。事件发生后,立即报告,启动预案,各业务成员单位按照各自职能组织接访。在及时接访和组织对话的过程中,区别不同情况,坚持以安抚情绪和解释疏导为主,按照"动之以情、晓之以理,宜散不宜聚、宜顺不宜激、宜分不宜结"的方法,及时化解矛盾,防止事态扩大,直至最终平息事件。四是注重事后处

置。对现场解决不了的问题，只要符合政策法规，就积极协调相关部门，尽快研究出解决方案，或建议、督促各乡镇有关部门认真落实政策。事件处置完毕后，及时进行评估考核，总结经验教训，及时修改和完善防范措施和应急处置预案。

（二）深圳劳资纠纷预防与处理的经验

1. 注重协调各部门共同预防与处理劳资纠纷群体性事件

早在2004年，深圳市就制定了《深圳市劳动纠纷群体性事件排查调处办法》（以下简称《办法》），深圳市劳动和社会保障局成立排查调处群体性事件领导小组（以下简称深圳市小组）。组长由分管劳动关系的副局长担任，成员由深圳市社会保险基金管理中心（以下称社保中心）、劳动争议仲裁院（以下称仲裁院）、劳动和社会保险信访办公室（以下称信访办）、劳动和社会保险监察处（以下称监察处）、劳资关系处、欠薪保障基金委员会办公室（以下称欠保办）等有关业务部门负责人组成。深圳市《办法》规定，深圳市各区劳动社会保障局也应成立相应的机构。

社保中心、信访办、监察处、劳动关系处是负责劳资纠纷重大隐患排查工作的主要责任单位。排查工作采取定期排查、随时排查、专项排查的方法。各单位对本单位职能范围内存在的不稳定因素，坚持每月开展一次定期排查。对矛盾纠纷比较突出，问题比较集中的单位根据需要随时排查。在重大节日、重要活动等敏感时期，对容易引发重大劳动纠纷的行业和相关单位进行专项排查。

在报告时限方面，深圳市《办法》规定，一般情况每月一报，各单位在每月的3日前，将上一个月的排查调处情况通过自动办公系统报信访办汇总，且实行零告知制度。重大节日和重要活动期间每日一报，且实行零报告制度。突发情况要随时专报，即重要情况在4小时内报告，特别重大紧急情况必须在1小时内报告。

对群体性事件的调处，规定要落实“五个一”（即一起矛盾纠纷、一位责任领导、一个调处班子、一套调处方案、一个解决期限）的调处措施，并实行首接责任制，即事件不管发生在何时何地，首先接报单位即为第一责任单位，负责了解事件的性质、严重程度、当事人双方的情况等，并根据调处工作的分工，立即通知相关业务部门前往处理，相关业务部门应在接报后1小时内赶赴事件发生地点，与接报单位共同处理事件。同时，接报单位应立即向领导小组组长汇报。

2. 将举报专查和专项执法行动相结合

一是畅通投诉举报渠道,抓好每一宗举报投诉件的查处工作,凡是有举报线索均全面调查,对群众举报投诉属实的违法企业立案查处。二是每年积极组织开展工资发放大检查等各项专项执法行动,每次专项执法行动都把工资发放情况作为重点检查内容,对欠薪高发行业企业进行针对性的检查,及时查处和纠正企业拖欠员工工资的行为。

3. 与住建局、公安局等建立部门联络机制

人社局与住建局建立联络员制度,加强协调联动,重点解决建筑行业欠薪问题。凡接报建筑行业企业群体性突发事件,部门之间迅速沟通情况,及时派员赶赴现场,从大局出发,按各自职责采取有效措施,依法、及时、稳妥处置,重点解决拖欠员工工资问题。人社局与公安局建立对口联络员制度,在市、区劳动监察、公安经侦部门建立联络员制度。主动与市公安经侦部门沟通协调,会商联合打击涉嫌拒不支付劳动报酬犯罪违法行为事宜。

4. 建立与银行共享劳动违法信息联动机制

具体措施和特点:(1)定期移送。以月为单位向人民银行移送用人单位及相关责任人的劳动保障违法信息,并重点移送责任单位及个人的严重违法信息。(2)五大重点。五类用人单位违法信息具体包括:一是使用童工;二是拖欠、克扣工资或社会保险问题而引发严重影响公共秩序事件,用人单位法定代表人或者主要经营者未在24小时内到现场协助劳动保障部门处理事件;三是法定代表人或者主要负责人隐匿或者逃逸且劳动行政部门已按规定垫付欠薪;四是一年内发生3次以上(含3次)相同违法行为;五是骗取社会保险待遇或者社会保险基金支出。(3)制约作用。金融机构在办理、管理信贷业务时,用人单位劳动保障违法信息将作为审办信贷业务的重要依据,并严格限制对相关企业的信贷投放,从而增强金融机构防范信贷风险的能力,使一些缺乏社会责任的企业不仅承担相应的行政法律责任,还将面临信贷限制。(4)专人负责。各金融机构和劳动保障部门就信息共享事宜建立联络员制度,指定专人负责此项工作。中国人民银行深圳市中心支行不定期对金融机构查询、使用违法信息情况进行检查。(5)全国共享。企业信用信息基础数据库已实现全国联网查询,将用人单位违反劳动保障法规信息纳入企业信用信息基础数据库,实现违法企业的信息在全国范围内共享,使其一地违法,全国寸步难行。

(三)珠海积极与非政府组织(NGO)沟通和合作

目前,处理和解决劳资关系纠纷上的方法主要是劳动仲裁和向法院提起

诉讼。但无论是劳动仲裁或法院审判，只能使表面问题得到解决，用人单位与劳动者之间的劳资关系虽然随仲裁和审判的结束而结束，但这对于劳资双方的利益都是一种损害。如果能在企业内部建立良好的沟通和协商机制，在发生争议时进行协商，在未发生前进行预防，让矛盾在企业内部解决，则是一种更为经济的方式。同时，通过这种内部沟通的方式更加能激发员工的归属感和责任感，增加企业与员工的共同利益。已有不少的 NGO 机构关注劳资纠纷的解决机制构建，并且也有企业借助这些 NGO 的力量，在预防与解决劳资纠纷、构建和谐劳资关系与新型社区取得了不俗的成效。本报告将以伟创力电子(中国)有限公司(以下简称伟创力)为例介绍企业是如何借助 NGO 开展和谐劳资关系构建尝试的。

1. 建设社区之家

为工人们提供以社区为基础的支持服务；为农村地区的学生提供岗前培训，并为他们在农村乡镇的留守儿童提供辅导支持。伟创力与多个 NGO 组织开展合作，借助他们的力量构建和谐劳资关系。例如，2009 年 5 月，珠海市民政局、伟创力和北京市协作者文化传播中心联合创办了珠海市协作者——设立在工业园区的社会工作服务直接机构，这一机构的设立表明我国社会工作组织产生了新的模式，即政府＋企业＋社会公益组织。该模式的特点是：政府、企业和社会组织三方协作，以企业出资、社会组织运作、政府购买服务为支撑，以满足社区居民、企业职工和流动人口不断变化和增长的社会服务需求为目标，是一种极具创新意义的社会工作推进模式。这一模式得到了民政部的肯定，"珠海协作者"也被民政部确定为第二批全国社会工作人才队伍建设试点单位。

该项目以工业区新生代农民工需求为出发点，截至 2012 年 4 月，为工业园农民工开展个案救助、小组活动、社区联谊能力建设等各类公益服务活动各类专业服务活动 1281 次，使工业园新生代农民工 115041 人次直接受益。目前，伟创力和珠海协作者在工业园区的服务已经从青年农民工拓展到流动儿童及其家庭，并建立了全国第一家工业区妇女之家。此外，在开展社会工作专业服务的同时，伟创力着力为青年打工者提供锻炼的平台，鼓励和带动青年打工者成为积极面对人生，主动参与社会建设的志愿者和服务者，组织动员志愿者 272 人参与志愿服务，累计参与志愿服务 2071 人次，志愿服务时长 5901 小时 21 分钟。

2. 设立咨询热线

与北京协作者社会发展中心合作，通过对话、网络和即时通信，在中国范

围内提供危机辅导服务。2011年11月28日,伟创力与映诺携手合作,为中国的农民工留守儿童提供全方位关怀。根据合作协议,伟创力为映诺开展项目提供资金支持,计划帮助超过5000名外来务工者留守在家的子女搭建亲情热线。伟创力珠海园区和英国驻广州领事馆向每位留守儿童捐赠一台手机。该项目旨在满足这些留守儿童在教育、发展和情感方面的需求。

3. 开办网络课堂

与选定的非政府组织、大学、职业学校和企业合作开发一个网络培训平台,帮助农民工掌握必要的知识和技能,以扩大其长期职业规划。伟创力与香港劳工教育及服务网络建立合作伙伴关系,以便在农民工迁移到大城市和工业区工作之前,为其提供出发前培训。该培训主要是为了帮助农民工为新生活做好充分准备,并使其熟悉从农村－城市迁移的各方面事宜,从而最大限度降低其应对新环境所面临的社会和情感的挑战。

四、劳资争议源头治理的基本思路

中山目前处于经济转轨阶段,在劳资关系运行过程中积累的矛盾,有的是可以通过劳动法等法律予以化解,有的问题不在于劳动法本身,而在于寻求问题解决的方式上,省内外丰富的治理经验对中山提供了有益的启示。

(一)制定镇区劳资关系治理绩效考核办法

当前基层管理中存在条块秩序紊乱的问题,“横向没有边、纵向不到底”,导致了组织资源严重内耗。中山市通过大部制改革下放行政管理权,在镇区平台上整合资源、优化队伍,以块为主重构条块秩序,是行政管理体制方面的有益探索。但是,由于强化了镇区从人、财、物等方面对基层职能部门的话语权,处理劳动争议的工作人员经常被镇区调去处理其他部门的棘手问题,市局的业务指导往往无法落实,影响了劳动争议监察工作的有效开展。因此,为保障镇区劳动监察队伍的稳定性,应加强镇区在落实劳资纠纷治理实效性方面的责任,将治理成绩纳入镇区领导班子和领导干部考核评价指标体系。

建议在镇区领导干部班子和领导干部绩效考核指标里,综治维稳类分出“综治”“信访”“司法”三项,其中,“综治”项分值可占到50%。具体办法如下表1所示。

表 1

项目	分数	指标说明
综治	50	落实市人社局业务指导意见，加强劳动监察，构建和谐劳资关系，建立劳动群体性纠纷应急管理制度的得 10 分。有效预防和妥善处理突发性群体事件的得 10 分。发生群体性事件的每宗扣 3 分；处置不力或不配合上级处理的每宗扣 3 分。
		建立长期治安防范机制，有效开展治安联防工作的得 10 分。无机制、无人员的扣 5 分；不能有效发挥作用的扣 5 分。
		辖区内无发生刑事、治安及“黄赌毒”被查处案件的得 15 分。发生刑事、治安案件的，每宗扣 2 分；凶杀案每宗扣 5 分；“黄赌毒”案每宗扣 2 分，被市以上部门查处的每宗扣 5 分。
		做好防范邪教活动及人民安全防线工作的得 5 分。出现此类案件的，每宗扣 2 分。

(二)倡导企业社会责任，建立和谐劳资关系评价体系

1. 建立企业和谐劳资关系评价体系的现实价值

履行企业社会责任，在国际上已成为一个不可阻挡的潮流。目前，国际上对企业社会责任普遍认同的理念是：企业在创造利润、对股东利益负责的同时，还要承担对员工、对社会、对环境的社会责任，包括遵守商业道德、生产安全、职业健康、保护劳动者的合法权益、节约资源等。可见，企业承担社会责任的内涵非常丰富，而企业对劳动者承担社会责任应当是企业社会责任的主要内容之一。但是如何实现企业对劳动者承担的社会责任，是我国现行的企业法律和劳动法律都还没有完善具体制度的问题。

本课题组认为，作为现代法治国家，应着力构建完善包括职工民主管理制度在内的劳动者参与企业事务的制度，借鉴瑞典和我国台湾地区的劳资共决机制，使得各种企业内部的矛盾能够通过内部的多元选择机制和平地协调处理，而不是借助对社会更具有暴力式冲击的罢工这种工业革命初始阶段大量采用的方式解决。作为企业，应当担当对劳动者在劳动报酬权、生命健康权等一系列权利上的社会责任。现行的劳动争议处理机制所提供的劳动争议处理模式，虽然有效地维护了职工合法权益和劳资关系的稳定，但是，这种维权模式属于事后救济，主要着力于劳资矛盾出现后的解决路径和补救措施，很难从

源头上消除劳资矛盾的产生。随着维权工作的深入,应该建立起有效的劳资关系协调机制,从源头上规范企业用工行为,提前化解劳资矛盾,防止侵犯劳动者权益的事件发生,才是更有效、更主动的社会化维权。为了督促企业履行各项对劳动者的社会责任,应建立企业和谐劳资关系的评价体系。

2. 建立企业和谐劳资关系评价体系的考量因素

从现实的劳资关系来看,部分企业未承担起社会责任,用工不规范,劳动条件差,工资收入分配不合理,忽视职工发展,缺少人文关怀,农民工、劳务派遣工权益受到侵犯的现象较为突出,对构建和谐劳资关系带来了许多困难和问题。因此,建立企业和谐劳资关系评价体系,至少需要考虑以下几个方面:

一是劳动合同的规范化。涉及劳动合同的约定工资、合同期限、加班费等。当前,只约定不低于当地最低工资标准的企业增多,劳动合同期限偏短,工作强度大,超时加班情况仍然较为普遍,部分职工拿不到加班费。还有部分企业劳动合同签订程序不规范。

二是劳动报酬的合理分配。当前劳动争议主要集中在劳动报酬、经济补偿金和赔偿金、保险福利等方面。其中,企业工资分配秩序不规范,不合理分配差距依然较大,不少职工反映劳资关系不和谐的主要原因是普通工人收入低、增长慢,企业内部差距大。

三是集体劳动争议和职工群体性事件的处置。虽然当前职工与企业之间的个体性劳资争议仍然是企业劳资关系的主要矛盾,但集体劳动争议和职工群体性事件逐渐增多,组织性、仿效性、关联性增强。

四是劳动法律的履行、监督等情况。有些企业在与劳动者发生用工关系时,蓄意规避法律,不与劳动者签订书面劳动合同;工资集体协商的规定较为原则,效力有限,缺乏强制力,难以发挥应有的作用,等等。在劳动法律的执行监督上如何规范、完善、有效,也是值得通过一定的数量化模式加以解决的。

3. 主要指标和评估标准

(1)劳动用工。主要包括劳动合同签订率、集体合同签订率、工资集体协商覆盖面、违法使用童工、收取押金等情况。

(2)社会保障。主要包括五大保险的参保率、住房公积金缴纳、帮扶救助制度建立等情况。

(3)收入分配。主要包括工资增长率、拖欠工资率及最低工资执行等情况。

(4)休息休假。主要包括超时加班加点、年休假执行等情况。

(5)职工培训。主要包括提取职工教育经费、职工技能培训、劳动竞赛等情况。

(6)民主管理与监督。主要包括党组织建立及开展工作、工会建立、职代

会制度建立、厂务公开等情况。

(7)企业文化。主要包括思想政治工作、职工文化活动开展、职工体育活动开展、规章制度建设、劳动者的评价等情况。

(8)诚信公益。主要包括诚信经营、缴税费、组织或开展慈善活动等情况。

(9)劳资纠纷。主要包括劳动监察案发率、劳动仲裁案发率、信访案发率、群体性事件案发率、劳动法律履行和监督等情况。

(10)劳动安全。主要包括安全生产责任制落实、安全生产制度建立、安全生产教育培训、职业健康检查及安全事故、职业病发生率等情况。

根据以上主要指标,细化评估标准,对企业劳资关系具体情况进行综合测评,以科学评估区域劳资关系和谐程度。评价表体系是按照层次化结构原理设定,每个层次测评指标均由上一层次展开,上一层次测评指标通过下一层次指标的测评结果反映。总分为 1000 分。

该评估指标体系既可作为政府发布的倡导性文件供企业自检,也可作为劳动监察部门用于监察企业用工和谐程度,发挥预警作用,用于指引监察次数,和作为是否将某企业列为重点考察对象的重要参考。(参见表 2)

4. 实施指标体系的配套条件

上述指标体系的实现,需要政府、工会、企业多方合作,第三方机构评价和社会参与评价相结合,才能全面推动标准的落实。

(1)进一步提高企业对构建和谐劳资关系的认识,实现企业和职工互利共赢。要不断提高企业对构建和谐劳资关系重要性的认识,调动其参与企业和谐劳资关系的积极性,以实际行动关爱职工、善待职工,把改善职工生活作为义不容辞的责任。同时,工会应当坚持贯彻“促进企业发展,维护职工权益”的企业工会工作原则,把企业发展和职工发展结合起来,使企业和职工成为利益共同体、事业共同体。

(2)进一步完善公平合理的薪资分配机制,切实维护职工的经济权益。首先要增强对提高职工劳动报酬重要性的认识。实现职工收入与企业效益同步增长,对于调动广大职工积极性、创造性,促进职工队伍和企业和谐稳定至关重要。其次要进一步完善公平合理的薪资分配机制。要以兼顾效率和公平为方向,进一步加大企业工资制度改革力度,坚持市场调节、企业自主分配、平等协商确定、政府监督指导的原则。再次要以工资收入为重点,依法推动企业普遍开展工资集体协商,科学合理确定工资水平,提高职工特别是低收入职工工资收入。

表2　和谐劳资关系评估指标体系

一级指标	分值	二级指标	分值	具体评价标准
劳动合同	200	劳动合同签订率	100	工作时间在2个月以上的员工中：签订率达到100%的得100分，以下以每减少一个百分点少得1分计算。此外，如果签订率低于全市(参评企业)平均10%～20%之间的另减10分，低于全市(参评企业)平均20%另减20分。
		劳动合同期限	100	劳动合同期一年及以下职工占全部职工的比重低于全市(参评企业)平均30%以上的得100分，低于平均25－30%之间的得75分，低于平均15－25%之间的得50分，低于平均5－15%之间的得25分，低于平均5%和高于平均5%之间的得0分，高于平均5－15%之间的减25分，高于平均15－25%之间的减50分，以此类推。
社会保险	100	社会保险平均参保率	100	参保率达到100%的得40分，以下以每减少一个百分点少得1分计算。此外，如果参保率低于全市(参评企业)平均10%～20%之间的另减10分，低于全市(参评企业)平均20%以上的另减20分。
工资福利	120	职工人均平均工资水平	30	与中山市同行业企业的人均工资水平比较，高于平均10%～20%之间的得5分，高于平均20%～25%之间的得10分，高于平均25%～30%之间的得15分，高于平均30%～35%之间的得20分，高于平均35%～40%之间的得25分，高于平均40%以上的得30分；高于平均10%和低于平均10%之间的得0分；低于平均10－15%的减5分，低于平均15%～20%之间的减10分，以此类推。

续表

一级指标	分值	二级指标	分值	具体评价标准
工资福利	120	职工人均工资年增长率	30	职工人均工资增长率与企业增加值增长率相比，高于1个百分点以内的得5分，高于1－2个百分点之间的得10分，高于2－3个百分点之间的得15分，高于3－4个百分点之间的得20分，高于4－5个百分点之间的得25分，高于5个百分点及以上的得30分；低于2个百分点之内的得0分，低于2－5个百分点之间的减5分，低于5－10个百分点之间的减10分，低于10～20个百分点之间的减15分，低于20个百分点及以上的减20分。
		工资发放	50	有详细的工资单，且按规定及时足额发放工资和加班工资的得50分；所述三种情况，满足二项的得35分，满足一项的得15分，都不满足的得0分；有拖欠工资和加班工资或克扣工资、不支付加班工资的减20分。
工资福利	120	员工福利	10	发放高温津贴，且发放月数和发放金额达到标准的得10分；发放高温津贴，但发放月数或发放金额达不到标准的得5分；不发放得0分。
工时休假	85	职工每日平均工时	25	低于9小时的得25分，在9－10小时之间的得20分，在11－12小时之间的减20分，高于12小时的减25分。
		职工每月平均休息天数	25	按国家规定休息的得25分，每月休息天数少于规定但多于6天的得20分，每月休息天数少于4天的减20分，每月休息天数少于2天的减25分。
		休假制度	35	企业完全执行年休假、探亲假、病假等国家规定休假制度的得35分，基本执行的得25分，其余0分。

续表

一级指标	分值	二级指标	分值	具体评价标准
劳动环境	100	安全宣传培训	10	定期对员工开展安全生产宣传、培训、教育的得10分,其余0分。
		安全生产合格证书	10	企业负责人或安全生产管理人员其中1人取得,得10分;都没有取得,得0分。
		安全生产管理制度	10	制定生产安全事故应急救援预案且进行演练的得10分,制定了预案但不演练的得5分,其余0分。
		健康体检	10	一年至少一次为员工提供免费体检的得10分,其余0分。
		工伤发生率	20	年工伤发生率(工伤发生件数占全体职工的比重)为0分的得20分,低于全市(参评企业)平均50%以上的得10分,高于全市平均20%～50%之间的减10分,高于全市平均50%以上的减20分,其余0分。
		女工和未成年工保护	20	做到女职工"四期"保护,且建立未成年工健康检查制度并按规定办理未成年工登记的,得20分;只有其中一项的,得10分;都没有的,得0分。
劳动环境	100	职工流出率	20	职工年流出率保持在5%以内的得20分,5%～10%之间的得15分,10%～15%之间的得10分,15%～20%之间的得5分,20%～25%之间的得0分,25%～30%之间的减5分,30%～35%之间的减10分,以此类推。
教育文化	60	职工教育经费支出	20	职工教育经费支出超过职工工资总额2.5%的得20分,在1%～2.5%之间的得10分,1%及以下的得0分。
		一线职工教育经费支出比重	20	一线职工教育经费支出占企业教育经费的比重超过70%的得20分,在50%～70%之间的得10分,在30%～50%之间的得0分,低于30%的减10分。
		文体活动	20	每年开展一次大型文体活动并组织员工旅游的得20分,开展一次大型文体活动或组织员工旅游的得10分,都没有的得0分。

续表

一级指标	分值	二级指标	分值	具体评价标准
制度建设	140	组织建设	30	建立党组织、工会组织、综治工作站的各得10分,没有为0分。
		职代会	20	有规范的职代会制度且职代会有实质性内容的,得20分;有职代会制度的,得10分;其余0分。
		厂务公开	10	厂务内容完全公开的得10分,其余0分。
		工会主席产生	10	工会主席选举产生且专职的得10分,选举产生但兼任其他职务的得5分,其余0分。
		工会参与管理决策	10	基本参与企业重大决策的得10分,其余0分。
		工资集体协商制度	20	开展工资集体协商并签订工资协议的得20分,开展工资集体协商但没有签订工资协议的得10分,其余0分。
		集体合同制度	20	有得20分,无0分。
制度建设	140	劳动争议调解制度成效	20	有调解组织,且企业内部劳动争议调解成功率达到80%以上的,得20分;有调解组织,但劳动争议调解成功率在80%以下的,得10分;无调解组织得0分。
守法经营	50	依法纳税	50	企业财务健全规范且依法足额缴纳各种税费的得40分,在此基础上缴纳税费高于全市平均增长率的,每超过1个百分点加1分,最高加10分。发现有欠税费或被税务机关查补税费的,占其年度应纳税费的1%,扣5分,以此类推。

续表

一级指标	分值	二级指标	分值	具体评价标准
信用诚信	75	工商信用等级评价	25	获工商信用等级AAA级的得25分,获AA级的得20分,获A级的得10分,其余0分。
		纳税信用等级评价	25	获纳税信用等级AAA级的得25分,获AA级的得20分,获A级的得10分,其余0分。
		银行信用等级评价	25	获银行信用等级AAA级的得25分,获AA级的得20分,获A级的得10分,其余0分。
公益事业	70	残疾人就业人数比例	20	残疾人比例超过职工总数5%的,得20分;在1.5%～5%之间的,得10分;低于1.5%的得0分。
		残疾人就业补助	10	吸纳残疾人就业且不享受政府优惠政策的,得10分,其余0分。
公益事业	70	慈善捐款	20	企业设有慈善专项基金、建立慈善事业制度的得20分,没有慈善专项基金但经常进行慈善捐款的得10分,其余0分。
		社会公益活动	20	正从事一项及以上具有长期性且有具体对象的社会公益活动的得20分,其余0分。

(3)进一步保障农民工和劳务派遣工的合法权益,促进农民工和劳务派遣工队伍健康发展。针对普遍存在的农民工劳动合同签订率低、社会保险参与率低、工资收入保障水平低的问题,以及劳务派遣工同工不同酬,不依法适用辅助性、替代性、临时性的劳务派遣工现象,逐步将农民工和劳务派遣工纳入到社会政治经济文化生活体制内,促进其健康发展。

(4)进一步提高职工民主管理的参与度,激发职工参与构建和谐劳资关系

的主动性和自觉性。需要通过政策激励、建章立制、宣传发动等措施，鼓励引导企业加强职代会、集体协商、厂务公开、职工董事监事等于职工切身利益有关的制度建设，让职工对企业管理和经营决策有发言权。同时，采取民主听证、职工热线、企业网上论坛等多种渠道，使职工民主管理落实到实处。

（三）劳资共决，构建中山社会对话机制

国外发达国家社会制度的稳定性在于将劳资矛盾制度化为劳资之间的利益分享，而员工参与制度正是其中不可或缺的一环。"二战"后德国成功推行以劳资共决制为核心的经济民主化政策，使得德国尖锐的劳资矛盾得以缓和，劳资双方在社会伙伴关系中实现德国政治的稳定和经济的发展。劳资共决制有别于工会、职工代表大会。工会与职工代表大会主要涉及劳动者切身利益的劳动时间、劳动保护、劳动安全等劳动法上的问题，其只有有限的知情权、建议权等，而没有决策权，这实际上未能很好地维护职工的权益。而劳资共决制的特色在于通过职工在一定程度上参与决定企业事务、监督企业管理的方式参与公司经营，它直接涉及企业生产经营的经济问题。工人阶级有权与资方共同决策，这就比以前提出的民主管理、民主监督更加直接、更加具体、更加准确和可操作。如果说管理和监督是经济民主的一般要求的话，共决就是具体的要求，它直接指向具体的决策程序，具有明显的可操作性。在中山，劳资纠纷的源头治理，可有所突破，切实落实劳资共决制，改善工人的状况，使他们在经济层面中有积极的发言权。

首先，需要转变企业和职工的观念，向他们宣传劳资共决的思想。由于根深蒂固的企业主控制观念，大多数企业并不愿意让工人参与自己企业的管理，无法接受与工人分享权力的观念。他们害怕工人会通过合法途径和手段日益壮大而摆脱自己的控制。而随着现代化的发展，企业应承担更多的社会责任，从自身做起为职工参与决策提供协助；职工应积极参与企业的决策，实现民主协商和管理，共建和谐的劳资关系。劳资共决制不仅能为企业廉价地获得有利于提高生产和经营水平的建议，从而降低成本，提高生产率，增强企业竞争力，而且能满足职工的需求，提高职工的生产积极性。

然后，在条件成熟的情况下，可在国家相关规定的基础上，结合中山自身的发展状况，发挥中山物质和精神条件的优势，鼓励企业实施劳资共决制。我国《企业民主管理规定》和《中华全国总工会关于进一步推行职工董事、职工监事制度的意见》对职工董事、职工监事人选的基本条件、人数比例、产生程序、职责、任期、补选、罢免等内容做了规定。《公司法》针对不同类型企业适用职

工董事和职工监事分别做出了规定。因此,中山企业适用职工董事和职工监事制度时,《公司法》有明确规定的企业类型,可适用《公司法》的相关规定;对没有明确规定的企业类型,可适用《企业民主管理规定》和《中华全国总工会关于进一步推行职工董事、职工监事制度的意见》的相关规定。

在实施劳资共决制时,需要注意以下几个问题:

第一,劳资共决制的适用范围。我国《公司法》主要对国有企业适用职工董事和职工监事制度做出了强制性规定,而对其他非公企业只鼓励适用而不做强制要求。2006年《中华全国总工会关于进一步推行职工董事、职工监事制度的意见》规定凡依法设立董事会、监事会的公司都应建立职工董事、职工监事制度。2012年《企业民主管理规定》规定公司制企业应当依法建立职工董事和职工监事制度。所以,通过在多年试点、试行的基础上,公司制企业应依法建立职工董事和职工监事制度,包括非公企业。因此,目前劳资共决的适用范围适用于公司制企业。

第二,职工董事和职工监事所占比例。我国《公司法》规定了职工代表在监事会中的最低比例不得低于三分之一,具体的比例由公司章程规定。《中华全国总工会关于进一步推行职工董事、职工监事制度的意见》规定职工董事和职工监事的人数和比例应在公司章程中作出明确规定,并设置了最低比例。《企业民主管理规定》规定公司应当依法在公司章程中明确规定职工董事、职工监事的具体比例和人数。为了使职工在确定相应人数和比例上拥有发言权,课题组认为可由股东大会的派出代表和由职工代表大会派出的代表共同根据公司性质、规模等因素对职工董事和职工监事所占比例或人数进行协商,并将最终确定的结果规定在公司章程中。

第三,职工董事和职工监事的权利和义务。职工董事和职工监事是经过职工代表大会等民主形式选举产生代表职工利益进入企业董事会、监事会的,他们应与其他董事、监事一样,享有同等权利、承担同等义务,其职务活动不受打扰和阻碍。职工董事和职工监事都应按依法履行董事会、监事会的职责,享有法定权利。同时还应履行关注和反映职工合理诉求、代表职工利益和维护职工权益的特别职责,对全体职工负责。

第四,注重和落实民主程序的规范、科学、严格。劳资共决制度的改革探索,是完全符合我国宪法和法律有关人民民主专政的国家本质和理论的,是先进的预防和源头治理劳资矛盾的制度设计。但是怎样实现制度的优化效果,避免具体探索中的混乱、无序、无效,做到制度效果符合制度设计的宗旨和目的?除了上述几点实体性制度要点外,必须在程序上下苦功,真正落实好程序

的民主、公开和监督各环节，包括每一个议事规则、每一个选举规程（投票、计票、唱票、开票等）的规范、严格。否则就会徒有民主议决的制度名义，而无民主议决的制度效果和实质，难以让劳资双方真正建立互信、互利、互存的共决机制。

（四）领导主抓，多个部门联合调处机制

在信访环节中山市已经建立起了综合治理中心，联合多个部门调处劳资矛盾。课题组认为应当使工作具有延伸性，在全市范围内建立起多个部门的联合调处劳资纠纷机制。

劳动者作为劳资中的弱势一方，其生存问题及权利救济尤为重要和迫切。解决问题的“黄金”时间在于萌芽时期，在于对抗情绪尚未“白热化”之前。为了避免部分劳资争议而引发的社会矛盾，必须构建劳资争议应急处理机制，尽可能降低应急反应的时间成本和部门协同成本，防止事态恶化，减轻其对社会系统的损害。构建劳资争议整体联动机制无疑是一种较好的现实选择。

多个部门联动机制是由政法委牵头，建立起人社、经贸、建设、安监、工商、税务、工会以及各镇街等与劳资关系密切相关的行政管理部门与社会组织以及担负社会治安管理职能的公安部门组成的联席会议，建立一张纠纷排查调处大网，加强信息收集、反馈、分析、处理、定期对各类企业中的不稳定因素进行分类排查，确定应对措施，以彻底改变过去存在的预防靠劳动保障部门，现场处置靠公安部门“单打一”的状况，加大对违法案件的查处力度。

同时，建议人社部门通过与银行、地税、电力、工商联和行业协会等相关部门和社会组织联动的方式创新企业欠薪隐患的排查机制。劳动、税务、银行、电力、工业园区等各职能部门相互联动，互通信息，对企业经营状况进行有效监控，及时发现企业欠薪等劳资隐患，并积极采取措施，化解矛盾，有效预防群体性突发事件。其中，由银行贯彻执行政府与银行部门企业账户异常变动预警机制，主要监控企业资金异常变动情况以及被各级法院查封的企业情况；地税部门负责提供近期社保欠缴企业及电力部门提供近期电费欠缴企业。

（五）工会维权，大力推进集体协商制度

1. 加强劳动法律法规的制度化、规范化建设

（1）在《劳动法》《劳动合同法》中完善有关工资集体协商机制，对该机制进行具体、详细的规定，出台相应的具体惩罚措施，通过立法对工资集体协商予以规制。建议在有关立法中必须明确规定：当工会向企业提出集体协商要求

时,企业不得拒绝或拖延集体协商。通过立法明确企业方响应工会要约的期限、不响应要约应当承担的责任、追究责任的具体措施、引发群体性事件的法律后果和责任。又比如,通过立法规定哪些企业必须建立工会以及违法不建立工会的适当惩罚措施。加强劳动法律法规的制度化、规范化建设,旨在为工资集体协商工作的开展提供保障。(2)通过立法积极推动工资集体协商信息的平等化建设。在有关立法中除规定职工一方协商代表有权利向企业要求提供工资协商相关信息外,建议应当规定工会和职工协商代表有权向税务、工商、银行等部门要求提供工资集体协商相关诚信信息和谈判的必要资讯。法律还应规定对于企业提供虚假信息或者拒绝提供信息等情形的适当法律责任,惩罚措施必须合理、适当。与此同时,为了保护双方当事人的合法权益,法律也应明确职工协商代表在获得企业信息后必须保守商业秘密以及相应的惩罚措施。通过一系列立法规定,旨在优化工资协商信息环境。

2. 加大宣传力度,积极推动区域性、行业性工资集体协商的开展

要充分运用各种新闻媒体在社会舆论上的引导作用,大力推广宣传工资集体协商在促进企业发展,维护职工权益,调动职工积极性,增强企业凝聚力方面的作用,提高雇主对开展工资集体协商意义的认识,普及工资集体协商和签订工资协议的法律及常识,改变目前部分企业对开展工资集体协商意识弱的状况,督促企业履行好社会责任。

当然,仅在企业层面的工资集体协商是远远不够的。在建立和推行工资集体协商机制过程中,应着力使工资共决向行业协商转变,使工资集体协商制度在多层面运作。通过行业性工资集体协商,能避免企业层面谈判中工会与企业的直接对抗,以及企业对工会和工资集体协商的干预和控制,从而避免出现企业不愿谈、工会不敢谈的状况,也能杜绝企业利用优势地位进行谈判,使得工资集体协商的最终结果公平、公正、公开。

3. 完善制度体系,提升工资集体协商运行质量

坚持把集体协商与职代会、厂务公开等协调劳资关系制度联动实施,建立协调劳资关系的制度体系,最大化、最优化地发挥其作用。一是确保工资集体协商中的职工协商代表通过职代会民主选举产生,使协商代表有更广泛的群众基础和代表性,更能代表职工利益;二是坚持协商过程的民主性、公开性,坚持协商议题和协商结果预测向职工征集,在协商过程中及时与职工保持沟通;三是最终协商结果必须得到职代会审议确认以确保其合法性;四是工资集体合同生效后必须主动、及时通过公开栏等形式向全体职工公布;五是工资集体合同履行情况每半年通过厂务公开渠道向全体职工公布一次,每年至少一次

由企业向职代会通报一次。

(六)完善劳资舆情收集机制,打击非法维权组织及个人

综治、公安、司法等政法部门应该主动加强与劳动保障部门、工会、信访等有关部门的信息沟通和联系,建立横向信息通报制度,通过日常排查及时发现事件隐患;通过日常接访发现事件苗头;通过多渠道掌握劳资关系变动情况。及时、全面掌握本地区企业单位劳资关系变化的总体情况,对不同时期可能影响劳资关系稳定的因素做到心中有数,尤其对可能引发职工群体性事件的隐患苗头应予高度重视,摸清情况,制定切实可行的解决措施。建议重点跟踪,将易发频发劳资纠纷、劳动密集型企业和租赁企业作为重点预警排查对象,将企业规模裁员、欠租、欠费、欠税、欠款、重大劳动争议、重大经济纠纷以及企业法定代表人异动等情况作为预警排查重点内容,建立每月对重点欠薪预警排查对象进行检查制度。

实践表明,出现个别群体性事件的发生和蔓延以致激化,还有隐性因素存在。即非法维权组织或者个人(一般为信访专业户或老信访户)为谋求利益,鼓动、控制工人罢工、上访,黑势力还用卑劣手段恐吓、殴打不参与罢工的员工,以扩大事态,加大与经营者、政府谈判的筹码。黑势力看准工厂赶货,内外勾结,鼓动罢工,公然打电话给老板,给多少钱帮忙摆平。信访专业户没有按信访程序为员工争取权益,打着积极援助的旗号,煽动工人情绪,宣扬历次成绩,向工人收取费用,工人受误导,自以为找到了熟悉的"带头大哥",很容易与政府部门发生冲突。

(七)建立敏感案件先调机制,实行案件结案回访制度

如前所述,调解具有诉讼和仲裁所不具有的优势——在冲突最小的时候以最平和的方式解决纠纷。为了充分发挥调解的作用,就必须有合理配置的调解委员会。对此,政府应充分做好对企业的指导、监督工作。对于调解委员会的构成人员,要严格根据《劳动争议调解仲裁法》第10条的规定组建,即"劳动争议调解委员会由职工代表和企业代表组成。职工代表由工会成员担任或者由全体职工推举产生,企业代表由企业负责人指定。企业劳动争议调解委员会主任由工会成员或者双方推举的人员担任"。即在职工代表的选任上,要切实遵从职工的意愿。这当然也要求企业工会是科学设立的。另外,企业应给予劳动争议调解委员会必要的办公条件。此外,政府应指导企业建立劳动争议调解委员会对于特殊的劳动争议案件实行调解前延制度,源头化解可能

引发不稳定因素的劳动争议案件。

同时,对于群体性劳动争议处理,建立回访制度。群体性劳动争议应该得到充分和常态化的重视,案件处理部门的重心不能仅仅放在"案结事了"上。要更好地查找争议处理中存在的问题、杜绝劳动争议的隐患,着重做到:

第一,承办人员回访。对产生过群体性劳动争议的用人单位建立名单,作为劳动行政部门工作人员及劳动仲裁员定期回访的单位,及时发现这些单位用工管理上的问题,关注劳动者劳动权益的保护,督促单位履行雇主责任,杜绝这些单位今后群体性劳动争议的发生。

第二,基层调解人员回访。基层调解人员常驻社区、楼宇、商圈,对属地企业的用工情况应当有比较实质的了解。基层调解人员对劳动争议产生较多的企业应作定期回访,建立良好的沟通,如企业在用工管理上遇到问题,也可以及时向基层调解人员反映,劳动保障部门工作人员也可以及时答疑解惑,避免侵犯劳动者权益的情况发生。

(八)裁审协调,规范劳动争议统一裁判

合理配置诉讼与仲裁两种程序,既保证了案件得到高效审理,又有司法程序作为底线保证公正。虽然劳动诉讼与劳动仲裁是不同的程序,但为了遏制恶意不执行仲裁裁决的情况也为了高效低成本地解决纠纷,有必要完善劳动争议处理机制。

1. 健全召开联席会议机制,完善裁审衔接机制

通过召开联席会议,法院和仲裁机构可以对案件的裁审衔接、证据认定等相关问题共同研究,互相通报裁审办案情况,其中最重要的是要统一裁审法律适用尺度和标准,避免仲裁委员会与法院因为对法律法规的不同理解而作出不同的裁决,增强法律的公信力。此外,对于10人以上劳动争议案件,仲裁委员会应在立案3天后向法院进行通报。法院在收到不服仲裁裁决案件后,及时通报案件情况。虽然仲裁与法院是两个独立的程序,但也应为彼此的工作提供必要的、可能的便利。

2. 建立公共信息平台,推动裁判结果透明化

通过建立一个公共信息平台,将典型案件的裁审结果共享,让法院和劳动仲裁委共同研究案件的裁审衔接、证据认定等相关问题,互相通报裁审办案情况。

首先,通过确定共识可以减少仲裁裁决因法律法规、政策适用尺度问题被法院判决推翻,可以维护仲裁公信力,也可以促进法院的工作效率,提高百姓

对公权力运作的信任度，改变裁审程序“冗长、拖沓”的印象，更好地为公众服务。

其次，可以通过公共信息平台学习示范性案件裁审经验，统一裁审标准。

再次，通过学习公共信息平台的示范性案件，对今后的裁审工作可以起到很好的指导作用，避免前后相同案情的案件因审理人员的不同或审理人员对法律法规理解的不同而有不同的判决，既能降低诉讼成本也能保证“同案同判”。

（九）通过购买社会服务等方式积极引导、发挥NGO在劳资纠纷预防与处理中的作用

从珠海、广州等地以及一些企业通过购买社会服务的效果来看，NGO在劳资纠纷预防与处理中大有可为，也可在一定程度上缓解中山“简政强镇事权改革”对基层劳动监察工作带来的人手不足的问题，也利于培育、发挥社会自治的功能和机制。在前期，可以通过政府购买社会服务的方式与NGO合作，同时可选择几家有意向的企业借鉴珠海协作者的模式，发挥NGO在劳动争议预防与解决，以及和谐劳资关系构建中的作用。在积累了一定成效和经验之后，可逐渐通过政府和企业共同购买社会服务的方式，扩大NGO的作用发挥，并鼓励企业自行购买NGO的服务。由于NGO的服务切实为企业解决了问题，东莞已有些企业自行购买社会服务。

五、本研究基本结论

在发展和谐劳资关系上，十八大报告强调健全劳动标准体系和劳资关系协调机制，加强劳动保障监察和争议调解仲裁，构建和谐劳资关系；深化企业工资制度改革，推行企业工资集体协商制度，保护劳动所得；改革和完善企业和机关事业单位社会保险制度，建立兼顾各类人员的社会保障待遇确定机制和正常调整机制。这为我们进一步思考劳资争议的源头治理、构建和谐劳资关系指明了方向。需要明确的是，劳资争议进行源头治理，首先需要通过制度建设来完成。在制度建设过程中，应该坚持制度的合法性和延续性。当然，“徒法不足以自行”，制度的实现还需要政府在人财物等方面予以保障，要在制度的合理、规范、统一和程序的民主、公开、监督等方面下真功夫。

具体的落实途径建议如下：

关于量化考核指标体系,是本课题的一个尝试。为了避免人浮于事,因人设岗,推卸责任,拖沓办事,造成矛盾激化、对抗冲突和无人负责的不良局面,建立量化考核指标体系是衡量各责任机构、部门和单位在劳资纠纷源头治理上的具体工作的重要晴雨表,对推进劳资纠纷源头治理工作提供可量化、可考核的衡量标准。

劳资纠纷的源头解决机制,需要从劳资双方的利益基础出发,从劳资利益共同体的角度,构建包括工资、劳动安全卫生、社会保障等在内的有效可行的集体协商制度,推进劳资共决机制的工作,推进仲裁与司法合规的沟通联系机制建设,推进工资欠薪保障和预警制度建设,要探索量化考核指标体系,等。这些具体机制的构建、完善和实施,需要整合现有的机构、人员和资源,从全局观念和系统统筹角度出发,形成合力。

在推进集体协商制度的过程中,要切实推进集体协商双方代表机制,特别是职工代表民主选举机制的工作,保障双方协商代表,特别是职工代表的民意基础和代表资格合法。

在劳资共决问题上,要改变过去国企名义上全民所有、实际所属党政机关和企业高管单方决策、职工参与度低的弊病,要纠正过去私企好像纯属私人所有的片面认识,推进职工参与企业管理和期票期权等职工持股工作,推进民主管理、劳资共决的议事范围、议事规则、投票机制和监督机制的构建,使企业和工人、资方和劳方之间形成正在的利益共同体,使矛盾纠纷像家庭纠纷一样,但有通过现代化机制、使得大多矛盾可以通过内部的协调、调解、议决机制得到解决,从而在源头上解决社会的老大难问题。

在推进仲裁与司法合规的沟通联系机制建设方面,要注重裁审标准的统一和衔接,避免裁审标准和同类案件差异化造成的混乱,为劳资关系提供实践指引。

在推进劳资纠纷源头治理中,要着力解决欠薪、社会保险和劳动安全卫生等重点领域的问题,国家层面要有欠薪保障法律制度,地方层面要健全已经实行的欠薪保障垫付和工资保证金及预警制度。从长远看,需要国家层面立法解决欠薪保障制度的立法权源、法源问题,为地方解决欠薪难题提供授权性立法权限或者国家层面立法依据。

工会劳动监督专栏

主持人凌林寄语

凌 林*

工会组织对劳动法律、法规和规章的贯彻落实情况实施监督，是我国社会主义市场经济和民主与法制建设发展的客观要求。工会组织在劳动法律、法规和规章贯彻落实中有其特殊地位和作用，与劳动保障、安全生产监管等有关部门的行政监察不同，工会劳动法律监督是一种有组织的群众监督，是社会监督的主要形式，这种监督最贴近基层、贴近实际，具有广泛的群众基础。作为职工利益的代表者和维护者，工会组织通过有效监督活动，能够及时发现劳动生产过程中出现的各类违反劳动法律、法规和规章问题，能够及时督促政府有关部门依法履行监察职责。为贯彻实施劳动和社会保障法律、法规和规章，维护劳动者的合法权益，推进劳动法律、法规和规章实施，仅靠劳动监察和司法监督是远远不够的。因此，为保障和规范工会劳动法律监督，省人大常委会已经将《浙江省工会劳动法律监督条例》列入2016年地方立法的预备项目，这对工会组织切实履行维护的基本职责具有重大意义。

为此，浙江省法学会劳动法研究会对工会劳动监督进行专题研究，收到近30篇论文，并2016年3月23日至24日在杭州召开“发挥工会劳动监督作用，推动构建和谐劳动关系理论研讨会暨2016年省法学会劳动法学研究会年会”，来自省人大常委会、省人民政府法制办、省高级人民法院、省法学会、省总

---

* 凌林，男，浙江省总工会法律部正处级巡视员，浙江省法学会劳动法学研究会副会长兼秘书长。

工会、浙江大学、浙江工商大学、浙江财经大学、温州大学、中国计量学院、嘉兴学院、浙江广播电视大学以及杭州、宁波、嘉兴、绍兴、台州、衢州等各地市总工会近50名代表参会，会议还邀请了原全国总工会副巡视员，原全总法律部法规一处处长，中国劳动学会常务理事，中国劳动学会常务理事关彬枫参会。会议围绕“工会劳动监督”这一主题，分“工会劳动法律监督的必要性和可行性”以及“发挥工会劳动监督作用”两个单元进行专题研讨。代表们从理论和实践、国内和国外等视角，围绕《浙江省工会劳动监督条例（草案）》立法过程中遇到的热点、难点和疑点问题进行讨论，各抒己见，气氛热烈，取得丰硕的成果，为此本期工会劳动监督专栏选取了会议的6篇论文，并将刊登《浙江省工会劳动法律监督条例（建议稿）》，以广泛听取大家意见。

充分发挥工会组织的独特优势推动和谐劳动关系构建

谢增毅*

维护职工合法权益是工会的基本职责。工会维权的手段和方式是丰富的,如可以通过和企业的平等协商和集体合同,协调劳动关系;通过参与争议调处,预防和化解劳动争议。此外,劳动法律监督也是工会的重要职责,是工会维权的重要手段和方式,应给予支持,并不断强化。

一、监督用人单位遵守劳动法规是工会的职责

工会虽然不是执法机关,但其劳动法律监督的职责具有明确的法律基础。《劳动法》第88条明确规定,各级工会依法维护劳动者的合法权益,对用人单位遵守劳动法律、法规的情况进行监督。《劳动合同法》第78条进一步规定,工会依法维护劳动者的合法权益,对用人单位履行劳动合同、集体合同的情况进行监督。用人单位违反劳动法律、法规和劳动合同、集体合同的,工会有权提出意见或者要求纠正;劳动者申请仲裁、提起诉讼的,工会依法给予支持和帮助。《工会法》第3章则针对企业违反法律、法规规定,侵犯职工权益的不同情形,规定了工会应当采取的具体监督措施,包括代表职工与企业、事业单位

---

* 谢增毅,男,为中国社会科学院法学研究所副研究员、社会法研究室副主任,科研外事处处长,兼任中国法学会社会法学研究会副会长、学术委员会委员。原文发表在《中国劳动保障报》2015年2月7日,第3版。

交涉，要求企业、事业单位采取措施予以改正，请求当地人民政府依法作出处理，等等。

可见，监督企业遵守法律法规、维护劳动者合法权益，要求企业纠正侵犯职工合法权益的行为是工会重要的法定职责。实践中，工会的劳动法律监督也发挥了重要作用。例如，2013 年，全国各级工会劳动法律监督组织共受理违法、违规案件 14.2 万件，其中自行处理 8.4 万件，提请劳动监察部门处理 1.84 万件。

二、工会劳动法律监督的特点和优势

工会劳动法律监督虽然不是行政执法行为，但相比行政执法，工会的劳动法律监督也有自身的特点和优势。一是有利于发挥工会组织覆盖面广、扎根基层的优势。工会广泛存在于基层的企事业单位，具有人员多、覆盖广的优势，容易发现企业的违法行为。二是有利于事中监督，预防和减少企业的违法行为。工会由于人员多、覆盖广，可以更多地进行事中监督，并通过与企事业的沟通协调，预防和减少违法行为。三是有利于"柔性执法"，减轻行政机关的负担。通过工会的监督行为，一方面可以纠正企业的违法行为，避免部分纠纷进入正式的行政程序或司法程序，使企业的违法行为通过较为柔性的方式得到纠正，减少企业成本；另一方面通过工会的监督，也可以为行政部门提供线索，使行政部门可以有的放矢查处案件，减轻行政机关的负担，提高行政机关的效率。因此，工会的劳动法律监督和行政部门的行政执法是相互促进、相辅相成的。

三、充分发挥工会劳动法律监督的作用

(一)积极探索完善工会劳动法律监督的工作机制

近年来，各级工会重视劳动法律监督工作。部分地方工会在劳动法律监督方面作了积极探索，积累了很好的经验。特别是"两书"(工会劳动法律监督意见书和工会劳动法律监督建议书)制度值得总结和推广。要通过具体制度使法律关于工会劳动法律监督的职责落到实处。

(二)工会监督和行政监察应相互配合、相互支持

行政机关对于工会依法行使劳动法律监督职责要给予积极支持,对于工会监督中发现的违法行为应严肃查处,维护法律权威和劳动者的合法权益。工会也要发挥自身优势,对行政机关不易监察的领域和对象进行监督。同时,二者也要加强沟通协调,避免对企业不必要的重复监督,努力形成工作合力。

(三)企业应认真对待工会的劳动法律监督

工会开展劳动法律监督行为是工会履行法定职责、维护职工权益的行为,企业等单位有义务配合工会开展工作。企业对于工会提出的意见和建议应认真对待,做到"有则改之、无则加勉",对违法行为应及时纠正,避免或减少受到行政惩处或被诉。企业尤其是大型企业要争做尊法学法守法用法的模范,积极践行社会责任,传播正能量。

总之,要通过政府、工会和企业的共同努力,在劳动用工领域形成遵守劳动法律法规、维护职工合法权益、构建和谐劳动关系的良好局面。

论中国工会在劳动关系三方协商机制中的法律监督作用

浙江省总工会课题组*

摘要：工会作为劳方利益的可信任代表，是劳动关系三方协商机制的主体之一，也是保证企业劳动关系和谐稳定、可持续发展的重要监督力量。中国工会虽然经历多次改革，但因涉及国家政治体制而无法突破，加之劳资关系立法滞后于劳动关系本身的发展，中国工会在三方协商机制中的监督者的角色始终处于"虚位"。本文在分析目前中国劳动关系转型及其对三方协商机制新需求的基础上，通过梳理域外经验，就塑造中国工会在劳动关系三方协商机制中的法律监督作用提出建议。

关键词：工会　劳动关系　三方协商机制　法律监督

引　言

2006年10月11日党的十六届六中全会通过《关于构建社会主义和谐社会若干重大问题的决定》(以下简称《决定》)，首次提出了"发展和谐劳动关系"和"完善劳动关系协调机制"，此后，有关和谐劳动关系及其协调机制的构建就

---

* 省委建设法治浙江2014—2015年课题成果，课题组组长：李锦平(省总工会副主席)，组员：凌林、吴红列、林卉，执笔：林卉。

成为我国劳动法理论探讨与实践摸索的主要"阵地"。事实上,早在《决定》出台之前,2005年由上海市行政法制研究所起草的一份《劳动关系多方协商机制研究》中就已指出,"工会的职能没有发挥或没有正确发挥,落后于劳动关系协调机制需要",是我国劳动关系协商过程中最亟待改善的问题,[①]可谓道出了我国劳动关系协商机制构建真正的"症结"所在。问题被提出后,围绕工会改革、工会定位和劳动关系协商机制的理论成果和实践经验也不计其数,无论是法学界、理论界、管理学界、经济学界以及实务部门,主流观点都认为中国的各级工会应当更多地体现自身的独立性和代表性,弱化行政性,强化其监督职能,这才是构建有效的劳动关系协商机制、真正实现"和谐"的关键。然而,现实情况却依然严峻,工会没有从根本上摆脱其沦为企业、事业单位的"附庸"的角色,不少工会甚至完全丧失了独立性,根本无法、也不愿在劳资争议中承担起与政府和资方具有平衡抗衡能力的劳方利益代表,更无法发挥其在劳动关系协调中的法律监督作用。近年来,在国内不少地区,如广东省、江苏省、浙江的杭州市和宁波市等都先后出台了"工会劳动法律监督条例"或类似名称的地方性法规,但其中在有关工会法律监督范围的列举中均只提到对劳动法日常执行情况的静态监督,而并未具体说明监督的模式或途径,更没有提及工会在劳动关系三方协商机制中如何体现法律监督作用。

我们认为,三方协商机制是各法治国家特别是市场经济发达的国家,在协调劳资关系、解决劳资争议中最常用、最重要的手段,工会的法律监督作用应当结合其在三方协商机制中的角色来体现,然而长期以来,工会在三方协商中的"虚位"状况仍未有彻底改变,更难以体现实质性的法律监督效果。造成这一局面的原因,既非学界未能深入研究,也非实务部门缺乏尝试,而是工会自身改革因涉及国家政治体制而导致困难重重,以及劳资关系法体系的构建滞后于劳资关系本身发展这两个"病灶"在作祟。尽管上述"病灶"非一朝一夕所能根除,然而,本文希望通过考察国内劳动关系的转型及其对三方协商机制的新需求,借助域外实例与经验,探索塑造中国工会在劳动关系三方协商机制中的法律监督角色的途径。

---

① 上海市行政法制研究所:《劳动关系多方协调机制研究》,载《政府法制研究》2005年第7期。

一、背景：劳动关系转型及其对工会法律监督提出的新需求

国内劳动法学专家常凯教授认为，现阶段我国劳动关系正处于由个别化向集体化转型的过程，这也是劳动关系发展的必然历史进程。个别劳动关系虽然可以依法通过书面或口头的劳动合同来确立劳资双方的权利义务，从而实现形式上的平等，但却无法摆脱劳方必须服从资方指令和要求的从属性，也正是劳动者希望摆脱自身从属性以及与资方的不对等地位的诉求，促成了劳动关系的集体化转型。集体劳动关系通过集体谈判、集体行动或集体参与等方式形成，具备了个别劳动关系所不可能获得的团体力量与团队功能，在集体劳动关系中，由于劳方利益代表的团体形态，劳资双方的力量得以相对平衡。然而，我们也不难发现，虽然《劳动法》、《劳动合同法》中都对“集体合同”做了专章或专条的规定，但是上述两部法律所确认的劳动关系仍属于个别劳动关系的性质，就国家和政府场面而言，还未能认识到集体协商实际上能够从某种程度上对持续不断的劳动力成本上升起到补偿作用，因此，我国的集体劳动关系的构建及其规制也无法迅速形成。[①]

考察我国劳动关系制度，虽然也经历过几次大的改革，但其改革的重心始终是围绕着“用工制度”所进行的强力的国家干预和控制，并不太关注劳动关系市场化的改革和集体劳动关系的构建。不过，近年来，集体劳动争议的数量的“级别”都迅速增长，劳动者开始采取大规模的集体行动以对抗资方。例如，2010 年发生在大连的某日资企业工人罢工，最终有近 7 万名职工参与；又如，2012 年河南某知名品牌电器企业 1 万余名职工罢工，要求增加工资；2014 年东莞某鞋厂 4 万余名职工罢工，要求厂方补缴社会保险费；等等。此类“行动型集体劳动争议”[②]的频繁发生向我们提出了以下问题：

第一，当职工与资方两者间的利益已成“零和”状态时，现行的劳动关系协调机制是否能够有效地实现劳资双方力量平衡？

第二，在劳动关系协调机制中，作为劳方代表的工会到底能不能代表职工进行可信任的利益诉求表达并发挥其法律监督职能？

---

① 常凯：《劳动关系的集体化转型与政府劳工政府的完善》，载《中国社会科学》2013 年第 6 期。

② 戴春等：《行动型集体劳动争议的影响及应对》，载《中国工人》，2014 年第 12 期。

第三,如果我们的劳动关系协调机制最终没有能够阻止职工采取规模集体行动来进行诉求表达,那么,这种已成为历史必须的劳动关系集体化转型又对工会在劳动关系协调机制中的法律监督作用提出了怎样的新的需求?

首先,就第一个问题而言,答案是否定的。我们认为,要实现劳资双方力量的平衡,其根源应当是一种多元化的、以起源于西方的民主理念为核心的价值体系,这在我国显然无法完全移植;同时,劳资双方力量的平衡也要求政府对于工业化进程和产业关系仅处于一种“弱干预”的状态,而这一点在现阶段的我国也是难以实现的。因此,目前国内的劳动关系协调机制还只是一种在政府主持下的对职工的“安抚”机制,而并非是在一种力量平衡状态下的政府、工会、资本三方的博弈过程。在这样一种机制下,工会组织的资金来源、组织建设及职能定位等方面也无法祛除行政性色彩,其独立的社团法人属性也无法真正体现,更无法在劳动关系领域与政府形成相互协作和相互监督的关系。

关于第二个问题,前面已经提到,在我国目前还无法通过劳动关系协调机制来实现劳资双方力量的平衡,那么,工会是否能够在协调过程中作为劳方代表对职工的利益诉求进行有效、值得信赖的表达,并在这一过程中发挥法律监督作用,这一点值得商榷。且不说工会是否敢于冒着“打破和谐”的危险去表达劳方的利益诉求,仅仅就工会是否完全了解众多个别职工的利益诉求并提炼生成集体诉求而言,恐怕就已经很难给出百分之百肯定的回答了。工会在协商过程中,究竟是充分表达劳方诉求、与资方充分斗争并为劳方争取最大的利益、最大程度上的劳动标准改善,还是作为说服职工“见好就收”、维护“和谐”的“说客”角色存在,相信要根据集体劳动争议个案的具体情况和最终结果来判断,也并非可一概而论。

针对第三个问题,既然目前正在国内发生的劳动关系集体化转型是一种劳动关系发展的历史必然,那么,它对于工会在劳动关系协商机制的法律监督活动也必然提出了新的需求,其中最突出、也是最关键的,恐怕仍然是对工会改革的需求。事实上,对于这一点,在学术研究领域和实践部门早已达成广泛共识,但对于工会如何进行改革尚众说纷纭、各执己见。

二、经验:域外工会在三方协商机制中的法律监督模式

在西方社会科学领域中有一种“趋同论”的观点,认为不同的社会制度之间既各有长短,也有所相似,就社会发展趋势而言,无论实行何种制度的社会,

其共同和相近的成份会日益增多，且取长补短、互相影响，最终使差别和对抗缩小甚至消失。虽然“趋同论”的观点有许多值得批判之处，其本身也在不断发展和修正，但不可否认的是，作为发展中国家的我国来说，正在经历着许多西方发达国家在其工业化之路中曾经遇到过的问题，包括对产业关系、劳动关系的调整、重建等。固然，现代化（Modernisation）不同于西方化（Westernisation），我国的劳动关系转型和工会法律监督也不宜简单照搬现存的发达工业国家模式，但在理论和实践方面借鉴、融合域外经验和成果，不失为一种有益的尝试。

众所周知，在西方工业化进程的早期，基于契约自由的理念，立法对劳动关系的规制更多体现为对资方的垄断和支配地位的放任，从而形成了“强资本、弱劳动”的劳动关系样态。在这样的局面下，个体劳工必须形成组织才能够取得与资方谈判抗衡的力量，然而，工会在产生之初并不合法，直到 19 世纪后半期，劳工的结社自由和工会参与集体谈判的权利才逐步被立法认可，劳资关系也因此进入了一种以集体谈判为主要形式的对抗性时代。当时许多国家的工会一方面采用推动舆论、发表演讲以及推选议员参政等方式来争取有利于保护劳工的立法，另一方面则积极参与集体谈判，为劳工争取高于立法标准的劳动权益，通过这两种手段，使得劳工地位和权益得到了较多改善。不过，这一时期劳资关系的对抗模式仍是劳资双方主体的零和博弈，即参与博弈双方的收益和损失相加总和永远为“零”，不存在合作的可能。1919 年国际劳工组织的成立后，其确立的“三方性原则”（参加国际劳工大会的成员国代表必须由政府、资方、劳方代表按照 2∶1∶1 的比例组成，所有代表享有同行的发言权和表决权）也逐渐被欧洲国家接受，工会与资方团体以伙伴身份平等参与国家重大经济和社会事务决策的对话机制得以建立，从而推动了以合作博弈为理念的三方协商机制的形成。①

所谓三方协商机制，又称为“三方协调”或“三方合作”，是指以政府为代表的国家、雇主与劳工之间就制定或实施社会政府而进行的协商与合作。三方协商机制的萌芽最早可追溯至 19 世纪中后期，20 世纪上半叶开始被运用于解决劳动争议，得益于国际劳工组织（ILO）的大力推广和关注，三方协商机制现被各国广泛承认并采用。不过，由于各国采用三方协商机制的形式并不统一，目前主要包括正式机制和非正式机制两大类，加之三方协商机制本身的发

---

① 邵思军：《全球化背景和历史视野中的中国劳动关系发展途径——兼议工会改革》，载《中国人力资源开发》，2013 年第 9 期。

展,工会在其中所承担的角色及其任务也在不断演变,以下,本文将主要以日本、美国为例,对工会在三方协商中的法律监督作用的域外经验进行简要观察。

(一)日本:发表“白皮书”,体现事先监督

在日本,三方协商机制是调整劳资关系的一贯手法,而为了将其运用到极致,日本设有劳动委员会、国际劳动财团、产业和劳动圆桌会议等多个三方协商机构,其中,劳动委员会承担着最主要的劳资争议处理和协调职能,尤其是其通过发表“白皮书”的方式体现对劳资关系法执行的监督,值得关注。日本的劳动委员会分为中央和地方两个等级,其组成人员中均包括作为劳方代表的工会成员,其主要职能是处理劳资纠纷;国际劳动财团则通过促进国际合作与交流,进一步扩大工会的影响,其中的劳、资、政三方不仅承担的纠纷处理的职能,而且每年均通过发表各自的“白皮书”以阐述对有关劳动立法、劳工政策及劳资纠纷争议的观点与立场,增进三方的相互理解;“产业和劳动圆桌会议”则主要讨论劳动时间、劳动报酬等方面的立法和政策问题,但并不作出任何决策,仅作自由交谈,其目的在于促进三方的交流和增进彼此理解。[①]

可见,日本的工会在三方协商机制中所扮演的角色,从最初的纠纷谈判、争议解决已经慢慢扩大到立法讨论、劳工政策审议等方面,并且通过发表“白皮书”正式宣告工会对劳动立法及政策的观点和立场,这些观点和立场不仅能使政府和资方清楚地知悉劳工方面的利益需求,也能够对劳动争议的解决起到参考依据的作用,更重要的是,这种观点和立场的表达具有一种实质的组织权威和劳方权利意识,能够起到事先告诫的作用,减少劳动争议的滥发。

(二)美国:保持组织独立,依靠专家监督

在美国,根据《国家劳资关系法》的规定,工会作为三方协商的主体之一,其存在的全部或部分目的就是为了在各种申诉、劳资争议、劳动标准等问题上同雇主进行交涉。不过,由于美国的三方协商机制分为国家、地方、产业和企业四个层次,在不同的层次,工会起到的作用也有所不用。例如,国家级协商中,工会主要作为劳方代表参与国际劳动标准的实施、国内劳动法、工资增长率等宏观问题的讨论;地方级协商中,工会则主要以地方经济政策为参考,与资、政两方就地方劳动标准、劳动法规进行协商或参与签订协议;产业级协商

---

① 金红梅:《日本劳资关系管理制度对我国的启示》,载《社会科学家》2012 年第 9 期。

中和企业级协商中，工会则主要参与细化制度框架的谈判或具体工作条件的协商。

为了在三方协商机制中更好地体现专业性和独立性，美国的工会组织具有独立自由的组建方式，而并不依附企业存在。首先，美国的工会均由工人代表投票产生，一个工会只要有超过30%的合法成员同意授权即可筹备选举，超过50%的成员公投同意，即可成立工会，工会的经费也主要来源于会员缴纳的会费，而并不依赖于资方；第二，美国工会中，不仅成员具有强烈的法律意识，而且还具有相当比例的经济学专家、统计学家、精算专家、律师等专职人员，在三方协商机制中处理纠纷或参与谈判的效率和水平都相当高。①

尽管三方协商机制在各国得到了广泛的运用和长足的发展，工会在其中的角色和地位都得到了较大的扩展和提升，然而伴随着上世纪七、八十年代新自由主义的兴起和九十年代 WTO 国际经济贸易新秩序的建立，西方垄断资本又得以在全球范围内延伸，这使得工会的发展在一定程度上受到了压制，“强资本、弱劳动”的局面并没有消除，劳资双方的力量也尚未实现互相制衡。因此，域外工会在三方协商中的角色定位也还在不断演变与尝试中，而其过程中所获得的经验和教训，对于在全球化背景下在我国三方协商机制及工会改革仍有着不可否认的借鉴作用。

三、展望：中国工会在三方协商机制中的法律监督路径

20世纪八、九十年代，在改革开放的浪潮中，确立于建国初期的劳动用工制度也开始改革，劳动关系中各方的利益开始分化，在一些国有企业改制及计划经济下的劳动体制改革中，产生了大量的劳资争议。在山东、辽宁等老牌重工业基地和国有企业较密集的地方，开始尝试组建由政府、工会和企业组成的机构对企业转轨进行监督。1990年11月，我国批准加入了国际劳工组织(ILO)的《三方协商促进实施国际劳工标准公约》，并在《工会法》的修订中明确了建立三方协商机制的法律依据。在2001年至2010年的十年期间，我国建立了从国家层面到省、市、县以及乡镇(街道)等各个地方层面的三方协商机

---

① 朱海龙：《论美国劳动关系三方协调法律机制及其对中国的启示》，载《政治与法律》2014年第2期。

构达1.4万个。[①] 根据资料显示，在国家级劳动关系三方协商机制中，中华全国总工会作为劳方代表，参与了集体协商制度及其规范的制定；为包括《劳动合同法》、《社会保险法》在内的法律法规的制定与修改提供了意见和建议；推动各地方进行了创建劳动关系"和谐企业"与"和谐工业园区"活动；参与编写相关会议纪要和信息交流等。但对于工会如何通过劳动关系三方协商机制进行法律监督并无具体展开，也未探讨法律监督的路径与模式。在我国的劳动关系三方协商机制中，政府仍然处于主导、甚至领导地位。

在我国学者的研究成果中，不少都对国内劳动关系三方协商机制的实际成效进行了批评和质疑，尤其是在三方协商中，劳方代表处于"花瓶"的角色，形同虚设，既不能为劳方争取应得的利益，也未能表达劳方的利益诉求，更无从谈其法律监督效果。这其中最主要的原因恐怕还是工会的地位和自身的能力缺失所造成。我们认为，劳动关系三方协商机制的完善是与工会改革相互关联的，而在劳动关系三方协商机制中体现其法律监督作用，重新塑造自身角色，也是工会改革的重要途径。

第一，政府应当积极支持工会，并在职责分工和组织结构上与政府实现分离和独立。虽然从历史来看，无论域外或域内，工人运动的发展都是与政党密不可分的，国外由工会发展而来的各种政党执政的情况也比比皆是，但是，在市场经济和产业经济发展过程中，政府应更多地处于相对超然的地位，兼顾平衡各方利益，而工会则必须紧密联系职工群众，明确其代表、维护职工利益的倾向性，甚至从某种意义上来说，工会的行动目标与政府的方针路线有可能并不完全一致。在我国当前转型时期，政府职能也应积极转变，政府在劳动关系的协调中也应压缩其管理空间，转而仅提供"间接"管理，为劳资双方增加协调空间。而政府从"一线管理"退出后所留下的管理和监督"真空"就应当由工会或雇主团体进行填补，这也是各发达法治国家的经验。然而目前由于工会的"虚位"状态，政府在劳动关系协调和劳动法律监督方面的管理仍然过于直接和主动，工会虽然被赋予法律监督职能，但也仅限于表面化、静态化的监督，并不能深入、彻底地履行此项职能，工会对政府的依法监督作用没有真正的体现出来。如果工会能够在三方协商过程前，通过某种书面或正式的方式，独立地表达自己对相关立法和政策的解读或立场，并在协商过程中，贯彻这种立场，为职工群众争取最大利益，那么才是体现其法律监督职能的、达成监督效果的

---

① 全国总工会研究室:《2009年工会组织和工会工作发展善统计公》，载《中国工运》2010年第5期。

最佳模式。

第二，从我国的工会组织结构来看，企业工会是我国工会组织的基础。这一点显然与西方工会以行业或职业为基础的机制不同，中国工会的这种对企业的“依附性”更加重了工会体现其代表性和独立性的困难。因此，工会在劳动关系三方协商机制中重塑角色的重要一点就是摆脱企业的束缚，尤其是企业对企业工会干部在人事上和经济上的约束，实行真正的工会民主直选，工会干部直接对地方或全国总工会负责。否则，工会对企业的依附将会直接导致工会对职工的失信，这将使得工会的法律监督职能成为一纸空谈。

第三，从域外经验来看，工会在劳动关系三方协商中的角色绝不仅仅是参与劳动争议谈判或集体协商这些微观层面。工会应更多参与国家或地方层面的立法或政策制定，在参与时也不能仅仅停留于“提出修改意见及建议”，而应当实质性地根据自己的调研数据，提出具有实际参考意义的劳动标准或发表“白皮书”。当然，参与谈判或集体协商仍是工会在劳动关系三方协商中的主要职责，为了更好地履行这一职责，工会应当培养或引进一定比例的法律、经济、社会保障等领域的专家，以便在协商过程中充分表达和争取劳方的利益诉求。

依法治国与工会劳动法律监督关系浅析

周正翔*

党的十八届四中全会,作出全面推进依法治国的重大决策,确定全面推进依法治国的总目标就是建设中国特色社会主义法治体系,建设社会主义法治国家。在中国共产党领导下,坚持中国特色社会主义制度,贯彻中国特色社会主义法治理论,形成完备的法律规范体系、高效的法治实施体系、严密的法治监督体系、有力的法治保障体系,形成完善的党内法规体系,坚持依法治国、依法执政、依法行政共同推进,坚持法治国家、法治政府、法治社会一体建设,实现科学立法、严格执法、公正司法、全民守法,促进国家治理体系和治理能力现代化。

工会劳动法律监督,是我国劳动法律监督体系的重要组成部分,是《劳动法》和《劳动合同法》赋予工会的一项重要权利和职责,也是工会维护职工合法权益的一个重要手段。充分发挥和履行工会劳动法律监督的作用与职能,推进劳动法律法规政策的实施,积极发展和谐劳动关系,为推进依法治国、依法治会,促进法治社会建设作出工会应有的贡献。本文试从工会劳动法律监督的法律依据;性质、地位、特点;职能、范围、内容;以及工会劳动法律监督在推进依法治国中的作用等方面,阐述依法治国与工会劳动法律监督关系。

* 周正翔,男,浙江省台州市总工会法律部主任。

一、工会劳动法律监督的法律依据

(一)工会劳动法律监督的概念

由于工会与职工和劳动法有着最为天然密切的联系,同时根据工会的性质地位、任务和作用,根据法律赋予工会的权利,各级工会能够以不同的方式,广泛参与劳动法律建设和劳动法律监督活动。因此,就工会劳动法律监督来讲,可以有广义、狭义两种理解:广义的工会劳动法律监督:是指各级工会组织依法对我国全部劳动法律的立法、执法和守法活动的参与和监督。狭义的工会劳动法律监督:是指各级工会组织依法对用人单位遵守劳动法律、法规和对政府劳动行政部门的具体劳动行为所进行的监督。《工会劳动法律监督试行办法》(以下简称《办法》)所指的监督基本上是狭义的劳动法律监督),即主要是对用人单位遵守和执行劳动法律、法规的情况所进行的监督。

(二)工会参与进行劳动法律监督的理论基础

工会参与进行劳动法律监督的理论基础主要表现在以下几个方面:

1.工会代表职工参与劳动法律监督是社会主义国家政治生活民主化的要求和表现。马克思主义的基本理论告诉我们,人民是国家的主人。国家政治生活、经济生活民主化,就要保证人民参政、人民管理、人民监督和制约。

2.工会对劳动法律的监督是工会组织的性质所决定的。

3.工会对劳动法律的监督是工会的重要职责。列宁在《国家与革命》一文中指出:工人阶级在夺取国家政权以后,必须"立即转到使所有的人都来执行监督和监察职能"。在《论工会目前局势和托洛茨基的错误》一文中又指出:"我们应当利用这些工人组织来保护工人免受自己国家的侵犯,同时也利用他们来组织工人来维护我们的国家"。这就极鲜明地明确了工会的监督职能。

4.工会劳动法律监督是工会维护广大劳动者合法权益的重要方法和手段。

(三)工会劳动法律监督的法律依据

法律是调整国家机关、社会团体、经济组织和公民等各类主体之间相互关系的行为规范。在市场经济条件下,在法律社会里,工会所要开展和进行的一

切活动和工作都要依法进行。工会所要开展的劳动法律监督当然也要依照法律规定才能进行。根据法律规定,工会开展劳动法律监督的法律依据主要是以下几个方面:

1.《宪法》中关于工会开展劳动法律监督的规定

《宪法》第二条明确规定:“中华人民共和国的一切权力属于人民。……人民依照法律规定,通过各种途径和形式,管理国家事务,管理经济和文化事业,管理社会事务。”这里的管理既包含直接和间接的管理,同时也含有监督的意思,因为监督就是一种重要的管理,从理论上讲监督是对管理者的再管理。因此,我国宪法的这一规定,应该毫无疑义地成为中国工会代表广大职工参与国家事务的管理和进行法律监督的最高法律依据。这一思想在《中共中央关于加强和改善对工会、共青团、妇联工作领导的通知》中得到进一步的解释和说明:“全心全意依靠工人阶级的广大群众,就要充分尊重他们的国家主人翁地位,保护他们的合法权益,调动他们的积极性和创造性,扩大他们对党和政府工作的监督。”同时,文件还明确指出:“工会……应当成为广大群众参政议政的民主渠道。各级政府应当逐步建立和完善工会……对政府工作民主参与的制度。”并且提出了5条具体措施。对于各级政府,文件明确要求要支持工会、共青团、妇联充分发挥民主监督作用,经常听取他们对改进政府工作的意见和建议,对近年来工会与政府和社会有关方面联合组建的社会监督队伍和组织,要加强指导和扶持,充分发挥其积极作用。以上的宪法规定和中央文件的政策规定,为工会开展和加强法律监督工作提供了最高法律依据和政策依据。

2.《工会法》中关于开展工会法律监督的规定

《工会法》是我国调整工会与政府、工会与企业行政相互关系的重要基本法律。在这部法律中有关开展和加强工会法律监督的精神的规定得到了鲜明的体现,如在《工会法》第五条、第六条中从两个层次把工会参与国家事务的管理和对企事业单位的民主管理和民主监督作了明确规定。在《工会法》第三章“工会的权利和义务”中的绝大多数条款,对企事业单位涉及职工合法权益的劳动关系的方方面面,工会如何具体参与和监督,作了较为详尽的规定。特别是第三十三条“县级以上各级人民政府制定国民经济和社会发展计划,对涉及职工利益的重大问题,应当听取同级工会的意见。县级以上各级人民政府及其有关部门在研究制定劳动就业、工资、劳动安全卫生、社会保险等涉及职工切身利益的政策措施时,应当吸收同级工会参加研究,听取工会意见”和第三十四条“县级以上地方各级人民政府可以召开会议或采取适当方式,向同级工会通报政府的重要的工作部署和与工会工作有关的行政措施,研究解决工会

反映的职工群众的意见和要求”的规定，把工会参与监督的工作得到宏观的高度，同时把政府应当接受工会的监督作为义务性规定以法律形式明确规定出来，从而赋予工会法律监督以较强的法律效力。另外，上述两条规定是中央文件中关于工会民主监督的政策规定的法律化、规范化、条文化，在这里，党的政策转化为法律，对其遵守和执行，就得到了国家强制力的保障，这无疑增大了工会法律监督的力度。

3.《劳动法》对工会劳动法律监督的专门规定

《劳动法》是我国调整劳动关系、保护劳动者合法权益的重要基本法律，而我国工会最重要和最基本的工作阵地便是劳动领域，因此《劳动法》与工会和工会工作存在着极为重要的密不可分的关系。首先，《劳动法》第一次以法律的形式明确了“工会代表和维护劳动者的合法权益”的身份（第七条），解决了在市场经济体制下厂长代表职工还是工会代表职工这样一个在理论上纠缠不清的问题，为工会依法开展监督和依法维护找到了前提条件。在监督的形式上，规定了“通过职工大会、职工代表大会或其他形式”参与民主管理和民主监督。另外，对建立工会代表职工与企业行政进行平等协商和签订集体合同制度作出了原则规定（第八条、第三十三条）。从理论上讲，平等协商制度和集体合同制度是发挥工会民主监督作用的好方法、好形式，这一点已被国际工运的历史经验所证实。特别值得指出的是，在《劳动法》第十一章专章作出监督检查的规定，其中第八十八条明确规定：“各级工会依法维护劳动者的合法权益，对用人单位遵守劳动法律、法规的情况进行监督。”这样就对工会劳动法律监督的主体和内容、权利和义务作出了直接、具体的规定。为工会开展劳动法律监督提供了强有力的法律依据。

二、工会劳动法律监督的性质、地位和特点

（一）工会劳动法律监督的性质

中国工会是中国工人阶级的群众性组织，是广大工人群众在自愿的基础上组织起来的，是我国政治、经济和社会生活中重要的社会团体。但它终究不是代表国家、政府行使权力的机关，它的意见、愿望、要求只能通过法律规定的各种民主渠道来得以实现。在各级工会对劳动法律的监督问题上也是如此。

首先，工会对劳动法律的监督属于民主监督、社会监督的范畴。

其次,工会劳动法律监督是一个有着完整体系的组织的监督,它明显地区别于单个个人的监督。可以说,工会劳动法律监督是一个有着最广泛群众基础的强大组织形成合力的最广泛的监督。

鉴于上述两点,在全国总工会制定的《工会劳动法律监督试行办法》中,对工会劳动法律监督界定为"各级工会依法对劳动法律、法规的执行情况进行的有组织的群众监督"。它属于社会监督的范畴。是一种外部监督。一般来讲,它与国家权力机关的监督之间的根本区别就在于,它不具有直接的法律上的效力,虽然如此,这种社会监督在国家的政治、经济生活和法律建设中越来越发挥着无可比拟的巨大作用。

(二)工会劳动法律监督在我国劳动法律监督体系中的地位

在实行现代民主政治的国家里,社会监督在国家的监督体系中越来越占有重要的地位,成为其重要的组成部分。毫无疑问,中国工会对劳动法律的监督也必然在我国的劳动法律监督体系中占有重要的位置和发挥重大的作用。关于这一点,《办法》第二条作了明确的说明:"工会劳动法律监督是我国劳动法律监督体系的重要组成部分。"这主要体现在以下几个方面:

1.《宪法》规定的监督主体的广泛性,决定了工会劳动法律监督必然在国家劳动法律监督中占有一定的位置。

2.国家权力机关的劳动法律监督和工会劳动法律监督的根本目标是一致的,都是为了维护劳动法律的尊严和权威,都是为了使劳动法律得以遵守和执行。因此可以说,这是一个问题的不同层次、范围和表现方面。

3.工会劳动法律监督是国家劳动法律监督的重要基础和补充。如为国家监督提供信息、创造条件、烘托环境、正确评论和纠正偏差,是社会主义劳动法制建设民主化的重要表现,并以其广泛性、群众性强化国家监督的作用和效果。

4.国家劳动法律监督和工会劳动法律监督在一定条件下可以相互转化:此时此地为社会监督,彼时彼地可以成为国家监督。当工会劳动法律监督的主张为国家权力监督机关接受之后,就会使社会监督转化为国家监督,如工会就劳动法律的立法、执法、遵守和实行等问题提出的意见、建议、提案、批评被国家立法、司法和行政机关所采纳接受,这样就可以转化为国家权力机关的监督。另外,当工会组织在国家的授权之下从事某些监督行为时,工会的劳动法律监督就上升为具有法律效力的国家监督,转化的实质和形式均得以实现。

5.工会劳动法律监督在一定条件下可以取得与国家监督的相同效果。由

于工会组织在社会政治经济生活中的重要性，其作为监督主体的威望和它的监督的广泛的群众性，使得在现实生活中作为监督对象的用人单位在绝大多数情况下都能自觉地接受监督，这样，就使工会的监督产生了与国家监督同样的作用和效果。

（三）工会劳动法律监督的特点

工会劳动法律监督除了具有一般监督的本质特征外，作为最重要的社会劳动法律监督还具有以下特点：

1.监督主体和内容的广泛性

工会劳动法律监督是各级工会组织对劳动法律的实施进行的监督，是中国工会代表广大职工对劳动法律的遵守和执行情况进行的监督，因此，这是一个最有广泛群众基础的监督主体。首先，中国有几亿职工，凡是在适用劳动法的企事业单位，不论其经济组织的性质和形式有何不同，那里的劳动者都有权依照法律的规定组建工会。其次，中国工会是一个严密的、完整的、健全的从上到下、从下到上的庞大的群众组织。因此，从监督的主体来讲，是极其广泛的。同时，劳动法律、法规涉及劳动生产领域的方方面面，涉及劳动关系的方方面面，涉及职工合法权益的方方面面，因此，工会劳动法律监督的内容也是极为广泛的。

2.工会劳动法律监督的民主性

工会劳动法律监督是依法进行的，民主性是工会劳动法律监督的本质特征之一。可以说，工会劳动法律监督基本上都是以民主渠道、民主方式、民主程序来运行和进行的，通过民主管理、民主参与的形式来实现和完成的。工会劳动法律监督集中地体现了民主与法律的关系，是社会主义民主政治发展和进步的集中表现。

3.工会劳动法律监督方法的多样性

工会组织通过多种形式和渠道进行劳动法律监督是宪法和法律的规定，同时也是对工会组织的民主参与和监督情况的高度概括和总结。在现实生活中，工会以灵活而又广泛多样的形式进行劳动法律监督，比如：同政府或企业行政的联席会议、协商对话、情况通报；与人大、政协劳动部门联合进行劳动执法检查；基层的职代会或职工大会；工会单独进行的全面或单项的劳动检查、调查、事故处理；工作的生产岗位上的工会劳动法律监督人员事前、事中和事后的经常大量的监督检查；职工的检举、控告；借助舆论的宣传和批评……等等，正是工会劳动法律监督的强大生命力和优势所在。如此灵活多样的工会劳动法律监督必将在劳动法律监督体系中发挥巨大的作用。

三、工会劳动法律监督的职能、范围、内容

(一)工会劳动法律监督的职能

工会劳动法律监督的职能,即是工会劳动法律监督的外在表现,是指工会劳动法律监督机制及其运用所具备的对监督对象及其他事物的影响、作用的能力。

工会劳动法律监督是国家劳动法律监督的重要组成部分,是国家劳动法律监督制度的一种表现形式。那么,作为法律监督所具有的检验功能、调节功能、抑制功能、反馈功能、保障功能、扬善功能、教育功能等方面,工会劳动法律监督也理所当然地具有,只有表现形式、处理方式和效力不同而已。正因为工会劳动法律监督具有上述职能,所以,作为社会监督的工会劳动法律监督将在规范劳动执法部门和用人单位的行为上,在维护职工合法权益上,在促进劳动法制建设上发挥越来越大的作用。

(二)工会劳动法律监督的范围

工会劳动法律监督的范围是全方位的,包括我国劳动法律体系所有法律、法规。根据我国劳动法律体系和法律渊源,工会劳动法律监督的范围包括:宪法中关于劳动者劳动权利的规定;全国人民代表大会及常委会制定的《劳动法》、《工会法》、《企业法》等基本法律和其他单项劳动法律;国务院制的劳动行政法规;有立法权的地方人民代表大会及其常委会制定的有关劳动的地方性法规和民族区域自治条例和单行条例;劳动部和其他政府行使部门制定的劳动行政规章;地方人民政府制定的有关劳动的地方规章。

四、工会劳动法律监督的内容

工会劳动法律监督的内容是指监督对象执行,遵守劳动法律法规的情况。具体来讲,由两部分组成。

(一)对政府劳动部门贯彻实施劳动法律法规的情况进行监督

工会组织可以对政府劳动部门贯彻实施劳动法律法规的情况进行监督,如对劳动用工、工资管理、劳动合同管理和鉴证、集体合同的审核登记以及对因签定或履行集体合同的争议进行调解、仲裁或处理、职工社会保险基金的管理和运营、劳动监察的执法情况等方面进行监督。

(二)对用人单位遵守劳动法律法规的情况进行监督

工会对用人单位的劳动法律监督,其主要内容有以下10个方面:

1.人单位执行国家有关就业规定的情况

对这方面的监督主要是保护劳动者平等就业的权利。具体来说,一是劳动者就业不因民族、种族、性别、宗教信仰不同而受歧视;二是妇女享有与男子平等就业的权利。除国家规定的不适合妇女的工种或岗位外,不得以性别为由拒绝录用妇女或者提高对妇女的录用标准。除此以外,还要注意残疾人、少数民族人员、现出现役的军人的就业。法律、法规有特殊规定的,要按规定执行。

2.用人单位执行国家有关订立、履行、变更、解除劳动合同规定的情况

对用人单位与劳动者订立劳动合同情况的监督检查 工会劳动法律监督的重要内容。对劳动合同的监督检查主要是以下几个方面:

(1)订立劳动合同是否合法。《劳动法》第十七条规定:“订立劳动合同应当遵循平等自愿、协商一致的原则,不得违反法律、行政法规的规定。”这就要求,订立合同的双方当事人的法律地位平等,不存在命令与服务的关系。合同的订立,出于双方当事人的意愿,任何以强迫、胁迫、欺骗等非法手段订立的劳动合同均属无效合同。

关于劳动合同不得违反法律、法规的规定是指:劳动合同主体合法。双方当事人必须具备签订合同的主体资格。作为劳动者一方必须具备劳动行为能力和劳动权利能力;用人单位必须具备法人资格或经依法登记取得营业执照。劳动合同的内容合法。合同中设立的双方当事人的权利、义务应符合国家法律、政策的规定,不得侵害国家,集体或社会公共利益;劳动合同中劳动条件、劳动报酬等标准不得低于集体合同的规定,更不能低于劳动法律法规所规定的基本劳动标准;用人单不得利用自己的优越地位签订双方权利义务不对等的显失公平的合同,更不得签订变相的生死合同。否则,就是违法合同,是无效合同。订立合同的形式合法。劳动合同必须以书面形式签订,合同书要全

面、完整。

(2)对用人单位解除劳动合同的监督要注意以下几个方面：

第一，过失性解除劳动合同，即因劳动者严重过失被解除劳动合同，应监督其是否符合法律规定的解除条件。

第二，非过失性解除劳动合同，即并非因劳动者犯有严重过失而被解除劳动合同。对这类解除合同的程序，劳动法一般都作了特别规定，除监督其是否符合解除条件外，还要监督是否符合法律规定的解除程序。

第三，用人单位不得解除劳动合同的规定。《劳动法》第二十九条规定了用人单位不得解除劳动合同的四种情形，有关劳动规章对参加集体协商的工会和职工代表在一定期限内企业不得解除劳动合同也有相应规定，在这些法定情形下解除劳动合同就是违法的。

(3)对企业裁减人员的监督，主要监督是否符合裁员的法定条件和程序。

(4)对企业解除劳动合同给劳动者以经济补偿的监督，主要监督是否按规定标准给予了经济补偿。

总之，劳动合同是用人单位和劳动者确立劳动关系，明确双方权利、义务所达成的协议。随着劳动合同制度的全面推行，因劳动合同的订立、变更、履行和解除而引起的劳动争议会越来越多。因此，各级工会劳动法律监督应把它作为一项重要内容给予高度重视，以便更好地维护职工的合法权益。

3.用人单位履行集体合同的情况

集体合同作为一种调整劳动关系的重要法律制度，涉及职工群体合法权益的方方面面。集体合同订立后，重要的是要切实履行。这就需要加强监督检查。

4.用人单位执行国家有关工作时间的休息、休假规定的情况

国家关于工作时间和休息、休假的规定关系到劳动者的身体健康，是十分重要的劳动标准之一。工作时间是由国家法律规定的。全国所有的企事业单位、机关、团体都必须遵守。法定的工作时间长度具有强制性，不能随意延长。

各级工会组织对工作时间和职工休息、休假情况的监督主要有以下几方面：

关于法定工作时间的规定。国家规定每天不超过8小时，平均每周不超过40小时。要注意是“不超过”，即用人单位可以缩短、不能随意延长。不能实行定时工作制的，可以实行不定时工作制或综合计算工时制，但必须经劳动行政部门批准。

对实行计件工资制的劳动者的工作时间的规定。这里的关键是劳动定额

和计件报酬标准是否合理，有些外资或私营企业把劳动定额定得很高，计件报酬标准定得很低，工人不加班加点就完不成定额，这实际是变相延长工作时间。

关于延长工作时间即加班加点的规定。这里有三点，一是延长工作时间的长度，一般每日不得超过 1 小时，因特殊原因每日不得超过 3 小时，但每月不得超过 36 小时；二是要以保障劳动者身体健康为前提条件；三是要与工会和劳动者协商。

关于休息、休假的规定。这里包括两个工作日之间的休息时间、每周休息日、国家法定休假日和带薪年休假。

关于延长工时和休息、休假日安排劳动者工作的报酬的规定。这里应注意《劳动法》规定的 150％、200％、300％的加班加点工资，都讲的是“不低于”，低于这个标准是违法，但可以高于这个标准。

值得注意的是，当前在我国的一些企业，特别是非国有企业中，加班加点甚至强迫延长工时的情况还十分严重，这应成为各级工会组织在进行劳动法律监督时应给以注意并加大监督力度的一个问题。

5.用人单位执行国家有关工资报酬规定的情况

工资是劳动者最基本的生活来源，是劳动者生存权利的基本物质保障，是劳动者权益的重要内容。特别是有些企业、拖欠工资、克扣工资的现象十分严重。对此，应引起我们的高度重视，并从以下几个方面抓好监督工作。一是是否遵循按劳分配原则；二是工资分配方式和工资水平是否合理；三是不得低于国家规定的当时最低工资标准；四是必须以货币形式按月支付工资；五是不得克扣或者无故拖欠劳动者工资。

6.用人单位有关各项劳动安全卫生及伤亡事故和职业病处理规定的情况

劳动安全卫生直接关系到劳动者的身心健康和生命安全，是重要的劳动标准和条件，对此，我国劳动法律、法规有具体详尽的规定，是工会劳动法律监督的重要内容。主要包括用人单位建立健全安全卫生制度的情况；劳动安全卫生设施必须符合国家规定的标准的情况；关于新建、改建、扩建工程的劳动安全卫生设施必须与主体工程做到“三同时”的规定；关于劳动保护用品发放的规定。工会对劳动安全卫生的监督检查是专业性较强的一个特别项目，有关这方面的规定，我国有工会劳动保护监督检查的三个《条例》，而且有工会劳动保护监督检查队伍和监督检查机构，形成了监督检查网络，应该按已有规定执行。

7.用人单位执行国家有关女职工和未成年工特殊保护规定的情况

对女职工和未成年工的特殊保护,不仅关系到女职工和未成年的自身健康,也关系到子孙后代的健康成长以至中华民族的兴旺、发达,无论在政治上还是在经济上都具有重要的意义。

国家对女职工和未成年工的特殊保护都是具体规定,集中体现在《劳动法》、《女职工劳动保护规定》、《女职工禁忌劳动范围的规定》、《未成年工特殊保护规定》等劳动法律、法规和规章中。要通过工会对女职工和未成年工特殊保护情况的监督,促进有关规定的落实,保护女职工和未成年工的特殊权益。在工作中,要注意发挥工会女职工组织的作用。

8.用人单位执行国家有关职业培训和职业技能考核的情况

职业培训是充分开发和合理利用劳动力资源,实现充分就业的必要条件,是提高劳动者文化素质的重要手段。工会对职业培训方面的监督主要包括以下内容:用人单位建立职业培训制度的情况;用人单位实行职业技能标准的情况;用人单位实行职业技能考核的情况;用人单位执行先培训后就业和先培训后上岗的政策的情况;用人单位教育经费的提取、使用和管理的情况。

9.用人单位有关职工社会保险及福利待遇规定执行的情况

职工社会保险包括养老保险、医疗保险、失业保险、工伤保险和生育保险等,是国家对职工因生老病死而失去劳动能力和失业后保障其基本生活而实行的社会保障制度,关系到职工的生活和生存。工会在这方面的监督,一是用人单位按照法律规定为职工缴纳保险金;二是保险基金管理部门要按时足额给职工发放保险金;三是保险金的管理、使用必须合法,使职工的保命钱真正用到职工身上,不被贪污、挪用或搞风险投资。

10.用人单位其他遵守和执行劳动法律、法规的情况

这是一项补充性的规定,主要包含两层意思,一是对上述九项内容没有包括的劳动法律、法规的其他规定,工会也有权监督用人单位遵守执行;二是对今后国家陆续颁布实施的劳动法律、法规,工会也要监督用人单位遵守执行。

四、工会劳动法律监督在推进依法治国中的作用

无论从工会劳动法律监督的理论基础、法律依据,还是从它的性质、地位、特点和它的职能、范围和内容来解读,以及从世界工会的历史和中国改革的实践证明,工会组织依法独立自主地开展劳动法律监督,在党的十八届四中全会确定的推进依法治国,以及在以往和今后的国家政治经济生活中具有巨大的

作用。

1.通过工会劳动法律监督，促使用人单位认真执行劳动法律法规，维护广大职工的合法权益和工人阶级主人翁地位。

2.工会劳动法律监督的发展完善是对我国劳动法律监督体系的促进和发展，进而对我国的劳动法律建设起到巨大的推动作用。

3.工会劳动法律监督的开展是对用人单位和广大劳动者广泛深入的法制宣传教育，从而促进社会主义民主与法制的发展。

4.通过工会劳动法律监督，督促用人单位纠正违反劳动法的现象，从而调整劳动关系和构建和谐劳动关系，促进生产力的发展、职工队伍和社会的稳定。

5.通过进行工会劳动法律监督，强化维护职能和依法维护的手段，促进工会的自身改革和建设。

把握好党的十八届四中全会提出的全面推进依法治国的契机，大力加强工会劳动法律监督，以法治思维法治方式开展工会工作，维护职工权益，让工会组织始终行进在依法治国的法治轨道上，将法律赋予工会组织和广大劳动者的各项权利落到实处。

论工会劳动法律监督中的知情权

——以工会在企业工资集体协商中的知情权为例

周述荣*

【摘要】 工会要切实有效的发挥劳动法律监督作用,必须要对用人单位有一定的知情权。以工资集体协商为例,对用人单位经营状况和财务状况的知情权是进行集体协商的前提和基础。工会知情权的范围可借鉴公司法关于中小股东知情权的规定。知情权的内容应限于与集体协商相关的方面,主要是经营状况和财务状况,与集体协商无关的商业秘密不属于知情权的范围。对会计账簿、原始凭证应只赋予查阅权、限制复制权,知情权行使的主体限于集体协商代表,行使时间限于劳资双方达成协商的合意之后。

【关键词】 知情权　工资集体协商　劳动法律监督

要使集体协商集体合同制度不仅仅是看起来很美的花瓶制度,工会的代表性和独立性诚然是问题解决的关键,但这是涉及政治制度的宏大问题。目前,探讨如何在现有政治框架下逐步推进集体协商的有效性应是务实的思路。要解决集体协商的有效性问题,主要要解决集体协商谈什么和怎么谈的问题。目前实践中集体协商在这两个问题上存在不少误区,导致集体协商实际作用不大,甚至偏离企业经营实际情况。明确集体协商谈什么的前提下,怎么谈就成为一个现实的问题,怎么谈的问题实质上就是集体协商中的知情权问题。

---

* 周述荣,男,嘉兴学院讲师,浙江省法学会社会法法研究会常务理事,浙江省法学会劳动法研究会理事。

如果双方特别是劳动者一方对企业的经营状况和财务状况不了解，协商就无从谈起，或者只能是“盲谈”、“瞎谈”。盲谈要么不能达到协商的理想效果，要么就是不切合企业实际，不能为企业主所接受。

一、工资集体协商的目标

（一）实践中工资集体协商目标存在的误区——谈未来

目前工资集体协商主要谈判内容可归结为两点：一是谈标准，如最低工资标准、计件单价等；二是谈涨幅，即每年涨多少。总结起来一句话：就是谈未来，即来年的工资标准是怎样的，来年工资应在今年的基础上涨多少。可来年充满诸多不确定因素，来年企业是否盈利，盈利多少都是不确定的，谈未来的合理性何在呢？有人会说，今年的情况就是来年基础啊，可来年的情况还和今年一样吗？谁说就不会变呢？来年可能会是企业大发展大繁荣时期，企业销售额大增、利润大增，也可能遭遇金融危机，产业萧条等情况，导致难以生存。所以谈未来本身就是盲谈，是不科学的。

（二）工资集体协商的目标——谈过去、谈分配

如前所述，工资集体协商的目标应是谈过去、谈利润分配，即按在过去一年中劳动与资本对利润形成的贡献度来确定去除物质成本后的利润在劳动报酬总额和资本利润之间分配的比例关系。举例说明如下：某劳动密集型制造业企业去除物质成本后一年的毛利润为 1000 万元，企业有劳动者 100 人，职工年平均工资 3 万元，已发工资总额 300 万元。若无集体协商制度，这是毛利润在劳动与资本之间的分配结果，劳动报酬占 30%，资本利润占 70%。可该企业为劳动密集型企业，企业利润的形成，职工的劳动是主要因素之一，经测算，劳动与资本（包括企业家劳动）在利润形成中的贡献度各占 50%。这意味着劳动报酬分配占比过低，没有得到应有的分配份额。集体协商要谈的就是目前尚未分配给劳动者的这 20%的份额，劳动者经过集体协商把本属于自己的通过谈判拿回来，具体形式就是谈年底分红的问题。要到达上述谈判效果，前提就是知情权，即劳动者一方对企业的经营状况和财务状况有所了解。

二、确立工会在集体协商中的知情权的必要性

在当前的集体协商实践中,普遍存在盲谈、瞎谈的情形,所谓的盲谈、瞎谈是指在集体协商中,工会代表的劳动者一方与雇主一方存在严重的信息不对称问题,工会在集体协商中对企业的状况知之甚少,提出的协商条件将常处于过高或是过低的尴尬处境。在我国的法律中,对劳动者的知情权是没有进行保护的,包括在集体协商中,劳动者一方始终无法了解企业的经营状况、财务现状等各个方面。在集体协商中,劳动者一方自然处于弱势一方,由于不享有知情权,工会代表的劳动者一方无法了解到企业的盈利状况,不了解企业的运作方式,在双方协商谈判中,工会一方提出的条件根本没有基础。一方面,若是企业在本年度经营状况良好,有较高的盈利,而工会代表提出的条件与企业盈利相比过低,在该条件下达成的协商结果,最后签订的集体合同当然损害劳动者的利益。另一方面,若是企业经营陷入困境,甚至负债,在集体协商中,工会一方一味提高劳动收入条件,显然会使协商陷入困境,由于集体协商的最后决定权属于雇主一方,这样的状况必然导致谈判破裂。因此,在集体协商中,必须讲究协商的技巧,一定要保障工会一方的知情权,只有充分了解企业的内部财务状况、盈利现状等各种事项,工会才能在集体协商的事前准备中拟定既有利于劳动者,又符合企业现状,在雇主的心理预期之内的协商条件。保障工会在集体协商中的知情权才是提高集体协商效率的最佳途径。

三、工会在集体协商中知情权的理论基础

(一)人力资本理论

经济学界对人力资本理论已有较多研究,法学界研究公司法的学者对该理论关注较多,部分公司法学者主张人力资本与物质资本一样都属于出资形式,所以应和股东一样享有股权或类似股权的剩余索取权。关于集体谈判的理论基础,有学者分析了西方国家的研究,主要有多元论、市场理论、治理理

论、管理理论等。[①] 但笔者认为，用这些理论来解释集体谈判权都是不彻底的，支持集体谈判权的前提是人力资本理论。所谓人力资本就是指存在于人体之中的具有经济价值的知识、技能和体力（健康状况）等质量因素之和。这种资本主要通过教育和阅历获得，对劳动者的所有教育活动，包括学校教育、职业培训、自主创业等知识和经历都对人力资本的形成具有意义。关于人力资本属于谁这个问题存有争议，有人认为人力资本只能属于每个具体的人，也有人认为人力资本应贯彻谁投资谁拥有的原则，按照这种理论，用人单位对劳动者提供资金进行专项培训，那么用人单位对接受培训的劳动者的人力资本拥有所有权。笔者认为这种理论是不科学的，人力资本的形成是一个复杂的过程，并且与每个人之前的教育和经历都有密切关系，并且人力资本是与人身不可分割的，所以人力资本的所有者笔者认为只能是劳动者个人。但如果用人单位对劳动者提供专项资金进行专项技术培训，确实能在短期内提高劳动者的某项劳动技能，对人力资本的提升具有一定意义，但不能就此认为这部分人力资本就属于用人单位了，人力资本是一个不可分割的整体，也无法让渡，所有权还是应属于劳动者个人。只是在这种情况下，用人单位可以通过与劳动者约定的方式在一段时期内使用劳动者，但这种使用应是有期限的，这就是劳动法上的服务期制度。

（二）企业契约理论

企业契约理论是现代企业理论的主流观点，认为企业是一组契约。企业契约理论在发展过程中出现了很多分支，主要包括代理理论、交易成本理论和非完全契约理论等。经济学研究企业契约理论，主要是从企业的存在、企业的性质、企业的边界等问题进行研究的。[②] 笔者认为，企业契约理论也可作为集体谈判权的基础理论，企业内部所包含的契约包括投资者之间的契约、劳动者之间的契约，当然也包括人力资本和物质资本两大生产要素所有即劳动者与投资者之间的契约。既然两大生产要素投入者对企业利润的形成都有贡献，那么他们理所当然都有权分享企业利润。

---

① 冯子标：《人力资本参与企业收益分配研究》，经济科学出版社 2003 年版，第 20 页。

② 王国顺：《企业理论：契约理论》，中国经济出版社 2006 年版，第 98 页。

(三)不完全合同理论

不完全合同理论是经济学最近几十年提出的一个新的合同理论,以前的合同理论都是以完全合同为前提的,但这一前提在现实中往往是不成立的,原因主要有:一是由于人的有限理性,人们在缔约时往往会因为无法完全预测到所有未来发生的可能事件;二是即使能够预料到也可能因为语言或者其他沟通上的障碍而没有达成协议;三是即使达成协议,法庭或其他可以执行合同的第三方也可能因为不理解合同的初始本意或不了解只有缔约方自身才清楚的合同执行中所必需的信息而无法确切地执行合同。所以缔结的合同就是不完全的。[①] 正是由于合同的不完全性,合同当事人有必要事后就相关事项重新协商,以期权利义务能合理分配,否则可能对一方当事人不利,无法实现实质上的公平正义。

劳动合同是继续性合同,也是所谓的长期合同,和即时结清的一时性合同相比,继续性合同的履行是一个长期过程,无固定期限劳动合同的期限甚至是终身的。在劳动合同履行过程中,许多事项都会随着时间的推移、经济社会发展而变化,在建立劳动关系之时订立的劳动合同中无法对未来可能发生的事件作出准确的预测。在劳动关系存续期间,当外界条件变化时,当事人应及时对有关事项进行协商,作出相应的调整,这样才能符合公平正义原则。就是民商事领域中一时性合同履行的基础丧失了都可根据情事变更原则要求变更或解除合同,何况是具有长期合同性质的劳动合同。劳动合同的不完全性决定了劳资双方在劳动合同中的约定不能长期固定不变,特别是工资。企业的利润等变量影响工资总额在利润中的比例,物价指数等变量影响着工资的实际购买力,这些都应该成为确定工资在利润中比例的因素。劳动合同的不完全性决定了劳动者享有个别谈判权,可以要求与用人单位事后进行再谈判,对工资等相关待遇和条件进行调整,以期能反应劳动的真实价值。这是合同等价有偿原则的必然要求。相应的,用人单位具有再谈判义务,如果用人单位不愿通过再谈判方式对劳动待遇、劳动条件进行调整,劳动者也可不履行自己的义务。在西方国家,劳动者可以选择罢工进行对抗。

---

① [法]贝尔纳·萨拉尼耶著:《合同经济学》,费方域等译,上海财经大学出版社2008年版,第7页。

四、工会在集体协商中知情权的范围及限制

(一)目前相关法律法规关于知情权的规定

关于工会在集体协商中的知情权,相关法律没有明确规定,不过从有关条款似乎可以看出工会是有一定的知情权的。(根据《集体合同条例》等的规定集体协商主要由工会代表职工一方进行集体协商,故本文为行文简便,把职工一方的知情权简称为工会在集体协商中的知情权)如《集体合同条例》第 26 条:协商代表应当保守在集体协商过程中知悉的用人单位的商业秘密。但从这条规定似乎无法推出协商代表在集体协商中就享有知情权。2010 年通过的《浙江省集体合同条例》有了一定进步,在 16 条中规定:集体协商双方应当在举行集体协商会议的七日前,将拟定协商的事项和参加协商的代表名单通知对方,并按照对方要求提供与集体协商有关的真实情况和资料。浙江的规定应当说明确了工会在集体协商中享有知情权。但规定过于粗糙,“有关真实情况和资料”的表述在实践中容易产生不同理解,需要予以明确。2014 年 9 月通过的《广东省集体合同条例》第 15 条规定:企业应当保障协商代表履行协商职责所必要的工作条件和工作时间,向职工方协商代表提供与集体协商有关的真实情况与资料。协商代表应当保守企业商业秘密。职工方协商代表应当向企业提供其掌握的与集体协商有关的资料。该规定也是语焉不详,其中尺度不好把握,各方容易产生不容理解。其他地方性法规如《上海市集体合同条例》等的规定也大同小异,没有明确规定知情权的范围。

(二)工会在集体协商中知情权的范围

1. 工会在集体协商中知情权范围的基本界定。劳动法学界关于工会在集体协商中知情权的研究较少,目前还找不到专门研究该问题的文献。笔者以为,工会在集体协商中知情权与中小股东的知情权有相似之处,因为中小股东与劳动者都是企业关系最密切的利益相关者。因此关于工会在集体协商中的知情权问题可以借鉴中小股东知情权的研究成果。我国《公司法》第 34 条规定:“有限责任公司的股东有权查阅、复制公司章程、股东会会议记录、董事会会议决议、监事会会议决议和财务会计报告。股东可以要求查阅公司会计账簿。股东要求查阅公司会计账簿的,应当向公司提出书面请求,说明目的。”第

98 条规定:“股份有限公司股东有权查阅公司章程、股东名册、公司债券存根、股东大会会议记录、董事会会议决议、监事会会议决议、财务会计报告,对公司的经营提出建议或质询。”这两条根据有限责任公司与股份有限公司的性质不同规定了不同的知情权范围。公司法这样区分的理由主要是股份公司股份更加分散,股东构成相对有限责任公司具有不稳定性的特点,如果允许股份公司的中小股东随意查阅公司的会计账簿等信息,可能会造成公司核心商业秘密的泄露。那么,在确立工会在集体协商中的知情权时是否也需区分两种公司类型做不同规定呢?笔者以为不应做区分,工会属于相对稳定的机构,属于一个集体才存在,无论有限责任公司还是股份公司,工会的性质是一样的,甚至规模较大的股份公司工会更加成熟、运作更规范。故工会在集体协商中的知情权的基本范围应以公司法关于有限责任公司股东知情权为基础确定,即工会在知情权包括:有权查阅、复制公司章程、股东会会议记录、董事会会议决议、监事会会议决议和财务会计报告。工会可以要求查阅公司会计账簿。工会要求查阅公司会计账簿的,应当向公司提出书面请求,说明目的。

2. 工会知情权的扩展。公司法关于股东的知情权的规定广受诟病的一个缺陷就是知情权的范围过窄,即使是有限责任公司股东的知情权也只能查阅至会计账簿层次。而实践中财务会计报告、会计账簿都存在严重的作假现象,其载明的信息本身就可能不真实,难以作为行使权利的依据。这种情况对工会而言是一样的,如果存在作假情况,也难以作为集体协商的依据。所以有学者建议股东知情权的范围应扩展至原始凭证、发票和交易合同等(以下简称原始凭证)[①]。因为这些信息比较准备,造假难度较大。笔者以为,工会在集体协商中的知情权也可扩展至上述范围。

(三)工会行使知情权的限制

1. 内容限制:工会在集体协商中的知情权范围应只限于与集体协商相关的方面,主要是财务状况。与集体协商无关的方面不应纳入知情权的范围,如企业的一些商业秘密,如产品配方、购销渠道,客户名单、技术图纸等。

2. 程序限制:程序方面包括什么人可以行使知情权,在什么时间行使,在什么场所行使等。知情权行使主体应限于参加集体协商的代表。行使时间应在一方提出集体协商要约,并且另一方同意进行协商达成协商的合意之后。

---

① 李冬:《股东知情权及其司法救济制度的构建》,载《山东社会科学》2012 年第 12 期。

行使场所可在公司指定场所进行。

3.复制权的限制:有些财务信息如会计账簿、原始凭证等涉及公司的商业秘密,泄露出去对公司会造成负面影响,这些信息主要用于证实财务会计报告等的真实性,所以这些信息可限制工会协商代表的复制权,只赋予其查阅权。

劳动关系的和谐发展,离不开工会的监督和协调。工会监督就其本质而言,是事前、事中的协调,监督的目的是减少和预防劳动争议,而知情权又是工会进行监督和协调的前提,只有知情权得到保障和落实,其他权利才有实现的基础。

关于推进工资集体协商中加强工会劳动法律监督工作的思考

章金春　曹丽丽　刘　丹*

工资集体协商制度是保障劳动者普遍提高工资水平的一项有效手段,对于促进企业发展、维护职工权益、构建和谐稳定的劳动关系都具有重要的作用。工会作为党领导下的工人阶级群众组织,职工利益的代表者和维护者,有依法代表职工与企业进行工资集体协商的权利。地方工会更有依法督促用人单位建立和执行工资集体协商制度的权利,发挥工会法律监督作用,维护工资集体协商成果,反映职工群众的呼声和要求,维护职工群众的合法权益。

一、嘉兴市企业工资集体协商开展情况

(一)概况

20世纪90年代以来,《工会法》《劳动法》《集体合同规定》《工资集体协商试行办法》等法律法规相继出台后,人力社保部联合全国总工会、企业联合会、企业家协会共同提出了"彩虹计划"行动。浙江省专门出台了《浙江省集体合同条例》,省委省政府、嘉兴市委市政府陆续出台了一系列政策,提出了具体的

* 章金春,嘉兴市总工会法律部;曹丽丽,嘉兴市秀洲区总工会;刘丹,嘉兴市人力社保局。

工作措施，以推进企业工资集体协商工作的开展。

嘉兴市起初在生产经营正常、工会组织健全的外商投资企业、私营企业和较规范的公司制企业中开展工资集体协商试点工作，并在此基础上，积极探索不同类型企业实行工资集体协商的有效途径，推进工资集体协商机制的不断完善。在全市各级各有关部门(组织)的共同努力下，在实践中逐步建立健全了一系列指导、推进工资集体协商工作的制度机制：

一是建立了服务指导机制。人力社保部门通过对职工平均工资、企业人工成本等指标的研究分析，进一步完善最低工资保障制度，定期发布人力资源市场工资指导价等相关信息，为企业开展工资集体协商提供依据。同时，加强对工资集体协议审查备案工作，及时纠正工资集体协议中必备劳动标准缺漏、不合理协议条款等内容，促进工资集体协议不断规范。

二是建立了协商要约机制。每年 3 月份定期开展“要约行动”推进月活动，协调劳动关系三方根据有关要求规范要约双方的要约行为，人力社保部门加强对“要约行动”的监督、指导与服务，工会和企联、工商联指导劳动者一方和企业方积极开展要约与应约。规范要约形式、对象与内容，明确工作目标任务、具体措施与时间进度，形成上下联动、相互协作的工作格局。

三是建立了指导协商机制。在全市范围内建立起一支工资集体协商专(兼)职指导员队伍，出台了指导员管理办法，从熟悉工资集体协商工作的党政部门、工会组织、律师行业等聘请人员担任专(兼)职工资集体协商指导员。目前，全市共有专(兼)职工资集体协商指导员 262 人，发放了指导员聘书，还专门针对工资集体协商指导员进行业务培训，并定期开展工作交流。

四是建立了考核约束机制。将“企业开展工资集体协商情况”纳入各地平安建设、劳动关系和谐指数测评、企业劳动保障信用等级评价、各类先进评选以及开展“双爱”活动情况的重要指标，并定期开展监督检查，推进企业工资集体协商工作水平的不断提升，促进劳动关系的和谐发展。

全市开展工资集体协商单建工会企业类型分布和各县(市、区)分布情况分别如下：

截至 2014 年底，全市单建工会企业开展工资集体协商并签订工资集体协议 9704 家，覆盖职工 108.9 万多人；开展区域性工资集体协商并签订区域性工资集体协议 805 份，覆盖企业 2.9 万多家，覆盖职工 40.2 万多人；开展行业性工资集体协商并签订行业性工资集体协议 30 份，覆盖企业 895 家，覆盖职工 5.1 万多人。全市已建工会企业工资集体协议签订率达 94%。(见下图)

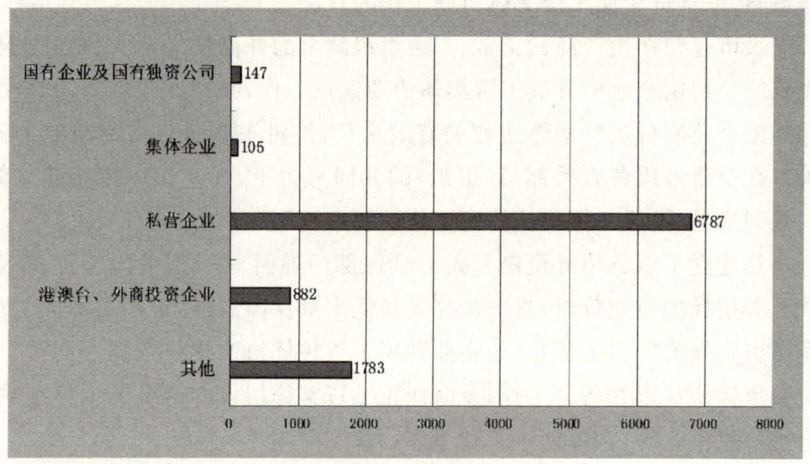

企业类型分布情况

(二)工会组织在推进工资集体协商中的角色定位

1.工资集体协商机制建立的推动者

《中华人民共和国工会法》第六条规定“维护职工合法权益是工会的基本职责。工会通过平等协商和集体合同制度,协调劳动关系,维护企业职工劳动权益”;《劳动合同法》第五十一条规定:“集体合同由工会代表企业职工一方与用人单位订立;尚未建立工会的用人单位,由上级工会指导劳动者推举的代表与用人单位订立”。工会是广大劳动者合法权益的代表者和维护者,作为劳动关系中的劳方代表,工会是劳动关系主体的必然要求。尤其在目前劳动者处于相对弱势的情况下,就更需要工会组织来代表劳动者的利益。因此,推进工资集体协商工作,企业是主体、职工是根本、工会是代表、政府是主导。工会是工资集体协商机制建立的推动者。

2.工资集体协商的启动者

根据劳动和社会保障部《工资集体协商试行办法》第十七条规定:“职工和企业任何一方均可向另一方提出开展工资集体协商的要求。工资集体协商的提出方应向对方提出书面的协商意向书。意向书应写明准备协商的时间、地点、内容等。另一方接到意向书后,应于20日内予以书面答复,并与提出方进行工资集体协商。”《浙江省集体合同条例》第八条规定:“已经建立工会的用人单位,劳动者一方要求集体协商的,由工会代表劳动者一方向用人单位提出集

体协商要求；用人单位要求集体协商的，向本单位工会提出集体协商要求。”这些规定为开展“要约行动”，推进工资集体协商工作提供了依据。通过发出要约开展工资集体协商，是政府授予工会的权利，也是工会开展工资集体协商的法律依据。

3.工资集体协商开展情况的监督者

尽管现阶段我国工会组织在维护劳动者权益方面其作用的发挥尚有局限性，但工会在职工参与企业管理的组织、劳动争议处理的参与及劳动法律执行情况的监督方面仍有不可替代的作用。既然工资集体协商是现阶段维护劳动者权益的一个行之有效的举措，对于工资集体协商开展情况的监督以及集体合同实施情况的监督和争议处理，工会组织都具有责无旁贷的责任和义务。监督的形式包括进行检查、监督；接受职工的举报、检举和控告；限期整改或提请有关部门依法处理；支持职工依法申诉或提起诉讼等。

二、工会在推进工资集体协商中发挥劳动法律监督作用的法理依据

工会组织的劳动法律监督工作，是工会维护职能的重要体现，是各级工会依法对劳动法规的执行情况进行有组织的群众监督，是我国劳动法律监督体系的重要组成部分。这项工作与广大职工群众的切身利益息息相关，特别是在当前经济发展新常态下，我国各种性质企业的比重迅速发生变化，更显得地位重要、意义重大。毋庸置疑，多年来，我国在工会法律监督、法制化建设中取得了一定的成果，《劳动法》、《工会法》、《集体合同规定》、《外商投资企业劳动管理规定》、《工会参与劳动争议处理试行办法》及《工会劳动法律监督试行办法》等一系列法律法规相继出台，这些法律法规从不同角度明确了工会监督工作的内容和形式，成为工会法律监督的重要依据，指导和规范着工会的监督工作。《集体合同规定》、《浙江省集体合同条例》作为劳动法律法规体系的重要组成部分，在实施过程中常面临工会法律监督的作用发挥不力甚至无法发挥，侵害职工利益的现象时有发生。因此，在推进工资集体协商中发挥工会劳动法律监督作用显得尤为迫切重要。

（一）贯彻习近平总书记关于工会工作的一系列重要讲话精神

习近平总书记曾在多个场合对工会组织如何做好新形势下职工群众工作

提出了明确要求。他指出,工会要赢得职工群众信赖和支持,必须做好维护职工群众切身利益工作,促进社会公平正义。进一步贯彻习总书记关于工人阶级和工会工作的一系列重要讲话精神,需要我们健全和完善工会切实表达和维护职工群众合法权益的维权机制,依靠法律来支持和保障工会依法维权职能,提高依法维权能力。党的十八届三中全会提出,要坚持依法治理,加强法治保障,运用法治思维和法治方式化解社会矛盾。党的十八届四中全会更是首次以全会的形式专题研究部署全面推进依法治国这一基本治国方略。在推进工资集体协商工作中加强工会劳动法律监督,是切实维护职工群众最关心的经济权益的有效举措,也是构建与发展和谐劳动关系的重要举措。

(二)法律法规关于推进工资集体协商中发挥工会劳动法律监督作用的规定

1.《劳动法》、《劳动合同法》、《工会法》的相关规定

《中华人民共和国劳动法》和《中华人民共和国劳动合同法》是开展工资集体协商的基本法律依据。《劳动法》第三十三条规定:"企业职工一方与企业可以就劳动报酬、工作时间、休息休假、劳动安全卫生、保险福利等事项,签订集体合同。集体合同草案应当提交职工代表大会或者全体职工讨论通过。集体合同由工会代表职工与企业签订;没有建立工会的企业,由职工推举的代表与企业签订。"《劳动合同法》则在第五章特别规定中分节专门讲了集体合同规定。作为调整劳动关系的基本法,其制定主体是全国人大,在劳动关系及权利义务的规范上属上位法,有最高的法律效力。这里所说的集体合同,包括专门就工资事项签定的工资协议或工资专项集体合同。两部法律在监督检查章节都规定了工会组织为维护劳动者合法权益,对用人单位遵守劳动法律、法规情况进行监督的权利。《劳动合同法》明确了工会对用人单位履行集体合同情况进行监督的权利。对用人单位违反集体合同的行为更明确了工会组织依法采取措施的规定。《工会法》在工会的权利和义务章节第二十条规定:"企业违反集体合同,侵犯职工劳动权益的,工会可以依法要求企业承担责任;因履行集体合同发生争议,经协商解决不成的,工会可以向劳动争议仲裁机构提请仲裁,仲裁机构不予受理或者对仲裁裁决不服的,可以向人民法院提起诉讼。"工会十六大通过的《中国工会章程(修正案)》第十五条中增加了一款:"各级工会组织应当组织和代表职工开展劳动法律监督。"

2.《集体合同规定》、《浙江省集体合同条例》、《工会劳动法律监督试行办

法》的相关规定

《集体合同规定》作为国务院部委规章，由劳动和社会保障部颁布，对于工资集体协商工作的开展作出了指导性规定，以《协调处理协议书》的形式明确劳动保障行政部门应当组织同级工会和企业组织等三方面的人员，共同协调处理集体协商争议。《浙江省集体合同条例》是由省人大常委会通过的地方性法规，针对我省实际情况，更具有可操作性。在集体合同的监督和争议处理章节，第三十五条、第三十七条、第三十八条、第三十九条、第四十条、第四十一条详细规定了工会组织在集体协商中发挥监督作用的形式和方式。全国总工会颁发的《工会劳动法律监督试行办法》不仅明确工会有权对用人单位履行集体合同的情况进行监督，对于监督的原则、程序和形式都做了规定。县级以上工会经同级人大、政协同意，可以参加其组织的劳动法律法规执法检查。县级以上工会可以与政府劳动部门及其它职能部门联合组织劳动法律法规执法检查。

三、在推进工资集体协商中
发挥工会劳动法律监督作用存在的问题

（一）对集体协商工作的监督意识不强、监督权利无保障

2010 年，中华全国总工会十五届四次执委会议上，王兆国同志在代表党中央发表的重要讲话中提出了“两个普遍”，对依法推动企业普遍开展工资集体协商提出了要求。但在企业开展工资集体协商的过程中，由于企业工会干部受雇于企业，不但拿企业工资，而且工会主席一般都是由企业负责人推荐或同意，工会好多工作或开展活动的经费，都要靠企业支持。工会干部既是企业员工，又是职工代表的双重身份，在代表职工开展工资集体协商时顾虑重重，生怕为职工争利益说的哪句话，会得罪企业行政领导。因此，不敢为职工的工资据理力争，这样的工资集体协商也就没有“动真格”。尽管企业中往往多数是由工会向企业发起工资集体协商要约，但由于多方面受制于企业，工会往往很难对协商过程和协商成果履行监督职责，甚至有企业工会主席因为维护职工利益而与企业发生冲突被企业解聘的案例。因为有所顾虑，所以有些企业工会主席存在着不敢也不愿监督的情况。加之工会法律监督属社会监督，本身不具有强制性，监督有赖于企业和政府有关部门的配合，而当前政府有关部

门在配合工会法律监督上也并未形成合力,这就使工会的监督权利无法实现。对于违反工资集体合同的行为或是流于形式的工资集体协商过程也就“听之任之”,没有真正利用好集体协商机制维护劳动者经济权益,严重影响了工资集体协商制度的实效性。

(二)对工资集体协商的劳动法律监督权利刚性不强

我国《劳动法》、《工会法》、《劳动合同法》等法律对于开展工资集体协商都有明确的规定,但相关法律法规还

存在规定不细、法律责任不明确、刚性不够、约束力不强等问题。比如《劳动法》第三十三条规定:工会与企业可以就劳动报酬等事项签订集体合同,仅把工资集体协商作为集体合同制度的一项内容。若企业就职工工资不与工会进行协商,法律上没有任何明确的处罚规定。也就是说,职工工资可以与工会进行协商,也可以不与工会进行协商,不协商不需承担任何法律责任,因为法律上没有明确规定不协商要承担法律责任。因此,当企业就职工工资等劳动权益方面的问题,不与工会进行协商时,工会即使实行监督也难以或无法用法律武器维护职工合法权益。工会劳动法律监督,是各级工会对劳动法律法规的执行情况进行有组织的群众监督。与人大、政府等部门监督相比,这种监督既无对当事者直接处罚的权力,也无国家强制力做保障,因此工会的法律监督对受监督的单位或企业整改落实情况缺乏刚性约束机制,监督的成效很难得到体现。

(三)工会对工资集体协商的劳动法律监督机制不健全、队伍建设薄弱

《工会劳动法律监督试行办法》明确规定,我国工会劳动法律监督网络主要包括三个部分,即:县以上各级工会领导机关设立的劳动法律监督委员会、基层企事业单位工会或职代会设立的劳动法律监督委员会(监督小组)以及各级工会劳动法律监督员队伍。只有做到监督网络和机制完备,才可能使工资集体协商监督工作长期、有序、有效的开展。但就目前情况来看,嘉兴市各个县(市、区)级工会都仅有1名工作人员负责劳动法律监督,而工资集体协商工作因为纳入平安嘉兴考核,各地十分重视,至少有一个科室专门负责这项工资,有条件的地区更是聘用了专职或兼职的工资集体协商指导员队伍。总体上看,全市工会劳动监督组织网络和人员配备,远远不能适应推进工资集体协商工作中发挥开展工会劳动法律监督工作的需要。一些企业工会也没有形成

一套完善的针对集体协商工作的监督机制。如有条件的单建工会已开展工资集体协商签订专项工资集体合同的未建专门的劳动监督委员会；有些工会缺乏或未配备专业的法律人员，监督者因不熟悉劳动法律法规，不清楚开展工资集体协商工作的意义，难以真正有效的发现问题，纠正违法行为，支持和帮助职工依法维权。

四、推进工资集体协商工作中依法加强工会劳动法律监督作用的对策建议

（一）强化监督意识，依法履行监督职责，维护监督权利

目前，工资是职工群众最关心、最直接、最现实的利益问题。要打破以往由企业单方面决定职工群众劳动报酬的机制，必须依法建立由企业劳动关系双方通过集体协商共同决定劳动报酬的机制。这个机制的建立和成果的维护，都离不开工会组织的参与、维护和监督。强化监督意识，也是强化工会的参与和维护意识。当前经济发展新常态下的劳动关系矛盾调处，凸显了工会的维权职责应成为工会的立会之本。工会应当在维护职工群众最基本利益的工资问题上强化法律监督意识，依法履行监督职责。从国家和政府的角度，重视职工工资问题就应当重视工会的法律监督工作，加强对工会依法履行职责的保护力度，因为工会劳动法律监督职能的有效发挥对保护劳动者利益，督促企业依法履行工资集体协议，维护社会的和谐稳定有着重大意义。当然，这也涉及到工会干部的综合素质问题。

（二）协调配合、整合资源，源头参与工会劳动法律监督立法工作

1. 加强与政府人力资源部门的相互协调配合

工资集体协商的工作推动，离不开政府劳动部门的指导和监督。工会组织依法开展的劳动法律监督，是有组织的群众监督；人力资源和社会保障部门依法实施的劳动保障监察是代表政府行使的行政执法行为，具有权威性和强制性。切实加强工会劳动法律监督和劳动保障监察的协作，使之相互支持，优势互补，必将增强监督的力度。对于用人单位违反工资集体协议规定，侵犯职工权益，工会依法要求承担责任仍不整改的，地方工会根据法律法规规定可以

发整改意见书,拒不改正的可以向人力资源和社会保障主管部门提出法律监督处罚建议书。对于履行工资集体合同发生争议已经提起仲裁或诉讼司法程序的,地方工会在前期调查后做出的整改意见书应当可以作为证据采纳。

2.突出工资集体协商重点,合力推动工会劳动法律监督作用发挥

要抓住工资集体协商这个重点开展依法监督活动,推动劳动法律监督工作落到实处。工资集体合同关系到职工的整体利益的落实。建议把行政监督、工会监督、职代会监督、职工群众监督有机结合起来,合力推动,建立和完善具有中国特色的劳动法律监督体系,建立畅通的联系协作机制,通过提请政府劳动部门处理处罚、参与诉讼等方式,将工会劳动法律监督及其他不具有强制性的群众监督形式转化为政府劳动保障监察,政府劳动保障监察可借助工会的监督网络

来了解信息、掌握动态,相互支持、共同推动,让企业履行工资集体协议成为自觉行为。

3.立法明确保障工会法律监督权利

全国总工会在1995年颁发的《工会劳动法律监督试行办法》已有近20年的历史,实践中已存在不适应形势变化和执行难度大等问题。随着时代的变迁,新常态新形势下针对推进工资集体协商工作迫切需要地方立法机关尽快制定和出台效力更高更有执行力的《工会劳动法律监督条例》,用法律保障工会劳动法律监督的各项权利的实施。在立法上要明确对于企业违反集体合同中有关工会劳动法律监督的内容,监督的形式与途径。尤其要明确对用人单位及法人代表违法行为的制裁措施。对于企业建立工资集体协商机制,通过协商程序签订的工资集体合同应该可以作为职工工资方面的劳动仲裁或者诉讼的证据。对于履行集体合同发生的争议协商不成的,应当支持工会依法提请仲裁、提起诉讼。同时,立法也要特别重视对工会劳动法律监督员的权益保障等内容,完善对这类工作人员的各项法律保护措施,这样才能让基层工会法律监督员敢于监督,能够监督。

(三)完善监督机制,加强工会劳动法律监督队伍建设,确保工资集体协商实效

工资集体协商工作的推动依赖劳动关系三方机制,劳动法律监督机制也要健全协调劳动关系三方机制。地方工会要会同劳动行政部门、企业联合会

代表，建立和妥善处理工资集体协商过程中出现的各种问题，协调劳资双方，促进劳动关系和谐。建立由劳动部门和工会组织共同参与的集体合同巡查和专项检查监督机制，利用平安嘉兴考核等工作重点检查监督工资集体协议。在监督的过程中，如果下级工会遇到严重损害劳动者合法权益的问题难以协调处理时，上级工会劳动法律监督组织应及时介入，进行指导帮助，甚至要代行基层工会劳动法律监督组织的职责。对于基层工会，要建立健全工资专项集体合同执行情况向职代会汇报制度；具体条款履行检查监督制度；向全体职工定期通报制度。有力地监督工资专项集体合同的全面履行。

各级工会特别是地方工会，可以把当前我省开展的聘用社会化工会干部作为契机，加快选拔培养一批熟悉劳动法律法规，熟悉工资集体协商工作，具有一定工作能力、热心维权工作的人员作为劳动法律监督员，对用人单位执行工资集体协议情况进行检查。全总下发的《2014—2016 年工会法律人才队伍建设三年规划》，从人才录用、业务培训、法律服务、借助社会力量等方面提出明确目标和措施。这对工会劳动法律监督人才和队伍建设起到极大促进作用。

关于加强工会劳动法律监督作用的思考

樊建国　赵　瑾*

【摘要】 法律监督是法律实施的重要保障。近年来,国家和地方不断加强劳动保障领域的立法工作,但在实际运行中,用人单位用工不签订劳动合同、随意克扣拖欠工资、超时加班和加班不支付加班费、不办理社会保险等违法行为仍大量存在。工会应充分发挥劳动法律监督作用,推动劳动法律法规的有效落实,积极构建和发展和谐劳动关系。

【关键词】 法律保障;监督力量;实时干预

一、发挥工会劳动法律监督作用的必要性

当前,在劳动关系领域,企业有法不依,违法不究的现象还依然存在,作为弱势群体的劳动者,靠个人力量难以与企业不法行为抗争,因而建立工会劳动法律监督制度,以保障劳动关系的依法规范和调整就显得十分必要。

(一)工会劳动法律监督有明确的法律依据

《劳动法》和《劳动合同法》分别将“各级工会依法维护劳动者的权益,对用

* 樊建国、赵瑾,供职于绍兴市总工会。

人单位遵守劳动法律、法规的情况进行监督”、“工会对用人单位履行劳动合同、集体合同的情况进行监督”等内容载入“监督检查”章节。此外,《工会法》也赋予了工会对企业、事业单位实行各项民主管理制度、履行劳动合同、集体合同、提供劳动保护和安全生产等情况进行监督的权利,并可进行调查处理。同时,为了更好地保障和规范工会对劳动法律、法规执行情况的监督,维护劳动者合法权益,协调劳动关系,越来越多的省、市,如广东省、江苏省、杭州、宁波等城市都特别制定了《工会劳动法律监督条例》,将这项制度上升到地方性法规层面。

(二)工会劳动法律监督具有实时性和现场性

不论是劳动、建设、卫生还是工商和公安等有关行政管理部门开展法律监督,多数是通过受理投诉或者举报的形式进行,具有滞后性。而工会组织,特别是基层工会、分工会、工会会员与用人单位同驻在工作场所内,相比上述管理部门,在开展劳动法律监督时具有实时性和现场性,能够及时发现违法行为而责令改正,更有效地保护劳动者的合法权益。这种实时性和现场性大大提高了工会劳动法律监督的广度和力度,使得工会劳动法律监督无时不在,无处不在。

(三)工会劳动法律监督能够降低劳动者维权成本

《关于实施劳动保障监察条例若干规定》中规定因用人单位违反劳动保障法律行为对劳动者造成损害,劳动者与用人单位就赔偿发生争议的,依照国家有关劳动争议处理的规定处理,劳动保障监察不予受理。越来越多的劳动者通过劳动争议仲裁机构应对劳动争议的解决,但由于自身法律常识和维权能力较低,企业违法成本小,劳动争议仲裁机构立案难且裁决无强制效力等原因造成维权成本过大。因此,当工会劳动法律监督切实发挥作用,使得违法行为及时得到发现而被责令改正时,则能大大降低劳动争议的发生,降低劳动者维权成本。

二、工会开展劳动法律监督存在的问题

自 1995 年全国总工会制定《工会劳动法律监督试行办法》以来,工会劳动法律监督的范围不断拓宽,劳动法律监督工作也取得了一定的成绩,但是存在

的问题也不可忽视。

(一)工会劳动法律监督存在盲点

随着劳动保障法规实施的不断深化,工会劳动法律监督的范围不断拓宽,客观上存在着各级工会在开展劳动法律监督时不能突出重点,平均用力导致了泛监督化现象;更令人担忧的是工会劳动法律监督存在着盲点:当前用工不规范、侵犯职工合法权益的现象较多的发生在中小私营企业和难以监管的乡村小企业、小作坊,而这些单位往往没有工会组织,纠纷多发地却成为了监督的盲区。究其原因,工会劳动法律监督难以适应当前复杂的劳动关系变化,监督工作难以深化和发展,与立法工作滞后不无关系。工会劳动法律监督的法律依据主要是《劳动法》、《劳动合同法》和《工会法》,但这些法律、法规对于工会监督检查规定的过于原则,难以具体操作。

(二)工会劳动法律监督机制有待健全

工会劳动法律监督的工作机制还不够健全,组织弱化令人担忧。基层工会劳动法律监督组织不健全,区域、行业工会监督组织建制率低,有些地方思想观念滞后,怕“影响投资环境”不敢大胆监督,有些地方没有做好上下级工会的衔接,上级工会在劳动法律监督工作上对下级工会支持与指导力度不够,企业也不够配合。究其原因,在于监督形式与现行企业制度不相适应。主要体现在民营和私营企业,这些企业的工会劳动法律监督员基本上是“雇员”、“打工者”的身份,担心狠抓监督整改被解雇丢饭碗,致使工作难以开展。

(三)工会劳动法律监督力量有待加强

工会劳动法律的监督缺乏一定的执法力度,劳动法律监督力量有待加强。一方面工会组织专门法律力量不足,一些工会组织法律人才稀缺,依法维权的能力和水平与工会承担的监督维权职责还有较大差距;另一方面,工会劳动法律监督队伍的人员素质还有待提高,用法治方式开展工作还停留在表面上,法制意识和法制思维还没有深入到内心。目前,工会劳动法律监督队伍兼职较多,无证上岗、业务不精,缺乏适应新形势下科学监督的经验,沟通和协调能力也不强,影响了工会劳动法律监督的发展和效果。

三、加强工会劳动法律监督作用的建议

完善法制，依法监督，是工会界和社会各界人士的一致呼声。只有立法、创新、加强制度和队伍建设才能为工会劳动法律监督注入新的活力。

（一）前期介入，完善劳动法律体系

加强工会劳动法律监督一是要实现源头参与，推进工会劳动法律监督立法。工会劳动法律监督要走出行政化检查的误区，要参与政府有关立法和政策的制定，依靠政策法规监督。自 1995 年全国总工会制定《工会劳动法律监督试行办法》以来的近 20 年间，我国劳动法律和劳动关系都发生了深刻变化，《工会劳动法律监督试行办法》已不能很好地适应当前工会劳动法律监督工作的需要。为推动工会劳动法律监督工作的依法开展，各地应尽快制定《工会劳动法律监督条例》，明确工会监督的职责、范围、方法和程序，规定用人单位的配合与法律责任，明确工会与相关部门联合检查的制度，使工会劳动法律监督有法可依，有章可循，推动国家立法。此外，上级工会应主动参与政府对就业、分配、保障等政策的制定，从源头上维护职工合法权益。加强工会劳动法律监督二是要坚持事前监督为主，由事后监督向事前监督转变。基层工会应直接参与企事业内部规章制度和重大事项的制定、决定和修改，使规章制度和决定进一步完善，在职工与用人单位签订劳动合同时提供法律、技术等方面的咨询和服务，前期介入保证职工的合法权益不受到侵害。三是要明确法律责任，加大对用人单位违法行为的处罚力度。

（二）实时干预，推动合法权益落实

加强工会劳动法律监督要创新监督载体，运用企业职代会、集体合同、民主测评、职工董事与职工监事等进行实时干预，实现全过程参与监督。将工会劳动法律监督融入职代会、工资集体协商等，组织职工讨论企业发展规划、规范工资正常增长机制、明确企业社会责任等，不断提高职工群众的法律意识，增强自我维护能力，发挥职工群众的监督作用，使得全过程参与监督更有效。在可能或者已经发生违反劳动法律法规和劳动合同、集体合同的情况下，工会应当依法开展调查，有权要求用人单位重新研究处理或采取措施予以改正。工会监督还应以职工信访、投诉、请求法律援助为载体开展。积极参与和支持

职工申请劳动仲裁和诉讼，对恶意侵权行为和典型案件可在新闻媒体曝光，真正做到实时干预、主动监督，推动职工合法权益落实。最后，工会还应建立健全劳动法律监督的责任制度、考核制度和表彰制度，建立工会劳动法律监督理论研讨和经验交流制度，不仅实现依法监督，还要实现工会劳动法律监督工作制度化、规范化。

(三)整合资源，强化法律监督力量

加强工会劳动法律监督要整合内外资源，调动各方面的积极因素，创新监督格局，从少数人监督向多层次、广参与的社会化大监督转变。一是工会监督与劳动者及经营者的联动，构建由劳资双方共同参与监督的新格局。工会监督要把支持企业和监督企业统一起来，争取经营者对工会监督的配合和支持，做到企业关爱职工，职工热爱企业，在共谋发展中实现利益共享。二是上下联动，各级工会要充分发挥各自优势，既分工又合作，形成监督合力。基层工会劳动法律监督组织要切实担当起第一知情人、第一报告人、第一监督人的责任。上级工会要深入企业指导工作，提供服务，为基层排忧解难，实现工会监督的上下互动。三是工会与社会联动，全面推进工会劳动法律监督。工会要与公安、劳动、安监、建设等部门开展联合检查和专项检查，切实加强协作，相互支持，优势互补。最后，工会要加强劳动法律监督组织队伍建设，一方面要多层次组织专题培训，经验交流和业务研讨，不断提高工会劳动法律监督员的业务素质和实务操作能力。同时，配备法律顾问，提供专门的法律服务。另一方面，要加强门户网站，热线电话，信访接待窗口等渠道，推动工会劳动法律监督工作创新发展。

结 束 语

工会是推进我国劳动保障法律实施的重要力量。立法机构，政府部门，用人单位都要充分重视并支持配合工会劳动法律监督工作，推进这项工作进一步制度化、规范化、常态化和长效化。各级工会要加大组织资源投入，持续加强法律监督力量，综合运用前期介入、实时干预等方式创新监督载体和监督格局，推进劳动法律法规落实，发展和谐的劳动关系。

依法治会,依法履职,进一步加强工会劳动法律监督的思考

杨真照*

工会劳动法律监督,是各级工会推进劳动法律法规的贯彻落实,维护职工合法权益的重要渠道。中国特色社会主义社会是法治社会,工会作为重要社会组织,理应运行在法制化轨道。党中央在推进全面深化改革的进程中,顺势作出全面推进依法治国若干重大问题的决定,这既是我党总结提升党的群众路线教育实践经验重大成果,也是在改革深水区关键时期加强社会治理的根本保障,更为工会组织坚持依法治会,强化依法履职指明了前进方向。各级工会如何借着"依法治国"集结号,运用法治思维和法治方式,依法推进工会工作,进一步加强工会劳动法律监督,已成为当今社会特别是工会组织,需要深入研究的重大课题。

一、深刻理解"三个需求",提升加强工会劳动法律监督重要性的认识

党的十八届三中全会提出,使市场在资源配置中起决定性作用,这意味着经济发展的模式和决策方式,将加快从行政主导型向市场主导型转变,也必将进一步推动劳动关系高度市场化,对构建和谐劳动关系带来一定冲击,这就要

* 杨真照,供职于宁波市总工会。

求各级各部门深刻理解加强工会劳动法律监督，是发展和谐劳动关系，推进工会工作法治化，依法履行工会维权基本职责的必然需求，提升工会劳动法律监督重要意义的认识，主动适应形势任务的变化，努力推动工会劳动法律监督不断创新发展。

一是发展和谐劳动关系的必然需求。发展和谐劳动关系，既是协调社会经济利益，实现社会公平的重要方面，也是调处社会矛盾、维护社会稳定的基本保证，更是进一步缴发职工创业积极性，全面建成惠及全市人民的小康社会，实现"十二五"规划确定的宏伟蓝图的必然要求。发展和谐劳动关系，关键是抓落实、抓企业，只有夯实企业和谐基础，才能构建社会大和谐。发展和谐劳动关系一直是工会工作的核心，加强工会劳动法律监督，就是要切实加大劳动合同、工资福利、社会保障和劳动保护工作推进力度，着重解决当前工作部分企业特别是中小企业，劳动合同实施不到位、工资支付不规范、劳动条件比较差、外来务工人员参保面不广等不和谐因素，不断发展和谐劳动关系。

二是推进工会工作法治化的必然需求。以法治的意识统率工作思路，以法治的思维谋划工作计划，历来是工会组织创新发展的力量源泉。近几年来，各级工会按照《工会法》、《劳动法》、《劳动争议调解仲裁法》等相关法律法规，主动落实依法治国的方略，重点推动和参与地方法规规章，为推进工会工作法制化作出了艰辛探索。但与此相对的是，一些工会面对面广线长的工会工作，未能正确处理"应为和可为"的关系，区别不清"轻重缓急"，导致产生不同程度的"三多三少"现象，即就事论事忙于应付的多，静心思考依法谋划的少；热衷于无关宏旨活动的多，敢于碰硬依法维权的少；考核检查评比的多，深入基层服务的少，这些问题的根源在于法治的意识思维淡薄。要推进法治工会建设，首先应坚持"崇法、尊法、护法"的意识思维，严格按照《工会法》等法律法规，来定位工会应当作为、可以作为的职责，并以法治的思维和方式，来谋划推进的机制制度和方法，进一步加强劳动法律监督，以不断提高工会工作法制化水平。

三是依法履行工会维权基本职责的必然需求。坚持以人为本，不断实现好、维护好、发展好最广大职工群众根本利益，始终是我们各项工作的出发点和落脚点。职工群众的劳动就业、工资收入、社会保障，既是依法履行工会维权基本职责的工作重点，也是工会劳动法律监督的重要内容。近几年来，经济持续快速健康发展，劳动关系的和谐度总体上也不断提高。但随着劳动关系日益多元化、复杂化，广大职工特别是新生代农民工的价值观念、社会需求发生了较大变化，企业职工收入分配机制尚不健全，就业难和招工难问题并存，

部分企业仍然存在增效不增资，加班不加钱，一线职工工资普遍偏低等问题比较突出，工会履行维权职责的任务依然十分艰巨。加强工会劳动法律监督，就是要紧紧抓住广大职工群众最关心、最直接、最现实的利益问题，不断加大企业落实劳动法律法规的监督力度，积极引导企业自觉履行社会责任，着力解决职工群众劳动就业、工资收入、社会保障等切身利益问题，让职工共享企业发展成果，实现休面劳动和生活。

二、准确把握“三个关系”，理清工会劳动法律监督在现实中的定位

近年来，在党委、政府的领导支持下，按照全总《工会劳动法律监督试行办法》的原则和要求，各级工会重视劳动法律监督工作，不断推进工会劳动法律监督制度和组织建设，发挥各级工会劳动法律监督组织的监督作用，取得了一定的成效。但在积极探索的实践中，也出现了一些不同的声音，主要是有的思想上存在“无用论”，认为工会劳动法律监督，是一中“软监督”，不可能起到监督的作用；相反，有的思想上存在“冒进论”，认为要赋予工会行政执法权，普遍推进劳动法律监督。产生这些想法的原因，是没有以法治的意识和思维，准确把握工会劳动法律监督与行政执法、工会维权职责和上下监督组织的“三个关系”，来理顺加强工会劳动法律监督，在国家法律监督体系现实中的定位，推动工会劳动法律监督工作发展。

一是要准确把握工会监督与行政执法的关系。工会作为群众性社会组织，对劳动法律法规实施法律监督，是《劳动法》、《工会法》等法律赋予的一项职权，是国家劳动法律监督体系的重要组成部分，它与政府部门的行政执法监督，在性质上是完全不同的，从《劳动法》、《劳动合同法》等规定来看，工会劳动法律监督仅仅是群众监督，不可能也不应赋予工会行政执法权，但工会可以借助健全组织体系，直接面对职工群众的优势，采取与政府部门，建立相互协作配合制度等措施，将群众监督在一定条件下，转化为行政执法监督，来发挥工会劳动法律监督基础性作用。

二是要准确把握工会监督与维权职责的关系。衡量一个组织是否依法治理，最核心的标准是该组织有无依法履行权利义务。《工会法》第三章共计16条，对工会的权利义务作出规定，省实施办法及嘉兴市有关法规政策，对工会权利义务，又进一步加以明确和提升，这些规定既是工会履行职责的法定依

据,也是发挥工会作用的法律保障。而且,《工会法》及省实施办法明确的工会权利义务,在配置上体现工会社会职能全面性的同时,其条款内容的安排,强调履职的重心具有主导性,即维护职工合法权益是工会基本职责,因此工会在工作重心和资源配置上,要突出维权职责的落实,劳动法律监督是工会履行维权职责的有效途径,工会理应加强劳动法律监督,但劳动法律监督也不是工会履行维权职责的唯一途径,因此,各级工会要准确把握工会监督与维权职责的关系,在致力于依法履职中,积极探索源头参与健全法制、社会化维权、"四位一提"职工素质提升、工会5·1服务卡等机制建设、逐步走出了推动立法与监督实施相结合,维护职工劳动权益与服务职工发展相统一的履职新路子。

三是要准确把握工会监督上下级组织的关系。劳动法律监督是有关法律赋予工会组织的职权,而工会劳动法律监督委员会等,是工会具体实施劳动法律监督的内部组织,两者相互相存,也应有区别,从制度设计上要有所不同。在对外关系上,强调各级工会都有监督权,以工会组织的名义实施监督的同时,针对基层工会体制约束的现实,要赋予不同的监督方式,基层工会主要是采取协商协调、民主管理的方式,实施日常监督;乡镇(街道)特别是县级以上总工会,要着眼于强化监督力度,赋予向政府部门要求执法监督的建议权,采取调查监督、专项监督、联合监督的方式,提升工会法律监督实效性。在对内关系上,要强调有利于各级工会法律监督实施,应要求乡镇(街道)以上总工会,普遍建立劳动法律监督组织,广泛吸纳政府部门、专家学者等人员;而企业等基层工会则灵活多样,不必都要建立监督组织,并明确各级劳动法律监督组织,受同级工会领导,接受上级监督组织的业务指导,这样分级分类组织建设,既符合工会法律监督本质,又能强化监督实施实效性。

三、注重强化"四个保障",
全面加强工会劳动法律监督的新水平

中国特色的社会主义市场经济是法制经济,高度市场化的劳动关系也不是绝对的市场化,发展和谐劳动关系只有走法治化之路,党的十八届四中全会作出全面推进依法治国若干重大问题的决定,对推进工会工作法制化,加强工会依法履行维护职工合法权益的基本职责提出了新要求。在劳动关系高度市场化的前提下,必须顺应工会工作法制化的客观要求,注重强化健全法制、依法建会、完善制度和优化环境等"四个保障",全面加强工会劳动法律监督的新水平。

一是强化工会法律监督法制保障。全心全意为职工群众服务是工会实践党的群众路线根本宗旨，满足不同职工不同需求，也是工会所追求的，但工会不是万能的，职工群众更期盼的是工会维护其合法权益，在新形势下，工会关键是落实维护基本职能，在普惠全体职工的同时，应更加关注职工的劳动权益，在维护整体职工权益的同时，应更加注重个体职工的维护。因此，在认真总结我省工会劳动法律监督实践的基础上，充分借鉴外省市的有效做法和杭州、宁波的立法经验，加快推动出台《浙江省工会劳动法律监督条例》，进一步对全省各级工会建立劳动法律监督组织、原则、内容、方式和工作程序作了明确规定，统一设制监督活动文书格式，为全面加强全省劳动法律监督工作，提供强有力的法制保障。

二是强化工会法律监督组织保障。加强法治工会建设的基础是依法建会，但在推进“三个普遍”的过程中，依法建会也出现许多新情况新问题，主要有工会组织特别是企业工会的“独立性”受质疑，要敢于运用《工会法》赋予上级工会，加大工会主席的直选力度，分类制定不同企业工会考核标准和评估机制，建立建全基层工会干部激励保障、建议退出机制，促进基层工会真正密切联系职工，接受会员监督。同时，在依法严格落实企业工会人员专职化，进一步推进工会人员社会化、职业化的探索，加大工会劳动法律监督员培训力度，为推进依法治会，加强劳动法律监督，提供强大组织和队伍保障。

三是强化工会法律监督制度保障。在进一步加大企业劳动关系矛盾隐患风险预期管理机制推进力度，发挥各级职工服务中心（网）、万人和谐追梦团等平台的作用，及时掌握劳动关系动态信息，并分类加以分析整理，采取日常监督、专项监督、联合监督三种形式，建立分级分类运作制度，进一步健全工会律师志愿者制度，全面落实乡镇（街道）、市产业服务对接，建立工会监督与执法监察相互配合协作制度，加强与政府有关部门的联合监督、协作办案，依法督促企业落实劳动法律法规，切实维护好职工合法权益。

四是优化工会法律监督环境保障。要充分利用职工服务平台的作用，探索建立市、县二级调研样本企业，定期真实了解职工的需求，千方百计增加能为职工说话，反映职工诉求的人大代表、政协委员，针对职工关心的诉求，加快推动《企业工资法》等立法，用完善法律体系来保障工会工会劳动法律监督的实现。要会同政府有关部门、企业代表组织，广泛开展形式多样的劳动保障法律法规的宣传教育，充分利用和谐企业创建，引导企业积极履行，以法律责任为主要内容的社会责任，倡导企业依法用工、职工依法表达诉求，为进一步加强工会劳动法律监督营造良好的社会环境。

企业工会参与集体合同争议的法律问题分析

盛　杰　陈微微*

【摘要】 工会是为有效地维护劳动者的合法权益而设立的组织，有权签订集体合同，但其在集体合同中是否具有独立的法律地位，是否应当依据合同的相对性原则承担履行集体合同的法律责任，以及当因集体合同产生争议又将如何界定其主体资格等等，都属于较为冷门话题且容易被疏忽但却又必须面对。本文为此提出自己的观点。

【关键词】 企业工会　集体合同　主体资格　责任承担

工会作为一个耳闻能详的组织，几乎众所周知。1950年我国便有了一部完整的《工会法》，算是新中国最早的法律之一。然而，工会的一些法律特性，特别是在工会参与集体合同争议过程中所涉及的一些法律问题，长期以来却存在较大争议或难以准确界定。为此，本文试图通过以下几个方面阐述自身观点。

一、工会组织参与集体合同争议的现实特征

依照法律的规定，企业应当成立工会，并选任工会主席，其目的是以开展

* 盛杰、陈微微，浙江震瓯律师事务所律师，温州仲裁委员会仲裁员。

工会活动的方式，维护职工合法权益，通过职工代表大会或者其他形式，实行民主管理等。由此可见，工会组织是参与企业民主管理，维护职工的合法权益的产物。

从法律地位分析，维护职工合法权益系工会的基本职责，同时，法律还明确规定工会应全心全意为职工服务，并且强调在日常生产生活中工会必须密切联系职工，听取和反映职工的意见和要求；关心职工的生活，帮助职工解决困难。由此可见，工会与企业之间具有天然的对立性。当职工与企业之间发生矛盾时，工会理应维护职工一方而积极与企业进行协商，以彰显出员工之家，职工靠山的效果。但事实上，无论是国有企业还是私营企业，在职工的观念上，工会充其量只是一个节庆时企业发放福利的部门，一旦员工与企业产生争议很难出现工会积极维权的可能。此外，虽然法律规定，工会通过平等协商和集体合同制度来协调劳动关系，维护企业职工劳动权益。然而实务中，即便签订了集体合同，内容要么过于简单、笼统，所约定内容也均系法律的最低底线，而且内容往往是按照企业意愿形成并无职工的真实意思而流于形式。更何况，工会的设立也只是完成《公司法》所规定的一项倡导性的义务，公司法在规制这一义务时却又无法律责任给予相互对应。换而言之，工会是否成立，对于公司企业而言更多的是一项政治义务，如何成立以及成立之后的工作执行则在所不问。

从实际考量，私营企业特别是家族性企业，很难实现真正的民主管理，工会与企业之间不可能给予完全各自独立，而工会主席往往由企业主们从亲戚或亲信中直接指定，甚至就在股东中直接任命，这种毫不掩饰的利益牵连，致使工会不可能起到法律所赋予的作用，集体合同的协商签订不可能达到最大利益的均衡，更不存在据理力争的可能性。在当下的企业用工制度下，即便面对两者权益博弈时，工会在公开场合也往往会完全失声，充当旁观者，当无论是集体合同还是其他劳动合同发生争议时，甚至代表企业而对职工进行劝说以达到企业利益的最大化。

这就是当前工会组织的现状，也正因为如此，工会组织虽然已经依法成立，但真正通过法律途径发挥作用，独立行使权利充当劳动者的法律后盾的并不多，长期以来，也几乎看不到以工会作为原告的相应案例。

事实上，如若能充分发挥工会组织的效能，对于规范企业运作以及维护员工稳定具有重要意义。笔者相信，伴随着经济的发展以及劳动合同法的进一步完善以及员工法律意识的不断提高，同时企业的用工制度及理念的进一步规范，工会的作用势必不可忽视，但欲发挥工会的作用，就应当从法律上寻求

支持,以使企业工会得以确实履行职责达到维护职工合法权益的效果。

二、企业工会在集体合同争议中具有独立的法人主体资格

企业工会作为企业职工自愿结合,依法维护职工的合法权益的群众组织,属于基层工会的重要组成部分,其是否具有独立的法人资格以及在诉讼过程中是否享有独立的诉讼主体?实务中,几乎成了法律认识上的盲点,甚至有的错误认为工会永远系企业的附属。因此,解决工会的法律主体问题,对于工会依法维护职工的合法权益具有重要意义。

《工会法》第14条规定:"基层工会组织具备民法通则规定的法人条件的,依法取得社会团体法人资格。"《民法通则》第37条则规定,法人应当具备,依法成立、有必要的财产或者经费、有自己的名称、组织机构和场所和能够独立承担民事责任四个条件。因此,企业工会是否具备法人资格,其要求只要符合民法通则的四个要件即可。然而,工会作为社会团体法人之一,是否应当办理登记手续?我们不难发现,依照国务院《社会团体登记管理条例》的规定,社会团体想拥有法律资格在人数上必须有50人以上,然而《工会法》规定的成立工会组织的人数起点为25名,两者明显不符。因此,虽然工会属于社会团体却不受《社会团体登记管理条例》规制,一方面,《工会法》较《社团条例》而言属于上位法;另一方面,工会组织较其他社会团体而言属于特殊性的社会团体,所以应当区别对待,其中包括法人资格的取得方式以及管理模式等。

从《基层工会法人资格登记办法》(总工发〔2008〕39号)第3条的规定分析,成立基层工会时无须办理工商登记也无须向民政部门办理审批手续,而仅需依照该办法的规定核准登记后即取得工会法人资格。换而言之,依照该办法,企业工会的成立无须向民政部门办理登记,而只要符合《民法通则》《工会法》和《中国工会章程》规定的条件,报上一级工会批准就可依法成立,而成为能够依法独立承担民事责任的社团法人资格,基层工会取得工会法人资格后,可依据中华全国总工会和国家质量技术监督局2000年2月28日下发的《关于工会法人组织申领中华人民共和国组织机构代码证的通知》,到质量技术监督部门申领《组织机构代码证》。企业工会虽然在名字上依附于某某企业但其法律地位甚至独立于所在的单位,而且该资格的产生不以所在单位是否具有法人资格为条件,工会与企业之间两者相互独立各自行使权利并独立承担相应的民事责任,所在企业对外所发生的一切债务和纠纷,均由企业自身承担而

与工会无关。

也正如此，1997 年 5 月 16 日，最高人民法院在《关于产业工会、基层工会是否具备社团法人资格和工会经费集中户可否冻结划拨问题的批复》中就曾有类似性规定，即工会在银行独立开列的工会经费集中户，因与企业经营资金无关，因此，人民法院在审理案件中，不应将工会经费视为所在企业的财产，即便在企业欠债的情况下，也不应冻结、划拨工会经费及“工会经费集中户”的款项。最高人民法院关于在民事审判工作中适用《工会法》若干问题的解释（法释〔2003〕11 号）第 1 条也曾明确规定“人民法院审理涉及工会组织的有关案件时，应当认定依照工会法建立的工会组织的社团法人资格。具有法人资格的工会组织依法独立享有民事权利，承担民事义务。建立工会的企业、事业单位、机关与所建工会以及工会投资兴办的企业，根据法律和司法解释的规定，应当分别承担各自的民事责任”。

由此可见，依照现行法律法规的规定，企业工会一旦依法成立就开始赋予它社会团体的独立的法人资格，因此，可作为独立的民事诉讼主体身份参与处理集体合同纠纷。

三、企业工会在集体合同履行过程中并不承担法律责任

既然企业工会具有独立的民事主体资格，是否表明工会组织与其他组织一样在任何纠纷过程中均具有被告（被申请人）的诉讼主体，而且同样应当承担相应的法律责任？或许认为，如果企业工会仅享受权利而不承担义务，这似乎与民事主体的法律特征相违背！因此，有必要进一步探究企业工会的责任承担。

不可否认，权利义务对等原则是一般民事主体从事民事活动的基础。但在集体合同履行过程中，企业工会即便属于该合同一方当事人但并不必然应当承担合同义务，这是因工会的属性所决定的。其理由如下：

企业工会作为维护职工合法权益的群众组织，为了达到协调劳动关系以维护企业职工劳动权益的目的，出面与用人单位就劳动报酬、工作时间、休息休假、劳动安全卫生、职业培训、社会保险与职工福利等事项签订集体合同，显而易见，在签订集体合同过程中，企业工会仅作为劳动者一方的代表参与协商，其行为动机明显带有公益性质，并不具有任何的经营目的。集体合同签订后虽然依法而成为了该书面集体合同一方当事人，但在合同的履行过程中，并

不能以合同的相对性原则要求企业工会承担责任,即集体合同在一定程度上对工会并不具有约束力。这一法律责任的承担模式与工会的法律属性是相统一的。

因此,判断工会是否应当承担集体合同的义务不能以合同一方当事人及工会的法人身份为理由而要求其承担责任。

笔者认为,工会虽然依法具有法人资格,但该资格的运用事实上主要在于赋予其独立的民事行为能力以达到充分维护员工的合法利益的目的,虽然由工会出面签订集体合同,但通过签订集体合同后工会事实上也并未获得任何权利和利益,合同所设立的权利和义务均归属于单个的独立的劳动者一方,以工会名义订立集体合同的目的也只是为了最大程度地为劳动者争取最大的权利和利益。因此,依照权利和义务相对等原则,在工会组织并没有获得实质性的权利的情况下,如要工会承担合同义务则显然缺乏逻辑基础,更何况,依照集体合同所形成的劳动、用工等行为并不属于民事行为,工会其本身也并没有实际履行集体合同能力和条件。因此,排除工会的集体合同的法律责任更符合情理。因此,即便集体合同的一方当事人虽然是工会,但工会依法并不承担不履行集体合同的违约责任。根据《工会法》等相关法律的规定,工会在职工不履行、不完全履行集体合同方面义务时,仅仅承担道义上和政治上的责任,而非法律责任,此观点具有理论和法律依据,也符合工会的本质属性。

因此,依照《劳动合同法》《工会法》等相关规定,集体合同签订生效后,对用人单位和工会所代表的全体职工具有法律约束力,而工会并不承担合同约定的违约责任。在《集体合同办法》中明确表明集体合同对用人单位和本单位的全体职工具有法律约束力,而将工会排除在受约束的范围之外。

四、企业工会参与集体合同的权利来源于其法定代表权

工会虽然属于集体合同的一方,但依照《集体合同规定》仅属于劳动者的代表,合同签订之后,法律赋予工会对用人单位履行集体合同的情况等享有监督的权利,其目的同样是为了维护。例如《劳动法》第88条规定,各级工会依法维护劳动者的合法权益,对用人单位遵守劳动法律、法规的情况进行监督。《劳动合同法》第56条也明确规定,用人单位违反集体合同,侵犯职工劳动权益的,工会可以依法要求用人单位承担责任。因履行集体合同发生争议,经协商解决不成的,工会可以依法申请仲裁、提起诉讼等。这一权利的来源并非授

权委托，也并非协议约定，而是法律所赋予的一项权利。这一权利的来源具有法定性。

虽然有观点认为，企业工会参与集体合同的行为属于代理，但笔者认为这一说法明显与法律规定相违背而且企业工会权利行使也完全不符合代理的法律特征。按照法律的规定，在成立工会的情况下，集体合同系工会出面谈判及签订，其所代表的是集体劳动者的利益，加之整个合同的履行过程中，劳动者人数较为分散和具有不特定性，因此，当集体合同产生争议时，行使救济权利的权利人就理所当然属于工会而不可能属于单个的劳动者。再者，单个的劳动者存在无法避免的私利性，不可能代替所有的劳动者，同时，也不可能以集体诉讼方式解决争端，更何况，在集体合同中单个劳动者并不属于该书面合同的一方，因此，从实务角度考量，解决集体合同争端非企业工会不可。从权利的充分保障考虑，劳动者与用人单位之间，劳动者永远属于弱势地位，因此，当权利受到侵犯时，只有借助集体的、组织的力量，才得以维护自身合法权益。当然，企业工会代表劳动者参与集体合同争议的处理，此时，诉讼结果的收益人以及行为履行的相对人并非诉讼主体，而是所代表的受到侵害的劳动者。另外，从程序法来看，工会尽管不是权利义务的承受者，但《劳动合同法》第56条明确规定，“用人单位违反集体合同，侵犯职工劳动权益的，工会可以依法要求用人单位承担责任；因履行集体合同发生争议，经协商解决不成的，工会可以依法申请仲裁、提起诉讼”。因此，基于法律的规定，工会负有进行诉讼、维护集体合同的履行秩序的法定义务，而且，工会作为员工的利益的代表者和维护者，行使这一权能更具有主持公正、声张正义的属性，也正基于此，以法定的形式赋予其以原告的名义进行诉讼，履行的系法定的代表权而非代理行为。

笔者认为，工会这一法定代表权不但是一项权利，同时也是一项义务。其性质与环境保护、消费者权益保护等公益诉讼、《公司法》中股东代表诉讼以及《企业破产法》中关于破产管理人的参与衍生诉讼的诉讼代表制度也存在一定的相似性。因此，工会参与集体合同的争议可认定为一项法定的代表诉讼制度。

五、企业工会提起集体合同争议的途径应依照劳动争议处理模式

当因履行集体合同产生争议时，是否应当如其他劳动争议案件一样，必须

采取仲裁前置程序,因法律条文的不同规定,导致实务中存在的争议较大。因为从目前的相关法律规定分析,均无关于集体合同争议属于劳动争议的字眼,因此有人认为基于签订集体合同的当事人并非劳动者,同时,有的涉及集体合同的地方性法规中甚至明确规定了在集体合同中应当包括一般劳动合同中并不具有的违约责任等合同内容(例如《浙江集体合同条例》第18条),从而有人认为集体合同与劳动合同存在差异,并将其理所当然认为一旦产生争议,可以直接向法院提起诉讼解决。笔者认为,该观点明显存在偏颇,因为,合同形式以及内容的差异并不必然决定合同的属性,探究合同的性质理应考虑合同的本质属性。为此,本人做如下梳理。

1. 当前主要存在以下几种规定形式

①《劳动合同法》第56条规定"因履行集体合同发生争议,经协商解决不成的,工会可以依法申请仲裁、提起诉讼",以及《浙江省集体合同条例》第40条"因履行集体合同发生争议,协商不成的,可以依法申请调解、提请仲裁或者提起诉讼,工会也可以依法提请仲裁、提起诉讼"。两者均未明确处理集体合同争议应先仲裁再诉讼,而是将该两种解决途径予以并列,令人产生"可以自由选择解决途径"的误导。

②《工会法》第20条,"工会可以向劳动争议仲裁机构提请仲裁,仲裁机构不予受理或者对仲裁裁决不服的,可以向人民法院提起诉讼"。按该法的规定,处理该类纠纷以先仲裁后诉讼为原则,直接诉讼为例外。一定程度而言并未否定集体合同争议的前置性,但为了规制仲裁机构的不作为,因此,一旦存在不予受理情形则可直接提起诉讼,由此最大程度提高了解决集体合同争议的效力,这一规定精神在最高人民法院《关于审理劳动争议案件适用法律若干问题的解释(一)》第2条、第3条及第4条得到了充分体现。

③《劳动法》第84条,"因履行集体合同发生争议,当事人协商解决不成的,可以向劳动争议仲裁委员会申请仲裁;对仲裁裁决不服的,可以自收到仲裁裁决书之日起15日内向人民法院提起诉讼",以及《集体合同规定》第55条"因履行集体合同发生的争议,当事人协商解决不成的,可以依法向劳动争议仲裁委员会申请仲裁"。两者均明确规定解决集体合同纠纷的途径是先仲裁再诉讼,即与《劳动争议调解仲裁法》的关于劳动争议案件处理程序完全一致,仲裁程序前置。

2. 集体合同争议属于劳动争议,应适用仲裁前置程序

笔者认为,从本质属性来看,集体合同同样属于为了维护劳动者的利益,为了劳资双方的利益平衡而签订的合同,只是维护对象为集体劳动者。在立

法的设置上，将其列入《劳动合同法》并以“特别规定”的方式专章对其做出详细的规定。从这个意义上分析，集体合同仍然属于劳动合同范畴，即以劳动条件为主要内容的特殊性质的劳动合同，只是在形式上以“集体”的方式存在而已。虽然缺少“劳动”二字而称之为“集体合同”，这只是立法表述习惯原因，一旦产生纠纷并不能否认其“劳动”及“劳动争议”的属性。更何况，《劳动合同法》原本就是一部“完善劳动合同制度，明确劳动合同双方当事人的权利和义务，保护劳动者的合法权益，构建和发展和谐稳定的劳动关系”的专门性的法律。虽然现行法律法规中，没有集体合同争议就属于劳动争议的直接规定，但理论上对此仍然可以明确。

例如，最高人民法院在2008年2月4日发布的《民事案件案由规定》中就曾一直将“集体合同”称之为“集体劳动合同”（事实上在2008年度由“最高院民事案件案由规定课题小组”编著的《最高院民事案件案由规定理解与适用》一书中，对“集体劳动合同”解释就是“集体合同”的概念）。并将集体合同纠纷的案由定为“劳动争议”的范畴且与“确认劳动关系纠纷”“追索劳动报酬纠纷”属同一类型，即“劳动合同纠纷”。很明显，该称谓与《劳动合同法》中集体合同的称谓缺乏统一性，为此，2011年2月18日，最高人民法院审判委员会在《关于修改〈民事案件案由规定〉的决定》（法〔2011〕41号）中，便将原“集体劳动合同纠纷”，修正为“集体合同纠纷”以求一致性。由此可见，正如全国总工会于1995年8月17日制定的《工会参与劳动争议处理试行办法》第2条所界定的，“因签订或履行集体合同发生的争议”属于工会参与处理的劳动争议案件类型之一。

因此，在目前并无法律作出特殊规定之前，工会因履行集体合同产生争议时，仍应当以“劳动争议”为由依照《劳动争议调解仲裁法》的相关规定寻求解决争议的途径，即劳动仲裁前置，对仲裁裁决不服的，才能提起诉讼。当然，如果存在《劳动争议调解仲裁法》第43条规定的受理后60天内未作出仲裁裁决或者最高人民法院《关于审理劳动争议案件适用法律若干问题的解释（一）》不予受理情形的则可向人民法院提起诉讼。除此之外，工会如果直接向人民法院提起诉讼则程序明显错误，应当予以纠正。

关于报送《浙江省工会劳动法律监督条例(建议稿)》的函

浙总工函〔2016〕5号

省人大常委会内务司法委员会:

根据省人大常委会2016年立法计划,我会已组织《浙江省工会劳动法律监督条例(建议稿)》起草小组,起草了建议稿,并进行了座谈和论证,在此基础上又多次进行了修改和完善。本建议稿已经省总工会十四届常委会第33次会议审议通过,现报送贵委,请予审议。贵委在审议期间,我会将继续配合做好《浙江省工会劳动法律监督条例(草案)》的修改和调研论证工作。

附件:《浙江省工会劳动法律监督条例(建议稿)》

(此页无正文)

浙江省总工会

2016年3月21日

附件：

浙江省工会劳动法律监督条例

（建议稿）

第一条 【立法宗旨和依据】为保障和规范工会劳动法律监督，贯彻落实劳动法律法规和规章，维护劳动关系双方合法权益，促进劳动关系和谐发展，根据《中华人民共和国工会法》、《中华人民共和国劳动法》、《中华人民共和国劳动合同法》和其他法律、行政法规，结合本省实际，制定本条例。

第二条 【适用范围】本省行政区域内工会劳动法律监督，适用本条例。

本条例所称工会劳动法律监督，是指各级工会依法对用人单位遵守劳动法律法规和规章、保障职工合法权益情况，以及地方各级有关行政部门执行劳动法律法规和规章情况，进行的有组织的监督。

第三条 【监督管辖】县级以上地方工会、乡镇（街道）工会、经济开发区（工业园区、科技园区）和村（社区）等区域工会，负责组织、指导、协调和实施本行政区域（辖区）内的工会劳动法律监督。

产业工会负责组织、指导、协调和实施本产业所覆盖单位的工会劳动法律监督。

用人单位工会负责本单位的工会劳动法律监督。

第四条 【配合协调】各级人民政府和有关行政部门，应当支持工会劳动法律监督。

用人单位应当接受并配合工会劳动法律监督。

第五条 【监督组织设立】工会根据会员人数设立工会劳动法律监督委员会或监督小组（以下统称劳动法律监督组织）；会员不足二十五人的，可以设立工会劳动法律监督员。

劳动法律监督组织由三人以上单数组成，主任由同级工会负责人兼任。

劳动法律监督组织可以根据工作需要，聘请劳动保障监察机构人员和社会有关方面专家、学者、法律工作者担任顾问。

第六条 【监督组织性质】劳动法律监督组织是同级工会或所在单位工会实施工会劳动法律监督的日常工作机构。

劳动法律监督组织接受同级工会领导和上级劳动法律监督组织的业务指导。

工会应当保障劳动法律监督组织所需工作经费。

第七条 【监督组织职责】县级以上地方工会、乡镇(街道)工会、经济开发区(工业园区、科技园区)和村(社区)等区域工会、产业工会的劳动法律监督组织履行下列职责:

(一)组织、协调、指导和支持下级劳动法律监督组织开展工作;

(二)对本区域、本产业内用人单位遵守劳动法律法规的情况,组织或配合其他部门进行检查;

(三)对本区域、本产业内用人单位违反劳动法律法规的行为组织调查,向同级工会提出处理建议,向上级工会劳动法律监督组织报告用人单位违反劳动法律法规的重要情况;

(四)办理上级劳动法律监督组织交办事项;

(五)参与本区域、本产业内劳动关系重大问题的调查;

(六)依照法律、行政法规和本条例规定,对未建工会的用人单位实施工会劳动法律监督。

第八条 【用人单位监督组织职责】用人单位工会的劳动法律监督组织履行下列职责:

(一)开展劳动法律法规和规章宣传,对本单位执行劳动法律法规和规章的情况进行监督;

(二)引导职工理性维权,积极主动协商调解劳动争议;

(三)接受投诉和举报,进行调查,向同级工会提出处理建议,向上级劳动法律监督组织报告所在单位违反劳动法律法规的重要情况;

(四)配合上级劳动法律监督组织或政府有关部门对本单位遵守劳动法律法规的情况进行检查;

(五)办理上级劳动法律监督组织交办事项;

(六)参与本单位劳动关系方面重大问题的调查。

第九条 【监督形式】工会劳动法律监督主要由工会或其委派的劳动法律监督组织通过以下形式进行:

(一)参与本级人民政府制定国民经济和社会发展计划,对涉及职工利益的重大问题发表意见和建议;

(二)参与本级人民政府及其有关部门研究制定劳动就业、工资、安全生产、职业健康、社会保险等涉及职工切身利益的政策、措施,提出意见、建议和

评估;

(三)组织年度专项督察和日常监督巡查;

(四)参加人力社保、安全生产、职业健康监管部门和其他执法部门联合检查;

(五)接受投诉和举报,开展调查;

(六)情况反映,提出监督意见和监督建议。

第十条 【监督员条件】工会劳动法律监督员应当具备下列条件:

(一)熟悉劳动法律、法规、规章和政策;

(二)具有履行职责所需的业务能力;

(三)热心维护职工合法权益;

(四)奉公守法,清正廉洁。

县级以上地方工会、乡镇(街道)工会、经济开发区(工业园区、科技园区)和村(社区)等区域工会、产业工会的劳动法律监督员,应由上一级工会培训,取得岗位证书。

第十一条 【监督员权益保护】用人单位应当保障工会劳动法律监督员履行职责所需要的工作条件和工作时间。占用工作时间的,一般每月不超过三个工作日;经工会与用人单位协商,占用工作时间可以不受三个工作日的限制。

工会劳动法律监督员依法履行职责期间,工资照发,其他待遇不受影响。

工会劳动法律监督员在任期内,未经协商或未经本人同意,用人单位不得调整其工作岗位、不得无故降低其职级、免除职务或者解除劳动合同。

第十二条 【对用人单位的监督内容】各级工会或劳动法律监督组织对用人单位下列情况进行监督:

(一)执行国家有关平等就业规定的情况;

(二)执行国家有关订立、履行、变更、解除和终止劳动合同规定的情况;

(三)集体协商和集体合同签订、履行、争议处理的情况;

(四)执行国家有关工资报酬分配、支付和落实规定的情况;

(五)执行国家有关工作时间、休息、休假规定的情况;

(六)执行国家有关各项劳动安全生产及伤亡事故和职业病防治规定的情况;

(七)执行国家有关社会保险、福利待遇和企业年金规定的情况;

(八)执行国家有关女职工、未成年工和残疾职工特殊权益保护规定的情况;

(九)执行国家有关职工教育和职业技能培训及其经费提取、使用规定的情况;

(十)劳动规章制度制定、修改和执行情况;

(十一)职工代表大会等民主管理制度执行情况;

(十二)用人单位是否保障职工依法参加和组织工会、参加工会活动的权益;

(十三)执行国家有关劳务派遣用工的劳动法律法规规定的情况;

(十四)法律法规和规章规定工会监督的其他情况。

有关劳动保护、安全卫生专业监督检查,法律法规已有规定的,从其规定。

第十三条 【对行政部门的监督】各级工会或劳动法律监督组织对有关行政部门的下列行为实施监督:

(一)行政部门是否依法履行保障职工合法权益的职责;

(二)行政部门制定的涉及职工切身利益和权益保障等规范性文件是否按规定听取工会或劳动法律监督组织的意见;

(三)行政部门贯彻劳动法律法规具体行政行为,如在劳动合同和劳务派遣管理、劳动争议处理、社会保险基金管理和运营、劳动保障监察等方面的执法情况等;

(四)推动宣传劳动法律法规情况。

第十四条 【投诉举报】县级以上地方工会、乡镇(街道)工会、经济开发区(工业园区、科技园区)和村(社区)等区域工会、产业工会的劳动法律监督组织应当建立健全投诉和举报制度,公开工作地点、联系电话和信箱等信息,接受对违反劳动法律法规、侵害职工合法权益情况、政府行政不作为行为的投诉和举报。

劳动法律监督组织对举报人或者控告人的身份情况应当予以保密。

对实名投诉举报的,劳动法律监督组织应当将办理结果告知投诉举报人。

第十五条 【协商调解】劳动法律监督组织发现有违反劳动法律法规和规章的相关情形,或者接到违反劳动法律法规和规章的情况反映,应当认真听取职工和用人单位的意见,积极主动开展协商调解,努力化解争议和矛盾。

第十六条 【调查措施】县级以上地方工会、乡镇(街道)工会、经济开发区(工业园区、科技园区)和村(社区)等区域工会、产业工会的劳动法律监督组织发现重大侵害职工合法权益情形的,可以采取下列调查措施:

(一)进入用人单位的劳动场所进行调查;

(二)就调查事项询问有关人员;

(三)要求用人单位真实提供与调查事项相关的文件资料,必要时可以发出调查询问书,要求用人单位作出说明;

(四)采取记录、录音、录像、照像或者复制等方式收集有关情况和资料;

(五)依法可以采取的其他调查措施。

第十七条 【调查程序】县级以上地方工会、乡镇(街道)工会、经济开发区(工业园区、科技园区)和村(社区)等区域工会、产业工会的劳动法律监督组织开展调查活动,应当遵守下列规定:

(一)有两名以上的工会劳动法律监督员参加,并出示工会劳动法律监督证件;

(二)告知用人单位调查的目的、内容、要求、方法;

(三)调查应当听取用人单位的意见,调查结果由工会劳动法律监督员和用人单位的有关人员共同签名或者盖章,用人单位的有关人员拒不签名或者盖章的,应当注明原因。

工会劳动法律监督员办理的工会劳动法律监督事项与本人或者其近亲属有利害关系的,应当回避。

第十八条 【监督意见书】劳动法律监督组织在调查结束后,应当与用人单位沟通、协商,指出问题和提出解决问题的办法与方案。

与用人单位沟通、协商无效的,用人单位工会应当向用人单位发出《工会劳动法律监督意见书》,督促用人单位及时进行整改并将整改情况回复工会。

用人单位收到《工会劳动法律监督意见书》后对整改意见存在异议的,应当以书面形式充分说明理由。理由成立的,工会应当撤回监督意见。

第十九条 【监督建议书】用人单位确有劳动违法问题,且具有下列情形之一的,县级以上地方工会应当向同级政府人力社保行政部门递交《工会劳动法律监督建议书》:

(一)拒绝接收《工会劳动法律监督意见书》的;

(二)不接受《工会劳动法律监督意见书》提出的整改意见,且不书面说明理由或理由不成立的;

(三)接到《工会劳动法律监督意见书》后三十日内没有进行整改的。

第二十条 【监督建议书处理】工会应当督促人力资源社会保障行政部门收到《工会劳动法律监督建议书》后,按照劳动保障监察法律法规,及时对用人单位的劳动违法问题作出处理,并将处理情况书面告知工会。

对《工会劳动监督建议书》不进行反馈的,工会有权提请人民政府或者有关部门予以处理。

第二十一条 【曝光与公开谴责】对用人单位存在的劳动违法行为,工会应首先依照劳动法律监督意见书和建议书制度确立的程序,要求用人单位进行整改。用人单位拒不整改的,工会可以进行曝光和公开谴责。

对严重损害职工合法权益、造成恶劣社会影响的重大劳动违法行为,工会可以不经劳动法律监督意见书和建议书制度确立的程序,即时进行曝光和公开谴责。

工会曝光和公开谴责劳动违法行为,应事实清楚、证据充分。

第二十二条 【协作配合】人力社保和其他有关行政部门应当与同级工会建立工会劳动法律监督情况通报会、沟通会、定期协商会等制度,完善联动机制,有效开展工会劳动法律监督的合作。

人力社保和其他有关行政部门对用人单位遵守劳动法律法规和规章情况进行检查时,可以邀请同级工会或劳动法律监督组织参加;在处理违反劳动法律法规和规章的重大案件时,应当听取同级工会意见。

人力社保行政部门、工会和企业方面代表应当建立健全协调劳动关系三方机制,及时研究解决工会劳动法律监督的重大问题。

第二十三条 【用人单位不当行为的责任】用人单位有下列行为之一的,由工会提请同级人力社保行政部门责令改正;拒不改正的,依法处2000元以上2万元以下的罚款:

(一)拒绝向工会或劳动法律监督组织提供相关资料的;

(二)向工会或劳动法律监督组织提供虚假资料或者隐匿、毁灭资料的;

(三)其他阻挠、妨碍工会劳动法律监督的行为。

第二十四条 【侵害监督员权益的责任】用人单位违反本条例规定,对依法履行职责的工会劳动法律监督员和反映情况的职工,通过扣减工资福利等形式给予不公正待遇,进行打击报复或未经本人同意调动其工作岗位、变更或者解除劳动合同的,由人力社保部门或者其他有关部门责令限期改正;造成经济损失的,应当给予该经济损失二倍的赔偿。

第二十五条 【监督员不履职的责任】工会劳动法律监督员违反本条例规定,不履行职责的,由同级工会责令改正;拒不改正或者情节严重的,应当停止其参加工会劳动法律监督,予以解聘并收回监督员证件;是劳动法律监督组织成员的,由原推举单位取消其成员资格;对职工或用人单位合法权益造成损失的,应当承担赔偿责任。

第二十六条 【行政部门及工作人员的责任】有关行政部门的工作人员阻挠、妨碍工会劳动法律监督的,对直接负责的主管人员和其他直接责任人员,

由其所在行政部门责令改正;情节严重的,依法给予行政处分。

第二十七条 【配套规定】劳动法律监督组织工作规范以及工会劳动法律监督员聘任和管理办法、证件管理等配套规定,《工会劳动法律监督意见书》和《工会劳动法律监督建议书》格式文本,由省总工会会同省协调劳动关系三方会议各成员单位另行制定。

第二十八条 【实施时间】本条例自年月 日起施行。

浙江省总工会办公室

2016 年 3 月 21 日印发

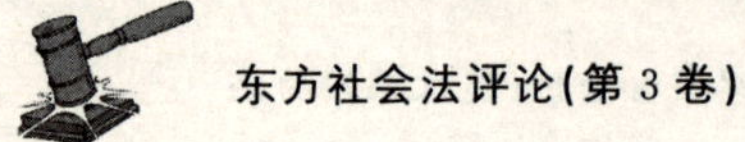

社会保障法

论社会救助立法中的几个技术性问题

李长勇*

社会救助作为人们与生俱来的生存权衍生出的一项法律化的权利,是法律为了更好地保障公民的基本生活而赋予公民的一项基本权利。与此同时,社会救助的目的是帮助群众解决纠纷,主张和维护公民的合法权益不因丧失其生活资料而得不到政府救助,因此,社会救助作为困难群众手中最为有力的武器,应当尽快出台《社会救助法》来明确法律救助制度。

学术界对社会救助的制度建设和实践状况已有多方面研究,有的从非法学的如公共管理、经济、社会等方向对某一类社会救助活动如何实施所进行的实务性研究②,有的从理论法学、比较法学以及社会法学的方向对某一种现象或者某一类特殊主体如何进行社会救助制度建设进行专项研究或者历史研究③。也有学者从理论层面对社会救助的立法理念、从技术层面对社会救助

---

* 李长勇,山东大学法学院副教授,日本国立山口大学博士,主要研究方向为人权、宪政、社会法。本文是山东省社会科学规划研究项目"社会救助立法中的公平保障机制研究"(15CFXJ11)的阶段性研究成果,山东大学2014年度青年团队项目"社会保障法制完善与发展:以社会救助立法为中心"的阶段性研究成果。

② 张新生:《我国弱势群体社会救助研究》,经济科学出版社2013年版;焦克源:《西部新型农村社会救助制度研究》,中国社会科学出版社2012年版,等等。

③ 赵明昕:《中国道路交通事故社会救助基金制度研究》,法律出版社2014年版;俞德鹏:《社会救助专项立法研究》,中国社会科学出版社2012年版;张丽云:《国外及港澳台老年社会保障制度研究》,中国社会出版社2011年版,等等。

法与社会保险法的衔接问题进行了研究①。本文试图阐明社会救助立法中应当考虑的几个技术性问题，力图使社会救助立法更加科学，从而提升未来《社会救助法》的可操作性。

一、社会救助立法层级问题

社会救助作为社会保障的重要组成部分，对转型过程中的国家经济的发展起到了"减震器"和"定心丸"的作用。社会救助是国家的责任，公民的权利，无论出于什么样的原因，一旦公民的生活陷入困境，就有权向国家提交社会救助的申请，对此国家就必须伸以援手来帮助公民摆脱困境。而社会救助的目的是帮助群众解决纠纷，主张和维护公民的合法权益不因丧失其生活资料而得不到救助，因此，社会救助作为困难群众手中最为有力的武器，应当尽快出台《社会救助法》来明确法律救助制度。

（一）社会救助在我国立法实践中存在的问题

1. 立法层级不高

我国有关社会救助的法律规定存在着层级低、规定不完善的缺陷，有待今后立法的发展和完善，法定权利真正实现成为现实，还必须付出努力，什么是权利实现，其实是很难确定标准的，但法定权利成为现实权利起码意味着，权利的享有者能够真正知晓，自主主张并在采取积极行动后落实和实现权利。在国家法律确定公民权利之后，在公民的自然权利、宪法权利成为法定权利之后，权利之成为现实，个人的努力非常重要，权利的授予不可能被恩赐，权利的实现更需要争取。

事实上，我国没有关于社会救助的统一立法，有关社会救助的具体形态都是零散的分布在效力层级比较低的单行法律、法规中，除了《城市居民最低生活保障条例》《城市生活无着的流浪乞讨人员救助管理办法》《农村五保供养工作条例》《自然灾害救助条例》等按救助项目立法的行政法规外，社会救助制度体系主要是由部委规章、地方性法规和规章、各级政策性文件构成，其中各级

① 主要是蒋悟真教授发表于《法学家》2013 年第 6 期的《我国社会救助立法理念及其维度》一文和发表于《法学》2014 年第 4 期的《社会救助法与社会保险法的衔接与调适》一文。

政策性文件所占比例最大。而其中覆盖面最为广泛的《城市居民最低生活保障条例》自1999年颁布以来共有17条文来保障公民的社会救助权利,这样的粗线条式法规,不但增加了地方政府执行难度,而且大大赋予了执法者的自由裁量权,给执法者滥用权力打开了便利的天窗[①]。而从现有的法律法规的规定可以看出,社会救助的对象也不是很全面,它主要包括"三无人员"即无依无靠无生活来源的公民和因为自然灾害而使其生活陷入极端贫困的家庭,除此之外,这种救助立法层级较低、随意性较大、规范性不够强等突出问题,使得社会救助不能在社会保障法律体系的整个框架中有序、协调的发展。

2. 现行宪法规定的问题

通览我国的宪法全文,仅仅只是在《宪法》第14条第4款中对社会保障制度有所涉及,但仅仅只是从国家义务的角度出发,并没有公民社会保障权的具体规定[②]。而且,《宪法》第14条第4款属于专门规定基本政策、基本原则的宪法"总则部分",而非"公民的基本权利"部分,由此可见我国对社会保障权的确认,在宪法中仅仅只是停留在国家政策的层面上,并没有将社会保障权规定为一项实实在在具有充分法律性质的权利而将其纳入到宪法这把保护伞下[③]。国家的社会保障义务与法律责任和公民的社会获得保障的权利是相辅相成不可分离的,正如权利与义务二者是不可分割的一样,而社会保障作为公民最基本的权利,虽然在相关的法律法规中已确认了公民的社会保障权,但让宪法成为公民的社会保障权的保护伞是社会法治进程的发展趋势。

宪法虽然没有对社会保障进行明确具体的规定,但是在《中华人民共和国宪法》第45条有所体现[④]。社会救助是国家的一种责任,国家有义务在公民陷入贫困状态、生存权面临威胁之时给予救助,而不应将公民获得社会救助进行原因限制。从实际角度出发,目前社会救助制度的实行已经完全脱离了这条法律所规定的界限,其中最低生活保障的对象扩大到不仅包括年老、疾病和丧失劳动能力的公民,还包括具有其中一部分具有劳动能力的公民,因其他各种

---

① 阮雯:《发达地区城市社会救助的实践和创新》,载《中共杭州市委党校学报》2012年第6期。

② 郭曰君、吕铁贞:《社会保障权宪法确认之比较研究》,载《比较法研究》2007年第1期。

③ 曹明睿:《社会救助法律制度研究》,厦门大学出版社2005版,第45页

④ 《中华人民共和国宪法》第45条第1款规定:"中华人民共和国公民在年老、疾病或者丧失劳动能力的情况下,有从国家和社会获得物质帮助的权利。国家发展为公民享受这些权利所需要的社会保险、社会救济和医疗卫生事业。"

原因如失业、下岗等使其生活陷入贫困状态。因此，宪法对此的规定既不合理也不符合实际，而对社会救助的标准进行重新规定的同时，就应该将贫困作为其政府救助的唯一标准。

物质帮助权作为公民与生俱来的生存权在法律中的具体体现，只在我国宪法中有所涉及，而它本质上对生存权的实现不仅起到一种保障的作用，还起到一种救济的作用。而生存权作为人们与生俱来的权利，其具体的实现依赖于个人，而国家在其中只承担间接的义务，即不是国家直接通过公权力来救助和保障弱势群体，而是创造条件让公民通过其自身的努力来获得相当生活水准，进而使陷入生活贫困状态的公民尽早地摆脱困境，来保证公民获得相当的生活保障。

3. 不注重法律的实际作用

宪法的制定者，在最初立法之时只是将政府的角色定位为警察，而并没有以一个受助者的角度去入手以保障其基本生存权的发展。在经济社会不断发展的进程中，人权原则作为社会救助对行政主体的要求逐渐被渗透其中，而追根结底是基于生存权其最主要的人权而发展起来的。而人与动物的区别之一就是人在社会生活中必须具备物质条件。鉴于我国社会救助体系不健全，制度不完善的大背景下，社会救助法的应运而生就显得迫不及待。目前，我国社会救助法治化水平还不高，尚未出台《社会救助法》，而只有有法可依，才能把纸上的法律所赋予的权利变成真真切切公民自身的权利。

(二)完善我国社会救助立法的思考

1. 建立社会救助法律体系

法律之善优于事实之争，要想建立一套完备的社会救助法律体系，要在以下方面下功夫：首先，形成宪法—法律—行政法规的社会救助法律体系。现如今，由于对社会救助没有一部统一的立法，各个地方对于救助标准都没有一个统一的标尺予以衡量，而宪法作为我国法律位阶最高的法律，公民人权的尊重与保障都在此有所体现，因此在制定社会救助立法的过程中，必须以宪法为根本依据，以法律法规为主干，完备其适用要件，此外还要考虑我国对《经济与社会文化国际公约》的承诺义务，进而更好地立足于公民最基本的生活保障。其次，完善社会救助制度的内容。从目前的现状来说，应该更加完善社会救助制度的内容，进而建立一种以最低生活保障制度为核心的生活救助制度为主的，以专项救助制度和临时救助制度为补充的综合型社会救助体系。最后，法律关系中权利的实现需要义务，而义务的履行确保权利的实现，而具体运用到社会救助立法实践中,就需要将社会救助中存在的各种法律关系予以法律的形式确定下来。综上所述,无论是上述哪一方面,要想从根本上最大化地实现社会救助立法的目的,就需要建立完善的社会救助实施机制。

2.《宪法》的修改建议

社会救助法作为社会保障法律体系中与公民基本生活最为密切的一项制度,是保障公民基本生存权的最有利的武器。而社会保障作为其经济发展最为重要的安全网之一,从立法技术上来说,就应该在宪法条文中得到突出的体现。进一步来说,将公民的社会保障权置于《中华人民共和国宪法》中的第14条第4款的前面,并与其第4款的国家社会保障义务相衔接,虽然将其放在此处与该条其它款显得格格不入,同时与该条所处总纲的位置也不相适应,但是为了最大限度地凸显社会保障权作为生存权衍生出的一项重要权利,将公民的社会保障权放在《宪法》第2章第45条第1款,并对第44条和第45条进行整合、修改,使其明确规定社会保险、社会救助、社会福利和优抚安置,是使社会保障权的宪法条款更加规范最为有效的做法。

3. 制定《社会救助法》

社会保障法制建设在国家政治经济生活中具有十分重要的作用。比较研究中外社会救助的历史发展,我们不难发现,只有将社会救助制度通过立法的手段进行规范化、法定化、制度化,才能在社会救助前进的道路上通过社会救助的长效机制来保障公民的基本生活,促进社会的稳定发展,化解社会的矛盾进而维护法治社会更好地依法前行。而社会救助遵循公平原则要求"平等对待相对人",而公正则与"补足性原则"相关①,对社会救助对象发放救助金时不应一刀切式的统一采取全额发放救助金的方式,而是具体情况具体分析,以被救助者家庭实际收入与救助标准为依据采取差额发放救助金的方式对需要救助的被救助者给与生活保障。表面上看,不同的救助对象获得的救助金不一样,但却是公正的。与此同时,社会救助法作为政府优化资源配置的重要手段之一,是国家宏观调控机制的重要组成部分,在某种程度上体现了国家在经济生活领域对原始收入格局的再分配功能,彰显了社会的实质公平。综上所述,我国急需制定一部完整的《社会救助法》,将其作为社会救助领域的基本法,使社会救助实施的全过程都依法进行。

---

① 林莉红、孔繁华:《社会救助法研究》,法律出版社2008年版,第417页。

二、社会救助权力和权利配置问题

纵观中外社会救助制度的历史发展，社会救助作为社会保障制度的重要组成部分，是一种全面、综合的多元化救助制度。但社会救助虽然是一项为了保障公民的生存权而建立的一项人权制度，却不能仅仅单纯地贫困者的吃饭生存问题，还应当考虑个人责任和政府责任的合理配置，实现更大程度的社会化生存和社会正义的实现问题。其最基本的目标，是通过扶持受救助公民的自力更生能力，从根本上永久摆脱赤贫的状态。

（一）社会救助立法中权责分工存在的问题

1. 社会救助中存在的“养懒汉”现象

由于目前我国社会救助制度的立法缺陷，使得在社会救助具体的实践过程中，不少地区钻其法律的漏洞，使其发展成了一种“养懒汉”的机制[①]。而“济贫不济懒”作为社会救助标准的设置原则的本质体现，使得社会救助在小部分法律知识淡薄的地区，使受助者无须按照法律规定的程序和标准审核，就能获得社会救助的权利，而这种现象的滋生和蔓延极易消磨受助者的斗志造成其不劳而获。

同时破坏国民资源的再分配手段在保障公民基本生活中的作用，从而使需要救助的公民得不到及时的救助，致使社会资源得不到充分的利用，反而使得没有受助资格的公民坐享其成、不劳而获通过非法手段获得其本不应享有的社会救助，这与社会救助的目的背道而驰的同时，也极易降低公民对法律的信任度。

2. 原有救助体系的弊端

随着改革开放进程的不断加快，我国原有的社会救助体系逐渐暴露出一系列的弊端，例如救助对象范围小、救助项目单一、救助水平偏低以及没有统一的救助标准等问题严重制约社会救助前进的脚步，虽然法律具有滞后性但是原有的救助体系在经济社会的不断发展中已经逐渐丧失了其存在和发展的根基。尽管为了适应社会经济的发展变化，民政部门进行了一些改革，取得了一定的成就，但原有救助制度毕竟脱胎于计划经济体制，同时深受“施恩”等传

① 柳砚涛：《行政给付制度研究》，2005 届苏州大学博士学位论文。

统观念的影响。与社会保障的其他部分尤其是社会保险制度相比,改革的步骤迟缓得多,与经济体制改革的进展不相适应,无论是在理论界还是在实践中,“重保险、轻救助”的倾向普遍存在,而社会救助作为保障公民生存权的有效手段,这种现象的滋生是极其不正常的,而面对这一现状,急需改革现有的社会救助制度,实现社会救助的科学化、程序化、法治化,以实现公民的社会救助权。社会救助作为政府在市场经济发展过程中的内在要求之一,其本质上对弱势群体有利,且社会救助法本身并没有自发性,并不能在公民陷入贫困之时积极主动地对其采取措施,而公民无论是何种原因致使其成为社会弱势群体中的一员,归根结底此种造成社会不稳定的因素都是一种社会经济问题。但这种社会原因并不是个人所能左右的。但是社会变革和转型是社会发展的必经之路,而由其发展所耗费的资源全部归咎于这部分人是极其不公平的。

3. 缺乏有效的监督

社会救助法是救助机构的权力控制法,它担负制约权利和保障权利两大任务,其中法律规范为了防止政府公权力的合法异化,就需要法律规范来合理地分配政府公权力。在社会救助中,主要是由国家和政府承担救助责任,因此,社会救助的产生是适应经济体制改革,转变政府职能的必然要求。政府职能转变的内容之一就是财政体制改革,我国的财政体制经历了从计划财政体制向公共财政体制的转变,正在实施由“建设型政府”向公共服务财政转变。与此同时在社会救助的实践过程中,其具体的实施与监管机构的职权划分并不明确,导致的后果就是社会救助交叉进行浪费社会资源,而一旦在实际操作中出现差池,就极易出现多个相关部门互相推诿的现象,既不利于提高社会救助的效率,也在很大程度上影响社会救助工作的进行。

在法治国家里,涉及国家和公民重大利益的事项必须经过权力机构讨论和通过,决策权不在政府一边,更不能由政府内部进行决策,否则,由于缺乏长期社会保障规划,而且短期规划和具体计划的决策停留在政府部门层次,一些关键问题难以达成共识和统一行动,常常因政府部门内耗拖延解决社会保障问题的大好时机。从公民的角度出发,社会救助是保障其基本生存权的一项基本权利,而从国家的角度出发,社会救助是国家和社会无可规避的义务和法定责任。在当今世界的大舞台上,救助弱势群体被公认为是一种纯粹的政府行为,主要由特定的行政主体拥有其行使权,因此如何让给行政主体进行角色定位是完善社会救助制度的关键所在。

（二）政府救助义务的权力配置

1. 拓宽救助渠道

以政府为主体的社会救助是一种最低水平的保障，而社会救助的目的在于保障贫困者最基本的生活，现如今随着经济生活的不断发展，社会救助主体也不断得到完善呈现出多元化，而救助主体却并没有因此由政府——第一责任主体，而演变为非政府组织。同时社会救助的重心应当主要放在基层，特别是基层农村，涉及面广、人多，而主要依靠乡级政府和村（居）民委员会具体实施社会保障，其基层管理审批机关相对有较大的自由裁量空间10[①]，街道办事处和乡（镇）政府的人员编制数量都相当有限，更何况现如今出台的极力缩减公务人员的政策，使其难以完全承担起社会救助的相关职能。对此，应该建立一种以政府主导为原则，社会公众具体参与为补充的多重救助机制。

2. 规范中央与地方的责任划分

在建立和完善中国社会救助制度的过程中，我们首先要明确政府的救助义务，并大力宣传这种权利义务观念，使社会公众普遍认知，同时也不能忽视公众在社会救助中的参与作用。如果将社会救助的主体比作一个大家庭，即使政府是保障公民基本生活的首要责任承担者，也不能仅仅只靠政府的力量来保障公民的基本权利进而消除社会的不稳定因素维护社会和谐发展，从社会救助的操作实践来看，由于经济发展的速度不一致使各地的经济水平并不持平，而让社会救助大家庭中的其他成员也参与到社会救助的实践中来，不仅可以相对减轻中央财政的压力，还可以避免先前的中央统一承担救助责任所造成的差异格局的弊端。对此，在明确由中央负主要责任的前提之下，可以让地方相应地替中央财政分担一小部分压力，而具体操作实践中的支出标准可由当地的经济发展水平以及当地受助人员的多少等具体因素来确定（比如对于经济水平比较落后，受助人员人数又比较多的地区，中央负担80%，地方负担20%），这样一方面使中央财政的负担减轻，另一方面又可以最大程度地保护公民的基本生存权。除此之外，在实践当中也正是由于中央充分了解了地方需求，为了保障弱势群体的基本生活而对其加大投入力度，才使得低保工作在短时期内就有了突破性的进展。同时除了政府之外，各种各样合法化、规范化的非政府组织、社会成员也加入到了社会救助的大军中，成了我国社会救助主体的重要组成部分。因此我们建议应修订《最低生活保障条例》，规范中央

---

① 袁建波：《完善我国社会救助程序的思考》，载《中国民政》2013年第6期。

与地方的责任划分。

3. 强化政府责任

为了保障弱势群体的基本生活,同时避免"养懒汉"的现象滋生,针对"养懒汉"的现象,为了科学、合理地实施救助,各国普遍实行分类救助的做法。具体而言,政府应该根据具体的救助标准,合理地区分不同救助家庭的困难程度,并结合当地的经济发展水平,采用适当的救助系数,尽可能地在最大程度上给予救助,即采用复合救助标准,根据救助对象自身的条件不同而采取不同的救助措施。综上所述,我们可以看出救助社会中的困难群体,是国家和政府的一项责任和法定义务,而不是道德义务,用法律的手段加以保障,从侧面反映出国家从小到具体的社会救助措施,大到经济制度的建设,国家和政府都肩负着具体的重大责任。而在建立和完善社会救助制度的过程中,应摒弃过时的思想,树立权利义务的观念,在强调国家责任的同时,我们也不能忽略其他社会主体的救助义务,因此在政府承担首要责任的同时,其他社会主体也应该在政府的倡导、组织和资助下,积极自愿地参与到社会救助的活动中来,作为政府救助的必要补充为政府分忧解难。

4. 加强监督管理

随着经济社会的变化发展,逐渐将政府的权力放进法律的笼子当中加以控制,是社会救助法治发展的必然趋势,也是公民基本权利得到最大化程度保障的具体体现。从责任划分的角度来讲,社会救助的义务主体和法定责任的承担者是特定的行政机关——政府,而政府在保障公民基本生活权利的过程中,主要承担的责任除了设计合理的救助制度,还有及时履行救助义务和对社会救助操作实践过程的具体监督等法律规定的义务。而从权力划分的角度来讲,政府在社会中除了享有立法权之外,还享有行政权和监督权。由此可以看出,在社会救助中政府的角色定位和权责划分比较特殊,进而要想使得社会救助法最大限度地保障公民的基本生活,实现其立法目的,就必须重点规范和调控政府手中所握有的公权力,使政府在社会救助的实践中,切实做到有法可依、有法必依、权责分明、监督合法有序,尤其是保障救助对象的合法权益的同时防止政府权责分工不明而导致的不作为、不(及时)履行给付义务或履行瑕疵的现象滋生。与此同时,社会救助作为国家的一种责任和法定义务同时作为公民的一项权利,政府应该尽可能地加强普法教育,树立公民权利义务观念,加强政府责任的同时保护公民的合法权益。

而这就要求社会救助在立法之初,就应该充分考虑我国经济社会发展过程中,可能出现的种种因素,进而在中央人民政府和地方各级人民政府建立社

会救助管理机构作为其社会救助的主管机关，由政府统一领导、指挥相关各部门并负责本管辖区的社会救助。除此之外，还应加强对各地区救助方式、救助政策、救助对象以及救助款物的管理、使用和分配情况等社会救助管理的监督情况，及时向社会公开并接受社会的监督。

三、社会救助调查问题

纵观中外社会救助制度的发展，我们发现绝大多数国家的社会保障实践都证明了这样一个规律：随着人们精神生活的不断提高，国家和社会对于公民的社会保障待遇只能升不能降，与之相适应的社会保障措施也只能增不能减，如果一旦违背这一规律，使得获益阶层本应依法享有的权利得不到保障，不仅会在无形之中增加社会的不稳定因素给社会埋下定时炸弹，还会在有形之中激化各种社会矛盾。社会救助制度只有不断的完善和发展，才能适应经济、社会制度转型的需要，社会救助的目的是保障弱势群体无论基于何种原因而致使其生活陷入极端贫困的状态时，其与生俱来的生存权不会因此遭受损害，对此，政府应当在社会救助目的实现过程中依法行政做好科学的分析和调查。

（一）社会救助调查存在的缺陷

1. 救助调查实行难

作为社会救助程序中重要制度之一的救助调查制度，其本身的设计目的在于依法救助的同时，使社会救助资金真正用到位。目前，从我国的社会救助制度的实施现状来看，社会救助调查制度的弊端日益凸现，在对其需要给与社会救助的人员进行审查时，在最初的调查阶段就暴露出诸多问题，其中家庭收入调查难是社会救助调查工作中最为棘手的问题，此外还常常出现申请人隐瞒其家庭实际收入“骗保”的现象，以及社会救助的权力享有者不当行使救助权力而出现的“漏保”和“关系保”等诸多不良现象，此外社会救助调查制度其本身存在的漏洞也不容忽视，例如社会救助的调查手段单一、调查方法不合理以及缺少专业的调查人员等诸多外在因素都在一定程度上降低了调查结论的可靠性。对此应当建立社会救助对象的收入调查制度。

在我国目前情况下，由于信用制度缺失，收入调查的成本非常高，有些情况下即使投入了人力、物力、财力进行调查，也难以真正地查清实际收入。单纯以“家庭实际收入”为标准，会导致行政管理成本过高，效率低下。并且在计算家庭收入时申请家庭先前所有的财产不算在内，而哪些财产不需要计算在家庭收入内，法律并没有作出明确规定，在实践中也很难界定。

2. 救助听证存在缺陷

在社会救助领域，目前没有一部法律法规对听证制度作出规定，但在实践中，有些地方在城市居民最低生活保障制度的审批中已开始实行听证会制度。例如在酒泉低保发放之初居委会或村委会会事先组织全部申请低保人员，就自己的家庭基本情况进行详述，居委会或者村委会会先行根据申请人的表述进行初步的确定，然后申请人回避再由在场的其他申请人举手投票表决。但是，在实践过程中，听证小组的人并不真正了解低保制度；而且在一定程度上也存在“送人情”的做法，即要求不关涉自己的利益，反正由国家出钱，对听证事项一律同意。

(二)完善社会救助立法中调查制度的举措

1. 制定完备的调查程序

针对我国目前社会救助操作实践过程中出现的家庭经济情况的调查难题，我国应尽快制定出一套切实可行的调查程序来审核和界定申请人的收入情况。实际上，我国已经确立了“家庭收入”和“实际生活水平”两项救助标准，获得国家和政府救助的原因是家庭生活贫困，而家庭收入是决定生活是否贫困的关键因素。“家庭实际收入”是决定是否予以救助的标准，因此主要以“家庭实际收入”，辅之以“实际生活水平”作为实际执行的标准具有可取性。在能查清家庭收入的情况下，以之为是否批准救助的标准；在不能查清家庭收入的情况下，以实际生活水平作为判断标准[①]。而最低生活保障的范围非常有限，仅仅包括家庭生活的基本开支，其社会中的弱势群体因病就医、住房等方面的开支需要由自己掏腰包，而实践中，很多家庭恰恰正是因为因病致贫、因病返贫的，因此为了真正保障贫困家庭的基本生活，各地应在最低生活保障制度的基础之上，建立相应的专项救助制度作为最低生活保障制度的配套措施。

2. 完善民主评议制度

在社会救助的实践当中，针对申请人收入和财产状况难以认定的问题，对此应当完善民主评议制度，一方面可以减少欺骗救助、优亲厚友、暗箱操作等社会救助中畸形现象的出现比例，另一方面有利于发挥公众的监督作用。与此同时，我们也要看到民主评议制度的弊端，虽然民主评议制度可以让公民在

---

① 林莉红、孔繁华:《社会救助法研究》，法律出版社2008年版，第101页。

最大程度上参与到保障自己权利的决策中来，但是民主评议意见毕竟具有一定的主观性和可操作性，其只能作为一种证据材料且性质等同于间接证据，对此审批机关不能在只有民主评议结果的情况下单独作出审查结论。因此审批机关在具体的实践操作过程中，应该在民主评议记录的基础之上，综合考虑申请人的申请材料、救助调查获得的证据材料等全方位进行事实认定，待所有待审事项都通过审核之后再作出最终的审查决定。

3. 进一步完善听证制度

在社会救助的操作实践过程中，为了防止拥有社会救助权的行政机关滥用职权、独断专行，就应该将权力放进法律的笼子中将其法定化，对此就很有必要在行政处罚、物价等具体措施中确立听证制度，使其在最大程度上让公民参与到保障自身的合法权益的进程中来。听证本身作为实现公正原则和参与原则的一项制度，具有重要的价值，关键是如何对听证制度作出规定。听证会组成人员的选择、监督、听证的法律效力等问题，是立法者设立听证制度时应解决的问题。

4. 做好救助信息公开

政府信息公开是公众了解、知晓政府行为从而更好地遵纪守法、维护自身合法权益的直接途径，也是公众在法治社会中对政府实行监督职责的重要依据。就行政救助制度而言，至少应在四方面做到公开：第一，救助政策、救助内容公开、透明，公众只有在了解相关法律规定的基础上才能行使自己的权利。第二，有关救助的执法行为公开，例如执法行为的程序、结果至少应向相对人和利害关系人公开。第三，有关救助经费的使用情况公开。第四，有关救助的争议解决途径、程序、结果应公开①。

目前，虽然我国的社会救助制度在立法层面上还存在诸多问题，但发展也极为迅速，已经对传统的社会救助体系构成了严峻的挑战。对于这一现状，我们应该结合我国具体的国情，针对社会救助操作实践中所遇到的难题，尽快出台《社会救助法》，并以此为基础建立起一整套完备的、切实可行的多种社会救助方式并存的社会救助法律体系。

---

① 林莉红、孔繁华：《社会救助法研究》，法律出版社2008年版，第88页。

“第二次转型”时期温州社会保障的不平衡性及社会规制研究

——以养老保障为视角

刘　芸*

第一部分　养老保障不平衡性与社会规制的概念解读

一、养老保障不平衡性概述

(一)养老保障不平衡性的概念、目标

养老保障的不平衡性,可以理解为养老保障的资源配置处于结构不合理、相对不协调的状态,因此其系统功能无法达到最优状态②。养老保障作为以保障国民基本生活为基本职责的制度设计,必须关注养老保障功能的可持续发展,即在社会的演进过程中贯彻社会公平原则,通过不断调整的养老保障制度安排,对市场竞争和社会体制变革中的利益受损者进行适当经济补偿,以缓

---

* 刘芸,温州大学瓯江学院副教授,主要研究方向为劳动与社会保障法。本文为2014年浙江省民政政策理论研究规划课题(ZWZC201460)的阶段成果,2013年温州市哲学社会科学规划项目(13wsk101)的最终成果。

② 社会学所讲的平衡,是指国民社会各个组成部分处于一种结构合理、相对协调的状态,系统功能达到了最优;不平衡则是指相反的一种状态。

解社会矛盾和消除各种不稳定因素。

养老保障平衡性，其目标和结果在于达成“城乡养老保障公共服务的均等化”，具体表现为：不同区域之间、城乡之间、群体之间、个人之间在同一阶段享受的基本公共服务水平和机会大体相同。其中，需要明确“均等化”的指向：首先，它是指大体均等或相对均等，是相对概念并非绝对的平均主义，在此过程中应尊重社会成员的自由选择权；其次，均等化的标准有高、中、低三种理解。一是最低标准，即要保底；二是中等标准，即政府提供的社保基本公共服务，应达到平均水平；三是最高标准，即全国各地社保基本公共服务水平的结果均等、水平一致。这三个标准之间的关系是一个逐步递进、层层拔高的动态演化过程。在经济发展水平和财力有限的情况下，最初的均等是最低标准的或是保底的均等，然后提高到中等水平，最后是趋向于结果均等。

（二）养老保障平衡的价值与意义

1. 养老保障平衡基于社会保障“公平”的价值诉求

公平“作为一种道德要求和品质，指按照一定的社会标准（法律、道德、政策等）、正当的秩序合理地待人处事；是制度、系统、重要活动的重要道德性质”。在经济领域，公平则表现为利益主体之间利益分配和利益关系的公正合理，一般具体化为收入均等化和机会均等化两个方面。[①] 以“公平”为核心的养老保障资源配置价值体系，应在起点公平、程序公平和结果公平三个维度体现“公平”，即既要为全体社会成员提供竞争起点上的公平，社会成员获得相应养老保障项目的可能性应该是相同的，又要在市场竞争过程中保障社会成员的基本生活和进行再生产的能力，提供一种过程上的公平，还要发挥给弱势群体更多福利的差别原则的杠杆作用，最终实现结果公平。作为社会资源再分配的一种形式，养老保障制度用以纠正市场带来的谬误所产生的延伸机制，其资源配置应该具有经济公平的内涵和调节收入分配差距的取向。

2. 养老保障平衡凸显了“和谐社会”的建设要求

和谐社会建设要求我们必须完善我国的养老保障制度，实现养老保障资源的平衡配置，树立全民分享型的经济增长理念，满足公共利益的需要。首先，养老保障的平衡维护了经济社会持续稳定发展。“和谐”首先是社会关系的和谐，主要表现为经济持续增长，社会稳定有序。在激烈的市场竞争中，强者愈强，弱者愈弱，强弱两极分化必然会激化社会矛盾，影响社会稳定。作为

---

① 《辞海》，上海辞书出版社 1999 年版，第 338 页。

一种社会安全制度,养老保障通过对各种风险的防范,从国家、社会获得物质帮助。通过各种养老保障项目的实施,社会成员的生活保障度、心理平衡度、社会公平度、社会亲和力等都会大大增强,从而为社会创造和谐、协调,安全的氛围,缓解社会矛盾,维护社会稳定。其次,养老保障的平衡保障人民基本生活,提高生活质量。和谐社会的最低要求和基础条件是保障人民的基本生活,使其享有最基本的权利——生存权和发展权。养老保障的基本功能就是保障社会成员的生存权,进而为实现每个人的发展提供基础条件,努力使全体公民老有所养,推动和谐社会的建设。作为一项长久的制度安排,养老保障维系的也是国家的长治久安与国民的终身福祉。

3. 养老保障平衡促进了"一体化"的社会发展

改革开放以来,我国经济发展较快,城乡居民生活水平提高明显,但受到二元社会结构体制的深刻影响,城乡差别、地区差别虽然没有剧烈扩大,但原有差距也没有因经济发展而有所缩小。在此基础上,温州省地区之间、城乡之间的差距明显小于全国平均水平,其与经济高速增长相呼应的养老保障制度改革进程也领先全国其他地区,并有可能在国家的统一指导规划下,率先实现城乡养老保障制度"一体化"。加快养老保障一体化步伐,使全体人民共享经济和社会发展成果,对于温州社会进步具有重要的现实意义。改革开放30多年来的温州经济社会发展实践证明,温州加快城乡一体、全民覆盖、有差别、多层次养老保障体系建设不仅具备了较强的经济基础,而且顺应了广大人民群众追求幸福生活、实现共同富裕的美好愿景,也与党中央的经济社会发展战略步骤一致。

二、养老保障社会规制概述

社会规制是指社会规范对社会关系起调整和引导作用的实体规范。养老保障领域内的社会规制应通过养老保障法律制度及其他社会规范来达成和实现。其中,最重要的养老保障法律制度是指由社会资本和国家财政支撑以及国家立法强制建立的,为了保障公民及其家庭的基本生活需要而对其在年迈时给予物资接济的制度。[①]

养老保障制度是一个多层次的法律体系,主要包括养老保险,养老救助和

---

① 林嘉主编:《社会保障法学》,北京大学出版社2012年版,第1页。

养老福利。养老保障制度具有如下特征：[①]

1. 社会性。社会主体的缴费和国家财政是养老保障资金的主要来源。养老保障以物资救济为主，而物资救济所需的资金大部分来自于国家财政的支持和参保人的缴费，如我国养老保险的资金主要来自于居民、参保劳动者和用人单位的缴费，而养老福利、养老救助等则主要来自于地方政府和中央的财政资金。

2. 强制性。养老保障的强制性主要表现在这两方面：一是作为养老保障权利人的公民，亦须依据法律的相关规定承担对应的强制性义务。二是国家对公民的养老保障权在所负有的保护照顾义务范围内具有强制性，国家必须为公民建立相应的养老保障制度，同时根据经济情况，将必要的社会保障待遇提供给符合条件的公民。

3. 多层次性。在养老保障体系中，处于最高层次的是养老福利的保障水平，其根本目标是提升老年人的教育等方面；处于中间层次的是养老保险的保障水平，其目的为确保被保险人不会因为年迈而导致其所得中断；处于最低层次的是养老救助水平，它的目的是满足被救助者基本衣、食、住、行的生活需要。

4. 福利性。养老保障制度在老年人遭遇意外及风险时给予必要的救济，从而满足老年人基本生活的需求和保障最低生活水平。所有符合法律规定资格的老年人在依法履行了相关义务后，都享有在年迈时从社会和国家获取一定物资救济的权利。这些救济都是非盈利性的，因此具有福利性。

第二部分　温州养老保障不平衡性之现状

一、温州养老保障基本现状

(一)温州的养老保障实施现状

1. 温州养老保险实施现状

温州市企业职工基本养老保险制度，从 1987 年开始实施合同制工人养老

---

① 王伟：《中国社会保障法律制度研究》，中央民族大学出版社 2008 年版，第 2 页。

保险费社会统筹起步,1991年在全国率先实施全社会一体化的企业职工基本养老保险制度。截至2011年年底全市企业职工基本养老保险参保人数达168.99万人(其中灵活就业人员参保人数57.99万人),离退休人数23.70万人;市区参保人数达到72.36万人(其中灵活就业人员参保人数18.88万人),离退休人数12.14万人。

我市事业单位养老保险制度从1997年开始实施,参保对象为所有事业单位人员。截至2011年年底,全市事业单位养老保险参保人数达22.18万人(其中离退休人数4.9万人);市区参保人数达到7.41万人(其中离退休人数1.64万人)。

我市农村养老保险制度(简称"老农保")从1995年开始实施。1999年国务院于决定对"老农保"进行清理,虽然有一部分参保人员办理退保了手续,但仍有一部分参保人员不意退保。截至2011年年底,全市农村养老保险参保人数达到10.46万人(其中享受待遇人数1.61万人);市区参保人数达到2.25万人(其中退休人数1.38万人)。由于农村养老保险属历史遗留问题,目前参保人数只减不增。

我市城镇老年居民养老保障制度从2008年开始实施。截至2011年年底,全市城镇老年居民养老保障参保人数达0.43万人(其中市区参保人数达到0.38万人)。按照省委、省政府的部署,我市从2010年1月1日开始全面实施城乡居民社会养老保险制度,实现全市60周岁(含60周岁)在2011年春节前领取城乡居民基本养老金。截至2011年年底,全市城乡居民社会养老保险参保人数达154.59万人(其中市区20.32万人),享受城乡居民社会养老保险待遇人数80.50万人(其中市区10.85万人)。

2. 温州的养老救助现状

截至2011年年底,全市享受精简退职人员生活困难补助对象694人(其中市区458人),全市享受供养直系亲属生活困难补助对象12683人(其中市区3985人)。

3. 温州的养老福利现状

在2012年通过的《温州市区城乡居民社会养老保险实施办法》第26条中,制度性地规定了"建立高龄老人补贴制度"。即:享受城乡居民社会保险养老金待遇(含享受城镇老年居民养老保障待遇),凡年满80周岁的高龄老人,财政每月再给予30元的高龄补贴;年满90周岁及以上的高龄老人,且已享受政府高龄补贴的,不再重复享受。

(二)温州养老保障的规范渊源

1. 国家层面的养老保障规范渊源

从具体立法与政策制定上,在国家层面的养老保障渊源主要有:1997 年《国务院关于建立统一的企业职工基本养老保险制度的决定》、2009 年《国务院发布开展新型农村社会养老保险试点指导意见》、2009 年 12 月国务院办公厅《关于转发人力资源社会保障部、财政部城镇企业职工基本养老保险关系转移接续暂行办法的通知》等;值得一提的是,于 2010 年制定、2011 年 7 月 1 日起施行的《中华人民共和国社会保险法》(以下简称《社会保险法》),首次以立法形式确立了社会保险制度的基本框架和总体原则,对促进社会保险事业的健康发展、促进社会主义和谐社会建设具有重要意义。其中,最为社会所关注的内容之一即护佑"人人可安享晚年"的养老保险,其中明确了公民享有参加社会保险和享受社会保险待遇的权益和福利,增进了人们生活的福祉和可持续发展的目标。

《社会保险法》中养老保险法律制度的重大意义在于:(1)建立全国统筹的城镇职工社会养老保险制度。《社会保险法》明确规定:个人跨统筹地区就业的,其基本养老保险关系随本人转移,缴费年限累计计算;个人达到法定退休年龄时,基本养老金分段计算,统一支付,为在我国建立全国统筹的养老保险制度提供了法律保障;(2)建立新型的农村社会养老保险制度;(3)建立城镇居民社会养老保险制度。其中,《社会保险法》第 22 条规定:国家建立和完善城镇居民社会养老保险制度。省、自治区、直辖市人民政府根据实际情况,可以将城镇居民社会养老保险和新型农村社会养老保险合并实施。[①] 而本次养老保险法律制度的突破与亮点在于:完善了中国特色的多层次社会养老保险体系:除城镇职工基本养老保险外,规定了新型农村社会养老保险、城镇居民社会养老保险制度,使养老保险迁移的规定法定化,规范了社会保险基金的运作(缴费、发放、管理、经办与监督)。通过以上规范,加之城镇职工基本养老保险养老保险省级统筹的实施,为将来城乡一体的养老保险奠定了基础和蓝图。

2. 温州本土的养老保障规范渊源

而温州本身由于其社会结构、经济基础等原因,一直以来也非常重视养老保险之社会问题。温州在"十二五"规划中,本阶段社会保障的工作重点有以

① 黎建飞:《建立适合中国国情的养老保险制度》,载《河南科技学院学报》2011 年第 1 期。

下三个方面:一是加快建设城乡的大社保体系,重点在于社保扩面统筹;二是建立新型社会救助体系;三是建立适度普惠型社会福利事业。从中我们发现,包括养老保障在内的社会保障的平衡性不仅是社保工作的自身重点,也是趋势和方向。在《浙江省基本养老保险条例》之后,温州适应自身的需要,制定了包括系列政策,规范了各种养老保险制度。其具体内容如下表1所示:

表1　温州养老保险的主要政策规定

实施时间	规定名称
1989年	《温州市市区社会养老保险实施办法》
2000年	《温州市机关事业单位工作人员基本养老保险实施细则》
2004年	《温州市农村社会养老保险实施办法》
2006年	《温州市完善企业职工基本养老保险制度的实施办法》
2007年	《温州市人民政府关于转发温州市职工基本养老保险若干问题意见的通知》
2008年	《温州市区城镇老年居民养老保障办法》
2009年	《温州市人民政府关于加强温州市区村级劳动保障平台建设的实施意见》
2010年	《温州市人民政府关于加快推进养老服务体系建设的意见》
2011年	《关于养老保险历史遗留问题相关政策说明》
2012年2月	《温州市区城乡居民社会养老保险实施办法》
2012年3月	《温州市人民政府关于加快实施市区城乡居民社会养老保险制度的意见》

二、温州养老保障不平衡之基本表现

虽然我国目前逐步建立起与市场经济体制相适应、由中央政府和地方政

府分级负责的社会保障基本框架,在制度层面上基本实现了城乡居民的社会保障全覆盖。然而在具体实践中,温州社会保障不平衡性的现象非常严重。

(一)因身份不同养老保障之不平衡

"差距大"是温州社保制度建设中最引人关注的问题。这种"差距",既体现在不同"单位"之间,也存在于不同"阶层"之间。

1. 各类养老保险覆盖率差异较大

温州的养老保险制度划分为三个层次:国家机关公务员和事业单位工作人员的"退休金"制度,企业职工的城镇职工基本养老保险制度,以及广大自由劳动者以及农村居民的城乡居民社会养老保险制度。当前实施的养老金"多轨制",直接导致每个"轨道"之间、群体之间待遇差距悬殊,滋生了很多不和谐因素。

在覆盖率差异上,目前的基本养老保险因为历史的缘故而根据人群来设置。由于我市经济成分大部分属于非公有企业,产业结构大部分属于劳动密集型及低附加值,企业员工大部分由外来务工人员组成,流动性很强,因此企业职工参保率偏低。另外,为有序推进社会保险参保覆盖面,温州市以"积极稳妥、分步实施、规范有序,逐步扩大"为原则,对现阶段全员参保缴费有困难的单位,除工伤保险全覆盖外,对包括养老保险在内的其他社会保险缴费实行分步到位,根据行业实际情况设置行业最低参保率。其中,制造业(不包括制革、化工、机械、金属加工制造业)、餐馆、服务业、建筑业行业最低参保率为35%,制革、化工、机械、金属加工制造业、交通运输业最低参保率为60%,流通业、金融保险业、邮电通信业、文化体育业、娱乐业、房地产业参保率为100%,其他行业参保率为60%~100%。同时,虽然在实施城乡居民社会养老保险制度,得到广大城乡居民的拥护。但在推进16~45周岁人员参保缴费时,存在缺乏参保缴费积极性,造成城乡居民社会养老保险参保率偏低问题。不同人群在养老保险覆盖范围上存在巨大差异,导致了严重的社会不公。

2. 机关、事业、企业从业人员间的养老不平衡性

在统筹方式上,当前的机关事业单位养老基金大部分依然是财政拨款,而个人仅需缴纳很少的一部分比例。温州单位缴费为工资总额的22%,个人仅缴费工资的4%。但是,在企业职工的养老保险制度中,企业缴纳工资总额的18—20%进入统筹账户(据实际调查,2010年单位缴费费率曾为14%),个人缴纳基本养老保险费的比例为本人缴费工资的8%的义务,进入个人账户。

在待遇支付上,企业职工的养老保险金由统筹账户和个人账户支付,而机

关事业单位由财政统一支付。

在待遇支付标准上,企业养老保险、事业单位退休制度和公务员退休制度的养老金差距较大。这三项的养老金数额比是1 :1.8:2.1。即前全国退休事业单位职工月均养老金约为企业退休职工的1.8倍,其中大约一半来自财政拨款,另一半为自筹;而全国退休公务员养老金水平是企业职工的2.1倍,均由财政全额拨款。与财政对城职保的补贴对比可以看出,这部分支出已占财政对全部养老金负担的三分之一强。一些机关事业单位的人员在任时不需要为养老保险缴费,但是退休以后所得的由国家财政支付的退休金却远远高过辛苦交纳了大笔养老费的企业职工。与此同时,工资替代率差异较大。根据2006年原人事部、财政部印发的通知,公务员和事业单位退休人员皆按照其在职工资职务工资(岗位工资)和级别工资(薪级工资)之和的一定比例计发。其中,工作年限满35年的按90%计发;工作年限满30年不满35年的,按85%计发;工作年限满20年不满30年的,按80%计发。中国统计年鉴的数据也证明了,机关事业单位养老金的替代率在80%－90%上下浮动。与此同时,城镇职工的养老金占其退休前工资的比例一路下滑,从最初的58%已滑至如今的45%。而企业即使从2005年到2011年每年都提高养老金,但其在2011年的替代率仅仅是42.9%,连国际警戒线的50%都没有达到且更是不到机关事业单位的一半。[①] 退休职工对于10年的连涨养老金并没有特别大的感受,生活水平并没有显著改善。养老金替代率不停地下降是其中的一个缘由。

在养老保险金调整机制上,企业退休人员的养老金按社会平均工资增长率的一定比例调整,而事业单位则同基本工资捆在一起定期调高,尤其是公务员属于财政退休,其退休待遇与级别、工龄等挂钩。普通科员退休时有3000多元,副科级达到4000多元,正科级5000多元,副处级可以达到7000元左右。与企业退休职工相比,差距显而易见。近年来,退休职工养老金九连涨仅仅是基本养老金的10%,而非全部养老金的上涨,这种几十元的上调幅度与不声不响上调的机关事业单位人员退休待遇相比,其结果就是差距年年还在拉大。考虑物价尤其是生活资料的上涨幅度,部分职工的收入实际生活水平呈下降趋势。

3. 行业间与企业间的养老不平衡性

---

① 韩宇明:《2011年企业养老金替代率不足机关事业单位一半》,载《新京报》2012年9月14日第3版。

在国有垄断型企业中，补充保险天壤之别，成为拉大收入的重要手段。目前的养老保险金大部分集中在县市级范畴，再加上针对交通、电力等部门行业施行的是行业统筹模式，造成了地方养老保险金和行业在统筹供给方面存在不平衡现象。现阶段尽管行业统筹模式在渐渐地向地方社保部门移转，然而由于其前提的不规范性操作所引发的支付水平不一和缴费率不一致等问题，直接造成了如今地方养老统筹供给失衡，并且在短时间内很难解决。当前，企业职工除了基本养老保险外，有的企业还为职工建立了企业年金制度。诸如通信、石油、电力等垄断行业职工的收入远多于普通企业职工，而这样依据比例进入企业年金与个人账户的部分也就相当可观；而且这两部分的收益另有贴息的红利和国家免税政策的支持，便更为加重了养老待遇在行业职工与企业职工之间的不公平性。

对于同一企业，管理人员与一般员工间差距也较大。不仅是参保水平，更涉及是否参保问题。部分企业因经营状况不佳而无法及时足额地为职工缴纳保险费，其职工的养老也无从保障。据我们到企业进行实地了解，依然有企业不缴纳社保费；温州还有很多企业，只给企业中高层的管理人员或固定员工缴纳养老保险等社保。

4. 城乡居民社会养老保险待遇较低

在“广覆盖，低水平”的指导原则下，实际情况是城镇中本身就较为贫困的老人特别是农村老人，每月仅能够拿到百多元微薄养老金，能否靠此支撑日常养老开支是个很大的问题。以温州为例，中央政府补贴 55 块钱，如果居民本身比较贫困，每年只能按 100 元标准缴个人帐户部分养老费，到其退休之时，55 元加上个人账户一个月收入再加上地方财政补贴的 30 元，也仅刚到百元。温州市按缴费档次给予最高 120 元的财政补贴，对缴费满 15 年的参保人员，养老金从第 16 年起增加 5 元。该标准仍比较低。学者秦晖曾谈过“负福利”概念，即一方面机关、事业单位处于“富福利”的状态，另一方面贫困老人尤其是农民等群体处于“负福利”的状态。“强者衡强，弱者积弱”，这显然是一种不公平。

综上所述，“双轨制”和“碎片化”的养老保险制度如持续存在，不仅必然滋生贫富悬殊的“马太效应”，也将带来极大的不合理：首先，影响社会保障制度的可持续发展。从养老保险制度的整合与统一来看，导致现代社会保险制度在整体上难以运行下去，养老保险的替代率难以整合，搅乱了养老保险制度的各个参数的设计与运行。其次，一个经济体当中有两种或者两种以上待遇水平，且之间存在这么大差距，这是不公平的，不利于社会的凝聚力，甚至成为社

会不和谐的一个根源。再次,从建立经济大市场的角度看,这样的制度影响了公共部门和私人部门之间的人员交流与流动,不利于建立一个大市场,养老保险制度成为公共部门与私人部门之间的一个鸿沟。

5. 农民工养老保险权难以保障

《社会保险法》第 95 条规定"进城务工的农村居民依照本法规定参加社会保险"[①],为农民工享有同等的养老保险权提供了法律依据。同时,《社会保险法》第 22 条规定,"省、自治区、直辖市人民政府根据实际情况,可以将城镇居民社会养老保险和新型农村养老保险合并实施"[②],为进一步解决农民工的养老保险权问题,最后综合统筹城乡综合配套改革提供了制度基础。但不难发现:《社会保险法》中未给出专门的具体操作规定来对农民工养老保险权进行规制,原则性规定过于简单,可操作性不强。

尤其在 2008 年发生国际金融危机后,使中国经济"三架马车"之一的出口制造业受到极大冲击,中国经济也一度走低。温州作为出口占经济重要比重的经济体,经济危机现状与养老保险维权的碰撞在所难免,往往养老保险领域规定的权利让步于经济维稳的步伐。2008 年 11 月开始,社保部发布通知缓调最低工资标准、下调企业工资,下调社会保险费,刚于 2008 年 1 月实施的《劳动合同法》也出现实施受阻现象。而本来应该是养老保险权最有力屏障的司法渠道也通过"内部规定"的方式向现实妥协,对社会保险费保障进行"相机选择"。广州、上海等城市都作出了反应。如:《广州中院关于审理劳动争议案件的参考意见(2009)》中第 20 条"劳动者请求用人单位补缴社会保险,不属于劳动争议案件,对此不予受理"[③]为开端,不久之后,《上海高院关于适用〈劳动合同法〉若干问题的意见》也出台了对于相关规定,对劳动者以用人单位未"及时、足额"支付劳动报酬及"未缴纳"社保金为由解除合同的,对"及时、足额"支付及"未缴纳情形的把握"提出意见:"劳动报酬和社保金的计算标准,在实际操作中往往比较复杂。"不是基于事实结果,而是在主观方面给出了"用人单位存在有悖诚信的情况,从而拖延支付或拒绝支付的,才属于立法所要规制的对

① 法律出版社大众出版编委会:《中华人民共和国社会保险法(实用问题版)》,法律出版社 2010 年版。

② 法律出版社大众出版编委会:《中华人民共和国社会保险法(实用问题版)》,法律出版社 2010 年版。

③ 广州中院:《广州中院关于审理劳动争议案件的参考意见(2009)》,http://www.docin.com/p—482544034.html,下载日期:2013 年 4 月 3 日。

象”，“但对确因客观原因导致计算标准不清楚、有争议，导致用人单位未能及时、足额支付劳动报酬或未缴纳社保金的，不能作为劳动者解除合同的依据”的处理办法。可见，农民工是最常见的养老保险权受损害主体，作为社会弱势，类似的权衡规定使其轻易地被剥夺和损害。

（二）城乡之间养老保障之不平衡

广大农村地区是公共产品和服务的主要需求地区，但在城乡二元供给机制下，中国的公共服务主要集中于城市，农村地区的供给严重不足。从养老保险角度，城市和农村本身经济差距较大，养老金增幅在城市和农村之间不一样，城市基数本来就高于农村且实际调整比例又比农村高，这种现象造成了农村养老金上调的绝对值远远低于我国的平均水平，从而使基本养老保险在城市和农村之间为“二元格局”的模式。我国的社会养老保险体系于 20 世纪 50 年代始建，虽然改革开放以来进行了一系列的改革与建设，但主要集中在城镇地区，主要的保护范围仍然是国有企业、参照国有企业办法实行社会保障的城市集体企业以及国家机关、事业单位的职工，然而，农村地区的农民工和居民始终处在养老保险体系的边缘线上。即使是有新农保的存在，但其覆盖率和保障水平都还很低。城市和农村经济水平的巨大差异，决定了在城市和农村之间养老保险给付标准的严重不均衡，统筹比例和工资水平的差异较大，这些都导致了实际交纳的养老金以及退休后所享有的养老金在城乡职工之间的落差较大。同时，在福利方面的支出，在我国人数中占比高于 75%的农民的福利性财政支出竟然连 5%的全国福利性财政支出都不到；而大概占比为我国总人数 20%的城镇居民却占有高于 95%的全国福利性财政支出。[①] 从这个数据中也不难推测出，我国养老福利在城镇和农村之间存在较大的差异。从城乡之间的最低生活保障待遇之间存在着的巨大差异，可以看出养老救助在城乡之间的差距也很大。如此严重不平衡的差别，无疑对老年人的老年生活影响较大。

2009 年新农保的推出开启了农村养老保险的新时代，但国务院《指导意见》的执行和落实效果都一直经历着考验。并且由于制度设计的不同，城乡居民因身份不同而享受不同养老保险待遇。（参见表 2）

---

① 郑功成：《中国社会福利发展论纲》，载《社会保障制度》2001 年第 1 期。

表2　城乡养老保险对比

社会保障模式		城　　镇	农　　村
养老保险	保障方式	社会统筹和个人账户相结合	以家庭和土地养老为主,2009年起试点实行新农保
	保障对象	城镇职工	部分有条件地区实行养老保障
	资金来源	政府、企业、个人三方分担	个人缴费、集体补助、政府补贴构成
	统筹范围	省级统筹	县级统筹
	保障性质	强制性	自愿参与
	资金运行	现收现付 ＋ 部分积累	部分积累

(三)代际之间养老保障之不平衡

1. 历史与现实责任模糊,长效机制缺失

目前,养老保险制度历史与现实责任模糊。1997年养老金体系构建前,国企对职工的长期历史欠库,单位和个人的养老金长期空转,尤其是单位为个人缴纳的20%养老金成了为历史埋单的补漏基金。而解决历史债务没有安排专项资金,“老人”和“中人”都未积累养老保险金[①],但有养老权利,其养老金由全部在职人员承担,形成了历史债务问题。因此,虽然目前社会养老保险基金的筹资模式在名义上为部分积累养老保险模式,但养老基金的筹集尤其是个人账户实际上成了现收现付制。[②] 现收现付制有非常严峻的问题在于养老责任后移。在养老保险体系的初期,赡养率低、缴纳养老保险费的人数多且退休人员少,于是真正的受益者是养老保险体系初期的那些人。

在传统的现收现付制向再行的统账结合制转轨过程中,不难发现其难以

① 在企业养老保险制度从原先的“现收现付制”到“部分积累制”转变的过程当中,以1997年为界限将职工分为1997年之前退休的“老人”、1997年之前工作且1997之后退休的“中人”和1997年之后工作的“新人”。其中,“老人”仍然使用旧的养老保险制度,“中人”加发过渡性养老金,“新人”则实行新的标准。

② 胡海清:《部分积累养老保险财务机制探析》,载《陕西经贸学院学报》1998年第1期。

持续:产生的转轨成本偿还机制尚未形成,企业缴费负担高,竞争力受到影响;历史债务和现实制度分割的影响,不同地区的养老保险消极影响负担畸高畸国,破坏了市场竞争的公平性,也难以实现统筹层次的提高;转轨成本的化解机制与现实财政补贴的分担机制尚未形成,个人账户长期困难运行,优势无法有效发挥。即合理高效的个人账户基金投资管理体制、养老保险经办体制、养老金增长机制等重要机制也尚未形成,体制障碍与机制漏失破坏了基本养老保险制度的定型与可持续发展。更严重的是,伴随着养老保险制度的不断发展、人口老龄化加剧和制度赡养率提高,养老金支付压力与日倍增。由于降低养老金不可行,只能通过扩大覆盖范围来应对养老保险金的支付压力。在人口老龄化问题日趋严重的情形下,当这种部分积累养老保险制度的可持续性遭遇挑战时,会给后代人带来不公平。

2. 新旧制度间衔接困难

社会保险关系转移较难。温州市目前实行市县级统筹,基金沉淀在县市一级财政专户,由县市一级政府负责。农民工跨区域工作,社保关系转移难。虽然 2010 年年初,《城镇企业职工基本养老保险关系转移接续暂行办法》出台,理论上农民工跨省流动可以将养老金携带转移。但由于手续繁杂,办理跨省转移手续的农民工总量微乎其微。因此,由于养老保险基金统筹层级低,尽管 2014 年出台了《城乡养老保险制度衔接暂行办法》,较为具体地规定了"城乡居民养老保险转入城镇职工养老保险时只转个人账户不计算缴费年限,而从城镇职工养老保险转入城乡居民养老保险时个人账户和缴费年限都能转入和计算"。但可想而知,三种养老保险之间转移接续的困难与复杂性。

另外,在"双轨制"的改革中,公务员将与企业职工一样缴纳养老保险费,统账结合,部分积累。那么改革前所欠的那部分养老金如何解决?按照可操作的统一的社会化养老路径,待遇骤降,必然导致公务员不满。之前为了规避政策,很多事业单位也都出现了提前退休现象。温州市实施的事业单位养老保险制度,退休人员养老金按照本人退休前最后一个月工资标准及相应工龄计算养老金。由于在实施机关事业单位人员享受地方津(补)贴后,部分自收自支事业单位退休人员无法享受地方津(补)贴,造成部分事业单位退休人员心态严重不平衡。

(四)因性别不同养老保障之不平衡

从新中国成立以来,针对男女性别不同采取的政策为退休年龄不同。规定伊始,女性职工和男性职工的退休年龄分别是50岁和60岁。[①] 时移事易,现行对女工人、女干部和男职工的退休年龄规定分别是年满50周岁、55周岁以及60周岁;特殊工种的女性和男性分别为年满45周岁和55周岁。基于此,因为性别不同而导致退休年龄不同对养老待遇有着重要的影响:一方面,退休年龄低暗示着缴纳养老保险费少、工作年龄短以及劳动报酬低,退休早的职工在工作年龄、缴费年限以及劳动报酬和领取养老金多少相关联时所领取的养老金就不是很多;另外,退休年龄低还暗示着享用养老金的时间更久。如此显然的性别差异造成不同退休时间的结果,使得劳动者的养老保险权利未获真正公正的对待。

与此同时,平均预期寿命在持续升高,男性的升高速度比女性要慢,而且两者之间的差距也在继续拉大。依照2010年全国人口第六次普查有关数据显示,我国平均预期寿命比2000年升高了3.43岁,已经有74.83岁;从性别差异来看,女性和男性的预期寿命分别比2000年升高了4.04岁和2.75岁,且现在分别为77.37岁和72.38岁(见表3)。[②] 女性退休年龄早且平均寿命长,于是女性的受保需求期也长于男性,这将会急剧加大将来的养老负担。

表3　男女平均预期寿命变化

单位:岁

年份	合计	男	女	男女之差
1981	67.77	66.28	69.27	−2.99
1990	68.55	66.84	70.47	−3.63
2000	71.40	69.63	73.33	−3.70
2010	74.83	72.38	77.37	−4.99

不言而喻的是,在我国当前缴费年限和获得的养老金金额相关联的状况下,男职工所获得的养老金将高于较早退休的女职工。女职工退休后的生活质量无疑会因此而大打折扣,是不公正看待女性职工的表现,亦是养老不公平的一种表现。男女之间的养老金如果不能确保分配的公平正义,对整个社会

① 《中华人民共和国劳动保险条例》,1951年2月23日政务院第73次政务会议通过。

② 中华人民共和国统计局,http://www.stats.gov.cn/tjsj/tjgb/rkpcgb/qgrkpcgb/201209/t20120921_30330.html。

的公平将是一种巨大的损害。

(五)养老保险体系结构之不平衡

1. 多层次的养老保险体系未形成

首先,补充养老保险滞后。企业年金本是养老体系中的一个关键补充。但现实是,尽管补充养老保险制度从1991年就已规定,但目前仅在一些大中型国有企业垄断性企业业已建立,温州多为民企、中小型企业,建立的不是太多。并且,该制度未能在事业单位,至少没有在试点改革中被利用起来,造成事业单位养老金制度现在难以改革。滞后之原因除因该制度是自愿性并非强制性的补充保险,是由国家税收支持的自愿型市场化的补充保险制度外,也有企业年金制度在税优政策上不完整、企业年金制度设计比较复杂、企业加入门槛较高的重要因素。其次,个人储蓄性养老保险基本名存实亡。个人储蓄性养老保险在国外已经较为普遍,但在国内能与养老挂钩的理财产品少之又少,即使有相关产品,大多还是打着养老的名义实际做着风险较大的投资。再次,社会保障体系内的养老救助制度、老年福利制度,还未能形成制度规模,还需拓展老年优待领域和范围。最后,商业养老保险未能得到应有发展。

2. 养老保险过度依赖财政资金

养老保险是一种社会保险制度,其基本原理和运行规则,应当是强调自身财务平衡,否则欧债危机即为殷鉴。基本养老金中统筹账户和个人账户并存的设计,本意是将两种制度加以融合,取长补短,但囿于养老制度的先天不足,其设计初衷并未实现,最终失去了自身平衡能力,走上了过度依赖财政资金补血的路径。随着支付压力的增加,每年转移支付的数额持续上涨,可以预见的是,随着老龄化加剧,这一数字还将攀升。由于目前的养老金统筹层级低,各地区之间无法横向调剂,若财政补贴不及时,一些地区的当期支付缺口将立即显现。温州市由于中央和省级财政补助较少,本地社会保障支出主要由地方财政负担,因而城乡居民养老保险补助占社保支出的比重相对较高。温州市地方财政补贴占地方财政总收入比重达到了1%以上,[①]仅2010年市财政性资金(包括社保风险资金)就补贴市区养老保险3.875亿元。其中,被征地农民基本生活保障补贴2.21亿元,城乡居民社会养老保险补贴1.14亿元,城镇老年居民养老保险补贴0.41亿元,农村养老保险基金补贴0.11亿元,企业职

---

① 韩风芹、张尚贵、陈鹏:《社会养老保险如何"兜底"——基于荆门、焦作、温州、东莞、烟台、乌海六市的调查分析》,载《财经》2012年第12期。

工养老保险补贴0.005亿元。根据市财政性资金补贴情况分析,随着养老保险参保人员的增加,财政补贴资金压力进一步加大。①

3. 养老保险改革成本较高

可以预见,为统一养老保险制度,温州财政需要多花两笔钱,财政压力明显加大。第一笔,财政需要为机关职工缴纳工资总额的22%,以实现与城职保的并轨;第二笔,如实现养老保险的并轨,政府很有可能需要建立公务员职业年金制度,并为其缴纳雇主部分,约为在职工资的5%。

(六)养老保障基金发展、运行之不平衡

1. 社会保险基金管理机制模糊

由于制度设计等原因,个人账户记账率高于实际投资回报率;养老金系数偏低,未能随寿命的增加相应调整、体现男女有别;职工平均工资确定不合理,在统计制度和方法上缺陷,私营企业和个体劳动者被排除在外,因此增加了低收入人群的缴费负担,影响着基本养老保险制度覆盖面的扩大;缴费年限低,致使权利义务不对等。其中,比较突出的是缴费基数不实问题。由于单位缴费基数、个人缴费基数未按规定申报,缴费工资低于真实水平,以此逃避统筹账户。如:2010年市区单位人均缴费基数2650元/月,职工个人人均缴费基数1845元/月,单位缴费基数远远大于个人缴费基数,两者均小于2010年州市在岗职工月平均工资2824元,因此造成养老保险费征缴不足。②

2. 养老保险基金投资效率低,且有贬值风险

面对近年来的通胀压力,基础养老金投资渠道过窄、投资收益过低,收益率偏低,截至2011年,基础养老金年化平均收益率仅为1.8%。由此而引发出养老保险基金安全问题,社保基金收益率低于同期CPI增长水平,低于社会平均工资增长率,面临巨大的福利损失。而且,按目前物价水平及银行定期存款利率,个人账户实际处于缩水和贬值的状态。

3. 基金账户存在隐性缺口、支付危机

首先,个人账户的做实造成支付危机。当前城镇职工养老保险实施的形式是"统账结合",其包括个人账户和社会统筹。单位负责缴纳职工工资总额

---

① 关于温州市养老保险基金管理工作情况的报告,http://www.wzrd.gov.cn/gov-public/read.jsp? id=z0gq08lizt&tid=z0g25x1c3x,2011-07-09.

② 关于温州市养老保险基金管理工作情况的报告,http://www.wzrd.gov.cn/gov-public/read.jsp? id=z0gq08lizt&tid=z0g25x1c3x,2011-07-09.

20%的社会统筹部分。职工则需要缴纳自己报酬的8%作为个人账户部分，实行的是个人财产所有的积累，在其退休后开始支付。将养老保险金与个人密切关联起来的名义账户是用来记录个人缴纳养老保险费的情况的。然而，在实际操作中，由于社会统筹部分支付转轨时成本入不敷出，其当期的养老金支出只能靠挪用个人账户部分的积累来弥补，以至于所缴纳的养老金并没有真正进入个人账户，从而使大量的个人账户存在空账现象，即没有形成积累。根据国务院《关于完善企业职工基本养老保险制度的决定》(国发〔2007〕48号)，要求各地逐步做实养老保险个人账户。但如果做实个人账户养老金，势必会造成养老保险基金支付危机。如截至2010年，温州市个人账户“空账”预测131.95亿元，而2010年年底全市企业养老保险基金累计结余仅为93.44亿元，只占个人账户“空账”的70.81%。

另外，养老保险基金面临隐形缺口。按现行城乡居民基本养老保险个人账户养老金发放办法，与城镇职工基本养老保险个人账户养老金发放办法相同，月计发标准以个人账户积累额除以139个月，也就是说从60岁开始领取养老金，约12(139/12=11.58)年左右个人账户资金将会全部领完。而按制度规定个人账户资金领完后养老金待遇不变，因此，政府将负担此后个人账户养老金支出带来的隐形压力。

4. 养老金调增致使基金支付能力下降

温州养老保险基金支付能力下降。养老保险基金收入虽然保持一定的增长幅度，但仍小于支出增长幅度。其主要原因是企业退休人员连续六年调增养老金，温市区离退休人员月平均养老金从2005年的856元提高到2010年的1556元。2011年根据国务院决定第七次调增职工养老金，以及省政府决定再增加企业退休人员每人每月150元养老金补贴(由养老保险基金支出)及企业退休人员每人每月150元社区补贴(财政资金支付)，调增后企业退休人员的月基本养老金水平人均达到1939元。预测市区养老保险基金支付能力将从18.72个月下降为15.3个月。

(七)养老保障供需之不平衡：增长需求导致供给不足

1. 未能建立与人口结构相匹配的养老金结构

人口结构的失衡，是造成养老金缺口的重要因素。面对未来少子化、老龄化，再加上人们对资源需求的代价越来越高，生活成本随着时间推移也在不断增加，将导致养老金实际购买力的下降，养老金的缺口未来必然很大。因此，要提高养老金的支付能力，除非我们的经济永远保持高速增长，才能弥补这个缺口,但是自2008年经济危机后,温州经济受到极大损伤。从静态来看,目前养老金能够保持平衡,但是从动态、社会发展、经济资源稀缺性规律等角度来看,到21世纪30年代,温州将进入老龄化高峰期,养老金缺口问题依然很严峻。面对老龄化社会步步逼近的情况,西方国家一般提前30年开始做准备,温州还未能建立起既能解决当前的消费、保证老年支付,又要能应付未来的老年化,还要有激励性的结构。因此,不可能把养老金的负担都放在政府身上。

2. 配套供给不足

有助于完善目前养老保险体系的相关配套制度改革滞后,其中包括:户籍制度的"二元化";收入分配制度带来的阶层分化;实际收入与名义收入的巨大差距;社保支出巨大的潜在缺口;公共财政体制的不合理性:国家财政对基金制品的补助具随意性;公共投资管理体制效率低:个人账户资金面临着贬值的风险,且统账结合模式优势无法发挥。

第三部分　养老保障的不平衡的原因剖析

一、制度安排的不公平

(一)"公平"的社会保障资源配置理念未能充分树立

目前在我国社会保障制度的改革发展过程中,尚未充分形成以"公平"为核心理念的社会保障资源配置理念,这对目前的养老保险制度的完善有重要影响。长期以来,随着社会主义市场经济体制的确立与建设,在效率优先理念的引导下,认为只能在效率优先的前提下兼顾公平。"不均衡发展"[①]的理念造成社会保障资源配置的实用主义取向,即通过配置优势资源推进有基础的、比较容易达成的目标任务,在重点领域实现有效突破并逐渐提升待遇。在此基础上,根据现有可支配资源的具体情况渐进式推进其他目标任务。这种实

① 不均衡发展:该理念在很多发展中国家都出现过。这种理念认为,在资源总量不足的情况下可以通过不均衡的发展方式,使某些重点领域、地区或群体优先获得经济与社会上的扶持,以便使整个国家的一些领域、地区或群体迅速取得突破,实现赶超,在此基础上带动其他领域、地区或群体的发展。

用主义取向在社会保障制度"从无到有"的推进历程中发挥过一定作用,但随着社会的发展进步,公共资源的投入总量不断增大,这种取向事实上会加剧社会保障资源配置的不平衡问题。尤其是温州,资源配置习惯于市场经济的竞争原则,对于对公平为价值指导的社会保障往往重视度不足。

(二)保障制度体系不完整,保障制度间衔接不力

目前温州实施的养老保障制度所依据的主要是《社会保险法》以及系列政策,依此建立起的养老保障体系也主要是养老保险系统。根据目前的具体举措,温州养老保障的体系框架表达如下(见图 1、图 2)

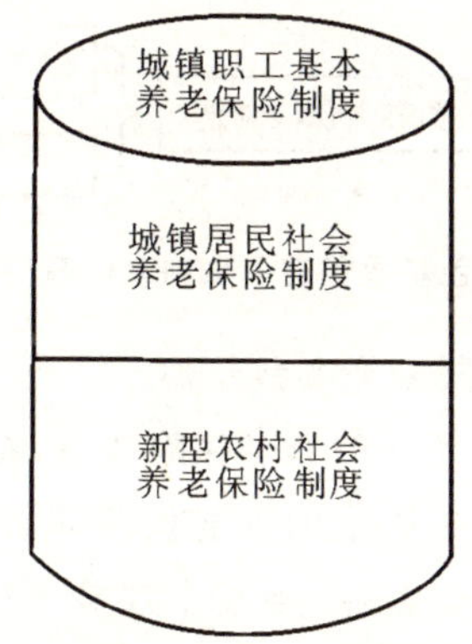

图 1 《社会保险法》中规定的基本社会养老保险体系(公务员暂不考虑)

1. 养老保障的内容还未能完备

从包括养老保障在内的社会保障的角度,除了建立养老保险制度外,还应有更为广泛的内容框架和更为配套的制度建设,以使养老保障的各项内容更加完备(见图 3)。从该角度来说,温州的养老保障体系还缺乏形成制度性的养老福利制度、养老救助制度,以及对其价值更为明确的商业养老保险制度,忽略了以单向性给付为特质的社会救助制度对社会保险的必要补充作用以及社会保险与社会救助制度如何衔接等重要问题。目前,温州的养老福利相对做得较好,包括形成制度的"高龄补贴"以及部分公共养老政策,但总体上说仍缺乏内容上覆盖面更广、操作上具规范性的相关举措。而温州的养老救助没有直接规定,如老年人遇到生活困难,城镇居民尚有"最低生活保障",但农村居民缺乏直接的物质保障;同时,养老救助的内容也不仅限于经济来源,老年人在身体健康方面、精神慰藉方面都有更多需求,但目前也未能形成制度性的规定。另外,商业养老保险作为社会保险的重要补充,尚未进行规定。

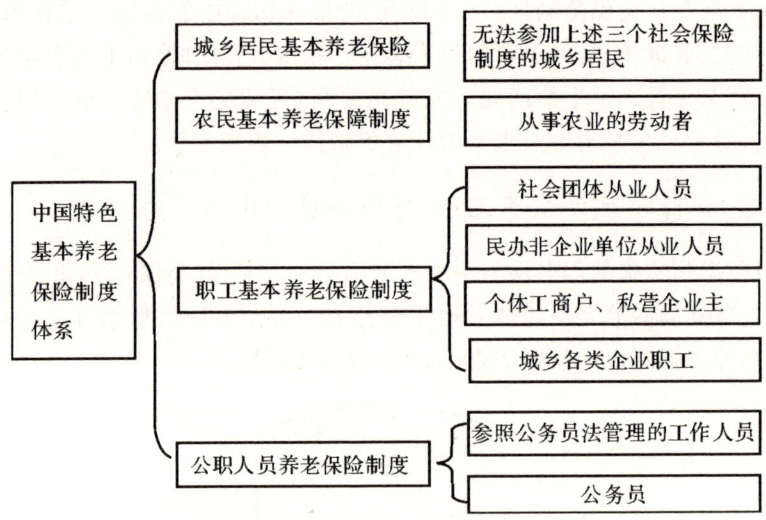

图2　中国特色基本养老保险制度体系(将公务员并入)

2. 养老保险的多元体制未能实践受益

自从1997年国家建立统一的养老保险体系,养老保险的多元体制在政策上已确立(见图4)。首先,多层次的养老保险体系出现建设乏力国。由于目前温州的经济模式多为民营企业,规模小效益不稳定,且民主管理机制不健全,形成了温州整体上对于养老保险体系中重要的补充养老保险、个人储蓄性养老保险都发展滞后,乃至许多人并不清楚这两种养老保险。因为缺少购买补充养老保险与储蓄性养老保险的优惠政策,自愿购买的单位及人数数量相当少,多元保障体系并未真正地建立起来。同时,由于近几年资本市场的持续低位运行,总体上说,养老保险制度没有发挥其应有作用。同时,养老福利的具体实施受到阻碍:现行高龄补贴政策宣传不到位和一些边远山区形成的消息传递盲区,导致仍有老年人至今没有享受到高龄补贴,而高龄津贴的金额也很少。再次,在整体上,商业养老保险处在发展的初期,且存在专业化水平低、规模小等有碍发展的问题。现有的商业养老保险因为还不够成熟而导致其不能很快地适应新的形势,商业养老保险远远没有达到该有的发展水平。

(三)已有法律制度及政策过度分割

从温州养老保障制度本身所依据的法律及政策规范上,《社会保险法》以及相应规定本身就对各类不同人群分别进行了制度安排,而这些是温州自身建制所无法解决的矛盾。如:《社保法》第10条第3款规定,"公务员和参照公

务员法管理的工作人员养老保险的办法由国务院规定”。这意味着涉及公务员和事业单位养老金的改革并不在《社会保险法》覆盖范围内，将公务员和参照公务员法管理的工作人员被排除在了该法的适用范围之外，而该法对这一授权立法又未作出任何的原则性要求，并因此成为人们诟病的焦点。即使于2012年6月，国务院公布《关于批转社会保障“十二五”规划纲要的通知》，其中明确要研究制定公务员和参照公务员法管理单位的工作人员养老保险办法，但时至今日，涉及公务员和事业单位养老金改革的“办法”仍没有下文，养老金双轨制的合并统一也遥不可期。其原因很简单：事业单位改革本身就相当复杂艰巨，加上处于全社会养老待遇金字塔尖的公务员继续安享超国民待遇，引起巨大民意反弹，又进一步使改革步履维艰。而这背后又牵扯到深层行政体制变革和精兵简政的问题。同样，制度设计上的城乡居民有别，依城乡标准分别建立城市、农村的社会保险制度，加固了城乡之间制度藩篱之嫌。[①]

同时，从具体实践上，温州不仅有城镇职工基本养老保险制度、城镇居民养老保险制度城乡居民养老保险制度，还有机关事业单位退休养老制度、失地农民养老保险，以及老年津贴制度、农村五保户制度、优抚制度等，这些也客观上造成养老保险过度分割，“碎片化现象”严重。[②]

（四）现有社保法律及政策规定可操作性差

1. 法律层面的授权条款过多，易致利益失衡

我国社保体系正处于改革和发展过程中，需要继续探索和实践，故在某些方面保留了必要的灵活性，作出了一些弹性或授权性的规定。其中，比较明显的是，公务员和参照公务员法管理的工作人员养老保险制度、新型农村合作医疗管理办法等事项上，由于争议较大，近期内无法形成共识，《社会保险法》授权国务院对这些事项另行规定。但对事关社会保险制度设计及管理体系等重大问题采取立法回避的做法，过多授权性条款的存在，加大了执法的难度和不确定性，降低了实施中的可操作性和法律效力，同时也影响了城乡统筹进程。

养老保险实质上属于社会再分配，具体的制度安排必然牵涉政府、单位与个人间的责任分担和不同社会群体或利益集团的利益调整，只能由代表民意的立法制定规则，才能真正集中体现国家在养老保险方面的意志。在养老保

① 和剑秋：《社会保险法》的现实困境》：载《现代商业》2010年第3期。

② 郑功成：《中国社会保障改革与发展战略养老保险卷》，北京人民出版社2011年版，第4页。

险制度建设中,政府虽然起着主导性作用,但也是利益的一方,如果没有超越政府行政权力之上的法律规范与约束,就可能出现利益失衡的局面。西方国家的养老保险制度中,行政机关与立法机关在养老保险立法方面存在分歧的现象非常普遍。养老保险领域的立法,事实是行政机关与立法机关相互较量与妥协的结果[①]。

2. 法律规范过于简单,可操作性不足

《社会保险法》中还有些问题规定得太简单,只是给出了一些原则性的规定,影响了可操作性。例如第22条第1款规定,国家建立和完善城镇居民社会养老保险制度。再如,对保险费征缴笼统地表述为:实行统一征收,实施步骤和具体办法由国务院规定。而实际中,我国形成社保经办机构和税务征收并存的格局,可能带来税务机关和社会保险经办机构之间的推诿扯皮,也严重影响着基金的征缴效率,成为社会保险基金监督管理环节的一个顽疾。为保证法律的统一性,强化征缴力度,必须明确相关部门承担征缴职责。

再如,在《社会保险法》中,对政府在社会养老保险法律关系中的主体地位、权利义务、承担责任未做明确规定。仅第5条规定:"县级以上人民政府应当将社会保险事业纳入国民经济和社会发展规划。国家多渠道筹集社会保险资金。县级以上人民政府应当对社会保险事业给予必要的经费支持。国家通过税收优惠政策支持社会保险事业。"第11条规定:"基本养老保险基金出现支付不足时,政府给予补助。"在这两条中,政府的经费支持、税收优惠和补助既缺乏明确的计算基准,又缺乏明确的责任条款。

3. 现行新农保政策在制度上存在重要缺陷

(1)基础养老金的规定设置太低。城乡居民社会养老保险采取个人缴费与政府补贴相结合的形式,中央确定的基础养老金标准为每人每月55元。而根据2012年《温州市区城乡居民社会养老保险实施办法》第26条,城乡居民养老金由基础养老金、个人账户养老金和缴费年限养老金三部分组成:A. 基础养老金月标准为80元;B. 个人账户养老金月标准按参保人员个人账户全部储存额除以139计发;C. 缴费年限养老金月标准根据长缴多得的原则,按缴费年限分段计发:a. 缴费5年(含)以下的,按1元/年计发;b. 缴费6年(含)以上、10年(含)以下的,从第6年起按2元/年计发;c. 缴费11年(含)以上、15年(含)以下的,从第11年起按3元/年计发;d. 缴费16年(含)以上的,从第16年起按5元/年计发。其中,个人账户缴费中的农村参保人员,按照2009年

---

① 王武军:《社会保障法论》,浙江人民出版社2010年第1版,第89页。

《国务院开展新型农村社会养老保险试点指导意见》的标准，缴费标准设为每年分为100元、200元、300元、400元、500元5个档次，2012年温州于《温州市区城乡居民社会养老保险实施办法》第10条则规定，"城乡居民社会养老保险费个人缴费标准分为每年100元、300元、500元、800元、1000元、1500元、2000元、2500元八个档次"；第12条规定了城乡居民参保缴费时，财政给予缴费补贴的标准，其中共分为八档，最高档也仅为"按2500元档次缴费的，每人每年给予120元缴费补贴"。虽然《温州市区城乡居民社会养老保险实施办法》第11条规定了"有条件的村居(社区)集体经济组织，应当对参保人员缴费给予补助，补助标准由村(居)民会议或者村(居)民代表会议确定"，但往往实际中没有实现。这样就造成贫困老人每月养老金仅百元，难以维持基本生活的现实。

(2)缺少调整增长的机制。城乡居民养老金每年增长机制没有建立起来。现在物价在涨，社会平均收入在涨，国家的基础养老不能总是维持在55块钱标准上。

(3)制度转轨中发生的个人账户问题不能做实问题，以及特价通涨中造成的养老基金贬值问题。

二、责任主体间社保权责模糊

(一)政府、市场与个人权责不清

社会保险强调责任分担，劳、资、政三方共同参与并按比例分担一定责任是世界各国社会保险制度的通行规则。政府除了要负责保险还在事实上承担着财政支持、行政监督和公共服务等三种主要责任。其中，政府的财政责任又包括两个方面：一是作为雇主为其工作人员参加社会保险承担缴费义务；二是作为政府采取补贴社会保险支出或者分担社会保险缴费，以及提供管理及运行经费等方式来承担公共财政惠及全民的责任，即提供资金运营管理、养老服务供给、发展补充性养老保障制度等。但在《社会保险法》中，对政府在社会养老保险法律关系中的主体地位、权利义务、承担责任未做明确规定。仅第5条规定："县级以上人民政府应当将社会保险事业纳入国民经济和社会发展规划。国家多渠道筹集社会保险资金。县级以上人民政府应当对社会保险事业给予必要的经费支持。国家通过税收优惠政策支持社会保险事业。"第11条规定:“基本养老保险基金出现支付不足时,政府给予补助。”在这两条中,政府的经费支持、税收优惠和补助既缺乏明确的计算基准,又缺乏明确的责任条款。

(二)不同层级政府间、政府职能部门间权责不清

首先,中央与地方政府权责不清:中央承担了主要的财政补贴责任,而养老保险却属于地方统筹层次,制度的财权与事权无法统一;同时,政府不同部门间权责不清,主管部门、非主管部门边界未理顺,无法推进行政兑现制度,产生负面影响。经研究认为,单凭温州地方财政,难以承担改革成本。如对于目前困难的个人账户问题,中央和地方两级财政共同承担个人账户空账做实之责。其中,中央政府负担做实个人账户引起的现收现付不足部分的固定百分比,其补贴额度如果少于统筹发放缺口,则需地方政府自筹资金补足。在以新增税收且以地方政府为主要负担者的制度下,做实个人账户的进展实为缓慢。特别是温州,中央政府财政补贴较少,相关地方财政责任如何划分更需明晰。

再次,目前的各种社会保险基金,分散在各级政府的多个部门管理。各级政府及相关部门既负责政策和法规的制定,又要负责基金的操作经办,造成很多问题,可称之为“三多、三少”。“三多”是指管理涉及各部门因而头绪多、各部门考虑更多的是自身利益关心自身多、各级财政需要承担责任忧虑多;“三少”则指基金保值增值对策少、国家扶持少、挪用基金的监管少①。

三、与现行公共服务供给机制有关

(一)政府用于公共服务领域的投入比重过低

由于公共服务多归属于民生建设领域,其需要投入较大、受益周期较长,且只有消费没有产出,其工作价值难以评定。而以效率为标准的经济建设则更能产生效益,工作价值易于衡量。因此,政府对于公共服务重视不足,财政投入也较低。温州固有的价值观重视经济回报,其特点更为明显。

---

① 毛广雄,颜俊:《试论社会保险全国统筹的制度体系创新》,载《南京人口管理干部学院学报》2009年第7期。

（二）政府间事权与财权划分不明确，基层财政供给能力不足

政府财力直接决定着公共服务的供给能力。由于法律对于政府间的职责划分不够规范和明确，导致事权和公共服务责任在各级政府间层层下移。目前在教育、医疗卫生、社会保障等基本公共服务方面的支出大部分由地方财政负担，其中尤以县乡财政负担比重最大。而在许多国家，上述基本公共服务大多是由中央和省级财政负担的。另外，从财权和财力来看，基层政府没有税收立法权和独立的主体税种，没有举债权，收入主要依靠共享税，基层财政掌控的收入极其有限。据统计，占人口70%以上的县乡政府组织的财政收入仅占财政收入的20%左右。事权与财权的不对称是基层政府提供公共服务能力不足的根本原因。

（三）转移支付制度不完善

就功能来看，真正具有使公共服务均等化功能的是一般性转移支付。虽然目前多数国家一般性转移支付占转移支付的绝大部分，而专项转移支付规模都不大，项目也大多是具有外溢性、突发性、特殊性、非固定性等特征的项目，如大江大河治理、自然灾害和疫情的救治等项目。而中国各地包括温州的通常做法则是一般性转移支付规模过小，专项转移支付规模过大，且运行不规范。不仅专项转移支付所占比重更高，另外转移支付形式多，且转移支付项目间存在交叉支付等问题，这不仅使资金投向较为分散，而且不易于统筹管理。

四、养老保险统筹层次太低，地区分割严重

基本养老保险基金主要以实行省级统筹为先，而浙江省各市之间的情况差异很大，很难将其整合起来，难以实现真正的省级统筹。而实际操作中，省级统筹实际上只是调剂金制度，严重损害互济性。而统筹层次过低是导致目前几乎所有制度困境的根源，这应该是一个努力方向，这样可以减少资金浪费。

长期以来，温州地区经济发展不平衡。尤其是县区，既有经济百强的瑞安、乐清，也有受自然条件限制影响较大的文成、泰顺等县。之前多年来，在省管县的财经体制下，温州的社保统筹以三区为一个统筹单位，而各县各自为统筹单位，抗风险能力非常弱。

第四部分　从理念到实务:对养老保障不平衡的社会规制

一、社会规制的基本理念

(一)基本目标与战略重点

按照社会养老保险制度的规划,在“十二五”期间的阶段目标应为:完善适度集中、有序组合、没有漏洞的多元制度安排,实现人人较公平地享有养老金及服务。其中以缴费型养老保险为主体的养老保障体系应全面定型、稳定,即建立体现政府责任的社会基本养老保险以及以个人责任为中心的“个人养老账户”,在此基础上积极发展商业保险等其他补充形式的自愿养老模式,并最终形成城乡一体化的多层次统一模式。

其战略重点为:(1)完善适度集中、有序组合、没有漏洞的多元制度安排;(2)不断缩小养老金待遇差距;(3)通过发展补充养老保险,不断提高养老金待遇水平。

因此,在具体实施方面,则要坚持效率与公平、统一性与灵活性相结合方针,统筹城乡、整体设计,分步实施、配套推进,积极而为、量力而行,逐步将各类人员纳入社会保障覆盖范围,做到应保尽保,并不断地提高保障水平。

(二)养老保险社会规制的价值与原则

公平、正义、共享应是养老保险立法的核心价值理念。其中,公平的理念要求国民的养老保险权益得以实现,维护起点公平,促进结果公平;正义的理念要求收入再分配功能,实现分配正义,实现程序正义;共享的理念,则要求养老保险待遇与经济增长合理挂钩,实现老年人对于经济社会发展成果的共享。

社会养老保险立法坚持什么样的原则,直接反映对于社会养老保险问题的整体认识和把握程度。正是基于对社会养老保险的地位、功能、价值的考量,社会养老保险立法应当坚持以下原则:

1. 普遍性原则。即社会养老保险的覆盖范围应包括所有社会成员。《宪法》第45条规定“公民在年老、疾病或者丧失劳动能力的情况下,有从国家和社会获得物质帮助的权利。国家发展为公民享受这些权利所需要的社会保

险、社会救济和医疗卫生事业”。宪法面前人人平等，年老时从国家和社会获得物质帮助是每位公民的基本权利。但需要注意的是，全民覆盖社会养老保险需要强大的物质基础，仍需要一个逐步的过程。

2、社会化原则。即将社会养老保险作为社会参与的事业，实现资金来源社会化、保险管理社会化、保险责任社会化。社会养老保险责任由国家、社会、个人分担。

3、与经济发展相适应原则。在确定社会养老保险时，既要避免过高的社会养老保险水平超出国家、用人单位的承受能力，影响国家经济发展和制度本身的可持续发展，又要避免过低的社会养老保险水平达不到保障效果，引发社会矛盾。

4. 权利义务相一致原则。权利的享受与义务的履行相统一。养老保险适用范围时坚持该原则，缴纳养老保险费的义务，是享受养老保险的条件。

除此之外，参加养老保险还应包括强制性原则、责任分担原则。

二、养老保障社会规制的具体内容

（一）明确与强化政府的职能与责任

政府应合理进行“顶层设计”，确定改革方向与内容。应积极应对社会转型期的变化，与时俱进地在养老保险总体设计方面进行规划，促进所有公民的养老保险权益更有效的实现。在《国家人权行动计划（2012—2015 年）》中，十二五期间的人权发展方向和目标重点地对养老保险权利作出未来的发展安排。

1. 强化政府对于养老保险的统筹责任

（1）政府应明确必要的养老保险财政责任。目前，学理上一般将各国的养老社会保险模式分为四大类：一是以德国、美国、法国等国为代表的传统型收入关联模式，待遇给付与收入、缴费挂钩，保险费由国家、单位、个人三方负担；二是以英联邦国家和北欧诸国为代表的福利型的普遍保障模式，资金由国家税收解决；三是以苏联为代表的国家保障模式，保险费由国家预算开支，个人不承担缴费义务；四是以新加坡、智利为代表的储蓄型保险模式，国家强制用人单位和劳动者一方或双方缴费，以职工名义存入储蓄金。除储蓄型保险模式外，其他三种模式均充分强调了养老保险中国家的财政责任。收入关联型

模式中,单位、个人缴费,同时规定,国家财政支出的一定比例用于养老保险,或者规定当养老保险基金出现收支不平衡时,由国家财政承担兜底的责任。目前,政府在城镇职工中建立的养老保险属于收入关联型,用人单位、个人按比例缴费,国家承担财政兜底责任①。在社会养老保险法律关系中,政府承担一定财政责任和出资义务,能够保证社会养老保险的资金来源和制度的实施发展,实现社会养老保险制度的公平性、普遍性、社会性,也是政府对公民社会保障基本权利应承担的义务。而在农村养老保险、公职人员养老保险中,政府则承担着雇主角色,作为投保人承担责任与义务。

(2)政府的主要责任还在于基金的监管与财政管理,其关键在于保证对社会保险基金运行的收支平衡问题。而在加强政府监管方面,主要包括社会保险的日常监督和基金财务监督,目前急需明确的是部门之间的某些模糊边界,同时强化主管部门的职责,强力推行行政问责制。

(3)政府应保证建立城乡统一的社保公共服务制度。要摸清温州市人口数量和质量的底数,要建立社会化管理的居民档案,搭建起能够进行人口实时统计的平台。建立完善统一社会保障卡号下的网络系统,真正发挥“一卡通”对于社保转接的作用等具体应对措施。

2. 从顶层设计上消除制度性不公,实现最大可能的社会公平

政府应切实解决好制度转轨过程中的历史遗留问题和各种新问题。其中重点包括:

(1)养老金双轨制靠拢并轨,完善有序的多元安排

首先,合理解决公职人员养老保险问题。国际上公职人员的养老保险制度主要有三种模式:一是单独建立公职人员养老保险制度,如德国、法国、西班牙、意大利、奥地利、比利时、巴西、委内瑞拉、泰国等;二是在建立统一国民年金的基础上再建立单独公职人员养老保险计划,如美国、英国、加拿大、澳大利亚、挪威、瑞典、丹麦、荷兰、日本、新加坡等;三是建立全民统一的养老保险制度,如智利和秘鲁等。以上三种模式中,国际上实行较多的是前两种模式。同时,在公职人员是否缴费问题上,国际上主要有两种情况:一是少数国家的公职人员养老保险制度,公职人员个人不缴费,由政府全额负担,如德国、瑞典、泰国、比利时等;二是多数国家的公职人员养老保险制度,公职人员个人也要缴费,比如美国、英国、法国、加拿大、挪威、丹麦、荷兰、奥地利、日本、韩国、新

① 黄玉芬:《社会养老保险的改革与立法》,载《中国劳动关系学院学报》2010年第8期。

加坡、巴西、智利等[①]。笔者认为，立足我国国情，借鉴国际经验，在上述三种模式的养老保险制度中，考虑到我国的国情，目前全民统一养老保险尚难实现。但是单独的公职人员养老保险制度会使人感觉公职人员过于特殊，难以体现养老保险制度应有的公平性；而统一加单独的公职人员养老保险制度则完全了形式正义，虽可能增加养老保险的管理成本，但这也是改革必须经历的过程。很明显，公职人员养老保险制度的改革应与公职人员人事制度的改革相呼应，公职人员养老保险制度覆盖的范围将因机关事业单位推行劳动雇员制度而相对减少。在2014年全国人民代表大会和中国人民政治协商会议开会期间，人社部相关人士透露养老金并轨将会有重大突破。同时，人社部副部长胡晓义也透露养老金变革的时间在总理工作报告中已提出。2014年3月，人社部制定完成了关于养老金并轨的计划，当前已经进入论证程序，当前的计划是依据公务员现有工龄来计算补齐相对应的职业年金与养老保险，从而促使机关养老保险顺利纳入社会养老保险。公务员退休金的整体框架已显现出来，即公务员退休金将转变成社会养老金，这无疑更加有利于建立合理的养老金结构。这方面可以借鉴其他城市的做法，比较有代表性的是2010年8月份深圳出台的《深圳市行政机关聘任制公务员社会养老保障试行办法》，对聘任制公务员中实行三重保障的养老机制——参加社会基本养老保险、地方补充养老保险和职业年金制度，以实现与社保制度相协调的并轨改革。其中的基本养老和地方补充养老，聘任制公务员参照《深圳经济特区企业员工社会养老保险条例》参保——即单位和个人分别缴纳职工工资总额的10%和8%，作为基本养老保险缴费；同时单位再缴纳1%，作为补充养老保险费。与此同时，为了保证聘用制公务员的养老待遇，在设计上更具有流动便利性，职业年金和企业年金之间还可以互相转换。即聘任制公务员参加过企业年金的，可将其资金转入职业年金个人账户中；而解聘后，也可以将其职业年金余额转移至新的企业年金账户中。

其次，合理解决事业单位人员养老保险问题。我国曾于2009年进行的事业单位养老保险改革，在浙江、福建等五省进行试点。其中，一种流行做法是：把事业单位按职能分成公益型、营利型、社会管理职能型等性质，以图将来进入到不同种类的养老保险中。但笔者认为，仅将事业单位进行分割改革，不足以实现公平性，社会群体间依然存在制度上的差异，最终造成实质上的不

---

① 陈培勇：《对完善中国养老保险法律的思考与建议》，载《中国金融》2010年第17期。

平等。

温州对于公职人员和事业单位人员养老保险虽然规定了也纳入养老保险规划,但在养老保险缴费与待遇方面实施了特殊的政策,政府补贴较多,个人义务少而权利多,与城镇职工养老保险形成了公民间人为的刻意不平衡。在此问题上,还应遵守宪法上的平等原则,公民不因单位身份的区别而有所区别。

再次,合理解决农民的养老保险问题。国际上对于农民养老保险的立法往往晚于工人的养老保险立法,一般有两种模式:一种是为农民建立单独的养老保险制度,如德国、日本、意大利、法国、奥地利、比利时、智利、阿根廷等;另一种是建立与工人相同的养老保险制度,如英国、巴西等①。为了便于今后农民养老保险制度与城镇职工养老保险制度的衔接,也为了激发农民参加养老保险的积极性,《社会保险法》中规定了新型农民养老社会保险。其中,农民的养老保险制度模式实行与城镇职工相似的养老保险制度,即同样建立社会统筹与个人账户相结合的制度模式。但此设计比较复杂,核定农民养老保险的缴费基数和管理养老保险基金的成本较高。并且据从20世纪90年代初期到2009年国务院指导意见的试点证明,对许多依赖农业生产生活的农民来说,农民个人缴费不仅增加了征缴难度,而且许多农民缴费能力十分有限,这一制度模式要长久运行下去还要灵活动作。虽然温州目前把农民养老保险并入城乡居民养老保险范畴中并给予一定补贴,但待遇标准仍然过低。因此,温州地方政府视财力状况可提高标准,参考一些地方开始提高补贴的具体做法。如北京在2009年已经将基础养老金提高至每月280元。此外,上海、浙江宁波等地的基础养老金也已经突破了中央所规定的标准。长远来看,农民群体随着工业化、城镇化进程的加快而赶来越多地转变为第二三产业从业人员,而且经济能力也不断增强,因而政府在养老保险方面的负担将会减少,增加补贴的方法也完全可行。

最后,合理解决农民工养老保险问题。按照农民工实际的需求,将其纳入在城镇职工养老保险、城镇居民养老保险制度中。

(2)政府应承担起解决历史欠账的责任,完善没有漏洞的制度安排

做实基本养老金个人账户,才能够更加公平地分配各方责任和利益。政府应从财政划拨专项资金,做实养老金账户,把“窟窿”填满。社会保险制度改

---

① 陈培勇:《对完善中国养老保险法律的思考与建议》,载《中国金融》2010年第17期。

革产生的历史遗留问题和改革成本的分担问题，实际上是新旧两种模式转换中的问题。政府必须成为改革成本的消化者。《社会保险法》第13条第1款规定：“国有企业、事业单位职工参加基本养老保险前，视同缴费年限期间应当缴纳的基本养老保险费由政府承担。”它虽然体现了政府对社会保险事业的支持和政府对新旧制度转轨所形成的改革成本的关注，但是，这种支持和关注仍然是不够的。政府对中老年职工养老金的历史欠账还应当作出明确的测量与合理的承担责任规划。[①]

3. 形成公平合理的养老金计发机制，不断缩小养老金待遇差距

法定的多元保障制度(除老年津贴外)，不应造成不同群体间养老金待遇水平的不断加大，而是应当在规范收入的基础上，不断缩小不同群体间养老金的待遇差距，尤其是缩小公职人员和企业职工的养老金待遇，使工龄、职务相当的退休人员养老金水平基本一致。

对职工基本养老保险制度，应当通过提高养老金领取的最低缴费年限，延长个人的缴费年限等措施，提高养老金待遇。同时，增强养老金待遇与缴费标准、缴费年限的相关程度，形成“多缴费、多收益”的激励机制。

缩小正式制度安排不同群体间养老金待遇差距的关键，在于降低公职人员养老金的替代率以及建立统一的、与物价指数挂钩的养老金增长机制。因此，对公职人员养老保险制度，应当进一步规范其工资制度，同时降低养老金替代率，确保工作年限相同、职称近的企业职工与公职人员养老金保持基本一致。

在养老金待遇调整方面，应当建立统一的养老金调整机制，无论是职工养老金还是公职人员养老金，都应该与特价指数相挂钩，以确保退休人员基本生活水平，控制养老金待遇差距。

另外，还应大力推动老年服务产业，提高服务保障水平。

4. 扩大养老保障覆盖率，改善养老保险制度的可持续性

覆盖率小是目前养老保险制度最重要的问题之一。维持养老保险可持续的重要因素包括扩大覆盖率和提高参保率。这一账户的缴费人口只有达到一定的数额，才能真正应付老龄化的危机，也才能实现公平地平衡养老保障权利。

---

① 李雄：《社会保险法：政府责任仍需健全》，载《检察日报》2010年11月11日第3版。

(二)建立健全多层次的养老保障体系

进一步整合相关制度,尽快安排适合的保障目标、保障待遇、经办机构、投资规则和税收优惠等内容,从而形成符合温州实情的多层次的养老保险框架体系。(见图3、图4)

1. 应完善公平的基本养老保险

社会保障体系的中枢为养老保险,其对保障民生和促进和谐具有不可替换的作用。实行"社会统筹+财政补贴",现收现付,以保障参保者的基本生活需求。公民不分身份、职业,都以中华人民共和国公民的资格缴费参保,个人缴费与企业无关;企业分担的部分,则由国家以纳税的方式直接向企业收缴。这一层面讲求的是公平,无论其单位身份,待遇应该基本在同一水平上。基本生活需求可以定量,按生活必需的商品和服务计算,然后区分地区差别,再按物价指数逐年调整。目前温州的趋势是职工基本养老保险制度日益成为整个养老保障体系中的主体,而重点和难点是需要加快推进农民养老保险建设。

2. 应大力推动补充养老保险(职业年金养老)

温州市区基础养老金提高到80元/月,该标准不高。因此用人单位和劳动者可根据自己的需要和能力,自愿参加补充保险。其特点在于属于个人账户,储备积累,产权明晰。这一层面与效率挂钩,多交多得。由政府立法监督,但由市场运作。政府指定有资质的银行、保险公司或其他金融机构参与运营,用人单位按职工的意愿选择承保机构,签订协议,并允许退出和重新选择。合理的社会保障机制,应是建成由政府筹资的基本养老保险和职业年金相结合的模式。前者可以由社会保障税这一源头进行社会统筹;职业年金则完全由个人缴纳,并进入个人账户,由投资机构运营。"实现基本养老国民化、职业年金全民化,才是彻底的改革。"

(1)对公职人员应当建立职业年金制度。地方政府可根据财力发展公务员的地方职业年金制度,职业年金水平应当与个人缴费情况及职务级别挂钩。对其他公职人员,应在分类改革的基础上,调整养老金制度。政府可以制定具有一定弹性的职业年金制度,由各单位在此范围内根据可能自主建立。其原因在于,目前这部分人的养老保险需要改革,但阻力过大也并不现实。改革路径的设计必须稳定被改革者心理预期过渡期内,不大幅降低其待遇。因此差距部分,应以职业年金进行弥补。具体来说,可以为公务员建立统一的职业年金制度,为其他公职人员规定职业年金的待遇范围,以确保公职人员总体养老金水平替代率不低于60%。

(2)对企业职工,应当大力发展企业年金制度。2014年3月5日,在政府工作报告中国务院总理李克强指出了2014年整体工作部署包含推动发展企业年金。通过加大企业年金税收优惠力度来扩张企业年金市场规模,从而使企业年金在养老的程序中最大限度的发挥其补充作用。推进用人单位建立灵活多样的补充养老保险势在发行。可允许一定额度的企业年金缴费从成本中列支,同时控制垄断企业年金的规模,鼓励中小企业发展多种形式(如行业性、区域性、集合性)的企业年金制度,适当补贴低收入劳动者参加企业年金,以体现适度的社会公平。可允许企业经济效益好时投资补充养老保险,经济效益差时暂缓缴纳补充养老保险,投资补充养老保险不限时间,养老待遇的享受以用人单位缴纳的补充养老保险的总额而论;允许企业对同一单位职工设立不同档次的补充养老保险,作为企业奖勤罚懒、鼓励竞争的手段,促进企业的发展等。具体来说,可以为国有企业建立相对统一的企业年金制度,为其他企业创造适合企业年金发展的政策氛围,以此不断提高企业退休职工的养老金水平。

(3)推选特种养老储蓄等符合农村居民特征的补充养老保障制度。提高农民的济保障水平。

3. 国家还应当鼓励开展个人储蓄性养老保险

个人储蓄性养老保险由员工自身依据承担能力和收入自主决定是否参与和储存多少,具有较好的操作性。个人储蓄性养老保险有助于筹集养老资金,从而缓和来自于养老的负担。从长远角度来看,个人储蓄性养老保险为以后储存了养老资金,并且也能够提高老年人的生活质量。

4. 引导商业保险公司端极开发多种年金产品

商业性养老保险应积极参与到养老保障事业中去,是养老保障的有益补充。发展商业养老保险制度的意义非常重大,可以填补养老保障的空缺领域,又能使养老保障水平提高,使养老保障社会化和市场化并重,实现低风险的养老。

5. 全面落实养老最低生活保障

需要处理好养老保险与养老救助明确社会保障制度间相互功能与价值,进行相互补充。其中,为避免一些参保人因为缴费年限较短、缴费基数较低造成的养老金过低不足以维持退休后基本生活的问题,可以建立类似瑞典、智利、墨西哥等许多国家所采取的保障性最低养老金制度,当然保障性最低养老金的建立一定要把握好其社会救助性的"度",既不可过低发挥不了相应的作用,又不可过高损害了养老保险已经建立起来的激励约束机制。因此,应加大

温州政府财政转移支付力度,确保农村最低生活保障资金足额到位。特别是加强财政、民政、教育、劳动保障、卫生等部门的沟通与协作,实现由农村养老救济的最低生活基本保障。

6. 建立老年津贴制度

养老补贴制度的建立,能够适当增加老年人的收入以及提高他们的生活水平,因此需要保证城乡居民津贴制度的稳定性。温州市财政对80岁以上高龄老人,每月再给予30元高龄补贴。除了继续推行高龄津贴,重点还应该将农村计划生育户、双女户的老年人奖励扶助津贴制度向农民基本养老保险制度或城乡居民老年津贴制度转轨,继续推行和完善五保供养制度。

(三)保障养老保险基金的来源

1. 加强社会保险管理,降低基金风险

目前的养老保险监督管理机制以行政监督管理为中心且以社会与审计监督管理为补充。从某个方面来说,此种监督管理机制对于管理、规范与使用养老金而言扮演了十分重要的角色。但是,我国现行养老保险基金监管制度在实践操作中存在着缺乏统一规划、重复监管现象严重、监管效率不高等问题。为了保障养老保险金的规范使用,完善养老金的监管机制已经刻不容缓了。笔者认为:相同行业的人员可以互相联络并成立行业协会,联合规定纲纪来限制彼此的作为,从而完善内部监控;同时,由具体养老保险的托管机构、投资机构和经办机构按期向专门的监管部门报告基金的征收、管理以及运营情况,并且所披露消息的真实性由该机构负责。

同时,要做到基本养老保险实行统筹帐户与个人账户分帐管理,逐步做实个人帐户;重新确定最低养老金标准(现在大于最低工资标准,与平均养老金也很接近),鼓励延长缴费年限;建立社会保险精算制度,加强基金风险预警。目前的工作重点之一为,划拨更多国有资产包括国有银行和国有保险资产给社保基金,让这些股份提供股息红利作为社保收入的重要来源,让养老金获得财务上的可持续性。同时,可以考虑将机关、事业单位养老金替代率略为降低,改革20—28年后,并轨的基本养老金可以实现财务平衡,传统退休金退出市场,统一的国民基础养老金长成。

2. 建立养老保险基金安全投资机制

在保证养老金可持续性方面,则需强化制度自身造血能力,完成统筹、个人“双账户”保险结构的设计初衷,允许养老基金进入资本市场保值增值。两份关于企业年金的文件《关于扩大企业年金基金投资范围的通知》(即“23号

文”)和《关于企业年金养老金产品有关问题的通知》(即“24号文”)反映出了养老体系中的一些变化。根据“23号文”,企业年金基金投资范围增加了商业银行理财产品、信托产品、基础设施债权投资计划、特定资产管理计划、股指期货等产品。“24号文”主要围绕养老金产品设计方面,使得企业年金的投资转变为可通过购买养老金产品参与投资,客户可投资适合自己风险偏好的养老金产品。拓宽养老保险基金的投资渠道殊有必要。但与此同时,为保障安全投资机制,温州政府还应确定养老保险投资项目的法定方式;可以明确不同风险类别投资项目的最高限额;确定单一投资项目的法宝投资限额;并建立投资审核制度。

3. 建立并完善养老金自动调整机制

由于我国目前实行的城镇企业职工基本养老保险制度,是一个以向城镇企业退休人员提供基本生活保障为目的的制度。因此,这个制度设计的基本养老金目标替代率为60%左右。如遇政府财政问题,可以适当地降低养老金替代率。如美国、加拿大的法定养老金替代率为40%。法国最高为50%,瑞典只有20%至25%,俄国为36%,日本现行为68%,已决定分步降到60%。国际劳工组织1952年提出的《最低社会保障标准公约》规定,退休金替代率40%是可接受的标准。这也是目前大多数发展中国家的待遇水平。尤其是机关、事业单位养老金替代率目前可以达到90%,将机关、事业单位养老金替代率略为降低,改革20—28年后,并轨的基本养老金可以实现财务平衡,统一的国民基础养老金长成。

(四)推进公共财政体制改革

养老保障等基本公共服务均等化的推进,要求中国传统财政体制必须向公共财政体制转变。为此,温州的财政体制应从以下几个方面加以完善。

1. 调整和优化财政补贴结构

养老保障作为公共产品,需求规模大、层次多,形成多元化的制度供给机制。多元化的供给机制不仅有利于打破过于依赖政府供给而导致的资源配置低效率、政府负担过重的局面,而且可以优化养老保障供给的结构和质量。为此,政府应逐步优化养老保障财政支付之领域,把补贴更多地投向单位或个人所无法负担的领域,使单位承担更为重要的社保义务;另外对于公职人员,应要求个人义务的承担。与此同时,政府应把财政补贴的重点转向农村,逐步加大对农村基本公共服务的投入。

2. 规范和完善转移支付制度,保证基层财力

(1)调整转移支付的结构。将税收返还、体制补助、结算财力补助等资金拨付形式纳入一般性转移支付形式中。规模如此庞大的非均等化转移支付不利于协调地方财力,也不利于养老保障等公共服务均等化目标的实现。同时,应调整转移支付的结构,清理整合专项转移支付项目,将需要较长时期安排补助经费,且数额相对固定的项目,划转列人一般性转移支付,提高一般性转移支付的规模和比例。

(2)探索市级财政对辖区县乡财政、经济发达地区对欠发达地区的转移支付形式。在现行纵向转移支付的基础上,积极探索从平衡地区财力的角度出发,如何强调市级财政对辖区内财力差异的调节责任,具体并推行市级财政对县、乡财政的转移支付。与此同时,应积极探索横向转移支付形式。

(3)加强对专项转移支付项目的监督和绩效评估。目前政府间转移支付制度的政策建设滞后,转移支付资金的使用及管理尚缺乏有效约束和效益评估机制。今后,应加快财政转移支付制度建设,通过制度规范和完善财政转移支付资金和项目安排,使转移支付资金分配和使用更趋公平、合理、规范、高效,将分类和规范专项转移支付作为当前解决中国专项转移支付过多、过乱的有效措施。而且在今后,对于到期的、补助数额小、宏观调控政策意图不够明显的项目应取消;交叉、重复的项目应清理、归并;对年度补助数额不变的长期固定项目,应列人一般性转移支付;对列人专项转移支付的项目要经过科学论证和审批程序,加强对专项转移支付项目的监督和绩效评估,防止被截留、挪用,提高其使用效果。

(五)健全养老保障监管与救济水平

无救济无权利。社会保障权是公民的一项基本权利。在社会保障权中,权利的核心是给付领受权。社会保障制度必须通过法律的强制性保证其有效实施,社会保障方面的行政和司法救济对于公民社会保障权的实现至关重要。这些违法行为的实质是对公民社会保障权利的侵犯,损害了公民社会保障权利的实现。对于在社会保障实施中存在的违法行为要有严厉的制裁措施和手段,尤其是公民的社会保障权利受到侵犯时能获得及时的救济,应是司法公正的应有之义。只有设置健全的救济手段,才能使公民的社会保障权在受到侵犯时得到及时有效的救济。救济的手段主要是行政救济和司法救济,特别是司法救济,尤其重要。目前《社会保险法》规定了行政复议或诉讼、调解仲裁与诉讼即劳动争议处理、劳动保障监察这些程序用以处理社会保险争议,这些作为社会保险权的法律救济方式来说,还是不够充分。

应建立和扩大社情民意的沟通渠道和诉求机制,保障公众在公共服务问责制度中的知情权、参与权和监督权。为保障养老权利,可以在以下几方面做出改革:

1. 增强养老保障执法监管

养老保险机构、劳动监察大队等专门机构应经常督查单位缴交养老保险费用的情况,及时发现问题,纠正或补救。职工本人应该关心养老保险缴费情况。对不按时完成缴费任务的单位,应该采取切实有效的措施,奖优罚劣。例如,有关部门可从加强基金征集着手,对企业欠缴、缓缴养老保险金的,采取抵押担保,申请人民法院采取保全、强制执行等措施。对于因机制转换、工作变动等原因导致劳动者社会保险发生中断、遗漏,有关部门应加强研究,找到适当衔接办法。

2. 增加养老保障的司法救助

(1)增加宪法诉讼或公益诉讼。政府及其有关部门为了保障公民社会保险权益的职责,应当考虑将国家的行政机关一些抽象的行政行为渐渐加入到受理宪法诉讼的范围内。同时,社会保险的权益具有社会权属性,根据《民事诉讼法》第 55 条规定,涉及到公共利益的可以提起公益诉讼,因而在社会保险领域可以适时的开放公益诉讼,给原告方提供相应的法律援助。

(2)健全行政救济程序。笔者认为,应当在法律的基础上进一步详细规定公民社会保障权利受到侵害时的救济范围、救济程序和救济措施,设置明确的行政救济程序。而地方政府在养老保障法律、行政法规等制度及政策实现的过程中,关于政府行政程序法、行政救济法等方面的经验可以适当借鉴国外,从而完善我国行政法制体系,实现政府行政行为高效率化和高质量化。在行政诉讼、行政复议等多种救济渠道的过程中,确立政府行政职责的追究范围,提供便利顺畅的养老权益救济途径,另外在老年人与政府之间设立养老保障法律权益纠纷的调解、仲裁机构,从而降低老年人与政府养老保障权益纠纷的社会治理成本。

(3)健全司法救济程序。司法机构在处理养老保障纠纷时,应实现其司法"公正"的职能,捍卫司法权威,以确保诉诸司法的养老保障法律问题都得到公平有效的解决,而不能偏私政府或个人。其次,要竭力实现社会效果和法律效果的统一,化解社会矛盾、执法办案与公正司法的有机统一,此二者的统一是司法实践法律公平的关键所在,更是是提高政府行政质量的有效举措。再次,在法院诉讼过程中,还应采取降低司法权利、养老保障权益实现成本的措施,如简化纠纷解决程序、减免诉讼费用等措施,以实现公平和效率兼顾的司法救济权益。

当然,应当完善刑事立法以对社会保险制度的刚性约束起到强化作用比如在严重危害社会保险制度方面增设一些新的罪名以及罚则于《刑法》中。

(4)完善养老保障法律救济机构。设立专门的劳动社会保障法院或在人民法院内部设立专门的劳动社会保障法庭受理社会保障方面的诉讼,通过及时有效的救济来保证公民社会保障权的真正实现。

三、健全养老保障社会规制的配套制度

(一)推迟退休年龄,减少养老金支出

在老龄化加速的情况下,适当延迟退休年龄是应对养老金缺口问题的有效途径之一。与西方国家相比,我国的退休年龄偏低,例如丹麦的迟休年龄为67岁,爱尔兰66岁,英国、德国分别为男65岁和63岁,女性为60岁。从我国老年入口劳动能力条件看,延迟退休是可能的。我国居民的健康状况有了很大改善,我口的平均寿命已达到69岁,现在约有900万老人实际上退而不休,继续从事各种经济活动。

2013年11月12日中共第十八届中央委员会第三次全体会议通过的《中共中央关于全面深化改革若干重大问题的决定》提出了研究制定渐进式延迟退休年龄政策。延迟退休年龄的基调是“小步慢跑”,是以相对缓慢而稳妥的形式来逐渐提高退休年龄,以期解决社保资金问题。公职人员先行延迟退休年龄似乎已达成共识。原因是这样不仅能够帮助削减延迟退休年龄的阻碍,而且能够为全面展开延迟退休年龄提供经验。延迟退休年龄可以延长劳动者的工作年限,减少养老金支出,从而更好的应对养老金缺口问题,为社会创造更多的价值。但另一方面,“延迟退休”只能缓解一部分养老金支付压力,并不能解决根本问题。因为相比于年轻人,退休人员的劳动生产率是下降的,导致货币购买力随着生产率下降,全社会所能支付生产性收益下降,并且以牺牲年轻人的就业机会为代价。因此,关键要从生态平衡、人口结构上进行扭转,提高全社会的劳动生产率,解决创造财富的问题。

(二)发挥市级政府的区域协调功能

我国社会保障制度由于建立的时间不长,各种制度往往以试点开始,缺乏

全局的统筹规划，相互间不能衔接和协调。主要表现在社会保障制度城乡分割，地区分割，社保制度目前还是以县级统筹为主，不能实现区域衔接转移；同时，地区经济发展的不平衡，财政权益的省、地市、县区的分割和固化，使地区利益调整困难。如果连养老保障的市级统筹都不能实现，省级统筹又从何谈起。因此，在实现社会保障一体化的过程中，温州市级政府要综合区域平衡，进行利益协调，使相对落后地区居民也能享受经济发展的成果。

（三）增强基层对养老保障公共服务机构建设的责任感

第一，加强基层社会保障公共服务机构建设，是落实科学发展观、践行“执政为民”最直接的手段。落实科学发展观，构建和谐社会必须解决人民群众最关心、最直接、最现实的利益问题，而社会保障工作就是以人为本的直接体现，也是构建和谐社会的坚实基础。第二，加强基层社会保障公共服务机构建设，是市场经济发展的必然要求。第三，加强基层社会保障公共服务机构建设，是突破事业发展瓶颈，推动事业深入发展的客观需要。

结束语：对平衡的养老保障之美好展望

老年人的养老保障权益不平衡性问题已成为社会广泛关注的问题。完善养老保障法律制度是一个系统工程，从基本实情出发建立合理的养老保障法律制度与完善现行养老保障，是亟待解决的重大问题。温州应该充分考虑各种不公平因素，做好各种制度之间的衔接，公正合理地构建养老保障法律体系，使老年人老有所养，老有所乐。完善养老保障社会规制，不仅有助于老年人的养老保障，更有助于构建和谐社会，温州养老保障事业将会有非常美好的未来。

论工伤的实体保障与程序保障

陆 通*

工伤指从属性工作或者与从属性工密切相关活动导致的劳动者人身损害。工伤保障指对工伤劳动者的保障,属于劳动保障的内容。工伤法律保障可分为实体保障与程序保障。工伤的实体保障指实体法对于工伤职工的保障,如刑事保障、民事保障、行政保障和劳动法保障,其内容是法律责任(制裁与赔偿)、无过失补偿以及康复治疗等。工伤的程序保障指程序法对工伤职工的保障,包括行政程序保障、仲裁程序保障和司法程序保障,内容不限于劳动争议解决程序。本文试图从工伤的实体保障与程序保障两个角度展开一点初步的分析,抛砖引玉,以求教于同仁。

一、工伤保障的几个基础概念:劳动、劳动者、劳动关系与工伤保险

工伤保障有几个基础概念,本文均从广义角度加以界定。何为劳动?劳动指与学习、休息、娱乐相对应的、以合法谋生为目的的体力、脑力付出。劳动者即此类体力、脑力的付出者。何为劳动关系?劳动关系指因劳动而与他人形成的社会关系。至于劳动者所获报酬是否是其主要生活来源,并非关键。换言之,即便有资本性收入但仍有体力、脑力劳动付出者仍为劳动者,如直接参与经营的股东以及持有公司股份的员工。是否有劳动力的接受者,亦非关

---

* 陆通,山东省淄博市淄川区人民法院民一庭庭长。

键。为他人付出脑力、体力属于劳动；为自己付出脑力、体力亦属劳动。具体而言，第一，劳动是除学习、休息、娱乐之外的谋生活动，既包括在企业等经济组织工作，也包括在非经济组织工作，如在国家机关、政党、政协、军队、社会团体、事业单位工作。既包括为他人工作，也包括为自己工作，如农民、小贩、个体加工者等自雇人员。实习生与被监禁人员从事的受指派活动亦应视为劳动。第二，劳动的形式可以灵活多样，固定劳动、临时性劳动等非固定劳动亦属劳动，退休人员或者达到退休年龄人员从事的谋生活动亦属劳动。第三，劳动的内容应当实体合法，实体违法的活动不属于劳动，如受雇于他人贩毒。实体合法，仅劳动资格瑕疵或用工资格瑕疵，仍属劳动，如童工与受雇于无营业执照、未经依法登记、备案的单位、被依法吊销营业执照或者撤销登记、备案单位的劳动。

在立法上，我国 1950 年的《工会法》、1954 年宪法、1975 年宪法、1978 年宪法、1982 年宪法、1992 年的《工会法》均采用广义的劳动、劳动者、劳动关系概念[①]。如现行 1982 年宪法则明确采用了“工人、农民、国家工作人员和其他劳动者”的表述[②]。但在具体制度上，工伤则由不同的法律机制加以保障。如重大责任事故犯罪造成的工伤由刑法、刑事附带民事诉讼机制加以保障；一般工伤由劳动法和民法加以保障；农民以及其他自雇劳动者在农业生产和其他劳动中的工伤由相应的医疗保险加以保障（仅有医疗待遇而无伤残及康复待遇）；非经济性劳动，如公务活动中劳动者的工伤则由相应的公务员抚恤机制加以保障。本文重点探讨经济性劳动中的工伤保障，特别是工伤保险制度及其演变。

作为多种保障手段的一种，工伤保险系工伤保障的社会化形式，属社会保障。其发端于无过错民事救济，伴随社会化程度的不断提高，最终发展为成熟的社会保障形式。最初，以相对性为基础的过错侵权责任不能充分救济工作

① 《中华人民共和国工会法》(1950 年)第 1 条：“工会是工人阶级自愿结合的群众组织。凡在中国境内一切企业、机关和学校中以工资收入为其生活资料之全部或主要来源之体力与脑力的雇佣劳动者及无固定雇主的雇佣劳动者，均有组织工会之权。”《中华人民共和国工会法》(1992 年)第 3 条：“在中国境内的企业、事业单位、机关中以工资收入为主要生活来源的体力劳动者和脑力劳动者，不分民族、种族、性别、职业、宗教信仰、教育程度，都有依法参加和组织工会的权利。”

② 《中华人民共和国宪法》(1982)第 19 条：“国家发展各种教育设施，扫除文盲，对工人、农民、国家工作人员和其他劳动者进行政治、文化、科学、技术、业务的教育，鼓励自学成才。”

伤害时,具有社会性特征的无过错责任便应运而生。作为雇主和其他危险制造者、控制者、获利者的社会性救济义务,无过错责任正是民事救济社会化的具体体现。一旦民事救济引入社会化的观念,保险这种天然社会化的产物便迅速寄生,进入民事救济领域,侵权责任保险亦应运而生。随着社会化程度的不断提高,最初的自愿侵权责任保险演变为强制责任保险,最终定型为社会保险,定型为一种成熟的社会化保障方式。工伤保险即属此类。

社会保险的理想状态是"无缝隙、一体化覆盖",工伤保险不应例外,故应以一体化大工伤保险为终极目标(其发展速度应与社会发展速度相适应)。但我国现行的工伤保险制度,原则上以狭义劳动关系(因受他人管理、支配,直接为他人的生产、经营提供劳动、获得报酬而形成的社会关系)为前提,无狭义劳动关系,则不能成立工伤,这在很大程度上制约了我国工伤保障特别是工伤保险的社会化水平,应引起足够的重视。

二、工伤实体保障的问题、成因及建议

(一)工伤保险范围的演变过程

1951年《劳动保险条例》将劳动保险依据的劳动关系规定为劳动者与企业、工厂等经济组织之间的社会关系,包括固定劳动关系,也包括非固定劳动关系[①]。1994年《劳动法》中劳动关系的范围有所扩大,将国家机关、事业组织、社会团体等非经济组织中"与之建立劳动合同关系"包含在内[②]。1995年原劳动部则明确规定公务员、现役军人和家庭保姆不属于劳动关系主体[③]。

---

① 《中华人民共和国劳动保险条例》(1951年)第4条:"凡在实行劳动保险的企业内工作的工人与职员(包括学徒),不分民族、年龄、性别和国籍.均适用本条例,但被剥夺政治权利者除外。第5条:见在实行劳动保险的企业内工作的临时工、季节工与试用人员,其劳动保险待遇在本条例实施细则中另行规定之。"

② 《中华人民共和国劳动法》第2条:"在中华人民共和国境内的企业、个体经济组织(以下统称用人单位)和与之形成劳动关系的劳动者,适用本法。国家机关、事业组织、社会团体和与之建立劳动合同关系的劳动者,依照本法执行。"

③ 关于贯彻执行《中华人民共和国劳动法》若干问题的意见(劳部发[1995]309号)"公务员和比照实行公务员制度的事业组织和社会团体的工作人员,以及农村劳动者(乡镇企业职工和进城务工、经商的农民除外)、现役军人和家庭保姆等不适用劳动法"。

1996年的《企业职工工伤保险试行办法》则将劳动关系限缩为劳动者与企业之间的关系，个体经济组织未被包括在内[①]。2003年《工伤保险条例》有所突破，将个体工商户雇工的劳动关系纳入其中。此后，工伤保险依据的劳动关系范围进一步扩大，甚至有所突破：2004年6月，原劳动和社会保障部以《通知》形式将与用人单位形成劳动关系的农民工纳入工伤保险，这与1951年《劳动保险条例》中的临时工、季节工无异[②]。2007年7月，最高法院行政庭以《答复》的形式将在本单位继续从事劳动的离退休人员纳入工伤保险，但并未明确认定上述离退休人员在发生工伤时与本单位仍是劳动关系[③]。2010年3月，最高法院行政庭再次以《答复》的形式将超过法定退休年龄的进城务工农民工纳入工伤保险保障，但继续回避是否属于劳动关系的问题[④]。2010年修改的《工伤保险条例》将事业单位、社会团体、民办非企业单位、基金会、律师事务所、会计师事务所等非经济组织的劳动者纳入工伤保险，使工伤保险与传统的劳动关系进一步分离，覆盖范围扩大至人事关系。除上述立法突破之外，实践中有的地方已经尝试将街边小贩、个体承揽者等自雇劳动者和公务员纳入工伤保险。此外，较《劳动法》早2天、于1994年12月29日实施的《监狱法》在第73条也规定，“罪犯在劳动中致伤、致残或者死亡的，由监狱参照国家劳动保险的有关规定处理”，而罪犯与监狱的关系并非严格意义上的劳动关系。

上述立法演变与地方实践表明，工伤保险的基础关系原则上是经济领域内的固定劳动关系，但并非绝对。非固定劳动关系、劳务关系、人事关系甚至是国家公务员关系，已经逐渐被纳入工伤保险的保障范围之中。而这些新变化实际上均根源于工伤保险立法中固有的“大劳动关系”因子的观念：无论是

① 《企业职工工伤保险试行办法》(1996年)第1条：“为了保障劳动者在工作中遭受事故伤害和患职业病后获得医疗救治、经济补偿和职业康复的权利，分散工伤风险，促进工伤预防，根据《劳动法》，制定本办法。第2条：“中华人民共和国境内的企业及其职工必须遵照本办法的规定执行。”

② 原劳动和社会保障部《关于农民工参加工伤保险有关问题的通知》(劳社部发[2004]18号)：“凡是与用人单位建立劳动关系的农民工，用人单位必须及时为他们办理参加工伤保险的手续。”

③ 最高人民法院行政审判庭关于离退休人员与现工作单位之间是否构成劳动关系以及工作时间内受伤是否适用《工伤保险条例》问题的答复2007年7月5日，(2007)行他字第6号。

④ 最高人民法院行政审判庭关于超过法定退休年龄的进城务工农民因工伤亡的，应否适用《工伤保险条例》请示的答复((2010)行他字第10号)。

1951年的《劳动保险条例》还是以后的《企业职工工伤保险试行办法》、《工伤保险条例》,都未将私营经济组织排除在外。如果这些私营经济组织的业主(开办者、出资人)也在该单位中提供劳动,也能以单位职工的身份参加工伤保险,而他们实质上并非狭义的劳动者(雇员),而是雇主。因此,我国立法中早有"大劳动"、"大工伤"、"大工伤保险"的观念和制度基础。这种观念和制度随着社会的不断发展,日臻成熟。故我们需要顺势而为,以期最终建立覆盖公务劳动者、经济性劳动者、自雇劳动者等全部劳动者的一体化大工伤保险制度。

(二)非典型用工劳动者的工伤保险困境

由于我国尚未建立一体化大工伤保险制度,公务性劳动者的工伤保障仍实行抚恤制度,固然其保障效果没有问题,但将来仍须和养老保险一样进行"并轨"。真正有问题的是非固定、非典型劳动者、农民等自雇劳动者的工伤保险保障,这还面临许多困境。例如,对于用人单位承包经营的,修订前、修订后的《工伤保险条例》均规定工伤保险责任由职工劳动关系所在单位承担。但所在单位如何承担工伤保险责任,是否已存在劳动关系为前提,各地做法不一:对于内部个人承包,职工所在单位仍为发包单位,劳动关系与工伤保险均无障碍。若内部承包者又雇佣非发包单位职工的劳动者,发包单位承担工伤保险责任是否以存在劳动关系为前提?有的地方认为新雇佣的劳动者与该发包单位有劳动关系,进而认定工伤;有的地方则不认定为工伤。对于外部个人承包,实践中不认定为工伤的情形较为普遍[①]。2005年,原劳动和社会保障部发布《关于确立劳动关系有关事项的通知》专门将建筑或矿山领域违法发包情况下的伤害作为劳动关系处理,工伤部门也认定为工伤[②]。但2008施行的《劳动合同法》第94条又将类似情况规定为"发包的组织与个人承包经营者承担连带责任",这种连带责任是否以工伤认定为前提?实践中工伤认定部门一般不认定工伤,而是由劳动争议仲裁机关、司法机关直接追究连带责任[③]。这表明《劳动合同法》改变了原劳动和社会保障部的规定。另外,虽然劳动部门一直

---

① 修订前的《工伤保险条例》第41条第2款、修订后的《工伤保险条例》第43条第2款均规定:"用人单位实行承包经营的,工伤保险责任由职工劳动关系所在单位承担"。

② 《关于确立劳动关系有关事项的通知》劳社部发〔2005〕12号:"四、建筑施工、矿山企业等用人单位将工程(业务)或经营权发包给不具备用工主体资格的组织或自然人,对该组织或自然人招用的劳动者,由具备用工主体资格的发包方承担用工主体责任。"

③ 《劳动合同法》第94条规定:"个人承包经营违反本法规定招用劳动者,给劳动者造成损害的,发包的组织与个人承包经营者承担连带责任。"

将矿山、建筑行业非法发包的非典型劳动认定为劳动关系、进而认定为工伤，但最高法院在2011年的《全国民事座谈会纪要》中却又明确规定此类情况不认定为劳动关系，而倾向于按照《劳动合同法》第94条追究其连带赔偿责任[①]。而2014年9月《最高人民法院关于审理工伤保险行政案件若干问题的规定》又将违法转包、挂靠等非典型劳动中的损害认定为工伤[②]。至此最终形成了劳动关系认定与工伤认定相分离的处理模式。换言之，即因承包、违法转包、挂靠等原因导致不具备用工主体的个人雇佣劳动者工伤，虽不属于劳动关系，但应认定为工伤。此外，《侵权法》已将劳务关系主体限缩为个人之间[③]，但实践中，对于劳务市场上的劳动者到用人单位从事临时生产经营劳动（如装卸工）时受伤，有的地方仍然以“提供劳务者受害责任纠纷”或者“雇员受害责任纠纷”的民事责任进行保障，而不是以工伤保险责任进行保障。一方面民事责任的保障力度不够，如单位破产，如一至四级伤残的定期待遇无法落实；另一方面这也给人单位逃避安全培训、提供安全措施等劳动法义务大开方便之门。因此，这种非典型劳动应明确认定为劳动关系，并纳入工伤保险保障。

（三）完善工伤实体保障的几点建议

上述问题的根源在于我国没有确立“全面覆盖的一体化大工伤保险制度”目标，且现行劳动关系法律制度形成了制约。如果接纳大劳动、大工伤的概念，将上述非典型、非固定用工纳入劳动关系并认定为工伤，可以有效保障工伤。但这会带来另外一个问题：大量非固定、非典型劳动者可否按照正规劳动关系的规定，要求签订书面劳动合同、主张未签订书面劳动合同的双倍工资以

---

① 2011年的《全国民事座谈会纪要》第59条：建设单位将工程发包给承包人，承包人又非法转包或者违法分包给实际施工人，实际施工人招用的劳动者请求确认与具有用工主体资格的发包人之间存在劳动关系的，不予支持。

② 《最高人民法院关于审理工伤保险行政案件若干问题的规定》第3条：“社会保险行政部门认定下列单位为承担工伤保险责任单位的，人民法院应予支持：（四）用工单位违反法律、法规规定将承包业务转包给不具备用工主体资格的组织或者自然人，该组织或者自然人聘用的职工从事承包业务时因工伤亡的，用工单位为承担工伤保险责任的单位；（五）个人挂靠其他单位对外经营，其聘用的人员因工伤亡的，被挂靠单位为承担工伤保险责任的单位。”

③ 《侵权责任法》(2009)第35条：“个人之间形成劳务关系，提供劳务一方因劳务造成他人损害的，由接受劳务一方承担侵权责任。提供劳务一方因劳务自己受到损害的，根据双方各自的过错承担相应的责任。”

及要求缴纳各项社会保险?困难很大,也不现实。一方面,灵活用工有利于降低企业成本、增加就业、促进经济发展,这些优势使其成为世界性趋势。另一放方面,如果将灵活用工纳入正规劳动关系,成本显然过高,对各方亦是有害无益,不切实际。既然工伤保险可以使我们反思劳动关系,那么灵活用工这种新趋势可以促使我们进一步反思劳动关系:即灵活用工的劳动关系性质应当坚持,但具体制度设计可以更加灵活。例如,《劳动合同法》之所以规定从第二个月签订书面劳动合同,这显然表明一个月以内的灵活用工可以不签订书面劳动合同。同时,应当赋予没有工商注册的自然人用工资格,将目前所谓的劳务关系、雇佣关系纳入劳动关系,规定更为灵活的制度设计,例如无需签订书面劳动合同、无需为其缴纳社会保险。但经济组织的灵活用工,在一个月以内无需签订书面劳动合同,但用工超过一个月的应当严格采用劳动派遣形式并签订书面劳动合同。禁止经济组织使用超过一个月且无劳动派遣的灵活用工。这既方便灵活用工和方便就业选择,又有利于企业发展、有利于劳动者权益保障。同时,也应增加一些工伤保险方面的灵活规定。① 例如,对于用人单位一个月以内的灵活用工,应当由灵活就业人员自行缴纳工伤保险费,免除用人单位的缴费义务。这种设计的原因是用人单位难以及时为一个月以内的短期灵活用工办理参保手续,而有些事故恰好发生在短期用工的当天或者几天之内,形成了保险空档。而由灵活就业人员(含超过退休年龄或者办理退休手续的灵活就业人员)自行参加工伤保险,可以填补该空挡。对于个体业主来说,其用工更加灵活,变动更加频繁(如有些农民工和城市失业人员的地区流动性很大,可能十几天、几个月就转换到其他地方。有的个体业主,他们使用临时用工,或许只有几天,如个体家政人员、实习人员),更难以及时办理相关参保手续。为减轻用人单位、个体业主负担,应由劳动代理机构代理灵活就业人员参加工伤保险,享受缴费优惠甚至是政府补贴,参保期限以一年为限。例如,灵活就业人员每月交费10元,年缴费100元,这个缴费额度劳动者应该可以负担。对于低保人员、退休人员和其他困难人群,政府还应当补贴。同时应禁止经济组织及个人用工者招用没有参加灵活就业工伤保险的劳动者。劳动保险部门应当开通社会保险查询平台,方便用人单位和个人业主查询所雇用的劳动者是否已经加入保险。例如,可以用发短信的方式,输入劳动者的身份

---

① 本文关于灵活就业人员的工伤保险的内容,系作者2013年参加西北大学法学院于欣华副教授生前主持的美国乔治敦大学法学院"灵活就业人员工伤保险问题"项目研讨会上的发言。

证号码，通过相关信息平台查询。违反该规定的，应借鉴醉驾入刑，以刑事轻罪制裁。只要用人单位或者个体业主不敢违法雇佣没有工伤保险的灵活就业人员，其参保的动力就会大大增强。此外，如果临时用工超过一个月，则用人单位和经过注册的个人业主（个体工商户）就应当为其接续正式的社保手续；而没有注册的个体业主则无需续接。灵活就业人员自己负担必要的职业保险费用是为了实现这种保险的无缝隙覆盖，这种负担合理且必要。用人主体可以不承担劳动者短期的保险费，但发生工伤以后，用工主体仍应当承担相应的工伤保险待遇项目。

此外，应借鉴交强险的保障模式，取消工伤保险中繁琐的支付项目，设立一个统一的支付上限，如 30 万元，用于工伤职工的医疗费、误工费、护理费、一次性残疾补偿费、定期伤残津贴特别是对工伤康复的保障，并应逐步加大定期待遇支付力度及康复保障力度，适当减少一次性支付的数额。这种"有限但及时"的社会法保障以用工者无过错为前提，用工者有过错的，工伤劳动者仍可另行追究其"全面补偿"的民事责任，但劳动者有过错的，亦应分担。以此强化用工者与劳动者的工伤预防意识，实现工伤的社会法保障与民法保障的合理衔接。

三、工伤程序保障的问题、成因及建议

工伤程序保障不能简单等同于工伤劳动争议解决程序。"争议"的双方应为平等主体，不平等主体之间的异议不能称之为"争议"。例如，刑事司法过程中，侦查、检察、审判机关与犯罪嫌疑人、被告人在罪名、事实、情节等方面的不同意见不属于司法机关与嫌疑人、被告人之间的争议，更不能转化为嫌疑人、被告人与被害人之间的争议。同理，劳动行政执法过程中，相对人向执法主体提出的异议，如劳动关系的有无，劳动违法事实是否存在，情节如何等，也不属于执法法主体与相对人之间的争议，也不能转化为用人单位与劳动者之间的劳动争议。然而，现行工伤保障程序中恰恰忽视了这一点，将劳动关系是否存在、工伤事实是否存在这两个关键的执法事项错误地理解为劳动争议，进而错误地引入到劳动仲裁和劳动诉讼中，严重制约了劳动保障程序的效率。具体表现有：一是劳动关系认定对工伤认定构成阻碍；二是工伤认定行政复议、行政诉讼没有必要；三是仲裁、诉讼收费制度应当改革；四是程序整体设计欠缺效率标准与合理职能分工。第四个问题是关键。本文试图分析这些问题及其

成因,并提出相应的完善建议。

(一)劳动关系认定对工伤认定构成阻碍

长期以来,劳动行政部门坚持狭义劳动关系为工伤认定的前提,导致程序保障不力,使劳动者维权面临诸多程序困境。例如,在工伤认定过程中,有的用人单位常以劳动关系存在争议为由申请中止工伤认定程序,试图阻碍程序进行。2009年最高法院行政庭批复认为,劳动行政部门具有认定劳动关系的职权,用人单位在工伤认定过程中以劳动关系存在争议为由要求中止工伤认定,不予支持。[①] 但2007年的《劳动争议调解仲裁法》第2条又将确认劳动关系的争议规定为劳动争议,[②]使劳动关系的确认正式进入仲裁、诉讼渠道。这个条文正是混淆劳动执法与劳动争议错误的立法源头。2013年4月,人力资源和社会保障部又在《关于执行工伤保险条例若干问题的意见》中规定,工伤认定过程中发现劳动关系存在争议且无法确认的,应当中止工伤认定,先就劳动关系进行仲裁、诉讼,[③]使问题进一步恶化。不幸的是,不仅仅是劳动行政部门试图将劳动关系认定的法定职责转嫁给仲裁、诉讼,法院的行政审判机构亦有这种倾向。2014年9月《最高人民法院关于审理工伤保险行政案件若干问题的规定》中规定,受理工伤认定行政案件以后发现已经就劳动关系提起仲裁、诉讼的,应当中止行政案件的审理。[④] 总之,劳动关系认定这个烫手山芋还是尽快踢给仲裁和民事审判庭为好。由此看出,法院最初坚持的认定劳动

---

① 《劳动争议调解仲裁法》(2007)第2条:"中华人民共和国境内的用人单位与劳动者发生的下列劳动争议,适用本法:(一)因确认劳动关系发生的争议。"

② 最高人民法院行政审判庭《关于劳动行政部门在工伤认定程序中是否具有劳动关系确认权的请示》的批复(2009)行他字第12号:根据《劳动法》第9条和《工伤保险条例》第5条、第18条的规定,劳动行政部门在工伤认定程序中,具有认定受到伤害的职工与企业之间是否存在劳动关系的职权。

③ 人力资源和社会保障部发布《关于执行工伤保险条例若干问题的意见》人社部发〔2013〕34号:第5条规定,"社会保险行政部门受理工伤认定申请后,发现劳动关系存在争议且无法确认的,应告知当事人可以向劳动人事争议仲裁委员会申请仲裁。在此期间,作出工伤认定决定的时限中止,并书面通知申请工伤认定的当事人。劳动关系依法确认后,当事人应将有关法律文书送交受理工伤认定申请的社会保险行政部门,该部门自收到生效法律文书之日起恢复工伤认定程序"。

④ 《最高人民法院关于审理工伤保险行政案件若干问题的规定》第2条:"人民法院受理工伤认定行政案件后,发现原告或者第三人在提起行政诉讼前已经就是否存在劳动关系申请劳动仲裁或者提起民事诉讼的,应当中止行政案件的审理。"

关系是劳动行政机关的法定职责的正确认识后来被立法机关、劳动行政机关巧妙地转嫁出去;最新的工伤行政案件司法解释又进一步推波助澜,使工伤保障程序进行得异常艰难:首先要经过工伤认定,工伤复议,工伤行政诉讼一审、二审;然后是工伤待遇的劳动仲裁,劳动司法一审、二审;现在又增加针对劳动关系的仲裁与诉讼一审、二审,使总的程序环节最多达到了10个。

本来,调查、确认劳动关系是劳动行政机关的法定义务,不可抛弃。一旦将该问题引入劳动仲裁与诉讼,实际上是将劳动行政机关的法定义务转嫁为劳动者的举证义务。同时,这样做也会使劳动司法陷入两难境地:如果认定劳动关系,则非典型劳动者可以持判决书继续主张未签订书面劳动合同的双倍工资及要求缴纳社会保险费,这非现实国情所能满足。如果不认定劳动关系,劳动行政部门则会以法院判决为挡箭牌,进而不认定为工伤。幸好最高法院出台了最新的司法解释,将转包及挂靠这两种非典型用工纳入工伤保险,部分消除了劳动关系争议对工伤认定的障碍,但仍不彻底,未将其他承包、劳务、雇佣等非典型用工过程中的劳动关系争议障碍完全去除。

(二)工伤认定行政复议、行政诉讼没有必要

现行制度规定,对工伤行政认定可提起行政复议、行政诉讼,这是工伤程序保障中的另一障碍。工伤认定的性质属于行政确认,这无须置疑。但对行政确认行为具体行政行为的监督、审查是否以行政复议、行政诉讼为唯一途径?行政确认具体行政行为的可复议性、可诉讼性是否为绝对?答案是否定的。最典型的是交通事故责任认定,其属于行政确认具体行政行为,但不具有可复议性及行政诉讼可诉性,只需进行证据性审查。应借鉴这种制度设计,取消针对工伤认定行政确认的可复议性及可诉性。具体设计是:发生工伤事故后,劳动者和用人单位应当及时向工伤认定部门报案,不在法定期限内报案的,承担相应法律责任。接报案后,工伤认定部门应如交警一样主动调查,做出是否属于工伤的认定结论。该工伤认定结论在劳动仲裁、劳动诉讼中接受证据性审查,由仲裁部门、司法部门决定采信与否。这可以砍掉行政复议,行政诉讼一审、二审三个环节,大幅度提高工伤的程序保障效率。

(三)仲裁、诉讼收费制度应当改革

国务院《诉讼费用交纳办法》规定“劳动争议案件每件交纳10元”[①],《劳动争议调解仲裁法》规定“劳动仲裁不收费”[②],这两条规定则直接导致用人单位拖延程序进行。同时,不收费、几乎不收费亦将预交诉讼费“防止滥诉”的门槛撤掉,导致部分劳动者滥用诉权,严重浪费仲裁、司法资源。另外,对于二审预交上诉费用,《诉讼费用交纳办法》规定按照上诉请求数额预收上诉费,[③]这亦引发一些问题:如果用人单位试图利用二审拖延诉讼,它只需要针对其中很少的部分上诉,以达到停滞全案的目的。例如,一审判决工伤补偿数额为30万元,用人单位只需要对其中的1万元提出上诉,只需缴纳50元上诉费,全案30万元就被停滞。因此应当修改《诉讼费用交纳办法》的相关规定,恢复一二审“预交诉讼费制度防止滥诉的门槛功能”,填补有关法律漏洞。如果针对一审判决上诉,在上诉之前,无论是劳动者还是用人单位,都应当将自己败诉部分的诉讼费用交齐,否则不准许上诉(劳动者经济困难的,仍然可向二审法院申请缓交)。例如,劳动者要求的补偿数额为40万,而一审只判用人单位承担30万,驳回劳动者10万元的诉讼请求。那么如果劳动者上诉,就应将未获支持的10万元部分的诉讼费用补足;用人单位上诉,就应缴纳未获支持的30万元部分的上诉费,否则不准许上诉。这种设计可以双向、有效地防止劳动者和用人单位滥用诉权的行为。至于部分上诉涉及的裁判生效问题,有人认为未上诉部分自然生效,劳动者可以申请这部分判决的强制执行。这种观点只注意到利用部分上诉拖延全案执行的不良企图,但忽视了另外一个问题——虽然劳动争议部分上诉不同于刑事上诉审的“全面审”,但对于一审程序违法及法律适用问题,二审法院仍有义务主动进行全面审查。因此,即便只有1万元的上诉额,仍然可能影响全案30万元判决的效力,二审法院仍可能以适用法律错误或者违反程序为由撤销一审全案判决,发回重审。部分上诉以全案预收上诉费有失公允,但部分上诉、未上诉部分同时不能生效,亦不太公平。这其中的矛盾如何协调?一个判决部分生效、部分执行的制度尚未有先例,这也

---

① 《诉讼费用交纳办法》(2006)第13条:“案件受理费分别按照下列标准交纳:……(四)劳动争议案件每件交纳10元。”

② 《劳动争议调解仲裁法》(2007)第53条:“劳动争议仲裁不收费。”

③ 《诉讼费用交纳办法》(2006)第17条:“对财产案件提起上诉的,按照不服一审判决部分的上诉请求数交纳案件受理费。”

可能与后来的、针对法律适用和一审程序等问题的"全面审"发生冲突。解决这个问题的办法可以是:以一审判决内容为参照,上诉费的预交数额以有权申请执行一方不服部分的标的额为计算标准;以无权申请执行一方因上诉而对抗裁判及时执行的标的额为标准进行计算。以前述案件为例:劳动者的诉求为40万元,法院仅支持30万元,驳回10万元。作为无权申请执行的一方,用人单位对30万元没有异议,只是为了拖延时间而对其中的1万元提出上诉。虽然其上诉部分仅为1万元,但其对抗裁判执行的数额却是29万元。因此,用人单位的部分上诉对劳动者所获支持的30万元产生了整体的对抗效果,因此其就应当以30万元为标准预交上诉费。而作为有权申请执行的一方,劳动者对已获支持的30万没有异议,但仅对未获支持的10万元提出上诉,其实际对抗一审裁判的数额为10万元,只需以10万元为标准预交上诉费即可。对劳动争议的仲裁、诉讼收费制度应进行上述改革,对超出工伤补偿上限的普通民事诉讼收费亦应如此改革。

(四)明确程序保障的效率标准、完善职能分工

在权利程序保障问题中,保障效率问题至关重要,这一点毋庸赘言。对于民事权利,程序保障的效率标准一般是两审终审,这是最低效率标准,也应是国民待遇标准。而劳动权利属于社会权利,较一般民事权利更为重要,其程序保障的效率标准不应低于两审终审的民事程序保障标准。然而遗憾的是,我国劳动权利保障程序的设计理念中一直忽视了这个问题。历史上,我国有长期的行政程序保障传统而缺乏裁判保障传统;后来行政程序保障的观念受到居中裁判观念的冲击,而裁判保障的理论和经验又十分薄弱,无法独立承担。两相权衡,我国折中地引入了准司法性质的劳动仲裁机制,以此兼顾劳动仲裁居中裁判的价值,又能继续发挥劳动行政部门长期的经验优势。这种模式虽与国际惯例不合,却是国情所决定,是符合当时国情的最佳保障方式。然而随着社会的发展,这种机制日趋不合理。当社会法的观念日益成熟,当劳动行政保障日益受到重视,当司法保障的经验越来越成熟,曾经合理的模式的效率弊端日益显现。上文中人社部《执行工伤保险条例若干问题的意见》第5条规定关于工伤认定因劳动关系争议而中止,《最高人民法院关于审理工伤保险行政案件若干问题的规定》中关于工伤认定行政案件因先行劳动争议仲裁、诉讼而中止的规定便是典型的例证。

工伤保障程序、劳动保障程序之所以缺乏保障效率标准概念,根源仍是对劳动行政保障、准司法性质的劳动仲裁保障和劳动司法保障三种保障程序的

功能定位认识不清,导致劳动执法、劳动仲裁、劳动司法三种程序保障方式相互冲突、脱节,严重影响了工伤程序保障的效率,应予以解决。

劳动保障可分为基准性劳动保障和非基准性劳动保障,工伤保障应属于基准性劳动保障。董保华老师认为应坚持"低标准、严执法"的原则,强化劳动基准方面的执法。[①] 林嘉与陈文涛老师也认为,国际劳工组织强调"工时、工资、安全、卫生和福利、儿童和年轻人就业"等事项属于劳动监察的职能;应当"缩窄劳动监察的事项范围"。[②] 因此,无论何种性质的劳动保障,劳动行政机关应当切实承担起其中的劳动执法职责,不可抛弃、变相抛弃。同时,应遵循劳动法的社会法属性,不断优化劳动执法,逐步探索、扩大社会化的保障程序。国际劳工组织第81号公约毕竟是1947年制定的,经过仅70年的发展,社会法的观念和技术日益成熟,社会法保障程序应当也可以逐渐优化、替代传统的行政法程序,使劳动保障、工伤保障的社会共治的范围、力度不断扩大,不断深化。概言之,包括工伤在内的劳动保障程序应以主动执法的行政程序为主,以强制仲裁程序和司法程序为补充。行政执法事项应由劳动行政机关专责,排除仲裁、诉讼管辖权;非行政执法事项应由劳动仲裁专责,强制劳动仲裁、一裁终裁;对劳动仲裁裁决不服的,以劳动司法进行审查,一审终审。具体来说,劳动关系是否存在、是否构成工伤、工伤待遇以及《劳动合同法》第85条规定的劳动报酬、最低工资、加班费、解除、终止劳动合同经济补偿金以及病假工资、带薪年休假工资等均属于劳动基准事项和行政执法事项,应由劳动执法行政程序加以保障,其他非基准性金钱补偿和较为复杂的工伤待遇,应以劳动仲裁程序保障。劳动司法机关则对劳动执法决定、劳动仲裁裁决进行司法审查。

如何对劳动仲裁裁决进行司法审查是裁审衔接的难点和关键。笔者认为:第一,应全面落实劳动仲裁前置。实践中,有的争议明显属于劳动争议,但仲裁机关不予受理。对此,最高法院在劳动争议解释四中规定,人民法院应当告知当事人申请仲裁并将审查意见书面通知仲裁机关。仲裁机关仍不受理,

---

① 董保华:《中国劳动基准法的目标选择》,载《法学》2007年第1期。

② 国际劳工组织第81号公约"工商业劳动监察公约"第3条规定:"劳动监察制度的职能应为:(a)在可由劳动监察员实施的情况下,保证,诸如有关工时、工资、安全、卫生和福利、儿童和年轻人就业及其他有关事项的规定……"林嘉,陈文涛:《论劳动基准法的法律效力》,载《清华法学》2014年第4期。

人民法院只能受理。[①] 这一规定虽有所改善,但不彻底,不利于全面落实仲裁前置,应修改为"法院应当指令劳动仲裁机关受理"。第二,应全面实行一裁终裁。现有机制下,一裁终裁的范围过窄,不利于充分发挥仲裁机关的职能与优势,不利于充分保障劳动者合法权益。应当借鉴对民商事仲裁司法审查的通行做法,对全部劳动争议案件实行"一裁终裁"。实际上,无论民商事仲裁的一裁终裁还是劳动仲裁的一裁终裁,均非真正的"终局"。民商事仲裁可申请撤销、可申请不予执行,而对所谓终局的劳动仲裁裁决,劳动者可起诉、用人单位可申请撤销。笔者认为,只要不是仲裁两次,就是一裁终裁。只要是一次普通审理,就是一审终审(审判监督属于特别审理)。诉讼中的"两审终审"即是如此,仅指普通审理程序终结,而不包括特殊的审判监督程序。因此所谓的"一裁终裁"仅指仲裁程序的终结,而不包括后续的司法审查。至于司法机关以何种方式复核,都不是对一裁终裁的否定。因此,包括劳动仲裁在内的所有仲裁均只有一次,本就是一裁终裁,而无须再强调所谓"终局"或者"终裁"。第三,劳动仲裁一裁终裁,则劳动司法对其审查应"一审终审"。在裁审关系的衔接问题上,完善司法对仲裁的复核是其中的要害。这里,首先应对"裁判权的复核"问题做简要的梳理,裁判权的复核方式在逻辑上可以包括:复核申请许可、维持原裁决、撤销原裁决、变更原裁决、发回重审以及再审。司法裁判的复核涵盖了上述所有方式。法院对仲裁裁决的审查是国家裁判机构对民间裁判机构作出的裁决的复核,也属于裁判权复核的范畴,也应该遵循共性的复核规律。但现在,法院对劳动仲裁裁决的复核模式中没有包括"维持原裁决或者变更原裁决"这种基本方式,导致了仲裁的虚化和对仲裁资源的浪费,影响了程序保障的效率。如果民事权利保障的效率标准为 2.0,则现行劳动保障的效率标准是 7.0 或者 10.0,这显然不合理。因此,应引入"维持原裁决或者变更原裁决"的基本复核模式,由法院对劳动仲裁裁决作出维持或者变更的判决或者裁定,使劳动保障的程序效率略高于两审终审的一般民事保障效率,真正实现对劳动权特殊保障的立法初衷。按照这种设计,劳动者、用人单位均可对劳动仲裁裁决提起诉讼,但法院应当作出维持仲裁裁决或者变更仲裁裁决的裁定或者判决,不能发回重新仲裁,且应为"一审终审",不得上诉。当然,对"一

---

① 《最高人民法院关于审理劳动争议案件适用法律若干问题的解释(四)》第 1 条:"劳动人事争议仲裁委员会以无管辖权为由对劳动争议案件不予受理,当事人提起诉讼的,人民法院按照以下情形分别处理:……(二)经审查认为该劳动人事争议仲裁委员会有管辖权的,应当告知当事人申请仲裁,并将审查意见书面通知该劳动人事争议仲裁委员会,劳动人事争议仲裁委员会仍不受理,当事人就该劳动争议事项提起诉讼的,应予受理。"

审终审"的生效判决,仍可用审判监督这种特殊复核程序为最后的纠错程序。上述设计可概括为:仲裁前置、一裁终裁;司法复核,一审终审。这种保障程序的效率标准似乎可以等同于、甚至是略高于2.0。

具体到工伤保障程序,有学者主张应当回归工伤保险的社会保险本质,确立工伤保险人的法律地位,由工伤保险人或者相应的"工伤委员会"受理申请、调查劳动关系、审核理赔项目。对工伤保险人的理赔决定可以复审,然后以社会法诉讼的一审、二审进行司法审查。笔者赞同回归社会保险、回归保险人本质和劳动仲裁、劳动诉讼属于社会法保障程序的观点,但认为工伤保障涉及劳动关系、劳动原因等基本事实的调查,这些调查需要动用行政执法权力。同时,工伤保险经办机构作出的是否支付工伤保险待遇的决定以及确定个案工伤保险待遇的数额,是具体行政行为,仍属于传统的行政程序保障。对其进行司法审查,仍要经过两审终审,其保障效率标准仍然过低。此外,增设"工伤委员会"将会增加改革成本。因此,笔者建议,应当优化行政执法,使其专责工伤调查、工伤认定;同时不断完善社会化仲裁机构的职责(现有劳动争议仲裁机构的性质并非行政仲裁而是社会仲裁,其组成包括律师等社会主体),赋予其对工伤认定进行证据审查的权力,砍掉针对工伤认定的复议、诉讼环节。简言之,劳动行政机关专责预防性保障、最低限度的劳动基准保障以及调查劳动关系、作出工伤认定等事项,而将工伤认定证据审查、工伤待遇补偿数额等事项交由劳动仲裁机关"一裁终裁",然后辅以一审终审的普通司法复核和再审这种特殊司法复核,从而确保工伤保障的质量和效率。

建筑领域的劳动关系认定与工伤认定

黄百隆*

【摘要】 建筑领域违法分包、转包现象频发，为保障劳动者的基本权利，劳动行政部门规定具备用工主体资格的承包单位违反法转包、分包给不具备用工主体资格的包工头，该承包单位对包工头招用的劳动者承担用人单位依法应承担的工伤保险责任。实务中，相关部门之间对承包单位与劳动者之间的法律关系认识不一致，本文通过劳动关系的本质特征、现行制度规定和倾斜保护的利益衡量三个层面，论证双方之间不存在劳动关系，建议相关部门统一认识、完善工伤认定流程，并建议加强劳动关系和工伤保险制度的基础性研究，以肃清纷争、树立法律权威。

【关键词】 建筑领域　劳动关系　工伤认定

《人力资源和社会保障部关于执行〈工伤保险条例〉若干问题的意见》(以下简称《意见》)第七条规定：具备用工主体资格的承包单位(以下简称承包单位)违反法律、法规规定，将承包业务转包、分包给不具备用工主体资格的组织或者自然人(以下简称包工头)，该组织或者自然人招用的劳动者从事承包业务时因工伤亡的，由该具备用工主体资格的承包单位承担用人单位依法应承担的工伤保险责任。司法实务中，关于建筑领域承包单位应对包工头招用的员工承担工伤保险责任，并无太多的争议。然而在实务中，对于承包单位与伤

* 黄百隆，温州市中级人民法院民一庭法官。

亡员工之间的法律关系存在不同的观点,这种观点不一更集中地反映在社会保险行政部门、仲裁委、法院行政审判部门以及民事审判部门之间的观点差异,导致建筑领域承包单位与劳动者之间劳动关系认定与工伤认定较为混乱的局面。

一、部门之间的观点差异

社会保险行政部门:《工伤保险条例》第十八条规定:“提出工伤认定申请应当提交下列材料:……(二)与用人单位存在劳动关系(包括事实劳动关系)的证明材料;……”根据现行的工伤认定规定,劳动关系的认定是工伤认定的前置程序。但《工伤保险条例》及相关规定,并未规定劳动关系的定义和认定劳动关系的标准,故建筑领域的承包单位与劳动者之间是否存在劳动关系,以及社会保险行政部门对于是否有权作出劳动关系确认,不同的社会保险行政部门亦存在不同的观点。因此在实务中出现两种不同的做法,一种是认定双方存在劳动关系进而认定工伤,一种是以申请人未提供劳动关系证明为由,作出不予受理或者不予认定工伤决定书。当然,社会保险行政部门的做法,一定程度上也受制于法院行政审判部门的观点影响。

法院行政审判庭:2014 年最高人民法院发布四起工伤保险行政纠纷典型案例,其中,张成兵诉上海市松江区人力资源和社会保障局工伤认定行政案,该案经上海市松江区人民法院一审、上海市第一中级人民法院二审,判决根据《劳动和社会保障部关于确立劳动关系有关事项的通知》(以下简称《通知》)第四条之规定,确认违法发包单位与不具有用工主体资格的实际施工人招用的员工存在劳动关系,维持上海市松江区人力资源和社会保障局作出的工伤认定。浙江省高级人民法院行政审判第一庭《关于“建筑施工企业违法转包、分包中劳动关系的确定”请示的答复》(浙高法行信复[2014]4 号),同样认为,社会保险行政部门依据《通知》第四条、《意见》第七条规定,确认劳动者与具备用工主体资格的承包单位之间存在劳动关系并依法作出工伤认定,人民法院在行政诉讼中一般应予支持;社会保险行政部门不执行上述规范性文件规定,以不存在劳动关系为由,不予受理劳动者的工伤认定申请或作出不予认定工伤决定的,人民法院在行政诉讼中不予支持。由此可见,法院行政审判庭的倾向观点认为,劳动者与具备用工主体资格的承包单位之间存在劳动关系,且社会保险行政部门可直接认定劳动关系,并进而作出工伤认定。

劳动人事争议仲裁委员会及民事审判庭：劳动者在工伤认定不予受理时，会向劳动仲裁委申请确认双方存在劳动关系，仲裁委以及法院民事审判庭一般劳动关系的特征分析承包单位与劳动者之间的法律关系。以上海高院为例，《上海高院民一庭调研与参考》（[2014]15 号），“倾向认为，判断双方是否存在劳动关系应从分析劳动关系的本质特征入手，即需要审查双方是否有建立劳动关系的合意、一方是否接受另一方的指挥和管理、一方是否从事另一方安排的劳动、一方提供的劳动是否系另一方业务的组成部分等”。最高人民法院将上海第一中级人民法院行政庭的工伤行政案件作为典型案例发布，同年，上海高院民一庭发布的意见，显然与该典型案例的观点不一致。若以上海高院民一庭的意见分析承包单位与劳动者之间法律关系，其结果是显而易见的。这种观点代表了大多数劳动仲裁委和民事审判庭的观点。

上述部门之间对建筑领域承包单位与劳动者之间是否存在劳动关系以及工伤认定的观点差异，源于各个部门不同的思维进路，其分别从现行制度规定、倾斜保护的利益衡量和劳动关系的本质特征角度，对是否存在劳动关系和工伤认定程序作出不同的判断。本文亦从上述三个方面，对于建筑领域承包单位与劳动者之间不存在劳动关系进行论证。

二、承包单位与实际施工人招用的员工之间不存在劳动关系

（一）从劳动关系的本质特征分析

劳动关系是用人单位和劳动者直接在劳动过程中形成的法律关系，体现了劳动者对用人单位的从属性。我国《劳动法》《劳动合同法》从主体资格的角度出发来界定其适用范围，未能体现法律关系主体之间的权利义务的特殊性。原劳社部发布的《通知》，即意在解决用人单位与劳动者不签劳动合同时如何判断双方是否构成事实劳动关系的问题，是目前实务中审判人员普遍适用的劳动关系确认标准。该《通知》第一条规定：“用人单位招用劳动者未订立书面劳动合同，但同时具备下列情形的，劳动关系成立。（一）用人单位和劳动者符合法律、法规规定的主体资格；（二）用人单位依法制定的各项劳动规章制度适用于劳动者，劳动者受用人单位的劳动管理，从事用人单位安排的有报酬的劳动；（三）劳动者提供的劳动是用人单位业务的组成部分。”通过该条文可知，劳动行政部门对劳动关系的确认设置了三项标准：主体适格、组织从属、业务从

属。本文不对劳动关系的本质特征进行更深层次的探讨,仅以《通知》确定的标准,在理论界和实务界基本认可的范围对劳动关系的特征进行分析,即主体适格是认定劳动关系的基础,组织从属是劳动关系的本质,业务从属是认定劳动关系的辅助标准。

关于主体适格和业务从属的内涵无须赘述,结合建筑领域的用工实际,具备用人主体资格的承包单位和实际施工人招用的员工,都是建立劳动关系的适格主体,员工工作内容也是承包单位的业务组成部分。而劳动关系组织从属性是判断承包单位与劳动者是否存在劳动关系的最关键因素。

劳动关系的组织从属性关注劳动者是否属于用人单位的成员,是否受到用人单位规章制度的管理,是否有劳动对价的支付,包含"组织成员性"及"经济从属性"两项内涵。"组织成员性"主要是指劳动者是从属于用人单位组织体系中的一个成员,他要在一定程度上受用人单位的管理。"经济从属性"主要是指劳动者在经济上没有独立的经营目的,其是为了用人单位的经营而提供劳动,其劳动报酬仅仅是作为其个人劳动的数量,与用人单位经营业绩没有直接关联。以上因素应当作为一个综合体系构筑劳动关系确认的主导标准。

建筑领域的承包单位与劳动者之间事实上不存在直接的法律关系,双方之间没有建立劳动关系的合意,双方没有通过口头或者书面约定权利义务,劳动者并非承包单位直接招聘的员工,双方不存在直接的管理与被管理的关系,承包单位也没有向劳动者直接支付劳动报酬,在证据层面,劳动者也无法提供任何能够证明双方之间存在直接法律关系的证据。显然,劳动者与承包单位之间不具备组织从属特征,双方之间的法律关系不符合劳动关系的本质特征,不应认定双方存在劳动关系。

(二)从现行文件规定的角度分析

对于主张建筑领域承包单位与劳动者存在劳动关系观点来说,其主要的依据是原劳社部《通知》第四条的规定:"建筑施工、矿山企业等用人单位将工程(业务)或经营权发包给不具备用工主体资格的组织或自然人,对该组织或自然人招用的劳动者,由具备用工主体资格的发包方承担用工主体责任。"有观点认为,即使承包单位与劳动者之间的法律关系不符合劳动关系的本质特征,但出于弱势群体特殊保护的目的,法律拟制双方之间存在劳动关系。本文不赞同这个观点。

首先,按照法条文义解释,该《通知》第四条中使用的概念是"用工主体"而非"用人单位","用工主体"并非劳动法上的概念。且人社部《意见》第七条规

定明确“该具备用工主体资格的承包单位承担用人单位依法应承担的工伤保险责任”,《意见》第七条规定首先区分使用了“用工主体”和“用人单位”的概念,同时,将承包单位的责任从“用工主体责任”缩小到“用人单位依法应承担的工伤保险责任”。因此仅以《通知》第四条的规定认定承包单位与劳动者存在劳动关系的依据,并不充分。

其次,最高人民法院《全国民事审判工作会议纪要》(法办[2011]442 号)第五十九条明确规定:“建设单位将工程发包给承包人,承包人又非法转包或者违法分包给实际施工人,实际施工人招用的劳动者请求确认与具有用工主体资格的发包人之间存在劳动关系的,不予支持。”劳社部《通知》第四条规定显然未得到最高人民法院的支持。且最高人民法院《关于审理工伤保险行政案件若干问题的规定》(法释[2014]9 号)第三条第(四)项规定明确“用工单位为承担工伤保险责任的单位”,同时,第三条第二款有规定,“前款第(四)、(五)项明确的承担工伤保险责任的单位承担赔偿责任或者社会保险经办机构从工伤保险基金支付工伤保险待遇后,有权向相关组织、单位和个人追偿”。

再次,最高人民法院 2014 年 4 月 11 日发布的《对最高人民法院〈全国民事审判工作会议纪要〉第 59 条作出进一步释明的答复》指出:“《通知》第四条之所以规定可认定承包人、分包人或转包人与劳动者之间存在劳动关系,其用意是惩罚那些违反《建筑法》的相关规定任意分包、转包的建筑施工企业。我们认为,承包人、分包人或转包人违反了《建筑法》的相关规定,应当承担相应的行政责任或民事责任。不能为了达到制裁这种违法发包、分包或者转包行为的目的,就可以任意超越《劳动合同法》的有关规定,强行认定本来不存在的劳动关系。”尽管该《答复》内容受到一定的诟病,但最高院《答复》的意图非常明显,即不应超越《劳动合同法》的相关规定,认定承包单位与劳动者之间存在劳动关系。

最后,所谓“拟制劳动关系”,不过是一种学理上生造出来的概念,实体法依据不足。且不管文件规定承包单位承担工伤保险责任的合法性,承包单位对因工伤亡劳动者承担的是一种替代责任。承包单位将工程违法分包、转包给包工头,主观上亦有过错,一旦劳动者因工伤亡,经常面临包工头无力赔偿的问题,而劳动者受伤后的治疗问题,直接涉及劳动者的生存权,故相对资金雄厚的承包单位应对其违法分包、转包行为负责,就由其替代包工头承担工伤保险责任,同时司法解释也已经明确规定了承包单位的追偿权,这种追偿权亦明显有别于劳动关系中的权利义务。

因此,仅凭原劳社部《通知》第四条规定认定建筑领域承包单位与劳动者之间存在劳动关系的理由,也是不能成立的。

(三)从倾斜保护的利益衡量角度分析

国家三令五申禁止建筑领域违法分包、转包,但仍有很多承包单位不顾法律明文禁止,不顾建筑质量,不顾劳动者基本安全保障,仅为一己私利,将工程违法层层转包、分包,造成许多恶劣影响,令人义愤填膺,任何惩处承包单位违法行为的举措,几乎都能够广泛的响应和支持,以至于最高人民法院的《答复》也将《通知》第四条的规定理解为意在惩罚违法的建筑施工企业。本文不赞同《答复》关于《通知》第四条立法意图的理解,劳动行政部门出台相关文件规定的意图应限于劳动领域,或是出于规范建筑领域用工关系的考量,或是出于保护弱势劳动者的目的。诚如我们很难想象园林部门意在遏制企业偷税漏税而制定某项规定一样,劳动行政部门亦无法越俎代庖,出于惩罚建筑施工企业而制定相关规定。并且劳动领域的“偏方”客观上无法治愈建筑领域违法转包、分包的“顽疾”,任何试图通过规范建筑领域用工关系来整顿建筑领域违法分包、转包乱象的想法,都不过只是善良的徒劳而已。因此,抛开劳动关系的本质特征,以整顿建筑行业违法分包、转包乱象为目的而认定劳动关系的理由是不能成立的。

规定建筑领域由承包单位对劳动者承担工伤保险责任,系劳动行政部门基于倾斜保护劳动者权益的政策考量而作出的行政规定,其目的在于保障因工伤亡劳动者的基本救治、生存的权利。而劳动关系中用人单位的义务,不限于工伤保险责任,还包括与劳动者签订书面劳动合同、为劳动者缴纳社会保险、支付劳动报酬等等。若将劳动关系的认定作为建筑领域承包单位对劳动者工伤保险责任的前提,那么承包单位必然要对劳动者承担劳动关系中用人单位的全部责任。同理,未发生工伤的劳动者亦可主张与承包单位之间存在劳动关系,承包单位将对包工头招用的所有员工承担用人单位责任,其结果固然严惩了违法分包、转包的承包单位,但也将会因倾斜保护过度而利益失衡,最终导致整个社会利益受损,得不偿失。

不论是出于倾斜保护弱势劳动者的权益,还是出于惩罚违法转包、分包的承包单位,都能够得到大多数民众情感上的赞同,但作为理性的法律,不应该过分强调这些目的,只关注目的正确与崇高,而忽视手段方式的合理性,并以此为依据“理直气壮”地扭曲劳动关系的本质和内涵。

三、建筑领域工伤认定程序及建议

建筑领域劳动关系与工伤认定问题观点不一，其原因在于：一方面，文件规定对承包单位与劳动者之间法律关系的闪烁其词，以及现行“劳动关系”概念定义的缺位；另一方面，劳动行政部门突破劳动关系与现行法律规定工伤认定以劳动关系为前提之间存在矛盾。本文对建筑领域的劳动关系认定和工伤认定提出如下两方面的建议：

（一）统一劳动关系认定的文件规定，加强基础研究

部门规章、典型案例、司法解释、答复意见的观点矛盾以及文件规定的含混，是导致建筑领域承包单位与劳动者劳动关系认定不一致的直接原因。劳动关系的认定涉及不同部门之间职权行为，最高人民法院相关部门应联合劳动行政部门，统一认识，准确把握劳动关系的本质特征，明确建筑领域工伤认定过程中的劳动关系认定问题，避免法条适用的不确定性，减少劳动关系认定的纷争，以加强文件规定的权威性和当事人权利救济的预见性。

劳动关系的概念和确认标准的缺位，是导致劳动关系认定混乱局面的根本原因。劳动关系的概念和确认标准应当是劳动法首先需要解决的问题，其决定劳动法的调整对象、适用范围，是劳动法学最为基础的理论问题。而在我国国家层面的劳动立法文件中，没有任何关于劳动关系定义的规定。这在我国其他法律部门中是相当少见的。因此，应当加强对劳动关系概念和确认标准的基础性研究，并力争在劳动基本法的层面出台相应的规定，从根本上解决劳动关系认定的争议，亦为劳动法学科的独立性奠定基础。

（二）完善工伤认定流程规定，加深工伤保险责任制度认识

工伤认定是指国家有关部门根据国家的政策、法规的规定，确定职工受伤或患职业病是因公造成的，还是非因公造成的事实。[①]《工伤保险条例》和《工伤认定办法》是社会保险行政部门据以认定工伤的制度依据，《工伤保险条例》和《工伤认定办法》将劳动者与用人单位是否存在劳动关系是工伤认定的前提，并无例外规定。但建筑领域承包单位与劳动者之间是突破劳动关系而认

① 史探径：《社会法论》，中国劳动社会保障出版社 2007 年版，第 120 页。

定工伤保险责任,在现行工伤认定的语境下,社会保险行政部门只能作出劳动关系认定进而认定工伤,或者以不具备劳动关系证明而不予受理,若社会保险行政部门在不作劳动关系认定的情况下作出工伤认定,则存在不可逾越的制度障碍。因此,劳动行政部门在制定承包单位应对因工伤亡劳动者承担工伤保险责任的实体性规定时,也应当制定相应的非劳动关系下工伤认定的特殊规定,避免社会保险行政部门在特殊情形下工伤认定时处于两难的境地,确保建筑领域工伤认定流程的可行和顺畅。

以劳动关系作为前提的工伤认定,抑或不以劳动关系为前提的工伤认定,在根本上,均应立足于明确工伤保险制度的内涵和外延基础上。当前,我国工伤保险制度覆盖范围存在扩大的趋势,包括责任主体范围的扩大,也包括工伤事故范围的扩大,一定程度上,加剧了用人单位的用工风险和预防风险,而政策性法规的随意性也损害了法律的权威,同时,增大了工伤保险基金的压力。因此,亦应加强对工伤保险制度的基础性研究,工伤保险责任范围的变化,应当综合社会利益的的考量,避免过度的倾斜保护。

大陆涉台社会保险法规政策分析

张秀芹　岳宗福*

【摘要】 随着两岸人员往来日益频密,两岸民众的社会保障权益保护问题也日益凸显。本文在梳理大陆涉台社会保险法规政策的基础上,分析了大陆居民移居台湾后可能面临的社会保险问题,进而做出了一些推论性思考。当然,这些推论毕竟只是理论推想,能否成为现实政策,尚需有权机关经过仔细考量推出相关政策或立法。

【关键词】 大陆　台湾地区　社会保险

在两岸交流日趋频繁的背景下,两岸人员往来日益频密,仅以两岸民众的通婚情况为例,根据大陆海峡两岸婚姻家庭协会公布的数据,截至 2013 年年底,在大陆登记的两岸婚姻家庭已超过 35 万对,目前数量最多的 5 个省份(自治区)是福建、广东、湖南、江苏和广西。② 同时,根据台湾海基会的统计数据,从 1993 年至 2013 年 9 月分,涉及两岸婚姻类的文书验证已达 398501 件,在台定居大陆配偶超过 311200 人。③ 在此背景下,两岸民众的社会保障权益保护问题也日益凸显。由于两岸社会保障问题涉及多个层面,在此无法展开详

* 张秀芹,女,山东菏泽人,山东工商学院法学院讲师;岳宗福,男,山东工商学院教授。

② 易靖茗:《海峡两岸婚姻家庭协会在京举行第一届理事会第二次会议》,载《台声》2014 年第 2 期。

③ 《两岸婚姻家庭有多少? 在台大陆配偶逾 30 万》,http://www.taiwan.cn/taiwan/tw_SocialNews/201309/t20130902_4815006.htm。

细讨论,本文只是选取其中的一个侧面,主要分析大陆居民移居台湾(并取得台湾地区永久性居民身份,下同)后所面临的社会保险问题。

一、大陆涉台社会保险法规政策的梳理与分析

目前,大陆涉台社会保险法规政策主要包括《中华人民共和国社会保险法》(以下简称为《社会保险法》)的相关条款、《实施〈中华人民共和国社会保险法〉若干规定》(以下简称为《〈社会保险法〉若干规定》)的相关内容,以及《关于单位外派职工在境外工作期间取得当地居民身份证后社会保险关系处理问题的复函》《台湾香港澳门居民在内地就业管理规定》等规范性文件,下面将按时间的先后顺序逐一梳理。

原劳动和社会保障部办公厅2001年4月在《关于单位外派职工在境外工作期间取得当地居民身份证后社会保险关系处理问题的复函(劳社厅函[2001]115号)》是处理涉台社会保险问题的一份重要政策性文件,其中明确指出"职工在被派到香港、澳门和台湾地区工作期间合法取得当地永久性居民身份证的",其社会保险关系的处理办法为[①]:职工在被本单位派到境外工作期间,合法取得当地永久性居民身份证后,职工所在单位应停止为其缴纳社会保险费,及时为其办理终止社会保险关系的手续。社会保险经办机构应当终止其社会保险关系,并根据职工的申请,对参加基本养老保险,且不符合领取基本养老金条件的,将其基本养老保险个人账户储存额中的个人缴费部分一次性退给本人;参加失业保险的,单位和个人此前缴纳的失业保险费不予退还。

原劳动和社会保障部公布实施的《台湾香港澳门居民在内地就业管理规定》(劳动和社会保障部令第26号,自2005年10月1日起施行)是目前处理台湾居民在大陆就业及其社会保险问题的一项重要政策。根据规定,在大陆就业的台湾居民是指:(1)与用人单位建立劳动关系的人员;(2)与境外或台、港、澳地区用人单位建立劳动关系并受其派遣到大陆1年内(公历年1月1日起至12月31日止)在同一用人单位累计工作3个月以上的人员。用人单位拟聘雇或者接受被派遣的台湾居民应当具备下列条件:(1)年龄18至60周岁

---

① 法律出版社法规中心:《最新社会保险法律政策手册》,法律出版社2010年版,第48页。

(直接参与经营的投资者和大陆急需的专业技术人员可超过 60 周岁);(2)身体健康;(3)持有有效旅行证件(包括大陆主管机关签发的台湾居民来往大陆通行证、港澳居民往来内地通行证等有效证件);(4)从事国家规定的职业(技术工种)的,应当按照国家有关规定,具有相应的资格证明;(5)法律、法规规定的其他条件。用人单位与聘雇的符合以上规定条件的台湾居民"应当签订劳动合同,并按照《社会保险费征缴暂行条例》的规定缴纳社会保险费"。[①] 同期发布的《关于贯彻实施〈台湾香港澳门居民在内地就业管理规定〉有关问题的通知》(劳社部函[2005]90 号),要求各省、自治区、直辖市"按照《社会保险费征缴暂行条例》和《工伤保险条例》等法规要求,完善用人单位和台、港、澳人员缴纳社会保险费办法,社会保险经办机构根据统一编码要求,为已参保的台、港、澳人员建立终身不变的基本养老个人账户"。[②]

《社会保险法》已于 2011 年 7 月 1 日起实施,其中对于涉台的社会保险事务并没有做出专门的具体安排。虽然《社会保险法》第 97 条规定"外国人在中国境内就业的,参照本法规定参加社会保险"。但是,台湾居民与香港居民、澳门居民一样,同属于中国公民,显然不能适用于本条的规定。当然,《社会保险法》中的有些条款,虽然从字面上看,不直接涉及台湾问题,但具体实施起来却可能会涉及台湾问题。比如,《社会保险法》关于基本医疗保险的规定中所列举的"不纳入基本医疗保险基金支付范围"医疗费用包括"在境外就医的"(此项规定虽然是针对城镇职工基本医疗保险而言,但应当同样适用于新型农村合作医疗制度和城镇居民基本养老保险制度),关于失业保险的规定中所列举的失业人员"停止领取失业保险金、并同时停止享受其他失业保险待遇"的情形之一为"移居境外的"。这里所说的"境外"既包括其他国家,也包括我国"大陆以外的香港、澳门特别行政区和台湾地区"。[③]

为了贯彻实施《社会保险法》,人力资源和社会保障部发布了《〈社会保险法〉若干规定》,该规定自 2011 年 7 月 1 日开始施行,第 6 条规定:"个人在达到法定的领取基本养老金条件前离境定居的,其个人账户予以保留,达到法定

---

① 劳动和社会保障部:《台湾香港澳门居民在内地就业管理规定》,http://www.gov.cn/flfg/2006-01/06/content_149379.htm。

② 劳动和社会保障部:《关于贯彻实施台湾香港澳门居民在内地就业管理规定有关问题的通知》,http://www.shanxigov.cn/n16/n1731/n14912/n15217/n16519/6493451.html。

③ 全国人大常委会法制工作委员会行政法室:《中华人民共和国社会保险法解读》,中国法制出版社 2011 年版,第 96 页。

领取条件时,按照国家规定享受相应的养老保险待遇。其中,丧失中华人民共和国国籍的,可以在其离境时或者离境后书面申请终止职工基本养老保险关系。社会保险经办机构收到申请后,应当书面告知其保留个人账户的权利以及终止职工基本养老保险关系的后果,经本人书面确认后,终止其职工基本养老保险关系,并将个人账户储存额一次性支付给本人。"这里所谓"出境定居"从字面上理解,应该既包括到其他国家定居,也包括到我国"大陆以外的香港、澳门特别行政区和台湾地区"定居;而所谓"丧失国籍的",依据《中华人民共和国国籍法》的规定,包括自动丧失中国国籍(如定居外国的中国公民,自愿加入或取得外国国籍的)和批准退出中国国籍(如中国公民是外国人的近亲属、定居在国外的或有其他正当理由的可以申请退出)两种情况。大陆配偶注销大陆户籍后,不论是否取得了台湾永久性居民身份证,都不属于《中华人民共和国国籍法》规定的"丧失国籍的"情况。因此,上述"丧失中华人民共和国国籍的,可以在其离境时或者离境后书面申请终止职工基本养老保险关系"之规定,应该不能适用于在台湾的注销户籍的大陆配偶。

二、大陆居民移居台湾面临的社会保险问题分析:以养老保险为考察中心

大陆的社会保险体系主要由两大部分构成:一是依托居民身份关系而构建的城乡居民社会保险制度;二是基于劳动关系而构建的职工社会保险制度。在城乡居民社会保险制度下,大陆居民移居台湾并取得台湾永久居民身份,当然也就无法参加大陆居民社会保险,这里不做重点讨论。但在职工社会保险制度下,大陆居民移居台湾后的社会保险问题则比较复杂,可能会涉及如下两个方面:一是如果移居台湾时不符合享受相关待遇的条件能否补足;二是移居台湾时如果已经达到享受相关待遇的条件能否享受或继续享受。

(一)不符合享受相关待遇的条件能否补足

内地职工社会保险制度对于相关待遇的给付规定有严格的条件要求,特别是在最低缴费年限方面要求明确。如在基本养老保险方面,《社会保险法》第16条规定,"参加基本养老保险的个人,达到法定退休年龄时累计缴费满15年的,按月领取基本养老金"。这里的"累计缴费满15年"即是参保人"按月领取基本养老金"的最低缴费年限要求。当然,《社会保险法》关于基本养老保险最低缴费年限的规定与大陆居民是否移居台湾没有直接关系,仅与其在

大陆就业期间累计缴费是否达到法定的最低缴费年限直接相关。但是,《社会保险法》第16条同时规定,“参加基本养老保险的个人,达到法定退休年龄时累计缴费不足15年的,可以缴费至满15年,按月领取基本养老金;也可以转入新型农村社会养老保险或者城镇居民社会养老保险,按照国务院规定享受相应的养老保险待遇”。那么,如果大陆居民移居台湾后,当其达到法定退休年龄的时候,发现其累计缴费未达到法定的最低缴费年限,能否依照《社会保险法》的上述规定,在基本养老保险方面“缴费至满15年,按月领取基本养老金”呢?

《社会保险法》对此缺乏明确规定,其中第97条规定“外国人在中国境内就业的,参照本法规定参加社会保险”。这里外国人是指“依照国籍法规定不具有中国国籍的人员,包括具有外国国籍人员和无国籍人员”;所谓参照是指“原则依照本法执行,但允许有所变通;在没有做出变通规定时,外国人应当依照本法参加社会保险;在有权机关作出变通规定时,外国人参加社会保险按照变通规定执行”,“变通的内容包括是否需要参加社会保险以及参加哪几项社会保险”。[①] 依此推论,既然外国人、无国籍人在中国境内就业的,可以参照《社会保险法》的规定参加社会保险,那么同属中国的台湾、香港、澳门居民在内地就业的,即便不能像内地居民一样完全“依照”《社会保险法》执行,最起码也不能低于外国人的标准,应该可以“参照”执行吧。由此似乎可以推想,如果大陆居民移居台湾,当其达到法定退休年龄的时候,发现其累计缴费未达到法定的最低缴费年限,应允许其参照或依照《社会保险法》的上述规定补充缴费至法定最低缴费年限。

(二)已经达到享受相关待遇的条件能否享受或继续享受

大陆居民移居台湾时,如果已经达到了享受职工社会保险待遇的法定条件,能否像具有大陆职工一样享受或继续享受相关社会保险待遇呢?具体而言,在基本养老保险方面,如果累计缴费已满15年且达到国家法定的退休年龄后,能否“按月领取基本养老金”并享受其他相关职工基本养老保险待遇呢?这一问题在《社会保险法》当中同样找不到明确的答案。原劳动和社会保障部办公厅《关于单位外派职工在境外工作期间取得当地居民身份证后社会保险关系处理问题的复函(劳社厅函[2001]115号)》对于“被派到香港、澳门和台

---

① 全国人大常委会法制工作委员会行政法室编著:《中华人民共和国社会保险法解读》,中国法制出版社2011年版,第285页。

湾地区工作期间合法取得当地永久性居民身份证"的职工,规定其所在单位应停止为其缴纳社会保险费,及时为其办理终止社会保险关系的手续;社会保险经办机构应当终止其社会保险关系,并根据职工的申请,对参加基本养老保险,且不符合领取基本养老金条件的,将其基本养老保险个人账户储存额中的个人缴费部分一次性退给本人。但是,如果职工虽然"合法取得当地永久性居民身份证",但是在中国大陆已经"参加基本养老保险","且符合领取基本养老金条件",是否应该向其发放职工基本养老金呢?上述《复函》对此问题并未明确,也无法为思考符合法定条件的移居台湾的大陆居民能否继续享受相关待遇提供借鉴。

原劳动和社会保障部公布实施的《台湾香港澳门居民在内地就业管理规定》明确规定,用人单位与聘雇的符合以上规定条件的台湾人员"应当签订劳动合同,并按照《社会保险费征缴暂行条例》的规定缴纳社会保险费"。同期发布的《关于贯彻实施〈台湾香港澳门居民在内地就业管理规定〉有关问题的通知》(劳社部函[2005]90号),要求各省、自治区、直辖市按照《社会保险费征缴暂行条例》和《工伤保险条例》等法规要求,完善用人单位和台湾人员缴纳社会保险费办法,社会保险经办机构根据统一编码要求,为已参保的台湾人员建立终身不变的基本养老个人账户。虽然目前中国大陆尚未出台完善的"台湾人员缴纳社会保险费办法",但既然已经明确要求社会保险经办机构根据统一编码要求,为已参保的台湾人员"建立终身不变的基本养老个人账户"。那么,当在中国大陆就业的台湾人员在大陆地区达到参保缴费的最低年限要求并符合享受职工基本养老金的其他法定条件,完全可以像大陆参加职工养老保险的参保人一样,依法享受职工基本养老保险待遇。依此类推,大陆居民移居台湾并合法取得了台湾永久性居民身份证,如果其已经符合享受职工基本养老保险待遇的法定条件,应当允许其继续享受。

三、结　　语

前文在梳理大陆涉台社保法规政策的基础上,分析了大陆居民移居台湾后可能面临的社会保险问题,并在现行法规政策的基础做出了一些推论性思考。当然,这些推论毕竟只是理论推想,能否成为现实政策,尚需有权机关经过仔细考量推出相关政策或立法。目前,两岸关系和平发展已成为民心所向、大势所趋。但由于两岸社会保障政策存在差异,同时又缺乏社会保障政策的

协调处理机制，尚要两岸相关部门加强相互沟通和协调，有效化解两岸民众遇到的社会保险问题。在祖国大陆方面，应该修正完善涉台的社会保险法规政策，以有效保障大陆居民移居台湾后的社会保险权益。此外，由于大陆省份众多、且各地在执行涉台的社会保险政策方面所掌握的尺度不一，也成为保障移居台湾的大陆居民社会保险权益的又一种障碍，所以应当尽快统一大陆各省份涉台社会保险政策口径及办理程序。

教育法

城区学生教育环境权落实与维护分析:以温州五所学校为例

王　勇　徐建峰*

【摘要】 校园周边环境质量对于教育过程及其成效影响重大,鉴于此,教育环境权作为一项处于环境权与教育权交叉地带的公民权利,应可以成立并切实受到重视。温州五所典型样本学校案例调研显示,城区学生教育环境权落实情况堪忧,教育过程受到周边恶劣环境的严重困扰,师生苦不堪言。究其原因,一是城区教育公共品规划管理滞后,环保部门尤其基层环保部门管理缺位,执法意识淡漠,执法力量不足;二是部门间缺乏治理合力,亟待强化彼此协作;三是社会力量介入以弥补政府管理力量不足有待进一步加强。对此,可重点采取如下三方面对策:出台教育环境权相关地方立法乃至全国性立法,予以该权利法律保障;加强校园周边环境的政府环境监管,推动部门间对教育环境权落实的协同治理;扶持、鼓励社会力量监督和参与校园环境污染治理工作,弥补市场失灵和政府失灵。

【关键词】 城区学生　教育环境权　落实与维护　合作治理

随着工业化与城市化高歌猛进,尤其在城区,校园周边环境污染愈加严重和普遍,极大影响学生受教育过程及其成效。鉴于此,教育环境权作为一项处于环境权与教育权结合地带的公民权利,应可以成立并切实受到重视。本课题组以温州具有典型意义的五所学校为例,就此作出专门实证调研,希冀界定

---

* 王勇,温州大学法政学副院长,副教授、管理学博士,主要从事公共环境管理研究;徐建峰,温州大学行政管理专业2013级本科生。

问题并相应提出若干对策设想，撰文详细如下。

一、研究缘起、设计与概念提出

近年来关于学校周边环境污染干扰学生正常上课，影响到学生受教育的过程及实际效果，部分案例甚至危害到学生身体健康的报道屡屡见诸报端，从学生个人来说，体现出受教育权和环境权的双重侵害；从整个国家来说，则可能危及国民素质的提高与发展。从现有相关研究来看，直接以校园环境污染为题的文献，大多停留于现象描述层次，鲜有作出深入实证分析的理论成果；有一定相关度的另一些成果虽则关注校园环境建设，但多以高校为分析对象，其校园环境建设多指向文化与德育环境营造（路琳，1999；骆玉安，2002；陈启文，2006；林刚，2013），生活面向的社会“微环境”整治（辛自强，2008），校园区域噪声污染防治（王素萍，2004）、校园环境美化、绿化与人际关系及制度支撑（张高飞，2002；李金根，2005；孙式灵，2010），校园舆论环境优化与师德建设（娄东生，2010），等等。

概括而言，校园周边环境污染所造成对学生受教育过程的危害问题，理论与实践层面均须引起高度重视。地处浙南的温州市，改革开放以来，创造了以私营经济为主的“温州模式”，民营企业四面开花，很多企业规模虽小，但生产所造成的环境影响却很大，政府教育公共品规划以及公共环境管理则相对滞后、随意，从而导致校园环境污染现象尤为突出。本课题组以下即以温州地区数所城区中小学为例，对于这一现象作出专门调查、研讨，相应提出和明确“教育环境权”概念，并从立法和管理层面提出可行的对策选择，这一研究在当前而言，应是有其理论和实践价值的。

调研遵循“理论分析—实证分析—对策启示”的思路，如图1所示：

调研重点以五所学校为样本，即为温州中学、平阳中学、温州第二外国语学校、温州第八中学（瑶溪校区）、温州翔宇中学。选择这几个样本学校的原因是：第一，近期均曾发生校园环境污染事件；第二，事件造成较大的舆论反响，具有典型性；第三，样本间并非集中分布，有助于提高研究效度，增强研究意义。（见表1）

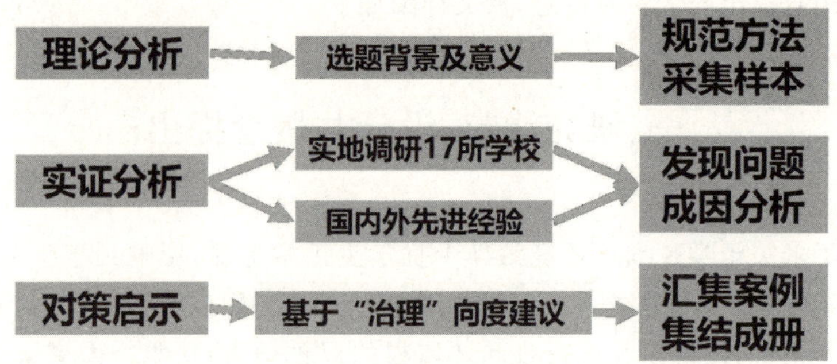

图1 研究思路图

表1

样本学校	污染事件	地区	调研时间
平阳中学	“口罩门”	平阳县	2014.10.29—2014.10.30
温州中学	“垃圾山焚烧”	瓯海区	2014.11.11
温州八高(瑶溪校区)	“夜间排放废气”	龙湾区	2014.12.09
温州第二外国语学校	“臭味袭扰”	瓯海区	2014.12.10
温州翔宇中学	“浓烟埋伏”	永嘉县	2014.12.10

总结调研所得，五所学校的校园环境污染，存在这些共性特点：

一是均为寄宿制学校，长期生活在受污染区域的学生的生理与心理应激反应较为剧烈；二是污染类型多是空气污染，如塑编厂废气、垃圾焚烧臭味和农民焚烧秸秆的烟雾，与前一个特点的叠加，会影响到学生的正常上课；三是学校周边均存在着工业区，无论距离标准是否达到符合学校建筑设计的相关标准，受污染学校的废气都来自于周边的各种污染源；四是治理难度大，或拖延时间久，政府或者放任不管，或者管理难于着眼长远，或难于实现各部门协力；五是师生、家长对于污染有痛切认识，民间有着自发的、有组织的抗争能力和冲动。

任何一项新的法律权利的出现，都是利益发生冲突的结果，或者说是社会利益发生剧烈冲突后，需要对这些相互冲突的利益重新衡平的结果。[①] 本课

① 吕忠梅:《环境法原理》,复旦大学出版社2007年版,第48页。

题组拟针对校园周边环境污染造成学生受教育过程被严重干扰的情况，提出“教育环境权”概念，并将其理解为环境权与受教育权的交叉权利，主张其应可以成立并予以认真落实和维护，调研之中发现城区学生该项权利受到侵害的情形，主要可归结为以下两个方面。

(一)校内正常上课与生活秩序受到影响

以平阳中学为例，在周边塑编厂偷排时，学生被迫戴上了口罩，以应对刺鼻气体对身体造成的影响；温州中学的同学反映，学校对面的垃圾回收厂焚烧垃圾时，在上课期间会吹来刺激气体；温州第八中学(瑶溪校区)，企业夜间排污时，患有鼻炎的同学会产生不适反应；温州第二外国语学校及永嘉翔宇中学的问卷调查显示，表示遇到过环境污染影响正常上课的学生比例为46%和39%。

以上案例情境和统计数据可以表明，环境污染事件在一定程度上会影响到学生的正常学习、生活和课外活动的开展。其中威胁到学生的良好环境权的保障，可能涉及的有日照权、通风权、安宁权、清洁空气权、清洁水权、观赏权等。

(二)部分学生感到身体不适或其他应激反应

学生的身体健康受到威胁最易牵动人们的神经，2013年温州乐清北白象第九小学，学生因受刺激性气体而造成的流鼻血事件就引起舆论巨大的反响。空气污染对于青少年的危害远大于成年人，因为相对于成年人呼吸量和体重比，青少年要大于成年人，而且青少年的身体免疫能力也不如成年人。长期暴露在污染的空气中则会引起患儿肺发育抑制、肺功能受损、慢性阻塞性肺疾病易感性增加等慢性损伤。①

此次调研的学校所受的污染全部是空气污染，潜在的危害是难以想象的。因为空气污染对身体造成的损害有时不是立刻表现出来，它需要长时间的污染物累积，有可能过了十几年学生才会表现出因受污染造成的明显损伤。而这一污染物排放和人体健康受到明显损伤的时间差，也是目前许多环境污染问题维权困难的重要原因。

---

① 《空气污染对儿童健康的危害》，http://www.fshospital.org.cn/CN/infosystem/document/new24065.htm。

二、校园环境污染现状:基于五所学校的调研

(一)校园环境污染概况

1. 平阳中学

平阳中学位于平阳县东南部的昆阳镇平台村。2014年3月份,媒体曝出该校一班级因不堪忍受周边工厂排放的废气而在上课时带上口罩,此事件引起社会各界关注。目前,“口罩”事件已经得到妥善解决,课题组实地调研时也未发现明显的工业废气污染源。然而在平阳中学附近,还是存在不少焚烧秸秆和建筑垃圾堆积的现象,亟待相关部门的进一步处理。

在调研过程中课题组发现,平阳中学内部自然环境优美,绿化面积大。从对学生的采访和问卷回收之后的统计中也发现,学生对于校园内部的自然环境的满意度是较高的,校内不存在严重的环境污染情况。然而校园周边的自然环境却存在诸多问题,学生的满意度也较低。基于此点,课题组走访了平阳县环保局,从中我们了解到,在2012年,出于城南改造的需要,有关部门将31家(包括有产生废气污染的18家塑编厂)迁移至平阳中学附近。在“口罩门”事件发生前,平阳县环保部门已和这些企业达成限期搬迁协议,并为企业提供过渡费和寻找临时厂房,由此可以看出在爆发“口罩门”之前,平阳县有关部门已经开展了整治工作。经过进一步了解,课题组得知发生此事件的主要原因是一家夜间非法生产塑料母料的小企业,废气未妥善处理就排放引起部分学生及教职工的身体不适。

平阳县塑编行业是当地主要的支柱行业,始于1978年,发展历史悠久,是我国最早生产塑料编织袋的地区之一。但是近年来,平阳县的塑编产业面临瓶颈制约,例如土地紧缺的用地矛盾、产业结构落后、管理水平低下以及家庭作坊式经营规模效应低下等。平阳中学污染事件客观上反映的不只是塑编厂面临的发展困境,也是整个温州模式下温州民营企业面临的发展瓶颈。面对经济发展与环境污染的矛盾,产业的转型升级刻不容缓。

2. 温州中学

温州中学是浙江省重点中学,位于著名旅游景区和生态保护重地三垟湿地附近。课题组原先认为温州中学不该有校园污染情形,因为即使周边有污染源,湿地环境也具有较好的环境净化能力,但深入调研发现,温州中学也遭

受空气污染的威胁。

采访温州中学一名在校生得知，校园南部的一个湿地岛上有一个垃圾堆放点，其堆放的垃圾不仅蔓延到三垟湿地水域，还经常焚烧带来无法忍受的恶臭。据校内的一位数学老师反映，原先政府采取过整治措施，搬迁了垃圾回收厂，但是该厂又在原地不远处“复活”，经常焚烧垃圾继续带来恶臭。三垟湿地水域的污染治理属于温州市塘河办和生态园的职责范围，但塘河办只有监督权而无执法权。生态园也反映该处属于“置换建设留用地”，虽然政府有治理的征地要求，但是大部分的村民对补偿政策不满。①

对温州中学校园周边环境问题分析发现以下几点：第一，学生自身的维权行为起到了显著作用。第二，政府部门之间缺乏工作上的交流合作，如问题初现阶段，相关部门未及时彻底解决。同时，土地流转工作至今未得到落实，垃圾焚烧选址仍不合理等均说明，政府管理效率、效果均很差劲，导致事件解决不彻底。第三，基层部门的权力不明，对问题重视程度不够，上级领导的批示和命令的下达成为基层领导解决问题的武器。第四，新媒体发挥了传播作用，使问题暴露在阳光下，一定程度上提高了解决的效率。

无论如何，温州中学附近的垃圾堆放必须获得政府部门的重视，这不仅涉及保护学生的身体健康需要，也是“五水共治”下，保护三垟湿地这一“城市之肺”的要求。

3. 温州第八中学（瑶溪校区，下称“八高”）

八高在五所学校中校园环境污染最引发舆论关注，学生家长踊跃参与治理，推动政府持久采取行动。截至目前，治理工作已明显见效。

八高是温州市按照省一级重点中学标准建设的学校，为扩大其优质教育资源影响在瑶溪设立新校。课题组前去调研时只有高一年级在新校区就读。实地考察发现，校园附近工业企业密集，以铸造厂居多。学校陈校长接受采访表示，校园周边有很多企业是证件不全的，单靠“土地证”就开始进行生产，并且排放污染气体。

学生家长对于校园周边污染反应激烈，专门成立夜间巡逻队，参与的家长人数在750人上下，巡逻队常态化开展工作，安排家长轮流巡逻。八高所在的龙湾区环保监察大队队长张大和认为，学生家长的反应有些过激，甚至是非理性的，有的直接在企业正常生产时打电话投诉，给环保人员工作造成很大压力。

---

① 《湿地小岛成垃圾仓储场谁来管》，载《温州商报》2010年3月31日第3版。

温八高校园环境污染治理过程中，还折射出环境监测数据公信力的问题，学生家长和学校反映环保部门的环境监测手段有问题，只是取24小时空气质量监测的平均值，排污企业大多是夜间生产，排放废气也会集中性地在夜间排放，白天较好的空气检测数据和夜间数据相抵，算出了正常的空气质量数据。而环保部门表示，他们的环境监测手段是按照国家标准操作的，并且在温八高校园污染被热议后增加了监测点和监测次数，企业夜间生产的主要原因是电费压力而避开用电高峰生产。

4. 温州翔宇中学

温州翔宇中学位于温州市永嘉县，是一所全寄宿制民办学校，由翔宇教育集团投资，于2013年建成。建校两年来，来自周边焚烧垃圾、秸秆及小工厂排放造成的空气污染，一直困扰师生。

污染问题出现后，翔宇中学向媒体求助，希望引起有关部门的重视。永嘉县环保局采取三个主要措施整治校园周边空气污染：一是加强对校园周边巡查，整治工业废气的排放；二是加强与瓯北城市管理综合执法局的联合执法，整治垃圾焚烧；三是加强与农业部门协作，整治秸秆焚烧现象。[①] 目前，学校周边的污染已基本得到控制，根据现场的调查，小工厂排放废气现象基本绝迹。问卷统计显示，54.15%的学生认为学校周边环境污染偶尔存在，影响较小。然而，通过实地走访，我们发现学校周边仍出现居民焚烧秸秆现象，漫天的废气还是会对师生上课造成一定的影响。由此可以看出环保部门处理得不够彻底。

5. 温州第二外国语学校(下称“二外”)

二外位于瓯海区南白象镇南湖村，温瑞塘河旁，校内绿化面积大，环境优美，周围鲜有工厂，但斜对面为一建筑工地。调研发现，距离学校最近的厂房是一家畜牧饲料厂，与学校的直线距离只有200多米。

根据媒体的先前报道，二外共发生过两起校园环境污染事件，分别发生于2011年和2013年。2011年，学校周边废料焚烧，臭气笼罩校园引起了强烈反响。环保、教育、行政执法等瓯海区的部门共同协商，通过六项措施整治市“二外”周边环境污染问题。2013年，温二外对面有堆放动物尸骨的厂房，适逢夏季，散发恶臭引起学生身体不适。

调研了解到温二外2013年的污染整治情况，据学校领导和学生反映，温

---

① 《永嘉环保局三举措整治翔宇中学周边空气污染》，http://www.yjnet.cn/system/2014/11/02/011822819.shtml。

二外面临的主要污染源是来自学校附近一处堆放动物尸骨的厂房。当受到污染时，学校有向当地的相关部门反映，但相关部门迟迟没有执行，如瓯海区某城市管理执法中队领导推脱不在职责管辖范围。最近的事件反映出两个问题：一是相关部门信息通道不完善，对学校周边环境的影响不重视；二是相关部门之间没有信息互换，而且部门之间的职能有交叉之处，导致相互推诿的情况发生。

课题组了解到，污染源原先是一个饲料加工厂，该工厂关闭后有人租用该厂房存放动物尸骨，散发恶臭。事件发生经新闻曝光后，环境执法部门才派出小分队调查执行，现在该地变成存放木料的地方。从此次事件还可以看出，除了环保职能部门之外，其他政府部门，如工商部门对类似营业执照不全的小作坊的排查力度有待加强，这些企业大多的设备和技术都达不到环保要求，对环境的污染甚为严重。目前，经过环保职能部门整治与其他部门的合作，该学校的污染已得到妥善处理。

（二）五所学校校园环境污染共性分析

1. 受害方：空气污染为主，污染来源不同

调研的五所学校所遭受的都是空气污染，但污染源不同，有的来自附近工厂的排污，有的来自垃圾或者秸秆焚烧，有的来自动物尸骨腐烂造成的恶臭。

2. 致害方：传统产业为主，产业类别不同

产生污染源的企业都是传统产业中的中小企业，比如铸造厂、塑编厂、垃圾回收站等，还有则是因为传统农业不合理的生产方式引起的，如农民为了堆肥在农田中的秸秆焚烧。

3. 处理结果：事后处理及时，事前缺乏重视

通过对发生污染事件的学校分析，我们发现，相关政府职能部门对于学生的环境权保护尚未足够重视，未在学校周边形成完善的监督机制，如对周边工厂进行清洁生产排查、周边潜在污染源治理等。而在事后，虽然政府职能部门对事件的处治比较及时得力，但是学生作为特殊群体，受到的身体健康伤害可能是永久性的，理应享受更好的清洁的学习环境，所以政府部门应做好及时的预防工作。

(三)五所学校问卷调查统计分析

表 2

统计资料						
		您的性别是?	您就读的院校是?	您的年级是?	您对您所在的校园整体环境满意吗?	您觉得校园环境对您的学习和生活影响程度如何?
N	有效	473	473	473	473	473
	遗漏	0	0	0	0	0

统计资料				
		您觉得您所在学校的区位环境适合学生学习吗?	您觉得校内环保社团对校园环境的保护作用如何?	您认为您周边的同学环保意识如何?
N	有效	470	473	473
	遗漏	3	0	0

表 3

频数表

您的性别是?					
		次数	百分比	有效的百分比	累积百分比
有效	男	214	45.2	45.2	45.2
	女	259	54.8	54.8	100.0
	总计	473	100.0	100.0	

您就读的院校是?					
		次数	百分比	有效的百分比	累积百分比
有效	温州大学	94	19.9	19.9	19.9
	温州医科大学	90	19.0	19.0	38.9
	温州职业技术学院	100	21.1	21.1	60.0
	温州大学城市学院	87	18.4	18.4	78.4
	温州大学瓯江学院	102	21.6	21.6	100.0
	总计	473	100.0	100.0	

续表

您的性别是？					
您的年级是？					
		次数	百分比	有效的百分比	累积百分比
有效	大一	100	21.1	21.1	21.1
	大二	123	26.0	26.0	47.1
	大三	238	50.3	50.3	97.5
	大四	12	2.5	2.5	100.0
	总计	473	100.0	100.0	

表 4　被调查学生的学校、性别、年级分布比例

您对您所在的校园整体环境满意吗？					
		次数	百分比	有效的百分比	累积百分比
有效	非常满意	46	9.7	9.7	9.7
	满意	254	53.7	53.7	63.4
	一般	146	30.9	30.9	94.3
	不满意	21	4.4	4.4	98.7
	非常不满意	6	1.3	1.3	100.0
	总计	473	100.0	100.0	

表 4 数据显示，以温州高教园区五所院校为例的调查对象中，超过六成以上的学生对校园环境持非常满意和满意的态度，三成左右的学生认为校园环境一般，只有极少数的学生对校园环境不甚满意。对这些数据进行分析，反映出学生对高教园区周边环境总体的认可度是较高的，不存在明显的环境污染问题。

表 5

您觉得校园环境对您的学习和生活影响程度如何？					
		次数	百分比	有效的百分比	累积百分比
有效	影响较大	167	35.3	35.3	35.3
	一般	241	51.0	51.0	86.3
	无影响	65	13.7	13.7	100.0
	总计	473	100.0	100.0	

表 5 数据显示,在所有的调查对象中,三成半的学生认为校园环境对自身的学习和生活影响较大,对自身学习和生活影响一般的占半数以上,剩余一成半不到的学生则认为校园环境对学习和生活无影响。分析数据可知,校园环境对学生的学习和生活会产生一定的影响,影响的大小则根据个人的情况不同而有所区别。

表 6

您觉得您所在学校的区位环境适合学生学习吗?					
		次数	百分比	有效的百分比	累积百分比
有效	非常适合	57	12.1	12.1	12.1
	适合	211	44.6	44.9	57.0
	一般	160	33.8	34.0	91.1
	不大适合	35	7.4	7.4	98.5
	非常不适合	7	1.5	1.5	100.0
	总计	470	99.4	100.0	
遗漏	系统	3	0.6		
总计		473	100.0		

表 6 数据显示,在所有的调查对象中,超过五成的学生认为学校的区位环境非常适合或适合学习,约三成半左右的学生认为学校的区位环境对学生学习的影响一般,其余一成不到的学生则认为学校的区位环境不适合学生的学习。分析此表格数据再结合以上两个可知,学校的区位选择对校园环境有较为重大的影响,高教园区的区位环境总体比较适合学生生活和学习,学生对校园环境的满意度也较高。

表 7

您认为您周边的同学环保意识如何?					
		次数	百分比	有效的百分比	累积百分比
有效	强	64	13.5	13.5	13.5
	一般	318	67.2	67.2	80.8
	弱	91	19.2	19.2	100.0
	总计	473	100.0	100.0	

表 7 数据显示，在所有的调查对象中，一成半不到的学生认为周边的同学有较强的环保意识，接近七成的学生认为周边同学的环保意识一般，另有两成左右的学生认为周边同学的环保意识比较弱。分析数据可知，在高教园区五所院校中，有较强的环保意识的学生仅为少数，多数学生的环保意识一般或偏弱。作为大学生，相比其他社会群体，整体素质是比较高的，但是其中主要人群的环保意识仍然不高，这点亟待引起重视。从学校层面来讲，关于环境的教育和宣传也较为缺乏，少部分的活动也未能引起学生的关注。加强环保知识教育、提高学生的环保意识须尽快提上日程。

表 8

您觉得校内环保社团对校园环境的保护作用如何？					
		次数	百分比	有效的百分比	累积百分比
有效	显著	70	14.8	14.8	14.8
	一般	296	62.6	62.6	77.4
	无作用	107	22.6	22.6	100.0
	总计	473	100.0	100.0	

表 8 数据显示，在所有的调查对象中，约一成半的学生认为校内环保社团对校园环境的保护作用显著，六成以上的学生认为校内环保社团对校园环境的作用一般，超过两成的学生则认为校内环保社团在保护校园环境上未起到作用。分析数据可知，校内环保社团开展的活动未能引起学生的关注，获得广泛的认可。就课题组所在的温州大学而言，校内环保社团众多，活动也较为丰富，但是各项活动均未能深入开展，许多活动流于形式，且环保社团涉及的活动过于广泛，没有形成自己的特色。产生这些问题的原因一方面是由于环保社团自身的不完善，另一方面也是由于社团的外部支持力量贫乏。

（四）温州城区校园环境污染的成因分析

基于调研与访谈所得，结合相关文献考察，总结温州城区环境污染的成因主要有以下方面。

1. 资源条件的制约

温州人均陆域面积约 2.4 亩，远低于全国、全省平均水平，平原和盆地比例不高；虽有耕地 16.2 万公顷，但主要分布在东部沿海，尤其三江河口地带，后备宜农耕地资源较少，因此温州的水土分布有“七山二水一分田”之说。另

外,温州市是浙江省人口最多的城市,2010年11月1日零时第六次全国人口普查数据统计显示,温州市常住人口为912.21万人。教育事业的基础设施拥有量难以满足巨大的人口压力,许多市区中的中小学校面临用地短缺危机,有的没有建设塑胶跑道,有的则将操场建在楼顶,这些都是用地短缺的无奈之举。温州市教育局基建中心的黄科长曾形象生动地比喻:“八中八亩,九中九亩”,实际上就是反映了目前温州的用地紧张的状况。

另外,温州的环境污染现状堪忧。平原河网、城市内河的一半以上河段水质为劣Ⅴ类。温瑞平原地下水均为劣Ⅳ类较差水,局部地区超量开采,水位下降严重,造成咸水入侵。市区环境空气污染物年均值达到国家二级标准,但市区、乐清和苍南属重酸雨区,永嘉和瑞安属较重酸雨区。城市噪声比较严重。农业面源污染增加,部分河流、湖泊富营养化加重。秸秆任意焚烧,使农村空气受污染。[①] 另外,温州城中村现象比较严重,城中村的保洁卫生设施和习惯难以和城市相统一,也容易造成环境污染的发生。

2. 污染性产业布局与结构不协调

工业惯性是指已建的工业企业在经济环境发生变化时,仍停留在原有区位而不愿迁移到其他地方的趋势。[②] 目前温州的中小企业,也面临转型升级的“惯性”危机。温州政府长期奉行“无为而治”的政策,在计划经济向商品经济和市场经济转轨的过渡阶段,地方政府放弃了传统“全能政府”的十八般武艺[③]即便是在温州主城区,如瓯海区和鹿城区等居民住宅密集的地方,也有很多诸如小化工厂和鞋厂等制造企业。从城乡统筹上看,温州的产业布局主要有三点问题:一是中心城区建设不协调;二是与城市发展不协调;三是中心镇建设不协调。2014年12月1日,瓯海区牛山北路化工市场发生严重的爆炸事故,对周边环境造成一定程度上的污染,这客观也反映了温州产业布局不合理的现实问题。

虽然温州模式在一定程度上加快了城市化进程,但是由于缺乏国家的财政支持以及固有的诸如经济辐射面狭小、资源短缺等经济劣势,温州的城市基础设施建设主要是靠民间集资完成的。民营经济的发展使得民间投资的能力增强,并且提高了非农产业比重,促进了温州农村人口的城市化,但是这也为

---

① 《2009年温州市环境状况公报》,http://www.wzepb.gov.cn/list.asp? id=9693&type1=305。

② 刘树成:《现代经济词典》,江苏人民出版社,2005年版,第275页。

③ 徐旭、张殿发:《城市化的“温州模式”及超越》,载《城乡建设》2004年第5期。

污染企业违章建设提供了可能，因为政府在城市规划中的主导作用相对较弱。

3. 工业企业落后的生产方式

温州的个体和非公经济的企业占到全市企业总数的98.8%。但是在这些中小民营企业中，具有管理模式规范、统一的企业较少，温州许多行业协会也尚未形成完整的排污治污规范及有力的行业共同协议。调研发现，很多企业生产后直接将废物废气排放于周边环境当中，比如温二外和温州中学附近的垃圾堆放产生恶臭的问题。另外，温州的产业发展存在着结构性的问题，由于片面追求经济的发展而忽视了环境保护的需要，轻工业比重较大，缺乏规模以上企业，这样易导致具有环保性质的基础服务设施建设的滞后。

4. 社会公众环境保护观念的缺失落后

校园环境不仅受到来自工业排放废气的威胁，还受到校园周边农村焚烧秸秆和生活垃圾带来的影响。平阳中学附近有大片农田，调研发现秋冬季节农田里总会有焚烧秸秆的现象发生，给校园环境带来不利影响。焚烧秸秆的行为主要是由于农民落后的作业方式和观念引起的，比如仍采用传统焚烧的方法进行堆肥，这就需要环保部门加强宣传教育与善意引导工作。

5. 政府校园环境整治的失范

通过实地走访我们发现，在固有的温州模式影响下，地方政府对于学校周边环境的治理受市场化导向的影响，民间企业的自由度较高。政府对于环境问题的治理往往是运动式的，“大污染专项行动，小污染临时制止”，缺乏一种长效机制去约束企业的行为。由于我们调研的大部分时间节点在新环境法未实施的2014年，政府相关部门正在筹措建立起与新法相适应的行动规程，所以，调研所发现的问题正是政府需要在新法实施后完善的方面。

6. 缺乏有效的应急机制

回顾温州近年来在校园周边环境整治工作的历程，我们发现地方政府在短期内的“运动式”执法中，确实对学校周边环境比较重视。出台下发的相关政府文件有《关于进一步加强校园周边环境综合治理若干意见》《温州市“绿色学校”创建指南》《温州市中小学幼儿园空气严重污染应急预案》等，同时开展了各部门联合的多种校园周边整治的专项行动，每次文件的出台和专项行动的开展都能取得不错的成绩，但是校园环境污染事件还是频频发生，说明现行政府的应急机制尚有一定缺陷。

首先，未结合温州模式的个性情况。温州民营企业众多，在我们调研途中，发现大部分学校周边建设有很多民营企业，如铸造厂、垃圾回收厂等。这些企业在学校周围数量众多，生存力很强，并且在传统的生产方式理念的影响下,很少有对排放污染进行回收清洁处理,大多数生产废料直接排放于周边环境。通过温州市环保局的回信我们了解到,学校周边企业档次低、投入少、污染物治理能力差,个别企业也存在违法行为,随着学校人群聚集,问题就更加凸显出来。温州模式带来的又一影响是功能区布局缺乏整体规划,比如温八高所在地原来是工业区,随着温八高的建成投用,而工业区没有及时搬离,就容易产生环境问题纠纷。其次,多重视社会文化环境方面的整治。环境是一个相对抽象的概念,以学校、学生为主体就包括精神文化方面,又包括物质生态方面。地方政府多重视对学校周边流动摊贩、网吧、游戏厅等娱乐场所的整治。从开展的"绿色学校"评比活动中也不难发现对周边工业污染方面的忽视。最后,环保职能部门处罚方式不当,对于屡教不改的排污企业,单纯的处罚、查封已不能解决问题,并且大多数企业主也面临一些生存和发展困境,工厂搬迁和治污的成本都很高,对于一般的家庭式小企业根本无力支付这些费用,而罚款成本相对较少。因此,处罚的方式只能是扬汤止沸。

7. 政府环境信息公开与宣传教育不充分

校园环境污染事件存在着信息不对称的情况,甚至出现信息相悖。校园环境污染话题较为敏感,在校学生的家长及校内教职工尤为关切,采访学生家长和校长时都提到温八高建成之后,学校周边又多了几家排污企业,但是我们采访龙湾区环管所时又听到不同的声音,龙湾区环保监察大队的张教导员回应八高附近的工厂全部是八高项目落成前就有的。

新环境法第五章规定了政府应有信息公开和公众参与的义务,反观温八高的事件,我们可以看出地方政府在上述工作方面存在漏洞,公众对于政府公开信息的疑惑点诸多,例如空气监测数据、周边工厂开工建设与生产的审批制度等,但是政府对于这些疑惑点并没有给予公众清楚的答复。

8. 政府各部门协调合作度不够

环境优先的思想是指经济社会发展与环境保护相协调,而原先的地方政府以经济发展为目标,鼓励工业建设,而忽视潜在的环境污染威胁。这往往会造成政府不同部门相互掣肘的局面。企业早期都是经过政府相关部门审批获准才合法经营,但是在环保意识强烈的当今,企业却不得不面临转型升级的压力,一些产值不高、生存能力低下的企业将不得不被淘汰。对于校园周边环境污染的整治,环保职能部门只是附属机构,治理的决心真正取决于政府的决策方向,因为学校项目的审批、工业企业的审批,许多环节来自除环保职能部门以外的其他政府部门。

课题调研发现,对于校园环境污染的社会舆论压力,首当其冲的是环保职

能部门,社会期望度最高,但是环保部门并没有相当的权力去治理污染。采访环保部门的相关人员,他们一直强调校园环境的综合治理,有许多政府机构比如水利局、治安管理部门也有环境治理的责任,不能将所有涉及环境字眼的环境问题一概推向环保局。

9. 社会力量的参与不足

近年来,我国环境群体性事件频发,例如厦门的"PX事件"、四川"什邡事件"等,给政府公信力和社会稳定造成诸多不良因素。虽然温州校园污染事件的频发并没有带来大规模的群体性事件,但是温州自组织意识浓厚,使得政府不得不采取有效措施改善校园环境,避免此类事件发生。学校、企业、政府都有着合理的利益诉求,学校有保障学生健康成长的责任和义务,以消除家长的担忧;企业有生存发展获得经济利益的现实需要;而政府出于维稳和整治的需要,对校园环境污染事件应负主要责任。当前温州校园环境污染事件的处理,主要是公众举报、舆论施压、政府相应处理这一实然流程。

温八高家长自发组成的校园环境夜间巡逻队让我们看到了公共参与的勃兴,家长出于保护自己孩子的自然需要参与夜间巡逻无可非议,当前社会也需要更多的人拥有环保、维权的意识,参与各种环保实践。但是,在频发的校园环境污染事件中很难看到温州环保公益组织的身影,事件的揭露与解决更多来自于个人或媒体举报,打造美丽清洁的校园不仅需要政府牵头工作,也需要温州市环保公益社团的共同努力。

三、完善校园周边环境整治的对策建议:基于治理向度

针对上述对于温州五所典型样本学校的调研,通过对校园污染事件成因的分析,基于治理向度,本课题组提出如下对策建议:

(1)加强政府环境监管职能与合作治理能力

在校园环境污染的整治过程中,政府不仅是合法、主要的治理主体,而且其拥有延伸到基层的治理队伍及庞大的治理资源。因此,治理校园环境污染,保障城区学生教育环境权,政府部门责无旁贷,应承担起首要责任。具体而言,一是结合立法权下放,将学生教育环境权保护适时纳入地方人大立法进程,直至出台有约束性的地方性法规,为学生教育环境权提供强制力保障,亦可以以此倒逼城市与产业转型。二是政府各级部门特别是环保部门,要充分运用新环保法所赋予的环境执法能量,增强执法队伍的主动性与能力建设,提

高执法人员的素质与监测方法的科学性,改善校园环境污染治理成效。三是树立大环保理念,倡导形成环境整治的综合治理模式,尤应建立健全环保、教育和规划等部门对城区学生教育环境权保护的协同机制,实现部门间对于校园环境污染治理的联合预防、应急和处理。

(2)使社会运转起来:政府校园污染治理工作的外部倒逼

1. 发挥公众志愿性监督作用

温州的校园环境污染事件的致害方是周边的污染企业,所以对周边污染企业的进行源头治理至关重要。而污染源的发现与监管需要政府投入较大的成本,这时就应充分发挥公众监督的作用,现在公众监督举报的平台很多,例如手机环保APP“蔚蓝地图”、“环保随手拍”等,公众可以实时监督城市中的空气质量指数并及时举报环境污染事件。目前,相关环保新媒体及应用种类已经相当繁多,但是尚未普及和发挥较大的实质性的作用,公众对这些平台也较少使用甚至是从未知晓。所以,不仅要认识到公众监督的必要性,更要让公众了解与熟悉这些新型的举报平台,形成全社会参与环保监督的良好氛围。

2. 推动行业协会实施自愿性环境治理

自愿性环境治理是指由各类组织(政府、行业协会、国际组织和机构与企业自身等)自愿发起的高于环境政策法规要求的各种制度和安排以达到保护环境和资源的目的。[①] 温州的行业协会(商会)的生成模式是自下而上形成的,对政治的依附性较弱,有较强的自主性。

目前,温州地区已有多家行业协会实施自愿性环境治理,一定程度上缓解了环境污染的负面影响。例如温州电镀行业协会采取集聚规模化的发展模式,推动建立后京电镀基地,对电镀企业实行“关停淘汰一批、整合入园一批、规范提升一批”。推进行业协会实施自愿性环境治理:一方面可以采取类似温州电镀行业协会的经验,将排污企业整合入园,从校园周边转移出去,从源头上解决环境污染;另一方面,行业协会采用制定企业自愿性协议的方式,推动企业转型升级与环境治理,减少乃至杜绝环境污染的危害。

温州地区工业用地紧张,学校被周边工厂包围也是被迫之举。企业在面对较高的治污成本时,单独对污染物进行环保处理也很难实现。而行业协会作为政府、企业之间的沟通桥梁,可以有效地整合双方的利益诉求,解决上述两大问题。因此,为解决校园环境污染,应注重发挥好温州地区行业协会的特

---

① 姜爱林、钟京涛、张志辉:《城市环境治理模式和体系研究》,载《洛阳理工学院学报》(社会科学版)2009年第1期。

殊作用，政府应给予行业协会必要的权力、财政资源等支持。

3. 发挥环保公益社团的作用

温州当前正涌现越来越多的公益性环保社团，乃至取得法人资格，成员广泛、领域多元，活动形式多样，很多社团成为政府治理环境的“好帮手”。其定期开展一些环保宣传及实践活动，十分有益于提高社会公众的环保意识，以及监督举报环境污染行为。但是，大多数环保社团的活动往往深度不够，乃至流于形式。原因是多方面的，例如内部管理不规范，治理结构落后，运转资金不足，营利性冲淡了公益性等。就此，政府部门在校园污染治理过程中，应加强对于环保社团公益性服务的购买，加大政策与资金支持，同时，敦促其规范内部治理，监督其非公益行为。

4. 发动大学生志愿力量参与

温州校园环境污染事件的发生，受污染学校的学生通过网络、写信建议等渠道寻求问题的解决方法，让我们看到学生的环境维权意识在增强。虽然学生社团的力量弱小，但是作为污染的直接受害者，他们的利益诉求理应受到政府相关部门的高度重视。

5. 环保教育走进教材，环保意识从小培养

正如“中国环保第一人”杨建南先生所倡导的“环境教育”。中国当前国民素质整体水平还未提升到较高水平，因此在过去的几十年乃至未来的很长一段时间里，环境保护的意识无法真正深入人心。为了避免在未来的发展过程中，环境情况不断恶化，改变人们的思想观念至关重要。因此，需要把“环境教育”放入课堂，写入教材，从小进行环境教育，希望在未来的生活中，人民整体的环境保护意识会得以提高，而学生们教育环境权的维护能力也会加强。

大学学术权力司法规制的国际比较及启示

周慧蕾*

【摘要】 对美国、德国及法国有关大学学术权力司法规制实践的考察发现,这些国家通过对司法审查内容和标准上的技术性完善,实现了从程序性规制到实体性规制的焦点转换。转向实体性规制后,大学决策的程序和内容被纳入到司法审查的范围中,并从形式性审查扩张到实质性审查。在司法审查的强度上存在差异性,其中德国走的最远,"作答余地"使得大学决策中基于专业判断的实质内容受到实质性审查,而美国、法国司法审查的范围虽然也已从程序问题扩展到实体问题,但对实体问题中基于专业判断的实质内容仍坚守司法克制原则而予以尊重。我国法院在寻求和选择适当的司法审查模式时,除了要考量大学学术权力的特质外,理应对这一趋势做出积极回应。

【关键词】 学术权力 大学自治 司法规制 国际比较

一、问题的提出:我国司法介入的实践分歧

在高等教育领域,因学术权力的行使而引发的纠纷时有发生,其中既包括大学拒绝颁发毕业证书、学位证书引发的纠纷,也包括因研究生招生录取和教

* 周慧蕾,法学博士,温州大学法政学院讲师,主要研究方向为教育法。

师职称评聘等引发的纠纷。面对这些纠纷，司法机关在“是否”介入到“如何”介入上都存在一定的分歧。

1999年刘燕文诉北京大学学位委员会一案被北京市海定区法院受理时，关于司法机关是否介入就曾争论不断。贺卫方教授质疑道：“对于这起诉讼，我曾经有一点顾忌，那就是，担心外部权力借此机会，以司法的名义干涉大学的独立，对学术自由与独立是否会产生某种不良的影响。”① 王利明教授同样认为：“海淀区法院不该受理此案。学术评价属于高等院校的自主权，据我所知，国外还没有法院受理的先例。海淀区法院受理此类案件妨碍了大学的自主权。法院不能做力所不能及的事情，如果做了也是无法执行的，那是司法资源的浪费，因为学术问题太复杂，法院的受理代替了一种学术评价。”② 对于争论，湛中乐教授一针见血地指出其原由：“跟之前的田永诉北京科技大学案相比，刘燕文诉北京大学案有着更为深远的意义。因为它更多地触及大学学术自由、大学自治与司法审查的关系。涉及人民法院对大学纠纷介入的深度和强度。”③

的确，大学学术权力纠纷中掺杂着复杂的学术问题。也许正是出于对学术自由和大学自治的顾虑，才导致司法是否介入在实践中依旧存有分歧。但也有不同声音认为，大学自治不应成为司法介入的障碍，大学自治权是公权，为了防止大学滥用自治权，必须受到制约。④

当然，司法介入也并不意味着其代替了一种学术评价。可以说，除了出于对大学自治所必要的监督与制约外，司法介入正当性的主要理由则是对学生权利的救济。特别是随着“无漏洞救济原则”的确立，通过司法途径救济学生

---

① 参见北京大学法学院研究生会专门为此次沙龙编辑的小册子，第10页。转引自沈岿：《公法变迁与合法性》，法律出版社2010年版，第144页，注释6。

② 徐建波、胡世涛：《学位之争能否启动司法程序》，载《检察日报》2000年1月10日，第3版。

③ 湛中乐：《大学法治与权益保护》，中国法制出版社2011年版，第259页。

④ 徐建波、胡世涛：《学位之争能否启动司法程序》，载《检察日报》2000年1月10日，第3版。

权利已逐步接受。[①] 从学生权利角度来论证司法介入的正当性，在司法实践也被一些法院明确作为受案的理由，比如湖北省武汉市中级人民法院在2010年胡宝兴诉华中农业大学的判决书中就指出："华中农业大学不给胡宝兴授予学士学位的行为，对其权利义务产生实际影响，是可诉的具体行政行为。"[②]随着这种司法理念的深入，大学学术权力纠纷的司法介入渐成一种趋势。

当司法介入成为一种趋势时，实践中对司法应"如何"介入的关注开始变得更为突出。在如何介入问题上，主要涉及介入条件、介入范围和介入方式等。有学者强调司法介入的有限性，认为不告不理是前提，介入范围是有限的，受理条件也是有限的，而且应穷尽行政救济才可以提起诉讼。[③] 对我国大学学术权力纠纷诉讼案件的实然考察发现，有些法院只对程序性问题进行审查，而有些法院既审查程序性问题，也审查实体性问题；有些法院仅就依合法性标准进行审查，有些法院则不仅依合法性标准，也依合理性标准进行审查。可见，我国司法实务中对大学学术权力纠纷司法审查的范围和标准主要是纠缠在程序性问题还是实体性问题，是合法性标准还是合理性标准。而这种司法实务的分歧与差异，无疑影响了司法的严肃性与公正性。那么，法院到底应采取怎样的司法审查范围与标准，才能在保障学生权利与尊重大学自治之间达致一种适当的平衡呢？

二、美国司法态度与立场：从"学术遵从"到"全面审查"

英美法系由于不存在大陆法系的诉讼双轨制，学生在诉权方面并不存在障碍，但法院对大学学术权力纠纷的审查一直持较为克制的司法态度。尊重大学的专业性与自治性，尽可能地避免干涉大学事务，是美国法院在审判涉及

---

① "无漏洞救济原则"缘于德国基本法的规定。德国基本法第19条第4项规定了保障人人均有对抗公权力不法侵害之权利保护机制，被联邦宪法法院称之为"整部行政诉讼法之基本规范"，保障人民享有(尽可能)无漏洞之权利保护。针对德国基本法的这一规定，翁岳生教授曾指出了其背后的基本法理："无漏洞之权利保护，就是有权利必有救济之法理，人民诉请法院救济之法理为诉讼权保障之核心内容，不容剥夺。"可见，"无漏洞救济原则"侧重于对公民诉权的保障。

② 湖北省武汉市中级人民法院，(2010)武行终字第184号。

③ 程雁雷：《论司法审查对大学自治有限介入》，载《行政法学研究》2000年第2期。

高等教育机构案件时的一贯态度。[①] 不过即便遵循着司法节制，但由于时代变迁与理论发展，美国法院对大学学术权力纠纷的司法审查范围与标准还是发生了显著的变化。

在“代替父母理论”和“特权理论”的影响下，法院最初在司法审查中，采取消极保守的态度，对大学决策持绝对遵从的立场。这种司法立场与态度被称为“学术遵从”(academic abstention)原则，即司法在学术问题上对专业判断的遵从，不能以法官的判断取代大学专业性的判断。具体而言，法院在审理以大学纠纷案件中，尽量避免干涉依赖专业知识与教学经验而作出的大学决议，其中包括对学生的录取与评定、教师聘用、晋升与终身教职资质评定等等。[②] 在学术遵从原则下，法院完全承认大学在实体和程序方面享有自由裁量权，对大学决策既不做实体性内容上的审查，也不对其程序性问题进行审查。

并非像王利明教授所知的那样，其实国外法院介入到学位纠纷的案件屡见不鲜。在美国就有不少学位纠纷的司法案件，既包括因拒绝授予学位的纠纷案件，也包括撤销学位的纠纷案件。对早期的学位纠纷案件，美国法院严格遵循学术遵从原则。比如在1892年的琼斯案中，法院就以大学对学术有行使判断和自由裁量权为由，拒绝了原告要求法院颁发强制令以迫使学校向其颁发学位的诉求。[③] 在1899年的尼尔案中，法院也认为，学校医学人员拥有法官所欠缺的专业知识，学校委员会认为原告没完成学业而不予颁发学位的决定具有准司法的性质。他们应有自由的决策权。只要他们的行为是出于良好的信念并且是合乎情理地作出，法院就不会干预他们的专业判断。[④] 在这种高度的学术遵从原则下，法院除了不审查大学决策的实体性内容外，对其所作出决策的程序也不做审查，甚至认为遵循有关程序对学术性决策并无益处。比如在1913年巴纳德案中，法院就认为：“一个公开的听证对查明学生行为不端

---

① Leas Terrence, Ph. D. Evolution of the Doctrine of Academic Abstention in American Jurisprudence. The Florida State University, 1989, p. 76. 转引自刘金晶：《法庭上的“自主大学”》，载《环球法律评论》2011年第6期。

② Leas Terrence, Ph. D. Evolution of the Doctrine of Academic Abstention in American Jurisprudence, p. 257. 转引自刘金晶：《法庭上的“自主大学”》，载《环球法律评论》2011年第6期。

③ people ex rel. Jones V. New York Homeopathic Medical college and hosp, 20N. Y. S. 379(N. Y. SUP. CT. 1892).

④ Niles v. orange training school for nurses, 63*N. J. L.* 528, 42A. 846(N. J. 1899).

所要进行的事实调查或许是有用的,但其对学术真理的探究则无裨益。"[①]

随着1961年宪法理论的确立,学生权利的宪法保护开始成为司法审查的重要目标,绝对的学术遵从原则开始动摇了。就像希利案中,法官鲍威尔在判决书中所指出的那样:"虽然大学管理者享有广泛的裁量权,但学生权利在受到侵害时同样应当得到救济。大学的环境虽然特殊,但并不能完全被排除在宪法的约束之外。"道格拉斯法官则在其不同意见书中进一步指出:"向高等教育机构的管理层致敬的时代已经结束,当学生的新观念与大学的传统观念及教条发生冲突时,没有理由给予大学特权。"[②]之后,法院逐渐把"正当程序"纳入到司法审查的视野中。

从判例来看,美国学位纠纷主要有两类:一类是基于学术性问题,比如没能修满学分或学术不诚实;另一类是基于非学术问题,比如纪律惩戒、大学所反对的社会不当行为、没交学费或其他费用等。[③] "正当程序"首先被认为只适合于因非学术性问题而引起的学位纠纷案件中,而不适合于因学术性问题而引起的学位纠纷中。比如在马赫旺莎案中,联邦第五巡回上诉法院就认为告知与听证的正当程序并不适合于此类案件,并明确提出了所谓的两分法。该案原告在佐治亚州立大学完成了研究生学位的课业,但却两次未能通过学位候选人应通过的综合考试。佐治亚州立大学向原告提供了完成额外的课程作业以代替综合考试的机会,但原告却予以拒绝并提出了诉讼。下级法院命令佐治亚州立大学向原告授予学位。在上诉审中,联邦第五法院认为审理该案不必适用告知和听证程序,学校可以作出拒发学位的决定,因为"在判决有关违纪行为的指控时也许需要听证,但在查明有关学术性的事实方面听证可能会是无用的或是有害的。学生享有的正当程序权利,在基于纪律处分开除案件和基于学术性原因拒发学位证书案件之间存在着明显的两分法"[④]。

但在霍罗威茨案中,联邦第八巡回上诉法院开始突破所谓的两分法,即便在因学术性问题而引起的纠纷案件中,大学也必须遵循较严格的正当程序。该案原告霍罗威茨因为没有达到学校的学术要求而被退学。她以学校违反了正当程序为由向法院起诉,要求法院强制学校恢复其学籍。地方法院并未支

---

① Barnard v. inhabitants of shelburne,216Mass. 19,102 *N. E.* 1097(1913).

② Healy v. James,408 U. S. 176. 转引自刘金晶:《法庭上的"自主大学"》,载《环球法律评论》2011年第6期。

③ William H. Sullivan,The College or University Power to Withhold Diplomas, 15 *J. C. & U. L.* 1989:335, 337 .

④ Mahavongsanan v. Hall, 529 F. 2d ,1976:448.

持她的诉求。但在上诉审中，联邦第八法院认为大学必须给她一个听证的机会，否则就是对她所享有的宪法第十四修正案所规定的正当程序权利的侵损。[①]

通过正当程序把大学纠纷案件的程序问题纳入到司法审查的范围，为有效救济学生权利提供了重要的保障。而在此后的诸多判例中可以看到，法院尝试着将实体问题也纳入到司法审查中去。在面对实体问题时，法院仍强调对学术领域的司法克制。联邦最高法院就多次类似重申道："当法官被要求审查一个纯学术决定的实质内容时，他们应当对教师的专业判断表现出高度的尊重。很清楚，除非专业判断是如此实质地违背了可接受的学术规范，以至于表明负责人或委员会事实上没有作出专业的判断，否则他们不会推翻这个判断。"[②]在 1986 年联邦第十一巡回上诉法院就依照联邦最高法院的上述立场，审理判决了一起学位授予纠纷案件。该案原告弗雷德里克·J. 哈波尔因博士考试不合格而被阿拉巴马大学研究生指导委员会取消博士生学籍。法院采取了对学术决议的审查标准，即当法官被要求去审查一项纯属学术性决议的实质，他们应当对专业人员的专业判断极为尊重。除非学术决议偏离公认的学术标准太远，以至于相关的人员或委员会实际上没有在进行专业学术评判，否则他们的决定不能被推翻。最终驳回了原告的诉讼请求。[③]

尽管法院表示对纯学术性决定的实质方面要高度的尊重，但显然为这种高度尊重留下一定回旋的余地，即如果学术决定"明显是武断或恣意的"，法院就可以禁止这一行为。比如在坦纳案中，原告坦纳作为一名毕业生，完成了学位论文，并通过了综合考试，却被通知两者都不被接受，因为他的学位论文委员会从来没有被大学正式承认。坦纳请求法院发布强制令，命令伊利诺伊大学授予他学位。虽然他的诉求被下级法院驳回了，但上诉法院裁决认为，按照坦纳诉状的说法，他已提供了足够的证据，证明大学有恣意和变幻不定的行为。[④] 而在 1994 年阿尔肯案中，原告在满足了除博士论文之外的所有要求之际，被学校以教学能力和学术研究能力差为由退学了。法院发现，他在学期间

① Horowitz v. Board of Curators of University of Missouri, 538 F. 2d,1976: 1317.

② Regents of the University of Michigan v. Ewing,474 U. S. 1985:214, 225.

③ OLIVAS. M. A. THE law and higher education. 3rded,Durham:Carolina academic press,2006,p713－715.

④ Tanner v. Board of Trustees of the University of Illinois,363 *N. E.* 2d 208, 209, 210 (Ill. Ct. App. 1977).

曾发表过一些反对学校的言论和一些相反的政治言论。在此,法院没有采纳学校的意见,认为学校的决定出于不良的动机,带有与学术无关的偏见。于是,判决学生胜诉。[①]

可见,美国法院采用"明显是武断或恣意的"这一审查标准,已开始介入到大学学术决策的实体方面。从现有的判例来看,法院对学术决定是否"明显是武断或恣意的"判断,主要集中学术决定的形式方面,而非实质方面,其认定的情形主要包括:表面上看起来是学术判断,其实教育者却以令人怀疑的方式作出,以至于背离公认的学术准则,甚至根本未作学术判断;出于不良动机;带有与学术无关的偏见;任意无常,违反平等性等。[②]

用正当程序来审查程序问题,用"明显是武断或恣意的"来审查实体问题,甚至在 2007 年,将被认为是大学自治制度核心的"同行评审"也纳入了司法审查的范围,[③]美国法院已经走出了传统的"学术遵从"时代,走进了对大学学术决策全面司法审查的时代。

三、德国司法态度与立场:从"判断余地"到"作答余地"

同样有着悠久的大学自治传统的德国,随着"无漏洞救济"原则的确立,其法院对大学学术决策的司法审查也经历了历史性的变迁。下面以考试事件为例来考察司法对大学学术权力方面所持态度与立场的转变与发展。

在德国,公立大学作为公营造物,具有公法人法律地位,其与学生的纠纷以行政诉讼方式由行政法院受理审查。在审查过程中,行政法院一般把大学学术决策行为视同为行政裁量行为,并以此遵循相关审查原则。

"判断余地"(Beurteilungsspielraum)理论是德国行政法学家奥托·巴霍夫(Otto Bachof)于 1955 年在其论文《在行政法之判断空间、裁量与不确定法律概念》中提出的。他认为行政机关适用不确定法律概念在立法者授权下,行政机关对某一部分行政领域可以自行作成最后的评价与决定必须被接受与尊

---

① Alcorn v. vaksman,877 S. W2d 390(Tex. Ct. App. 1994).

② 韩兵:《论高等学校对学生的惩戒权》,浙江大学博士学位论文,2007 年,第 110~111 页。

③ See Qamhiyah v. Iowa State University,245 F. R. D. 393 (S. D. Iowa 2007). 转引自刘金晶:《法庭上的"自主大学"》,载《环球法律评论》,2011 年第 6 期。

重，不得审查。[①] 一般认为，判断余地的主要类型有："1、不可代替的决定：(1)考试决定(2)学生学业评量(3)公务员法上的判断；2、由独立的专家及委员会作出的评价决定；3、预测决定；4、计划的决定；5、高等专业技术性及政策性之决定；6、涉及地方自治事项的不确定法律概念。"[②]

1959年针对考试事件的行政诉讼，德国联邦行政法院首次将"判断余地"适用于该案，在其判决书中指出，由于考试事件具有专业性，并涉及教育评价，应承认教育机构对考试事件有判断余地，行政法院应予尊重，不做审查。于是，"判断余地"成为了自突破特别权力关系理论后，法院受理大学纠纷后在司法审查范围与标准上所采取的最基本的立场。

之所以将"判断余地"理论运用到大学学术权力纠纷案件中，恰如柏林高等行政法院院长Dieter Wilke所指出的那样：法院不审查是因为，有关实质专业问题的判断非法官个人能力所及，即使是受过相当专业训练的法官，要对医学、太空等各种领域表示深度见解，并且由法官作出决定，近乎危险。[③] 可见，"判断余地"虽是从不确定法律概念与行政裁量的角度提出的理论观点，但将此运用到大学学术权力纠纷案件中，其实有着与美国"学术遵从"相似的考量点，即对学术专业性与自治性的尊重。

秉持对考试机构与学校判断余地的尊重，法院一般不审查考试的实质内容，包括考题的内容、具体的分数等。甚至考生在考卷上所作的回答，如果本来是正确答案，却被误评为错误而扣分，那么依照考试机关享有判断余地的司法立场，行政法院也不会对其进行审理。除非考试机关对于考试内容上的评分显然恣意判断，行政法院则可以进行审查。[④] 因此，在"判断余地"的司法原则下，法院只对考试程序作审查。"由于法院仅能对考试程序作审查，为确保考生之权益，考试程序相较一般行政程序更须强化其形式之规定，由此可见，考试程序在法律上而言是不仅属要式而且缺乏弹性受到羁束之程序。"[⑤]具体而言，其审查事项主要包括：①是否遵守考试和评议的程序性规定，即有无考试程序上的瑕疵，如考试委员的聘任，评议委员会的组成是否合法；命题、考试时间与方法，阅卷等是否遵守考试法规。②是否对具体的事实有误认，如是否误认解答文句的内容，或遗漏答案的一部分。③是否偏离一般的公认的评判

① 董保城：《教育法与学术自由》，台湾元照出版有限公司1997年版，第84页。
② 翁岳生：《行政法（上）》，中国法制出版社2009年版，第253～260页。
③ 董保城：《教育法与学术自由》，台湾元照出版有限公司1997年版，第85页。
④ 董保城：《教育法与学术自由》，台湾元照出版有限公司1997年版，第87页。
⑤ 董保城：《教育法与学术自由》，台湾元照出版有限公司1997年版，第87页。

标准,如考试的评分是否以比较方式评定。④是否参考了与考试和评议无关的因素,如是否存在私人恩怨,好恶或偏见等影响判断。⑤分数是否计算错误等程序性问题。⑥是否违背平等原则,如男女或种族间之差别待遇,或违反考试法上机会平等之重要原则。[①]

1991年德国法院在考试事件上的保守立场开始转向,从教育机构或考试机关的"判断余地"转向考生的"作答余地"。该年4月17日,针对考试事件案件,德国联邦宪法法院作出了两项判决,对判断余地进行修正。德国联邦宪法法院则认为,考试事项虽属特殊性评断,然而,不能因此就摆脱法院的审查。考生在考试作答的见解虽与标准答案不完全相符。但是学生的见解若有道理可以说得通,此时应评为正确给予分数。除非考题特殊以致考生回答问题的答案必须明确固定外,对考试的判断空间应从两种不同角度来观察,一方面评分委员固然享有判断余地;另一方面,考生在作答时亦应享有一个适当的回答问题的空间。考生所回答问题答案如果属于具备充分辩解理由、合乎逻辑的陈述,就不应被评断为答案错误。[②] 可见,"作答余地"的司法审查已涉猎学术与专业的实质判断领域。

受联邦宪法法院这两项判决的影响,联邦行政法院已逐渐在其日后的判决中作了相应的调整。对于考试争讼事件,联邦行政法院改变以往的消极审查转为积极审查并提高了审查的密度,同时,不仅将"作答余地"原则适用于学位结业考试以及国家考试,而且扩展至各种各类职业考试。[③] 尽管,从"判断余地"到"作答余地",学生在考试评分等方面的合法权益得到了更为有效的法律保护,但德国大学并未因而造成大量诉讼浪潮的效应。[④]

当然,对包括考试事项在内的学术和专业问题的司法立场与态度的改变,德国实务界及学界也有不少人提出质疑,担忧这种司法审查强度增加会带来一些问题。比如德国已故行政法院院长 Horst Sendler 提出跨国比较后的质疑:德国行政法院的控制密度,不论就不确定法律概念的解释或涵摄或行政裁量,均属过高,而代价为高度的法官人事成本、审判时间的延宕,法官之难以胜任,行政部门专业性不受尊重、个案裁判的标准难以清楚地预见等结果,并在

---

① 翁岳生:《行政法院对考试机关考试评分之审查权》,载《台大法学论丛》第三卷一期。

② 董保城:《教育法与学术自由》,台湾元照出版有限公司1997年版,第97页。

③ 董保城著:《教育法与学术自由》,台湾元照出版有限公司1997年版,第99页。

④ 董保城:《教育法与学术自由》,台湾元照出版有限公司1997年版,第99页。

世界成为孤儿，因法国、瑞士、英国等等均不同于德国模式。[①] 的确，从司法成本与司法能力的角度来看，“作答余地”原则的践行所面临的挑战与难度更大。

四、法国司法态度与立场：“最小”的司法监督原则

与“作答余地”的德国司法审查强度相比，法国对大学决策的司法立场相对缓和。法国公立大学跟德国公立大学具有相似的法律地位，公立大学在法律上具有公务法人的地位。“大陆法系有关公务法人的理论认为，公务法人与设置主体之间存在合作与独立的双重性，一方面设置主体必须对公务法人加以监督指挥；另一方面，因公务法人的出现顺应了现代行政专业化、分散化及自主化趋势，所以必须允许公务法人享有在其特殊功能范围内自主管理、自主判断，制定章程和规则的权力。”[②]因此，在法国，对于公立大学基于学术专业行使的学术判断权，不仅要求遵循诸如平等原则、公开原则等公法原则，学生在一定情况下还可以提起诉讼，这一诉讼由行政法院受理。[③]

针对大学学术权力纠纷案件，法国行政法院确定了尊重教师的专业权威与维持法院最小的监督相结合的审查标准。根据王敬波博士的研究，法国行政法院认为对于具有很强专业性的考试评分和学术问题的评定结论，法官应充分尊重教师和评议委员会的权威，这种标准的宪法基础是教育独立原则。法院认为评议行为既无法律特征，也无限制性特征，评议委员会有权确定评议标准，对于评议委员会根据考生的论文或者试卷内容所作的评议，不属于行政法官控制范围。但是法院并不认为专业人员的权威毫无限制，法院仍然在有限的范围内享有审查学术评价行为的权力。法院主要审查以下内容：第一，评分是否违反平等原则，如对于接受同样考试的人给予不同的评分标准。第二，评分是否考虑了试卷以外的因素，如错误地怀疑考生作弊。第三，试卷的内容是否超出了考试纲要的范围。第四，考试、评议的组织和程序是否合法，包括对于评议委员会的组成和任命是否符合法律规定和基本的法律原则，评议中

① 黄锦堂：《行政判断与司法审查》，载汤德宗、李建良主编：《行政管制与行政争讼》，新学林出版股份有限公司 2007 年版，第 343 页。

② 马怀德：《学校、公务法人与行政诉讼》，载罗豪才主编：《行政法论丛(第 3 卷)》，法律出版社 2000 年版，第 433 页。

③ 王敬波：《高等学校与学生的行政法律关系研究》，中国政法大学博士学位论文，2005 年，第 56～58 页，第 104 页。

采用的评议标准是否合乎法律和评议人的规定。第五,评议的程序是否合法等。[①]

上述内容表明,法国行政法院对考试事项在审查范围上同样涵括了程序问题和实体问题,但在实体问题的审查强度上明显低于德国,只是对“试卷的内容是否超出了考试纲要的范围”等事项进行审查,并不涉及学术和专业上的实质判断领域。

五、比较与启示:司法审查本土模式的合理建构

对美国、德国和法国司法实践的比较,可以发现三者在面对大学学术权力纠纷案件时,都已转向解决司法技术层面的问题,即有关司法审查内容和标准,不过各自的侧重点有所不同。美国司法从“学术遵从”到“全面审查”的立场转向中,侧重点在于司法审查的范围问题;德国司法从“判断余地”到“作答余地”的立场转向中,侧重点在于司法审查的内容问题;法国司法遵循“最小”司法监督原则中,侧重点在于司法审查的标准问题。但不管怎么说,这些司法立场与态度的转向,一定程度都使得司法审查的范围从程序问题扩展到实体问题,司法审查的方式从形式审查扩展到实质审查。而司法扩展的背后凸显了对学生权利从程序性救济到实体性救济的焦点转换。

若从司法介入大学学术权力纠纷的整个过程来看,无疑是大学自治与学生权利的一场博弈。从最初“是否介入”的疑虑到后来“何时介入”的考量,再到最后“如何介入”的坦荡,则表明在这场博弈中,司法走过了从对大学自治的倾斜性尊重到对学生权利的倾斜性保护的“心路历程”。这种倾斜性的选择和改变,是法院努力在尊重大学自治与保障学生权利之间寻求平衡点的尝试性努力,并有着可以理解的时代背景与基调。之所以会转向对学生权利的倾斜性保护,一方面是由于在这些国家或地区,大学自治已有了深厚的社会文化根基和有效的制度保障。不管是在有着大学自治传统的美国和德国,还是大学仍为政府附属机构的台湾地区,宪法有力地确保了大学不受不当立法规范和不法行政干涉。另一方面则是由于权利意识的高涨。耶林呐喊着为权利而斗争、德沃金高调着认真对待权利,我们不可避免走向了权利时代。

---

① 王敬波:《论大学学术评价行为的司法审查范围与强度》,载《法律适用》2007年第6期。

司法高举权利旗帜，对学生权利走出倾斜性保护的第一步就是赋予学生完全的诉求。特别在诉讼双轨制的德国和法国，以“有权利必有救济”的法理践行着“无漏洞救济”原则，从而启动学生权利的程序性救济。但若仅仅是程序性救济，学生所拥有的其实只是一项“空洞”的争讼权利。换言之，学生虽然对大学侵害行为可以无拘束性地提起诉讼，但是法院能从实体上真正给予救济的可能性却不大。因为根据大学自治原则，大学享有对内的规章制定权，而这一规章制定权本身是可以突破和超越法律规定。既然连法律（立法）都要受大学自治原则制约，那么，法院在司法审查相关案件时，其审查依据当然首要的是大学自订的规章。既然无法从法律上对此进行合法性审查，那么，依照大学自订规章去审查受到这一规章侵害的大学生权利时，自然无法得到真正的救济。因此，在形式法治国向实质法治国的转变中，[①]司法对学生权利的救济也必然要从程序性救济走向实体性救济。

转向实体性救济后，大学决策的程序和内容开始被纳入到司法审查的范围中，并从形式性审查扩张到实质性审查。不过在司法审查的强度上存在差异性，其中德国走的最远，“作答余地”使得大学决策中基于专业判断的实质内容受到实质性审查，而美国、法国司法审查的范围虽然也已从程序问题扩展到实体问题，但对实体问题中基于专业判断的实质内容仍坚守司法克制原则而予以尊重。

面对我国大学学术权力纠纷案件，法院在寻求和选择适当的司法审查模式时，除了要考量大学学术权力的特质外，理应对这一趋势做出积极回应，参照各国或地区有益做法。

在司法审查范围上应选择“全面审查”模式。比如在学位评定权中，评定主体的组成和议事规则属于程序问题，而评定的依据、理由及结果则属于实体问题。不管是实体方面，还是程序方面，都有可能导致对学生权利的侵害。因此，法院不应放弃对实体问题的审查。实践中有些法院拒绝将实体问题纳入审查范围，比如在杨蕾、白紫山等诉武汉理工大学一案中湖北省武汉市中级人

① 形式法治国仅强调国家公权力之行使（行政与司法）应受到一般性、抽象性法律之拘束，而法律是透过一定之程序加以制定。实质法治国则更进一步强调法律之内容应追求正义之实现与人民基本权利之保障，抵触正义原则或侵犯人民基本权之法律，即使由国会所通过，也仅在形式的意义上具有法律的外观，并不符合实质法治国理念下所称之法律的要求。参见颜厥安、周志宏、李建良：《教育法令之整理与检讨——法治国原则在教育法制中之理论与实践》，教育改革审议委员会 1996 年 12 月出版，第 22 页。

民法院在其判决书中就写道："学校如何规定自己学校学生的质量和水平，不是司法审查的对象。"[①]这种以大学自治为由一概拒绝对实体问题进行司法审查的做法是值得商榷的。

当然，不能一味地为了对学生权利进行实体性救济，而完全不顾学术权力纠纷的特殊性和大学自治。毕竟学术权力纠纷中涉及诸多学术性和专业性判断，对于这些问题，司法应保持必要的克制，对大学自治予以充分的尊重。因此，在司法审查内容上应选择"尊重专业判断"的模式。比如学位论文是否达到专业水准，就属于专业判断，对此司法应予以尊重。

在确定了司法审查的范围与内容之后，最核心的问题就是应采用何种标准对此进行审查。一般而言，行政诉讼案件以合法性标准审查为主。显然在面对大学学术权力纠纷案件中，我国最高人民法院有以合法性标准为审查模式的选择性趋势。这一趋势的典型案例就是何小强案。[②] 原告何小强因没有通过国家大学英语四级考试而被拒绝授予学士学位。何小强对此不服，认为华中科技大学将国家英语四级考试作为学士学位授予条件之一没有法律根据。针对该案，最高人民法院公报在其裁判要旨中首先一般性地指出："学位授予类行政诉讼案件司法审查的深度和广度应当以合法性审查为基本原则。各高等院校根据自身的教学水平和实际情况在法定的基本原则范围内确定各自学士学位授予的学术标准，是学术自治原则在高等院校办学过程中的具体体现，对学士学位授予的司法审查不能干涉和影响高等院校的学术自治原则。"可见，法院期望通过合法性审查来确保对大学自主和学术自治的尊重。

但这种合法性审查模式是否适合大学学术权力纠纷案件呢？若参照台湾地区司法实践的分析来看，合法性审查模式能否真正保障大学自治是值得质疑的。[③] 而从学生权利救济的角度来看，合法性审查模式亦是无法切实对其进行实体性救济。显然，大学自治在我国实践中还需要不断争取，而这种争取更多是面向行政机关与立法机关，而不在于司法机关。在大学自治还未真正得到制度确立之时，对大学生权利诉求就不能简单地用内涵模糊的大学自治之名而予以消解。否则，这无异于特别权力关系理论以大学自治之名进行借

---

① 湖北省武汉市中级人民法院，(2006)武行终字第60号。

② 《何小强诉华中科技大学履行法定职责纠纷案》，载《最高人民法院公报》2012年第2期。

③ 周慧蕾：《论大学自治权与学生权利的平衡——从台湾地区司法实践切入》，载《行政法学研究》2013年第1期。

尸还魂。

因此,为了防范大学成为恣意妄为之地并切实保障学生权利,我国法院应当此类案件进行正当性审查。“法治实践表明,通过合法性标准规制政府权力虽仍有必要,但其效用已递减至极低限值,故应突破传统法治主义预设的合法性窠臼,辅以正当性标准,形塑合法性与正当性并用的二元体系。”[①]那么,对于大学学术权力的司法审查,则应以正当性标准为主,辅以合法性标准。

① 江必新:《行政程序正当性的司法审查》,载《中国社会科学》2012 年第 7 期。

大学有效治理:西方的经验及启示

朱家德*

【摘要】 提高大学治理的有效性是各国政府和大学的追求,完善治理结构和优化治理过程是大学实现有效治理的必要条件。西方大学章程以民主参与原则回应校内外利益相关者的民主诉求,从形式上保障大学有效治理;以效率原则重构大学与政府之间的关系,界定大学决策机构的规模和决策程序,从实质上保障大学有效治理。提高中国大学治理的有效性要重点解决 4 个关键问题:一是扩大党委会委员构成,二是明确党委会议事程序,三是改革学术委员会委员构成并明确其议事程序,四是明确校长办公会议事程序。

【关键词】 有效治理　大学章程　治理结构　治理过程

国内外学者通常认为,大学治理(university governanc)是指“大学内外利益相关者参与大学重大事务决策的结构和过程”②。大学有效治理表现在形式有效性和实质有效性两个维度:形式有效性是指以民主参与原则判断大学权力配置是否满足利益相关者的民主诉求;实质有效性指以效率原则鉴别大学内外部治理结构和议事决策程序,是否有利于提高教育质量,是否有利于追求学术真理和公共利益。从实现大学有效治理的角度出发,大学章程可以界定为大学最高决策机构,依据国家法律法规、尊重大学组织特性、遵守行政法

---

* 朱家德,温州大学法政学院副教授,管理学博士,研究方向为教育法学。

② 刘献君、于杨:《现代美国大学共同治理理念与实践》,中国社会科学出版社 2010 年版。

规制定程序,制定出来的上承国家法律法规下启内部各项规章制度的大学最高纲领。[①] 大学章程通过规定大学与政府、大学与社会的关系,以及大学权力在教师、学生、行政管理人员、教辅人员等群体之间的分配,清晰界定大学外部治理结构和内部治理结构;大学章程还通过规定大学决策机构、执行机构、监督机构的议事程序等,清晰规定大学治理过程。可见,大学章程是实现大学有效治理的载体,而实现大学有效治理也是制定大学章程的应然追求。本文通过梳理以法国德国为代表的罗马传统高等教育体系和以英国美国为代表的盎格鲁一撒克逊传统高等教育体系中大学治理变迁的共同特质,为提高我国大学治理的有效性提供可资借鉴的经验和启示。

一、以民主参与原则回应校内外利益相关者的民主诉求

大学是一种典型的利益相关组织,根据"与大学关系密切程度"这一利益相关者核心内涵,罗索夫斯基把大学利益相关者分为最重要群体、重要群体、部分拥有者和次要群体等四个层次。第一个层次,即教师、行政主管和学生;第二个层次,即董事、校友和捐赠者;第三层次,指在特定条件下,才成为大学的利益相关者,例如提供科研经费的政府、向学生和大学贷款的银行家等;第四个层次是大学利益相关者中最边缘的一部分,即市民、社区、媒体等。[②] 在现代大学中,上述 4 个层次的利益相关者均有可能成为大学的决策主体。需要说明的是,大学决策机构在不同的国家由不同的机构来充当,判断某个机构是否属于大学决策机构,主要看该机构是否具有制定大学章程的权力,以及选举、任免校长的权力。[③] 由于制定大学章程和选举、任免校长,通常是由两个或两个以上的机构来完成,因此大学决策机构通常由两个或两个以上的机构充当。西方大学章程一般规定了大学各个层次利益相关者参与大学决策机构的方式,以及占有的席位数,回应他们的民主诉求。

从 17 世纪中叶起,罗马传统高等教育体系中的大学开始由中世纪的"精

① 朱家德:《现代大学章程的分类研究——基于章程文本内容分析的实证研究》,载《中国高教研究》2011 年第 11 期

② 胡赤弟:《教育产权与现代大学制度构建》,广东高等教育出版社 2008 年版,第 160～161 页。

③ 朱家德:《权力的规制——大学章程的历史流变与当代形态》,《华中科技大学博士学位论文》2011 年。

神的手工业者行会”向“教授大学”转型。其标志为:讲座教授与非讲座教授开始分离,决策权从中世纪的全体大会缩小至由讲座教授占支配地位的大学评议会和学部委员会;其次是大学教授与学生也开始分离,教授认为自己才是大学的真正主体,学生则是其教学的对象,不再是大学的组成部分。[①] 直至20世纪60年代中期,罗马传统大学内部权力基本由教授掌握,大学成为教授俱乐部,初级教学人员和学生基本不能参与学校和学院的决策事务。20世纪60年代末以来,罗马传统大学治理结构的一个突出变化是决策机构引入校外人士、校内低级别人员和学生。在德国、法国、日本等国家的学生民主运动中,“参与大学管理”是主要的民主诉求之一。法国在1968年颁布的《高等教育方向指导法》中确立了“参与”为大学办学的三大原则之一,作为大学决策机构的大学校务委员会由学生、教师、科研人员、行政技术员、服务人员及校外知名人士代表构成。德国大学在20世纪60年代的民主运动中,采用了学生代表、初级教学人员和高级教学人员的“三三三制”原则,并在1998年允许校外人士参与大学理事会。根据对德国、法国、日本以及我国台湾地区20部罗马传统大学章程文本统计分析显示,80.0%的文本规定了教授、非教授教学人员和非教学人员参与学校决策和管理的权利,50.05%的文本规定了政府参与大学治理的方式和人员比例,60.0%的文本规定了在校学生参与学校决策和管理的权利。[②]

近代以来,盎格鲁-撒克逊传统大学就获得了法人资格,因此大学的一切权力在法理上属于大学法人。法人权力由美国大学董事会和英国大学校务委员会行使,董事会或校务委员会一般把大部分行政权力委托给校长行使。盎格鲁-撒克逊传统大学章程规定大学最高权力机构一般都由利益相关者代表组成,包括来自政府、社会、大学等机构成员。大学评议会和学院教授会则大多由教授控制。在20世纪60年代的校园民主化运动冲击中,教授在学术评议会当然成员资格被取消,非教授教学人员、教辅行政人员和学生被允许参加各种委员会。美国还确立了“共同治理”(shared governance)原则,肯定和保障教师在大学决策中的地位,许多私立和公立大学吸纳1—2名学生进入董事会。根据对美国、英国、澳大利亚、加拿大以及我国香港地区29部盎格鲁-撒

---

① 周丽华:《德国大学与国家的关系》,北京师范大学出版社2008年版,第84～85页。

② 朱家德:《现代大学章程的分类研究——基于章程文本内容分析的实证研究》,载《中国高教研究》2011年第11期

克逊传统大学章程文本统计分析显示，93.1%的文本规定了教授、非教授教学人员和非教学人员参与学校决策和管理的权利，69.0%的文本规定了政府参与大学治理的方式和人员比例，89.7%的文本规定了在校学生参与学校决策和管理的权利。[①]

西方大学章程以民主参与原则回应校内外利益相关者的民主诉求，被认为“政治性大于学术性，表面性大于实质性，实用性大于长远性”[②]。“参与”原则在实践中也确实很难得到较为彻底的贯彻，因为许多大学生更关心毕业后的就业机会，而不愿意参与学校的民主管理，学生也对自己的参与效果表示怀疑，教师也不想使决策过程因学生参与变得更加复杂；低级别教师由于受制于教授提拔任用，在管理上一般对教授唯命是从。在德国，法律规定大学实行自治，所有大学成员在法理上均有参与各种管理机构的权利，但高级教授在大学理事会、学术评议会中占半数以上的席位，而且允许教授以多数票对初次投票的研究和任命事务实施否决权，对第二次投票施加自己的决定。尽管低级别教学人员和教辅行政人员参与大学治理的权利受到一定的限制，比如在有关科研、教学、人事等学术事务中，他们只有在有说服力的条件下才具有表决权，否则只有咨询权，但法律赋予他们的参与权还是在一定程度上满足了他们的民主诉求。跟欧洲大陆情况相似，英美大学非教授教学人员、教辅行政人员参与大学治理的权利虽然也受到一些限制，受制于教授，但他们的参与权也在一定程度上满足了他们的民主诉求，具有重要的形式意义。大学董事会吸纳少量学生参加，即使学生的参与程度非常有限，甚至只能参与一些无关紧要的决策，还挫伤了学生的参与积极性并导致学生的不满情绪，[③]但是学生参与大学治理是高等教育民主的需要，是实现学术民主与政治民主相互融合的路径，也是培育学生民主价值观的重要途径。[④] 美国大学共同治理无论在理念上还是实践中均遭受到一些质疑，被认为忽略了利益冲突的本质，大部分利益相关者

---

① 朱家德：《现代大学章程的分类研究——基于章程文本内容分析的实证研究》，载《中国高教研究》2011年第11期

② 邢克超：《大学发展的一个新阶段——法国高等教育管理改革十年简析》，载《比较教育研究》2001年第7期。

③ Maria E. Menon. Students' Views Regarding their Participation in University Governance: Implications for Distributed Leadership in Higher Education[J]. *Tertiary Education and Management*, 2005(2).

④ Josephine A. Boland. Student Participation in Shared Governance: A Means of Advancing Democratic Values? [J]. *Tertiary Education and Management*, 2005(3).

的利益并不能被真正地代表,共同治理是不切实际的。[①] 但不可否认的是,共同治理已成为现代美国大学治理制度的基础,共同治理结构与治理文化之间形成了一种互补的关系,在此关系模式中,学术权力和行政权力通过分权和制衡的方式实现了良好的互动。[②] 正如曾两度出任哈佛大学校长的德里克·柯蒂斯·博克(Derek Curtis Bok)所言,美国现行大学治理体制运行正常,没有对其进行系统性变革的必要。[③] 因此,西方大学允许校外人士、校内低级别人员和学生参与大学决策机构具有重大的形式意义,满足了他们的民主权利诉求,提高了治理的形式有效性。

二、以效率原则重构政校关系,界定决策机构的规模和决策程序

20世纪70年以来的几次石油危机使西方国家的经济发展经济遭受全面衰退,而国家经济发展迟缓的直接后果之一是政府削减高等教育经费,并要求大学提高经费使用效益。为此,各大学为了获得政府更多的支持,纷纷改革治理结构、优化治理过程重构大学与政府之间的关系,缩减决策机构规模、建立强有力的行政中枢,进一步规范决策程序,以提高决策效率。

(一)重构大学与政府之间的关系,提高教育质量

进入20世纪80年代后,西方各国大学均面临政府财政拨款削减的危机,围绕如何提高教育质量,"绩效"与"评估"成为重构大学与政府之间的纽带。在罗马高等教育体系中,由于教育权通常被视为国家主权的重要组成部分,大学一般不具有法人身份,而是以政府的附属机构存在。因此,通过赋予大学更多的自主权,使大学成为提高教育质量的责任主体。在法国,1981年密特朗执政后,在教育改革方面提出"放权、现代化和适用"为目标的指导原则,并在1984年颁布的《高等教育法》中规定大学是具有公务法人资格的"公立科学、文化和职业机构",还规定通过建立合同制度来重构政府与大学之间的关系,

① 于杨,张贵新:《美国大学"共治"的两难处境及发展趋势》,载《高等教育研究》2007年第8期。

② 李奇:《美国大学治理的边界》,载《高等教育研究》2011年第7期。

③ [美]德里克·博克:《大学的治理》,曲铭峰译,载《高等教育研究》2012年第4期,第16～25页。

并基于对合同的执行情况的评估决定财政拨款。目前,法国建立了政府主导、社会参与、责任导向、多层次的高等教育质量保障体系,大学成为高等教育质量的责任主体。在德国,大学受文化国家理念的影响,1794年颁布的《普鲁士邦法》明确了大学既是国家机构,也是享有特权的学术社团,具有双重法律地位。1976年,德国颁布的《高等教育总法》的核心之一是加强联邦政府对高等教育的宏观调控能力和扩大大学自主权,重构大学与政府的关系,“使大学成为州政府的更有效的决策伙伴”①。1998年,《高等教育总法》修改后,德国建立了以大学绩效一评估为基础的政府拨款制度,大学定期接受政府组织的评估,且评估结果作为拨款的依据。国家对大学由原来的“圈养”变成“放养”,希望通过赋予大学更多的自主权来提高大学的核心竞争力,从而提高大学治理的有效性。在日本,国立大学法人化改革的主要目标就是重塑大学与政府之间的关系,赋予大学自我管理、自我负责的自主权。文部省则依据政府与大学签订的为期6年的合同,对大学的教学、科研以及服务社会等各方面实施目标管理。目前,日本国立大学建立了内部和外部相结合的评估体系,大学必须就学校的教育、科研状况实行自我检查和自我评价,同时接受政府组织的外部评估。

二战后特别是20世纪60年代以来,英美国家也越来越认识到大学对社会经济发展的重要性,大学应该从属于国家利益成为人们对大学的新认识,国家加大了对大学干预的力度。在英国,政府于1964年了设立全国学位授予委员会,其职责之一就是监督大学以外高等教育机构的质量。进入20世纪末期,英国政府还责成大学基金委员会在处理经费拨款时要考虑大学的教育质量,并成立高等教育质量委员会负责对全国大学进行“学术质量审计”。美国联邦政府在宪法框架内,不断寻求通过以土地捐赠、教育信息服务、认证、学生财政资助、科研资助等形式介入高等教育,将国家利益渗透高等教育之中。总之,二战后,西方主要发达国家普遍更加重要高等教育质量,赋予大学更多的自主权,使大学成为质量的责任主体,进而重构了大学与政府之间的关系。

(二)缩减决策机构规模,形成强有力的行政中枢

20世纪60年代以前,罗马传统大学的内部权力主要集中在基层学术组织,大学甚至成为一个“空架子”,没有专职校长,大学决策效率不高。20世纪

① [加]约翰·范德格拉夫,等:《学术权力——七国高等教育管理体制比较(第2版)》,王承绪等译,浙江教育出版社2001年版,第35页。

60年代以来,罗马传统大学普遍获得公法人地位,大学与政府之间的关系逐步从作为政府的附属机构状态下剥离出来,大学与政府以质量为基础,形成一种绩效一评估的新型关系。大学还削减了教授和基层学术组织的权力,设立专职校长并采用校长负责制,在学校层面形成了强有力的行政中枢。按照1968年法国《高等教育方向指导法》的规定,大学实行校长负责制,校长由校务委员会、科学委员会和学习与生活委员会全体成员组成的大学选举产生。2007年法国《大学自由与责任法》进一步缩减决策机构的规模,校务委员会成员数量由1984年的30~60人压缩至20~30人,大学校长也不再是由原来的三个委员会全体成员组成的大会选举产生,而只是由校务委员会选举产生。① 另外,《高等教育方向指导法》颁布后,政府分解了学部,组成新的"教学和科研单位",教学和科研单位理事会的大部分决策必须报请大学校务委员会批准,所有教学和科研单位的经费和人员分配也由校务委员会负责。这样一来,基层学术组织的权力明显被削减,而学校层面尤其是校长的权力得到加强。《大学自由与责任法》还规定,在人事方面,除个别竞聘录用的人员,校长可以否定任何其认为不当的职位,可以根据教师的业绩予以奖励。按该法的设想,法国大学将在人事管理、房产、财政等方面获得更大的自主权,大学校长也成为真正的管理者。1976年德国《高等教育总法》颁布后,大学分解了学部,重新组建了系,系设系部委员会,作为系的决策机构,系在人员、资金和设备的分配方面享有更大的权力;讲座不再独立于系或大学当局接受政府的资源分配。同时,设立专职校长,负责处理大学的学术、行政等事务。特别是1998年后,系主任和校长的权力得到进一步加强,成为教授的顶头上司。在日本,国立大学法人化改革也强化了校长的权力,削弱了教授会的权力,"把教授的声音减少到最小程度,而把校长和行政官员的声音放大到了最大程度"②。依据《国立大学法人法》的规定,校长是大学的法人代表,是董事会、运营协议会、教育研究评议会的负责人,可以任命除文部科学大臣任命的监事外的所有董事会成员,以及享有雇佣、解聘教职员工的权力等。

二战后特别是20世纪60年代以来,英美国家越来越认识到大学对社会经济发展的重要性,大学趋向建立一支高效的管理团队,包括校长、副校长、代理副校长、注册主任、院系主任等。许多大学章程取消了教授在评议会中的当

---

① 王晓辉:《双重集权体制下的法国大学自治》,载《比较教育研究》2009年第9期。

② Hirokuni, T. The Incorporation and Economic structural Reform of Japan's National University[J]. *Social Science Japan Journal*, 2005(1): 91-102

然成员资格,并缩减评议会的规模;在系一级,集体决策的做法已经消失,取而代之的是一种等级制的系结构。1998 年美国大学董事会协会(AGB)的治理声明指出,"一些董事会、教师和行政主管认为内部治理规则已妨碍了及时决策,小派系争论阻碍了决策进程"[①],并建议由董事会重申他们的最终职责和权力,明确规定谁在各种具体决策中享有哪些权力,设立加速决策的最终期限。

(三)规范决策机构的议事程序,力求"最低程度的程序正义"

通常来说,大学最高决策机构运行程序主要体现在重大事项的决策规划程序、协商程序、审议审批程序,章程制定和修改程序以及校长选拔任用程序。西方大学章程在规范大学权力运行过程中体现出"最低限度的程序公正",一方面大学权力运行要遵循程序公正原则,另一方面不能过度强调程序公正而牺牲运行效率,大学权力运行要在正义与效率之间寻找适当的平衡点。罗马传统大学章程非常重视大学最高决策机构的运行程序。20 部罗马传统大学章程文本的统计分析显示,60%的文本规定了大学最高决策机构的运行程序,60%的文本规定了大学章程的制定和修改程序。[②]《巴黎第一大学章程》第 15 条规定:校长由行政管理委员会成员从教师—研究员、研究员、教师、讲师(以上人员包括合作的和访问的)或者其他同类人员中以超过半数的选票选举产生;选举在即将卸任的校长任期结束前至少 30 天举行;在校长空缺或遇到障碍的情况下,在确认该事实的后一月由学区长和大学训导长组织进行;如果设置了临时主管人也可由临时主管人召集,召集必须在选举前至少 15 天进行;会议由召集人主持;开始选举前,委员会可以听取候选人资格宣告和投票说明;选举采用无记名投票方式,5 轮投票仍未获得确定结果则暂时休会,选举延期到一周以后进行。[③]

盎格鲁-撒克逊传统大学章程也非常重视大学最高决策机构的运行程序,用程序来保证权力的规范运行。在 29 部盎格鲁-撒克逊传统大学章程文本中,95%的文本规定了大学最高决策机构运行程序,95%的文本规定了章程

---

① Robert Birnbaum. The end of shared governance: Looking ahead or looking back [J]. *New Directions for Higher Education*. 2004,(127): 5—22.

② 朱家德:《现代大学章程的分类研究——基于章程文本内容分析的实证研究》,载《中国高教研究》2011 年第 11 期

③ 湛中乐:《大学章程精选》,中国法制出版社 2010 版,第 681 页。

的修改程序。[1] 如《耶鲁大学章程》第1条规定:非因特殊事由,校长及董事会需按规定至少每年召开5次正式会议;特殊情况下,可由校长召集董事会临时会议;如校长因故缺席,则由秘书按照章程所确定的相关规则召集;会议召开前5天,秘书须通过邮件、传真或其他电子形式向董事会的每一位成员发送正式的书面通知;特殊情况下的临时会议通知还需附载将要讨论的主要事项;董事会准许其任何成员在董事会会议上以各种方式发表言论,以确保每一位成员都能了解其他成员的意见或建议;任何应董事会或董事会的其他委员会要求或许可而采取的行为,都必须得到董事会或该委员会全体具有表决权的成员的同意,且这种同意须以书面形式载入董事会会议记录;如有请求,董事会会议应公开举行。第2条规定,任命终身教授及各学院院长的会议,须在召开前至少10天通知董事会各成员;如董事会全体成员均认为此会议不应举行,则可取消会期。

三、我国大学实现有效治理的四个关键问题

从上所述,可知西方政府和大学为了提高大学治理的有效性,不断调整、完善大学治理结构。当前,我国大部分大学正依照《高等学校章程制定暂行办法》制定本校章程。之前,新办、升格、合并等形式组建的大学也正根据该暂行办法修改章程。为了提高大学治理的有效性,当前我国大学章程建设要重点解决4个关键问题:一是扩大党委会委员构成,二是明确党委会议事程序,三是改革学术委员会委员构成并明确其议事程序,四是明确校长办公会议事程序。

(一)扩大党委会委员构成

现代大学制度的核心是决策权分配。根据《高等教育法》第39条规定"国家举办的高等学校实行中国共产党高等学校基层委员会领导下的校长负责制",党委会或党委常委会是大学最高决策机构。当前,我国已经制定出来的大学章程均把党委领导体制作为一个核心部分加以阐述,但党委会或党委常委会的职数、委员产生方式没有相应的规定。实践中,党委会存在的最大问题

---

① 朱家德:《现代大学章程的分类研究——基于章程文本内容分析的实证研究》,载《中国高教研究》2011年第11期

是党委委员来源单一,难以体现各方利益相关者的利益。党委会或党委常委会委员主要是由大学正副书记、正副校长、若干主要职能部门的一把手以及少数院系领导充当,缺少来自教授群体、学生群体以及社会群体的代表。以某"985 工程"大学为例,该校第二次党代会选举产生了 31 个党委委员,由 15 个校领导、2 个校长助理、统战部长、组织部长、宣传部长、学术委员会主任(前任校长)、教务处长、人事处长、科研处长、财务处长、校办主任、研究生院长、管理学院院长、物理学院院长、计算机学院院长、独立学院党委书记构成,没有教授、学生、教辅行政人员代表,更没有校外社会群体代表。

党委会作为我国大学最高决策机构,应该体现各方利益相关者的利益,满足各层次利益相关者参与大学治理的民主诉求。杨福家在比较中外大学制度的基础上认为,我国大学的党委会委员可以由三部分人组成,即 1/3 的校外人士、1/3 从教授党员和学生党员中选举产生,还有 1/3 是学校领导层的负责人。① 也有人认为要建立以党委会为主导的大学委员会,党委委员的人数占大学委员会成员的 1/2～2/3,常委会委员全部进入大学委员会,政府委派相关职能部门的人员参与大学委员会,同时要有教师代表、学生代表和合作办学者代表。② 本文认为,"党委领导下的校长负责制"是具有中国特色、符合中国国情的领导体制,党委会委员必须由党员构成,但委员应包括校内外两个部分的党员,就校外党员来说,可以由政府机构中的党员代表、所在社区的党员代表、公司企业中的党员代表等构成;就校内党员来说,应该包括教授中的党员代表、教辅行政人员中的党员代表、学生党员代表,学校领导中的党员代表,基层学术组织负责人中的党员代表等。其中教职工中的党员代表由教职工代表大会选举产生,学生党员代表由学生会选举产生,一般来说学生会主席如果是党员应该为党委员当然委员。

(二)明确党委会的议事程序

程序正义是权力运行的基本要求,大学权力运行是否有利于实现大学的使命需要程序正义来保证,实现大学有效治理也需要程序正义。如果大学权力运行过程中没有体现程序正义,权力运行有可能会失范,大学治理也可能混乱。大学治理对程序正义的要求,首先体现在大学决策机构运行中的程序正

① 马国川:《大学名校长访谈录》,华夏出版社 2010 年版,第 173～174 页。

② 于文明:《深化我国公立高校内部治理结构改革的现实性选择——基于多元利益主体生成的视角》,载《教育研究》2010 年第 6 期。

义。我国目前制定的大学章程文本大多忽略了党委会或党委常委会的议事程序。实践中,部分大学单独制定了党委会或党委常委会议事规则,但大多处于流于形式。党委会或党委常委会议事规则通常存在两个突出问题:第一,党委领导容易蜕变为党委书记领导。党委会或党委常委会讨论的议题须“事先报党委书记审核、确定”,“除突发性重大事件外,凡未列入常委会议题的临时动议一律不予讨论”,这就意味党委书记不同意的议题根本上不了党委会,也就不能有任何决策,为党委领导下的校长负责制沦为“党委书记领导下的校长负责制”埋下了伏笔。第二,党委会或党委常委会会议过于频繁召开。党委会或党委常委会的职能非常接近美国大学董事会的职能,会议过于频繁召开容易钳制校长领导的行政系统。

本文认为,如果有 1/3 的党委委员联合提议的议题就应该进入党委会或常委会讨论;2/3 以上的党委会委员到会即为召开党委会或常委会的法定人数;赞成票超过表决人数的半数为议题通过。党委会或党委常委会每年召开的次数应控制在 4～5 次为宜,同时设定特别会议。在紧急情况下,超过 1/3 的党委委员提议召开党委会,党委书记应立即召开会议。

(三)改革学术委员会成员构成并明确其议事程序

《高等教育法》第 42 条规定,“高等学校设立学术委员会,审议学科、专业的设置,教学、科学研究计划方案,评定教学、科学研究成果等有关学术事项”。这种学术决策制度构架在实践中要么是行政决策架空学术决策,要么是行政决策与学术决策“两张皮”。对于前者,导致学术委员会形同虚设;对于后者,学术委员会负责学术问题的决策,往往不考虑行政可行性。党委会与校长负责行政问题的决策,常常不理会行政决策对学术的影响。于是,很多大学的学术委员就异化为一个行政机构,委员大多是校领导、职能部门负责人、基层学术组织负责人,纯粹的学者很少。学术委员会被党委会或校长办公会湮没,其结果是行政权力凌驾于学术权力之上,学术权力日渐式微。如果说行政系统的改革主要追求效率,那么学术系统的改革应当有利于增强大学的学术能力。因此要真正落实学术委员会负责学术事务的决策权,首先要让学术委员会成为一个主要学者构成的机构,委员应该由学者选举产生,而不是由党委会提名校长任命。鉴于院士、校长在中国大学的特殊地位,他们可以为学术委员会的当然成员,其他校领导和职能部门负责人不宜进入学术委员会,保持学术委员会的相对独立性。其他委员应该是由基层学术组织层层选举产生,如规定校学术委员会委员实行定额席位制,经学院学术委员会推荐、学部学术委员会选

举产生。每个学院一般拥有一个校学术委员会委员席位,学院学术委员会主任或院长作为推荐人选。各学部推荐的校学术委员会委员中,院长人数不得多于非院长人数。行政人员退出学术委员会可能使学术委员会真正成为一个发挥学者智慧、表达学者利益的机构,也可能使学术委员会虚化、成为摆设。但不管出现那种结果,总比现在由行政人员把持并异化为一个行政机构更好,至少为发挥学者学术权力提供了一条可能的通道。

为充分发挥学术委员会的作用,必须让学术委员会从幕后走向前台,其中学术委员会议事程序是保证。大学章程应规定:校学术委员会实行例会制度,每学期召开 2～3 次会议;根据工作需要,可临时召开校学术委员会全体会议。大学学术决策工作由校长提出建议方案,经校学术委员会研究,形成意见,提交党委会审议。学术委员会会议由主任委员或主任委员委托的副主任委员主持,学术委员会全体会议原则上应有 2/3 以上委员出席才能举行。学术委员会决议事项采取民主集中制的原则,需以投票方式做出决定时,应事先制定投票规则;学术委员会委员一般不得缺席学术委员会会议,因故不能出席的,须在学术委员会办公室备案。学术委员会会议实行回避制度,在讨论、审议或评定与委员及其亲属有关的事项时,该委员须回避。职能部门负责人原则上应列席与本部门工作相关的学术委员会会议,说明情况并参与讨论,但不参加表决;校学术委员会作出的决定,在异议期内如有异议,须征得半数以上委员同意,方可召开全体会议复议,经复议通过的决定不再复议。

(四)明确校长办公会议事程序

校长办公会是研究和决策大学重要行政事项、组织实施党委会有关决定的机构。大学党委会有关行政事务的决议最终贯彻得如何就看校长办公会对党委会决议的理解和执行力度。目前我国很多大学的校长办公会定位不准,或视为咨询机构,或替代学术委员会。以某“985 工程”大学校长办公会议事规则为例,校长办公会的议事范围包括:“拟提交党委常委会研究的学校重大改革方案;拟提交党委常委会研究的学校年度工作计划、长期发展规划等;学科建设、师资队伍建设,教学、科研、产业以及管理等工作中的重要实施方案;重要会议精神、重大情况和学校重点工作的通报。”其中学科建设、师资队伍建设、教学、科研应该属于学术事务,校长办公会全权处理有替代学术委员会的嫌疑。

校长办公会是校长领导的行政团队,必须制定并遵守其议事程序。校长办公会由校长或校长委托的校领导召集并主持,组成人员包括大学党政领导、校长助理、校工会主席、学校办公室主任、监察处处长等。根据工作需要,会议主持人可确定有关人员列席,列席人员在讨论到相关议题时进入会场,汇报或讨论完毕即退场。校长办公会须有半数以上的成员出席方可召开,研究或决策某一问题时,分管校领导应到会,议题一般由提出该议题的职能部门或校领导汇报。校长办公会应设专人记录并编发会议纪要、对会议决定的事项、参与人及其意见、讨论情况、结论等内容,应有完整、详细记录并存档。校长办公会议事实行一事一议,议事程序一般为:汇报人就议题作简要说明,提出解决问题的建议或方案;与会成员就此议题充分发表意见;主持人征求与会成员意见后,归纳集中作出决定或决议。会议决策中意见分歧较大或者发现有重大情况尚不清楚的,应暂缓决策,待进一步调研或论证后再作决策。校长办公会议事规则还要设定复议程序,以及会议决议的组织实施和督办规则。

大学生创业法律风险的调查与思考

——以温州为例

华丽佳*

【摘要】 随着国家经济的发展，大学教育的不断普及，近年来每一年应届大学生毕业数量不断增加，面临着前所未有的就业压力，创业就成了时下高校大学生们摆脱就业束缚、实现自身价值的一个不错的选择。随着大学生创业群体的迅速增加，大学生创业中的法律风险不容忽视，包括创业组织形式的选择、创业组织运行中的合同法律风险和知识产权法律风险、创业组织终止的法律风险等。本文主要研究大学生创业存在的法律风险问题，并提出相应的对策。

【关键词】 大学生创业 法律风险 防范

一、前　　言

据权威数据统计 2014 年应届毕业生数量达到 727 万，比被史上称为“最难就业季”的 2013 年多出了整整 28 万人，创下历史新高，就业率为 91.3%。这就意味着有 70 万人找不到工作。“一毕业就失业”的就业难现状和大学生

* 温州大学法政学院本科生，本文系 2014 年温州大学“大学生创新创业训练计划”项目“大学生创业法律风险的调查与思考”(课题组成员：李洋、刘少丽、刘颖，指导老师：周湖勇、王宗正)的成果。

追求自身价值的热切欲望共同促成了近年来日趋发展的创业热浪潮,从校园到创业的趋势不可避免。据悉,教育部准备把全国高校中600所高校改为职业院校,创业成为其中的一项重要内容。党的十七大报告曾明确提出:实施扩大就业的发展战略,转变思路,促进以创业带动就业的宏伟蓝图。十八届四中全会提出要大众创业,万众创新。

创业创新作为国家的政策导向,是国家可持续发展的坚实基础。大学生作为高层次人才,是实施“创业富民、创新强省”战略的中坚力量;大学生创业是大学生择业途径的良性发展,是主动参与社会竞争的有益尝试。创业大学生为实现发展需要和自我价值,利用现有资源和自身能力,寻找并把握着创业机会。近年来,在国家政策的大力扶持下,大学生创业风起云涌,正成为创新创业和经济发展的生力军。可以看出新时期我国政府已将培养新型创业人才列为国家人才发展战略,这也是我国高校开张创新创业教育的长远任务。创业的大学生群体在逐年增加,大学生创业中所面临的法律风险就成为必须思考的重要问题。同欧洲及英美等国家比较,我国的大学生创业的比例以及成功率很低。

大学生新创企业的规模和经济实力一般较弱,所以在经营活动中一定要防范法律风险,不能因企业涉诉而使企业甚至是投资人背上沉重的债务,导致创业失败。以下就温州大学生创业的实证调查为基础,对此予以分析。

二、浙江(温州)大学生创业概况

温州是创业的摇篮,温州各个高校高度重视大学生创业工作,出台扶持政策,完善工作机制,着力打造大学生创新创业的新天堂。目前截至2014年,在温州茶山大学城共有3个创业园,全大学城集聚大学生创业团队百余家,最高注册资金500万元。从2007年来,先后有2000多名大学生入园开展创业实践,其涉及领域主要包括:计算机与软件、网络与电子商务、文化创意、批发零售、教育服务等。计算机与软件、网络与电子商务及文化创意等作为当前热门的新兴行业,易于发挥大学生优势,更受到创业大学生的青睐。

经过多年的发展,温州涌现出一批技术含量高、经营状况好、发展潜力大的优秀大学生创业企业。

但我们也看到,温州大学生创业仍面临诸多瓶颈。据统计,2/3以上的大学生创业企业注册资本在10万元以内,注册资本在10万元～100万元内的

企业占了小部分，超出 100 万元的企业则是少之又少，仅占 4%。从成立时间看，大学生创业企业大多较为年轻，2008 年以前成立的企业仅占 6.25%；从 2009 年开始，随着政府扶持力度的加大，大学生进入创业高峰，大部分企业都在此后成立。可见，我区大学生创业企业规模大部分较小，尚处于创业初期，竞争力较弱，企业发展任重道远。

三、大学生创业的法律风险及防范现状

我们以文案调查作为调查的先期准备，利用网络、书籍等方式获取了大量资料，明确调查背景及当前大学生创业的形势，对创业法律风险进行初步评估和概括归纳。为确保调查结果最终的客观性和对策的可行性，我们协作进行了以温州大学为主的大学学生创业的实地调查。

调查对象：温州大学、温州医科大学、温州职业技术学院创业园的学生和 13、14 级创业管理班学生以及其他在校创业学生

调查方法：非随机抽样调查（问卷）和典型调查（访谈）。通过问卷的形式了解他们对此问题的基本看法和他们对于遭遇法律问题时所能取得的相关法律及学校、社会帮助的诉求；并在此群体中选取典型进行访谈，并结合对创业园老师的访谈结果进行深入分析。

在实际调查中发现 2009 年，曾有三名学生在淘宝商城做雪地靴销售，起初生意很好，月收入超 2 万元，但后来因为没有充分考虑雪地靴销售的季节性因素，导致大量积货，最终以失败收场。而另一名黄姓同学，花了很大精力做了大学城火车票代理调查，当他向社会上的人寻求资金合作时，由于经验不足，合作人拿到详尽的调查后却撇下了他，给了他不小的打击。说起来很残酷，这样的失败例子每两个月就会出现。

大学生创业的社会环境良好，发展趋势令人期待；但我们更应注意到创业热潮中的创业风险问题，法律风险就是其中一个重要内容。法治社会里，法律风险贯穿于大学生自主创业的始终。大学生由于自身经验和能力的局限，在创业过程中更容易受到法律风险的冲击。

根据相关统计，2014 年，我国有超过 4%的大学生选择了自主创业。创业的大学生中，从事社会服务业的最多，比例达到 34.63%；其次是制造业 13.27%，金融、保险业 12.94%，科学研究和综合技术服务业 12。94%等。虽然高校毕业生创业的行业不少，但其中真正参与高科技创业，即创业项目中拥

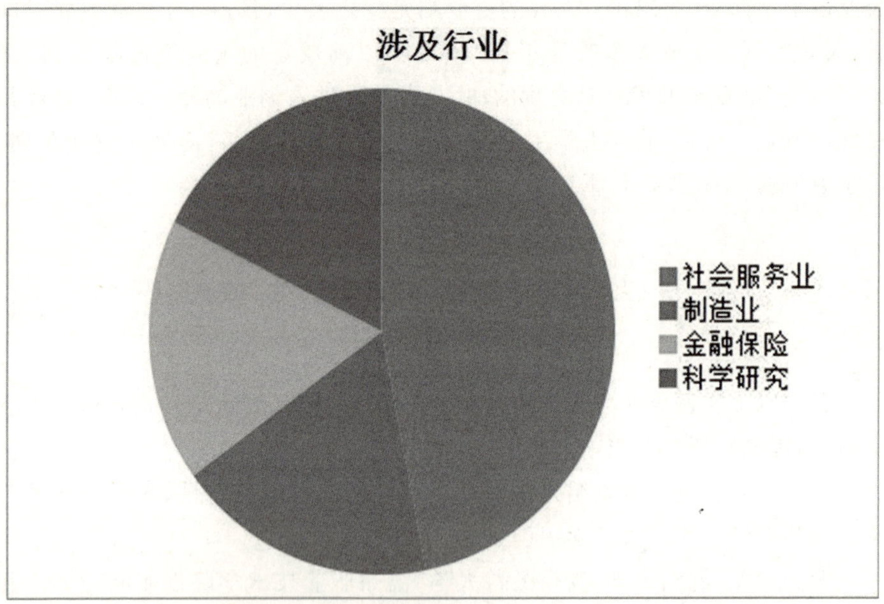

有专利权、商标权和著作权等知识产权的创业者，仅占创业人数的17.11%。由此可见，我国大学生创业呈现出人数少、科技含量低、抗压能力弱、成功率不高等现状。

理论上我们应采取简单随机抽样的方法，但由于创业大学生总是难以精确的原因，实际上我们采用了非随机抽样中滚雪球抽样。此次问卷调查共发放问卷150份，有效问卷123份，有效率为82.00%。同时，我们还与创业学院老师及微商、实体创业的同学进行了访谈交流。选取不同人群对大学生创业风险问题探讨的角度，了解学校、创业园对大学生创业提供相对政策的基本情况和现代大学生在创业法律风险上的认识。采用多种调查方式有效运用保证调查结果的客观性和真实性，运用科学有效的数据分析形成对大学生创业法律风险问题的客观调查结果和主观看法。

调查结果如下：

（一）自我法律意识淡薄，存在处理缺陷

表1　对法律风险了解程度调查表

		防范法律风险的行为				
		事前了解以作规避	聘请法律顾问	询问老师	没有注意过这类问题	合计
法律风险的了解度	了解的充分	8	0	10	0	18
	略做了解	28	5	38	4	75
	不了解	5	1	19	5	30
合计		41	6	67	9	123

例如在问卷中问到：在创业过程中，有了解过相关的法律风险问题吗？是如何防范法律风险的？

从表1我们可以看出，高达85.4%的同学对于创业中的法律风险仅仅是略做了解甚至有不了解的。他们带着创业的热情，却仅仅只关注于项目构想、资金的筹集、场地的租用，而忽略了其实每个环节都存在的至关重要的问题，那便是法律知识，例如，资金筹集可能会涉及融资问题、合同问题，场地租用会涉及租赁关系等。这说明大学生自身的法律素养还不够高，需要加强。

表2　发生法律纠纷的解决方法的调查表

发生法律纠纷的解决方法				合计
协商	自认倒霉	调解	到法院起诉	
57	20	35	11	123

在现实创业过程中遭遇的纠纷日益呈多样化趋势。很多大学生创业形态以个体工商户及个人合伙形式存在，即使多数已通过事前了解用规避的途径得以防范，但调查发现大部分的学生相比前期“预防”还是较喜欢后期“治疗”。从表2清楚地看出在发生创业问题时，绝大多数的学生本着多一事不如少一事的想法会选择协商方式解决纠纷，另有小部分人选择了调解解决。选择到法院起诉以法律手段维权的人少之又少。当然，这与当前烦琐的诉讼程序及中国人对待诉讼的传统观念分不开，但以法律维权第一意识缺失的问题我们

仍不容小觑。

(二)法律风险种类复杂

表3　创业过程中最大的风险调查表

		创业过程中最大的风险						
		资金	技术	市场了解度	经验不足	无法确知是否侵权	外界信息的辨识	合计
法律意识强不强	强	0	6	3	2	0	0	11
	一般	37	14	23	17	2	1	94
	不太强	14	1	3	0	0	0	18
合计		51	21	29	19	2	1	123

表3中最大的风险是资金和市场了解度。资金包括创业的"第一桶金"、交易金额、税收金额等等。调查结果显示,债权债务纠纷、租赁纠纷、合同纠纷在实际阻碍中都占有较大比例。虽然为解决当前日益严重的就业危机,学校及国家为大学生创业提供了诸多支持和优惠政策,例如税收和贷款优惠等来鼓励大学生自主创业,但对市场的了解程度不够以及初涉世事的经验不足导致大部分创业者在社会创业中处于实际的弱势地位,而容易掉入一些不法商人所设的圈套。这便提醒和鼓励创业大学生在前期要做好充足的准备,将能预见的风险都规避。

表4　创业过程中最大的法律问题调查表

		频率	百分比	有效百分比
有效	侵权知识产权	19	15.4	15.4
	贷款(包括民间贷款)	32	26.2	26.2
	合同陷阱	46	37.3	37.3
	劳资纠纷	9	7.3	7.3
	其他	17	13.8	13.8
	合计	123	100.0	100.0

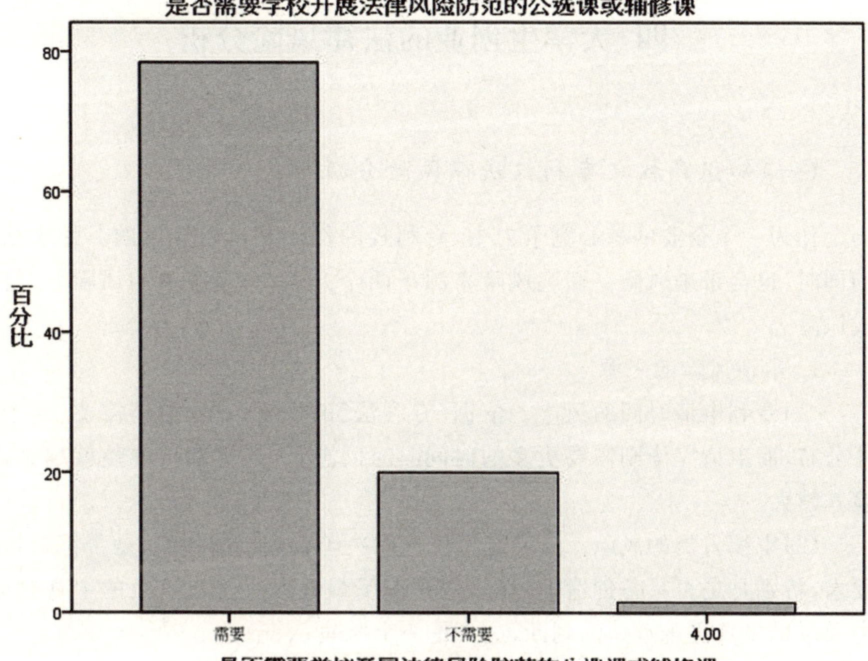

调查发现(见表 4),合同问题是广大创业者最为关注的问题,因此而催生的对合同法的学习需求也最为强烈。同时,70%以上的学生提出希望学校能够开设《大学生法律风险防范》等类似的公选课或辅修课来填补自身法律知识的空白,提高法律素养。大部分人获取法律知识的途径局限于电视及网络,接受信息渠道的狭窄造成当前大学生创业法律知识缺失的现状。为了弥补不能自我提供法律保障的短板,出于保险性考虑,半数以上的学生选择在接手前景好但法律风险大的项目之前先咨询法律人士或老师,进行利弊衡量后再做决定,因此在创业园等创业集中地设立专门机构以提供法律帮助的呼声较高。

在机构登记注册、办理营业执照、员工聘任、制定公司章程等专业性问题上,请专门机构办理并经合法性审查,制定专门的规章制度,聘任员工采取合同制等做法在大学生创业者当中还未达到绝对多数。也就是说,还有不少人创立的创业机构以及他们的创业行为本身可能是存在法律缺陷的,创业法律知识的大众化和普及化显得更加刻不容缓,提高大学生创业者对基本创业法律知识的认知和关注度,加强自身法律素养的培养是当务之急。

四、大学生创业的法律风险分析

(一)知识产权之专利权法律风险分析

作为一个企业的核心竞争力中,专利权的作用是毋庸置疑的。带来利益的同时,也会带来风险。而其风险来源于两个方面,一是申请的风险,二是侵权风险。

1. 申请风险的来源

(1)专利申请时间的风险。依据《专利法》的规定,专利申请需要18个月才公布,而申请完毕则需要更多的时间。时间愈长,泄露的可能性就越大,风险就越大。

(2)审核人员的风险。专利能否授权取决于审查员的判断,是否符合授权要求,特别是是否具备创造性,在多数情况下最终取决于审查员的主观判断。专利审核极具主观意识的判断,这又是一个风险。

2. 侵权风险的来源

(1)未经许可实施他人专利行为。

(2)假冒他人专利。

(3)以非专利产品冒充专利产品、以非专利方法冒充专利方法。

(二)税收风险分析

依法纳税,毫无疑问这是大学生创业过程中不可避免的义务,既然是义务那么也就成为了创业风险的来源。那么,税收的风险来源有哪些呢?

1. 制度风险。我国目前的税收主管部门比较多,包括财政、国税、地税等多个部门,这就导致了大学生在创业过程中,可能面对的税务部门多且纳税理由多,这对刚开始创业的创业者来说就是一个税务风险。另外,我国正面临着新一轮的经济改革,税收制度的变革是必然的,所以政策可能会出现“朝令夕改”的混乱时期,而企业内部还未做出适用相应政策的调整。这对创业者极为不利,因为这不仅要承担税务风险,还要承担把不必要的时间浪费在解决税务问题上的风险。

2. 企业理税人员的风险。税收问题涉及经济和法律两个方面的内容,需要复合型人才来处理企业的税务缴纳。但是,创业时若没有这方面的人才,而

理税人员往往由于自身素质的限制，对经济或法律的把握不到位。虽然主观上并没有偷税或漏税的想法，但实际上却造成违反税法规定的行为，给企业带来税务风险。

3. 创业者自身的风险。这份风险来自于创业者自身的法律意识和对各项政策的理解。国家给创业的大学生们提供了很多的优惠政策，比如减税、免税等政策。这给创业者带来便利的同时，也为其带来了风险因子。因为对政策的错误理解可能会造成"偷税、漏税、骗税"等违法行为，这是必要承担的法律风险。

（三）用工风险分析

用工，一直就是创业过程中不可避免的话题，因用工问题而产生的纠纷不在少数。因此，用工成为了创业成功与否的重要因子，风险的来源之一。那么具体的风险的表现有哪些呢？

1. 劳务合同和劳动合同的混淆风险。这两者的性质、目的以及国家干预的程度等都不同，创业者在签订合同的时候两者又极易混淆，从而导致不同的法律风险效果。

2. 企业义务的全部或部分不履行风险。在签订劳动合同时，企业应当依法如实向其告知工作内容、工作条件、工作地点、职业危害、安全生产状况、劳动报酬及劳动者要求了解的其他情况。当然，员工的知情权以"与工作有关为限，对于员工询问的与其工作无关或涉及企业商业秘密的内容，企业有权拒绝回答。另外，还有提供员工的社会保险、工作安全环境等，这些也都是企业应当履行的义务。创业者应当要注意到不履行或者部分不履行的后果，尤其是现阶段国民法律素养在提高的阶段。不要为一时之利而产生法律纠纷，影响创业。

3. 劳动合同"特权条款"风险。我所谓的"特权条款"是指那些企业违背法律义务或者保留的优先性的条款。比如，单方面解除合同条件、加班时间条件、医疗保留条件等条款，这些都是不合法的，是要负担法律风险后果的。

4. 企业自身制度风险。要保证劳动用工的顺利进行，规避法律风险，企业自身应该有自己完善的用工制度。建立健全合理有效的绩效考核制度，完善请假、不上班、旷工等考核，挑选优秀人才，发展壮大企业。如果没有完备的制度，企业不仅可能流失人才，也可能面临法律纠纷风险。

（四）合同风险分析

创业就意味着会有合同的签订，签合同也就意味着风险的承担。风险来自哪里呢?

1. 主体资格的风险。合同的有效签订是需要有民事主体资格的,所以在签订合同的时候,需要充分了解对方和自己是否有民事能力,以免签订无效或效力待定的合同,导致合同无法履行,承担风险。

2. 合同形式和内容风险。《合同法》规定有些合同的签订是需要法定形式的,每一个合同的内容也必须符合法律的规定。所以,签订合同一定要注意形式和内容,规避隐藏的法律风险。

3. 合同履行风险。合同的不履行或部分履行,都会带来法律上的纠纷。故签订合同时要考量对方履行合同的能力,并且自身也要注意签订有履行能力的合同。

4. 合同欺诈的风险。在现实的合同签订中,存在大量的欺诈行为,而对于开始创业的大学生们而言,毫无经验,欺诈合同是不得不防的法律风险来源。比如数字、多义词、多音词以及断句等方面应多加注意。

(五)企业组织形式选择的风险分析

企业组织形式的选择是每个创业者在创业过程中必须要面对的,而我国现在的企业组织形式可分为独资企业、合伙制企业和公司制企业。选择哪种企业组织形式对创业的发展具有不可磨灭的作用,同时不论选择哪一种,由于各有相应的缺点,那么选择也就意味着面临各种类型的风险。

本文将单独列举各类组织形式的风险,来说明问题。

1. 独资企业

(1)企业责任。就独资企业的责任而言,独资企业的投资风险很大。独资企业的盈亏和资产负债完全由业主承担。一旦企业破产,则所有者不仅可能投资血本无归,还承担企业破产无法偿还的其他债务。这也就是说大学生创业过程选择独资企业,那么将以自己的全部资产负担债务。这是一个无限责任的风险来源。

(2)资金来源。对大多数大学生而言,创业最大的门坎就是资金的问题。相对于其它的几种组织形式,独资企业的资金来源是唯一的,并且由于独资企业的有限生命期限以及其规模一般比较小,市场投资者一般认为投资独资企业风险较大,因而不愿意投资于独资企业。鉴于此,如果大学生选择独资企业的组织形式,资金将又是一个重大风险来源。

(3)内部组织。独资企业的劳务用工来源有二:一是选择雇佣劳动,二是亲属朋友。不论是哪一种,劳资双方利益目标上的差异,都会构成企业内部组

织效率的潜在风险,都不具有公司制劳动的效率。而在创业初期效率问题对一个企业的考虑是毋庸置疑的。故而内部组织的效率也会成为独资企业的又一风险来源。

2. 合伙制企业

(1)合伙人利益纠纷。选择合伙制企业的风险之一来源于合伙人自身。由于合伙人之间是连带责任,可能会使无过失的合伙人受到其他合伙人过失的牵连,同时也可能因为合伙人之间的经营权之争而使企业效率降低。鉴于此,大学生在创业过程中如果选择合伙制企业,那么对其他合伙人的选择必须慎重,这是创业成功与否的极大风险性挑战。

(2)产权转让。依据《合伙企业法》的相关规定,合伙企业合伙人在转移其全部或部分财产时,除非有协议,那么则需要得到其他合伙人的同意,这极大地限制了产权的转移。换言之,若某大学生成为合伙人,那么他得不到其他合伙人同意,他便不能转让其产权,他的资产将永远滞留于此合伙企业直至破产。故此产权转让的困难会是选择合伙制企业的极大风险。

3. 公司制企业

(1)双重课税。公司制企业利润依法要缴两次税,这是由于公司制企业是一个法人,因此它要就它的所得向政府缴纳所得税,再将税后利润分配给股东。之后股东在收取公司分配的利润时,又向政府缴纳个人所得税。因此相同的企业利润就被征收了两次所得税。税收的负担比重比较大,尤其是刚开始创业又缺少资金的大学生。所以选择公司制企业是对企业的流动资金链条的重大风险考虑。

(2)管理层能力风险。近年来,所有权和经营权分离成为公司制企业改革的重要内容。所以,选择公司制也面临着经营权的问题。如果选择分离,那么代理或者说是职业经理人的成本、可信度,对一个刚成立的公司而言是有很大风险的。若不分离,大学生自己的管理能力又是一个重大挑战,尤其是对不是学习经济类专业的同学,风险不可谓不大。

各种组织形式的风险在具体的运用中,会有不同的表现,这不是笔者能在一篇文章中能穷举的,本文也仅作参考。对组织形式的风险性分析,仍会在后期作出深入考量。

五、大学生创业法律风险防范措施的建议

(一)创业者层面

笔者在调研过程中发现很多大学生在创业过程中无论是企业还是个体工商户在经营过程中自身法律意识薄弱,企业建设和内部管理混乱,很多交易都没有法律保障,侵权现象层出不穷。针对这些问题我们提出了一些对策:

1. 告知有意向创业的同学要增强创业法律意识,完善风险防范的制度规范。当代大学生创业的法律意识决定了法律风险防范的能力和水平,增强法律意识是预防并化解风险的前提,也是建立健全法律风险防范体系的基础。(1)加强大学生创业者创业前的法律知识学习,提高相关创业法律认知。加强大学生创业者及其员工的法律学习,包括劳动法、知识产权、行政管理等与企业生产经营有关的法律法规,以及合同管理、保密规定、纠纷解决等法律学习,增强证据意识、维权意识和风险意识。(2)大学生创业过程中要建立内部规章制度。根据企业及所属行业的特点,建立和完善创业中的制度规范。制定完备的公司章程和合伙协议,对重要事项和内容,比如合同管理、人事管理、财务管理等以规章制度的形式对事前预防规避、事发控制和事后补救作出规定,明晰权责和流程,把法律风险化解在常态管理中。

2. 大学生应构建系统、完善的创业法律风险防范体系。根据大学生创业过程中存在的法律风险,强化法律风险评估预警,构建系统、完善的大学生创业法律风险防范体系。

(1)创业组织设立阶段。充分了解设立相关企业组织的法律流程,根据从事行业、资质要求以及自身风险承担能力等选择合适的组织形式。对股东或投资伙伴之间的股权结构、人事安排、经营决策等重大事宜以法律文本的形式加以规范,明确权利义务,有效避免法律风险。

(2)合同规范化。订立合同前,审查对方的企业资质、资信情况、履约能力等,谨慎签约;订立合同时,认真审查合同的条款和内容,明确权利义务,不要有违反法律规定的事项;订立合同后,按约全面履行合同,既要避免自身违约,又要依法维权。重视合同管理,交易证据的收集、整理工作,及时催讨到期债权,出现违约情况时要学会运用法律手段维护自身合法权益。

(3)加强知识产权管理。及时检索相关知识产权文献,不侵犯他人知识产

权;在与他人的合作合同或委托合同中约定知识产权归属及保护条款,签订保密协议等措施加强商业秘密保护,维护知识产权权益。

(4)健全人事管理制度。加强劳动法律法规学习,与员工签订书面劳动合同,及时缴纳社会保险,依法进行人事管理。在劳动合同中可以约定竞业限制与保密条款,防止掌握关键技术的业务骨干流失或商业秘密泄露而导致的法律风险。

(5)遵守行政管理法律法规,规范经营,在依法纳税、食品卫生、产品质量、安全生产、环境保护等方面主动接受职能部门监管。

(6)学习刑事法律知识。明确合法与违法、罪与非罪的界限,敬畏法律,恪守底线。

(7)创业终止时,及时了结合同纠纷、劳动纠纷等,完成工商注销登记。

3. 增强法律纠纷应对能力。大学生创业过程中,不可避免会产生各种纠纷。对此,创业者应当未雨绸缪,增强法律纠纷应对能力,加强自身危机解决机制。

(1)妥善处理内部纠纷。加强沟通协调,依据公司章程、合伙协议等规定处理创业股东之间的股权纠纷、经营决策纠纷等;依据劳动法律法规和规章制度,配合劳动部门或司法机关及时处理劳动争议,防止业务骨干流失;依据保密协议和竞业限制协议等,通过工商、公安、司法等途径有效处理商业秘密纠纷,保护商业秘密。

(2)积极应对涉嫌侵犯他人权利而引起的举报或诉讼。重视合同管理,增强证据意识,注意整理、保存相关证据;被诉侵权时,委托专业人员或律师准备材料,收集证据,积极应诉,反驳对方的侵权主张;经过风险评估后确系侵犯他人权利,可以协商和解,获得授权许可或者及时化解纠纷。

(3)依法打击侵权行为,维护自身合法利益。可以委托专业律师进行调查取证并处理侵权纠纷。发现侵权事实后,可以向各级工商、公安、文化等部门行政投诉,通过行政途径查处侵权,追究侵权人的行政责任;可以向人民法院提起民事诉讼,请求停止侵权并赔偿经济损失,有效制止侵权。

(二)政府层面

在调查过程中许多创业者认为政府缺少扶持,出现法律问题救助渠道匮乏,然而我国的大学生创业者人数庞大,而且在逐年增加,大学生创业也成为了另一种就业方式,而这种就业方式不仅可以自己就业也可以创造更多的就业岗位,但是在前期发展过程中这个群体还是十分脆弱的,国家的政策法规也

没有与时俱进,这也需要政府从制定法律法规以及各种政策来扶持大学生创业,避免因法律问题导致大学生创业失败,针对政府层面我们提出以下对策

1. 加大扶持政策,完善法律公共服务体系。

(1)要完善促进大学生创业的法律体系,通过立法及政策对大学生创业者给予特别保护。加强对大学生创业过程中法律风险防范的政策引导,设立法律风险防范专项基金,指导大学生创业企业加强法律制度建设,并可考虑将创业大学生的法律救济纳入现行的法律救助体系。

(2)要完善法律公共服务平台。为大学生创业提供法律宣传、咨询、企业法律顾问的推荐、日常纠纷处理和诉讼指导等方面的法律服务,指导大学生有效防范法律风险。

(3)要充分发挥各地律师协会等社会团体的平台作用,除了发挥其法律宣传、纠纷化解等作用外,还可以走访大学生创业企业,为创业者及员工提供法律风险管理培训,进行经营风险和隐患排查,帮助其分析和减少法律风险。2011年以来,温州大学创业工作室为温州大学创业大学生提供法律帮扶,帮助大学生创业企业规避风险、解决法律纠纷、依法经营、健康发展,取得良好的社会效果。

2. 指导大学生创业组织充分发挥作用。政府应当加强组织协调,帮助指导创业组织充分发挥作用,使其成为创业就业的"诊断器"、政策对接的"快车道"、交流沟通的"好平台"和青年企业家的"孵化器"。

(1)发挥创业组织的自律及交流作用。制订并实施创业组织的自律及规范公约,协调法律纠纷,指导法律风险防范。

(2)发挥政府与大学生创业企业间的桥梁作用。创业组织协助政府部门进行法律宣传,向有关部门反馈大学生创业的法律问题和建议,搭建政府与企业的交流平台。

(3)适时进行法律风险提示,指导涉诉成员参加诉讼和化解纠纷,维护合法权益。

(三)司法层面

1. 充分发挥审判职能作用,公正高效审理案件。许多创业者在进行诉讼过程中认为周期过长,走司法程序过于麻烦。

(1)要公正高效审理大学生创业案件。开辟大学生创业诉讼"优先立案、优先审理、优先执行"的绿色通道,适时提供诉讼指导,通过减免诉讼费用避免创业讼累;搭建纠纷化解平台,充分运用诉前调解、立案调解、人民调解等方式

快速解决纠纷，有效化解矛盾；加大对侵权行为的制裁力度，维护大学生创业的合法权益。

(2)要合理裁量大学生创业中出现的侵犯他人权益案件。根据大学生创业的特点，法院在明确权责、依法审理的同时，可以考量大学生创业的实际情况，在法律范围内酌情裁判；加强诉讼调解，在教育引导的原则下妥善解决纠纷，给大学生创业提供一个严肃又宽松的法律环境。

(3)要依法惩治涉大学生创业的犯罪行为。针对大学生创业中投机取巧、触碰法律底线的情形，通过公正审理多发的侵犯商业秘密、销售假冒注册商标的商品、合同诈骗等刑事案件，在惩治犯罪的同时，强化司法权威并增强法律威慑力。

2. 坚持能动司法，拓展司法延伸服务。

(1)加强法律宣传，防范法律风险。通过媒体做好典型案件的宣传报道工作；通过组织观摩庭审，走访大学生创业产业园、创业企业和高等院校，发放《防范经营法律风险提示》，开展法律讲座，提供法律咨询等宣传法律知识，提高大学生创业中的法律风险预判、评估能力，警示创业中的法律误区，有效防范法律风险。

(2)要继续深化“法院、企业法律互动平台”。例如，滨江法院构建的“法院、企业法律互动平台”，在帮助企业规范经营和防范经营风险方面发挥了重要作用。今后还将进一步深化，并针对大学生创业的特点，以座谈、调研等形式丰富法院与大学生创业之间的沟通交流，适时进行法律指导。

(3)要构建建议工作机制。针对诉讼中暴露的大学生创业中的法律及制度漏洞，通过个案司法建议的方式为涉诉企业提出建议；及时总结大学生创业中出现的典型和共性问题，向行业协会及大学生创业组织通报，共同指导大学生规范创业，健康成长。

(四)学校层面

我国经济发展迅速但是各种基础教育却不能及时改革，致使大学法律教育的落后，大学生创业者法律知识、法律意识严重不足。因而，在创业过程中，如何规避法律风险问题，学校扮演着重要的角色。

1. 开设创业法律课程。现在很多的高校都开设有创业课程，但是课程对创业的法律层面设计很少，有鉴于此，笔者建议高校开设创业法律课程。主要为有志于创业的大学生们，了解创业过程中的法律程序和实体条件。

2. 定期邀请相关政府部门及公检法司、律师等司法实践领域的专家学者开展法律宣传及“创业法律风险防范”讲座,交流法律风险防范策略,增强创业大学生的法律风险意识,提高法律风险防范能力。

3. 设立创业援助的常设组织。常设组织不同于高校就业处,这个组织的重点或者说是专职任务就是为创业大学生提供法律方面的援助,进行实务对接,比如合同签订时审核有无欺诈或漏洞、双方实体条件是否满足、许可证的办理等。

4. 校方和创业者联合建立创业基金。面向高校的法(政)学院老师和学生,依据其在创业过程中提供的法律援助的作用,发放证书、奖金、学分、教授评选条件等有助于激发积极性的奖励,让一切有利于大学生创业成功的资源得到有效利用。

5. 利用微信、app等媒体终端。现代化信息技术的运用已经深入人心,成为日常生活的一部分。所以利用微信等增强创业大学生的法律意识,规避法律风险,成为一种可行的有效手段。

五、结束语

在当今就业形势紧张,社会主义市场经济发展带来的经济更具开放性、自由性,在国家政策导向的驱动下,大学生创业成为一种就业趋势,在校大学生创业在某种意义上相比于同阶段青年属于一种“超前就业”,但其社会经验和对商业法律知识的了解尚处浅层,其中涉及的法律风险不言而喻。对大学生创业法律风险的调查与研究是具有现实意义的。

调查研究小组以访谈、问卷等形式展开调查分析得出相应结论,从当前的就业创业现状、创业形式、实际法律风险等方面展开分析,希望能对改善当前创业大学生法律意识缺失、难以应对潜在的法律危险提供警醒和相关帮助。

本课题旨在以理论结合实际,以预防规避风险,通过对该方面的研究实际提高当前创业大学生的法律素养,真正做到提前“预知”不可知的法律风险,为创业活动保驾护航。

剥夺考试作弊大学生学位授予权的法理分析

凌兴玲*

【摘要】 学位授予权是高等院校学位制度的核心，高等院校应依法行使学位授予权，不得与法律相违背也不得与法律精神相背离。是否可以因学业考试作弊取消大学生的学位授予资格，一直以来都是大学生与高等院校有关学位纠纷的焦点。本文从我国高等学校学位制度实施现状出发，通过对大学生考试作弊和我国高校学位制度的法理分析，认为高等院校有权取消考试作弊大学生的学位授予资格，并提出了完善相关立法的对策建议。

【关键词】 学位授予权 法理分析 大学生作弊

2015年8月29日通过的《中华人民共和国刑法修正案(九)》，将在法律规定的国家考试中组织作弊，为他人组织作弊提供作弊器材或者其他帮助，为实施考试作弊行为向他人非法出售或者提供第一款规定的考试的试题、答案，代替他人或者让他人代替自己参加考试，规定为犯罪行为并处以相应的刑罚。这必将使自1980年《中华人民共和国学位条例》颁布以来就一直争议不休的高等院校是否有权取消学业考试作弊大学生的学位授予资格之争议，再次引发关注。

---

* 凌兴玲，温州大学法政学院研究生；本文系国家社会科学基金(教育学)一般课题(BAA120013)的研究成果。

一、我国高校学位法律制度的现状

学位授予权是国家的一项法定权力,代表了国家意志,同时也是我国培养优秀人才的重要举措之一。在我国,学位是国家学位,分为学士学位、硕士学位、博士学位,不同学位的获得对受教育者有不同层次和水平的要求。[1] 根据《中华人民共和国学位条例》(以下简称《条例》)第 8 条的规定:经国务院授权的高等学校享有学位授予权,学士学位由国务院授权的高等学校授予。根据《教育法》和《条例》等相关法律法规的规定,由国务院设立的学位委员会负责领导全国学位授予工作,并受国务院监督。学位委员会将符合条件的高等学校、科学研究机构上报国务院,最终由国务院批准公布其为学位授予单位。学位授予权是一项特殊的权力,既有浓厚的行政色彩,也在很大程度上受学术的影响。在 20 世纪 80 年代,学位授予权的实施,为促进我国科学人才的培养及其更好地适应社会主义现代化的发展,作出了不可磨灭的功绩。然而,值得注意的是,随着社会的不断发展,无论社会还是公民个人都对我国学位制度以及学位授予权提出了更高的要求。[2]

根据《中华人民共和国学位条例暂行实施办法》(以下简称《办法》)规定:学位授予单位可根据《办法》制定本单位的授予学位工作细则。各学位授予单位分别根据《条例》和《办法》的规定并结合自身单位的特点制定了不同的学位授予工作的实施细则,但是从整体上看这些工作细则都包括了实施目的、学位评定委员会的设定及其职责、学位课程、学位论文、论文答辩、学位授予与撤销等重要内容,例如《温州大学学士学位授予工作实施细则》等。由于目前我国有关学位制度的法规相对单薄,仅有《条例》和《办法》作为依据,再加上自 20 世纪 80 年代颁布以来,一直作为我国学位制度核心的《条例》虽然在颁布之初起到了举足轻重的指导作用。但随着社会的不断发展进步,以《条例》作为依据的我国高等学校学位制度在实施过程中不可避免地产生了许多问题,如现行学位制度有关法规滞后、授权单位的学位授予权得不到有效监督、学位申请者权利的得不到有效保护等。其中不容忽视的是,近年来越来越多的学生与高校之间产生了很多学位纠纷,就高校是否有权取消作弊大学生的学位问题引起了社会的高度关注。[3]

二、大学生作弊的法理分析

(一)大学生作弊的内涵和外延

考试作弊是指考生为了个人或者帮助他人获取考试成绩以掩盖、携带、隐瞒等方式,破坏考场考风考纪行为的总称。为了维护考试的公平、公正性,端正考风考纪,教育部颁布了《国家教育考试违规处理办法》,其中对考试作弊有详细界定。

《国家教育考试违规处理办法》第6条规定:考生违背考试公平、公正原则,以不正当手段获得或者试图获得试题答案、考试成绩,有下列行为之一的,应当认定为考试作弊:(1)携带与考试内容相关的文字材料或者存有与考试内容相关资料的电子设备参加考试的;(2)抄袭或者协助他人抄袭试题答案或者与考试内容相关资料的;(3)抢夺、窃取他人试卷、答卷或者强迫他人为自己抄袭提供方便的;(4)在考试过程中使用通讯设备的;(5)由他人冒名代替参加考试的;(6)故意销毁试卷、答卷或者考试材料的;(7)在答卷上填写与本人身份不符的姓名、考号等信息的;(8)传、接物品或者交换试卷、答卷、草稿纸的;(9)其他作弊行为。

《国家教育考试违规处理办法》第7条规定教育考试机构、考试工作人员在考试过程中或者在考试结束后发现下列行为之一的,应当认定相关的考生实施了考试作弊行为:(1)通过伪造证件、证明、档案及其他材料获得考试资格和考试成绩的;(2)评卷过程中被发现同一科目同一考场有两份及以上答卷答案雷同的;(3)考场纪律混乱、考试秩序失控,出现大面积考试作弊现象的;(4)考试工作人员协助实施作弊行为,事后查实的;(5)其他应认定为作弊的行为。

(二)大学生作弊的相关法律规定

在我国,考试从古至今都是选拔人才的主要途径,以至现代社会考试不仅是国家衡量人才与教育水平的标尺,也是社会、家庭、个人判断人才的重要标准。很显然,考试在科技多样化的今天依然占据主导地位。大学生作为我国人才培养的重点对象,在通过高等学校教育努力学习科学知识、提高个人科学技术水平的同时也产生了许多令人担忧的问题。近年来,大学生作弊人数逐年增加,作弊手段复杂化、科技化,作弊主体多样化、群体化,其中造成恶劣影响的有2010年黑龙江大学英语四级作弊案、2014年哈尔滨理工大学考研作弊案等。大学生作弊行为违背了公平、公正的选拔人才原则，不仅是道德的缺失也是对法律的触犯。在我国有关考试作弊的法律法规逐渐完善，主要包括《宪法》、《教育法》、《高等教育法》、《普通高等学校学生管理规定》(以下简称《规定》)、《条例》、《办法》、《国家教育考试违规处理办法》等。

宪法是我国的根本大法，是公民一切行为的准则，考生的作弊行为违背了宪法中有关公民行使权利的基本原则之一诚实信用原则。《规定》中第16条、第52条、第53条规定了在考试中考生有违法、违规、违纪行为的由学校视情节轻重给予教育或者纪律处分，其中纪律处分包括警告、严重警告、记过、留校察看、开除学籍。《规定》第9条、第10条、第11条中规定对作弊考生视情节给予取消考试成绩、暂停考试资格、延迟毕业等处分，构成犯罪的，由有关机关给予刑事处罚。从以上法律法规中我们可以得知，作弊考生的违法、违纪、违规行为都会得到相应的处罚，以规范和恢复公平、公正的考风考纪，然而作弊考生的处罚是否可以与学位资格的取消直接挂钩仍存争议。[4]

三、取消考试作弊大学生的学位法理分析

(一)我国高等学校享有学位授予权的情形

关于高等学校享有学位授予权的情形，《条例》第2条、第8条，《办法》第3条、第4条、第5条、第25条都只是原则性的规定，并没有详细说明具体在哪种情形下高等学校享有学位授予权。例如《条例》第2条规定：对于拥护中国共产党的领导、拥护社会主义制度，具有一定学术水平的公民，都可以按照本条例的规定申请相应的学位。《办法》第3条规定：高等学校本科学生完成教学计划的各项要求，经审核准予毕业，其课程学习和毕业论文(毕业设计或其他毕业实践环节)的成绩，表明确已较好地掌握本门学科的基础理论、专门知识和基本技能，并具有从事科学研究工作或担负专门技术工作的初步能力的。由此可见，《条例》和《办法》在学位授予权方面给予了高等学校很大程度上的自治权，高等学校管理和教育有其自身的特点，一定程度的自治一方面有利于高校管理和学术研究，另一方面这样笼统的授权也会产生高校管理规章制度与学位法相违背、在同等条件下一名大学生在不同的学校取得学位证的条件有所不同等问题。

(二)我国高等学校享有学位取消权的情形

目前我国有关学位授予权的法律依据,并没有明确规定高等学校在何种情形下有权取消学位授予。《办法》第25条规定:学位授予单位可根据本暂行实施办法,制定本单位授予学位的工作细则。实践中,各高校会依据自身情况在实施细则中制定不同的取得学位证的条件和取消学位证的条件。例如不予授予学士学位的情形有:本科生做结业处理,学分不达标,,考试作弊,未过四、六级或者四、六级成绩未达到学校要求等。其中,是否应该取消作弊考生的学位存在争议。[5]

(三)因作弊取消学位授予权的合理性分析

1. 大学生违纪处分的定义及种类

大学生违纪处分实质就是高校对大学生的违纪处分权。高校对大学生的违纪处分权是指,在遵守法律法规的前提下,高校依据校内规章制度,对违反校纪校规规章的大学生给予惩戒的权利总和。大学生违纪的范围涉及学校学习生活的方方面面,但根据《规定》第53条,高校对学生的处分权种类有五种:警告、严重警告、记过、留校察看、开除学籍。因此,考试作弊会因情节轻重、高校校内规章不同等条件受到不同程度的处分。

2. 我国高等学校是否可以取消作弊大学生的学位授予的法理分析

目前,我国有关学位授予权的法律依据《条例》和《办法》及其上位法并没有授权高校可以取消作弊学生的学位授予资格,而实践中,多数高校在制定实施细则中细化了取得学位授予资格的条件,对于违反学校规章制度的学生,视情节取消其学位资格。这与《条例》中规定的公民只要同时满足以下三个条件:拥护中国共产党、拥护社会主义、达到一定的学术要求就可以申请学位的规定相违背。学校处分学生的实质是教育而不是处罚,学校将处分计入文书和学生档案,本身已经是一种很严重的处罚,这对作弊学生将来的考试、就业、人生等产生很大负面的影响。有些刚上大一的学生因为作弊而被学校取消学位,整天无所事事、不求上进,学校处分所产生的教育意义远远少于被处分学生本身的消极状态。对考试作弊学生计入档案并且取消学籍与法的一事不二罚原则相矛盾。另外,从《条例》的立法精神我们可以得知,学位的实质是学术,判断是否可以取得学位的根本因素是学术水平与能力。把作弊与取消学位相挂钩不符合《条例》的实质精神,同时也缺少法律依据。

四、我国考试作弊处罚制度的完善

近年来,引起社会高度关注的高校与大学生的纠纷一直是学位纠纷的核心问题,而是否应当取消作弊大学生的学位申请资格是争论的焦点。因此,要从根本上解决大学生与高校的纠纷,就应当从提高大学生的诚信道德水平、依法规范高等院校学位制度管理、完善学位立法三个方面着手。

(一)提高大学生的诚信道德水平

遵守诚信是我国的优良传统,大学生作为祖国建设的未来更应该做到诚实守信。然而,不得不承认在社会诚信逐渐上升的大背景下,大学生在诚信道德方面仍然存在很多令人堪忧的问题,例如论文抄袭、拖欠甚至逃避助学贷款、求职信息造假等等,其中考试作弊影响最为恶劣。提高大学生的诚信道德水平,社会风气、高校管理、家庭教育是外因,大学生自身的诚信意识是内因,我们在现实生活中往往重视了外因,忽略了内因。单方面强调外因,都只能达到治标不治本的作用,例如高校以取消作弊大学生的学位资格作为惩戒,不但达不到高校管理学生的预期作用,还往往产生很多高校与学生的纠纷与矛盾。另外,取消作弊大学生的学位资格在大多数情况下,都是高校对于规范学校规章制度、恢复公正公平考级考风的事后救济,积极作用甚微,因此强调从内因——学生的诚信道德意识方面加强自我约束是解决大学生作弊的重要源泉。[6]

(二)依法规范高校学位制度管理

学位授予权是高等院校管理制度的核心内容,我国有关学位的专门立法。其中,《条例》和《办法》对学位授予标准只是原则性的规定,并没有详细说明具体在哪种情形下高等学校享有学位授予权,更没有明确规定高校是否可以取消作弊学生学位申请资格,因此在学位制度管理方面给了高校很大程度上的自治权。实践中,高校往往根据自身特点制定相应的学位管理实施细则。众所周知,教师、学生学术水平的高低是衡量高等院校教学质量的标准,高等院校为了提高教学水平、规范教学管理,往往细化学位授予条件和不予授予学位条件等规范。其中,不予授予学位条件往往与上位法的立法精神相冲突,例如:将学位证与国家考试成绩相挂钩、四六级、计算机二级、取消作弊大学生的

学位申请资格、取消怀孕女大学生学位资格等等，这些冲突同时也是高校与学生学位制度纠纷的重要原因。因此，高校应当在依据上位法的前提下，结合自身发展制定学位管理实施细则，使学位管理活动更加合法合理。

（三）完善高校学位立法

20 世纪 80 年代，学位授予权的实施为促进我国科学人才的培养及其更好地适应社会主义现代化的发展做出了不可磨灭的功绩。然而，值得注意的是，随着社会主义市场经济的不断发展，无论社会还是公民个人都对我国学位制度以及学位授予权提出了更高的要求。目前我国关于学位制度的专门立法只有《办法》和《条例》，其中对于学位制度的规定都过于有原则性，例如对于学位申请条件只规定在《条例》的第 2 条里，第 2 条规定：对于拥护中国共产党的领导、拥护社会主义制度，具有一定学术水平的公民，均可按照本条例的规定申请相应的学位。对于道德是否可以作为学位取得的标准并没有作明确规定。有法可依是有法必依的前提，学位立法的缺失使实践中各高等院校的学位制度管理有所不同，这也就必然导致学生与高等院校的学位纠纷不断。因此，学位立法是解决学位纠纷的重要途径，科学完备的学位立法为高等院校的学位管理工作提供根本性保障。

学位授予权是高等院校学位制度的核心，也是大学生权益的重要内容。高等院校在合法与合理的前提下管理学位制度，这不仅是学位立法精神的追求，也是高校教学宗旨的体现。面对高校与大学生的学位纠纷，提高大学生的诚信道德水平、依法规范高等院校学位制度管理、完善学位立法是必然途径。

参考文献

[1]黄崴、胡劲：《教育法学概论》，广东高等教育出版社 1999 年版。

[2]李化德、李春茹：《教育考试立法问题研究》，法律出版社 2005 年版。

[3]劳凯声：《中国教育法制评论（第一辑）》，教育科学出版社 2002 年版。

[4]刘斌：《大学生考试舞弊处理的法学思考》，《载《浙江树人大学学报》（人文社会科学版）2007 年第 2 期。

[5]谢文俊：《考试作弊处罚的正当程序研析》，《十堰职业技术学院学报》2006 年第 5 期。[6]周新林：《论国家考试作弊处罚的法律规制》，湘潭大学硕士学位论文，2008 年，第 14—16 页。

卫生法、体育法

国家对公民健康权的给付义务

邹艳晖*

【摘要】 基于健康权具有受益权功能、程序权功能和制度保障功能,因此,国家应当对公民的健康权承担给付的义务。国家对公民健康权的给付义务,要求国家积极采取各项措施,为公民提供便利和利益。国家的给付义务和国家的保护义务虽然都是国家的积极义务,但二者毕竟是两种不同性质的义务,在含义、主体、标准、目的和理论基础方面,都存在显著差异,是从不同侧面确保公民健康权的实现。公民健康权的实现,有赖于国家切实履行对于公民健康权的给付义务。

【关键词】 健康权　给付义务　保护义务

对于公民的健康权而言,国家的给付义务不仅是诸项义务中最重要一项,也是最复杂的一种义务。国家能否恰当地履行给付义务,直接关系到健康权能否实现,尤其对于那些凭借个人的能力,无法享受到健康权的弱势群体而言。

---

* 邹艳晖,女,法学博士,济南大学法学院讲师,主要研究方向为宪法与行政法学。本文是国家社科基金项目“我国社会法的范畴与体系研究”阶段性成果,项目编号:13BFX143。以及山东省法学会2015年度自选课题“精神障碍者健康权的国家保护义务研究”阶段性成果,项目编号:SLS(2015)G55的成果。

一、与国家的给付义务相对应的健康权的功能

健康权作为基本权利中的社会权，仅仅依靠国家尊重健康权的义务以及国家保护健康权的义务，已经不足以为公民健康权提供全面的保护。健康权的受益权功能、程序权功能与制度保障功能对应的国家的给付义务，才是保障公民健康权的重中之重。

（一）健康权的给付功能

现代国家，受到福利国家理念的影响，基本权利的给付功能日渐显现出其重要性。毫无疑问，防御权功能唯我独尊的时代已经一去不复返，基本权利的给付功能异军突起，尤其对于健康权这样的社会权而言，其给付功能更是显现出旺盛的生命力。给付功能，又可称为“给付请求权功能”、“受益权功能”或者“分享权功能”，[①]是指公民可以直接根据基本权利的规定，请求国家提供特定的给付或者服务。[②] 正是因为健康权具有受益权的功能，公民才可以请求国家积极提供给付以实现其健康权，相应的，国家负有对公民健康权提供给付的义务。基于健康权的受益权功能，公民可以请求国家提供给付或者服务的范围非常广泛。有的学者认为，基于给付功能，国家将提供三类给付或者服务。[③]（见图 1）

该学者构建的基本权利的功能体系图，直至今日，依旧堪称经典。基于健康权的给付功能，要求国家提供程序性、物质性和资讯性三类给付或者服务。给付功能包含的第一项内容，即国家为实现公民的健康权提供程序性的给付

---

① “给付请求权功能”、“受益权功能”的提法，参见许宗力：《基本权的功能与司法审查》，载许宗力著：《宪法与法治国行政》，元照出版公司 2007 年版，第 187 页；“分享权功能”的提法，参见李惠宗著：《宪法要义》，台湾元照出版有限公司 2008 年版，第 92 页。

② 许宗力：《基本权的功能与司法审查》，载许宗力著：《宪法与法治国行政》，元照出版公司 2007 年版，第 187 页。

③ 李建良：《基本权利理论体系之构成及其思考层次》，载《人文及社会科学集刊》第 9 卷第 1 期，第 45 页。

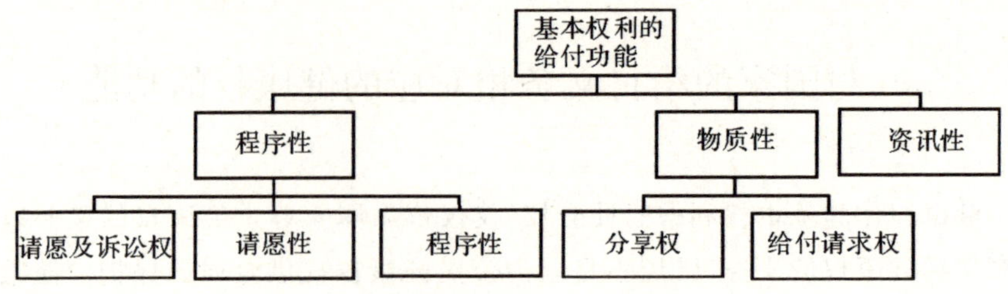

图1 基本权利给付功能体系图[①]

和服务,笔者认为不应将其视为健康权的给付功能,应当单列为健康权的程序保障功能,至于理由将在下一部分,即健康权的程序保障功能中做详细介绍。

物质性的给付和服务由两部分组成:第一部分,公民使用国家的公共设施(例如医院、保健所等),[②]以实现其健康权;第二部分,公民请求国家为一定的给付或补助[③](例如面对工伤、疾病等危难,仅凭个人努力无法实现自身的健康权时,请求国家给予救助),保护自身的健康权。需要说明的是,不少学者对于第二部分,即健康权的给付请求权功能,持谨慎的态度。不仅由于健康权的构成要件不明确,直接导致公民依健康权请求的内容和范围并不清楚;还因为健康权的实现涉及国家的财政支出,即使肯定所有公民都具有给付请求权,受到国家财政有限性的制约,最终也无法实现。因此,健康权的给付功能中的物质性给付或者服务,只能由立法机关根据本国的实际国情,决定给付的种类、条件、范围等。然而,如果国家没有保护公民维持最低标准的健康时,公民显然享有给付请求权。资讯性的给付或者服务,要求国家必须向公民提供卫生保健方面的资讯,并保证公民有机会平等的接近与健康有关的国家资讯。[④]

---

① 基本权利给付功能体系图。需要说明的是,原文中作者提出的是基本权利的功能体系图,本文只参考其中的一种功能,即基本权利的给付功能,因此图表有所删减。参见李建良:《基本权利理论体系之构成及其思考层次》,载《人文及社会科学集刊》第9卷第1期。

② 有的学者指出"给付功能",有"分享权"和"给付请求权"两种不同的含义。公民为实现其健康权,使用国家现有的设备或设施,即为"分享权"。大多数学者认同公民为了实现其基本权利(包括健康权),享有请求使用现有公共设施的权利。参见李建良:《基本权利理论体系之构成及其思考层次》,载《人文及社会科学集刊》第9卷第1期。

③ 这部分内容,即公民请求国家创设一定的设备或者给予一定的补助,以保障自身的健康权,就是"给付请求权",多数学者认为除非涉及公民生存的"最低限度的保障",否则对于国家如何提供给付属于立法者的自由决定范围。参见李建良:《基本权利理论体系之构成及其思考层次》,载《人文及社会科学集刊》第9卷第1期。

④ 庄国荣:《西德之基本权理论与基本权的功能》,载《宪政时代》2015年第3期。

健康权的给付功能,要求国家为公民提供物质性和资讯性的给付或者服务,积极履行给付义务,以帮助公民实现其健康权。

(二)健康权的程序保障功能

健康权的程序保障功能作为一种新兴的基本权利功能,学者们对于其所处的位置争议颇多。究竟应将健康权的程序保障功能单独出来,还是应将其涵盖在给付功能、保护功能或者制度保障功能之中,学者们并没有形成统一的看法。有的学者认为程序保障功能应当属于健康权的给付功能,理由是程序保障功能,与基本权利的给付功能并无本质差异,也是国家提供程序性的给付或者服务,先行涉及适当的程序,以确保公民健康权的实现。[①] 也有学者将程序权功能列入基本权利的保护功能,理由是健康权通过一定的组织或者程序,才能够行使,通过一定的组织或者程序才能够确保健康权的实现,但该学者同时指出程序及组织功能需要国家提供一定的给付。[②] 还有学者认为,程序保障功能已经出现与制度保障功能混用的迹象。[③] 但是绝大多数学者仍然主张,程序保障功能应单独作为一种基本权利的功能。[④] 学者们对于程序保障功能究竟应当归入保护功能、给付功能还是制度保障功能,议论纷纷,纷争本身就已经说明现存的基本权利功能都无法涵盖程序权功能,就证明了程序保障功能有独立出来的必要性。不妨从分析程序保障功能的概念入手,进一步说明程序保障功能对于实现健康权的重要性。所谓健康权的程序保障功能,是指要求国家提供适当的组织或者程序的义务,积极营造一个实现公民健康权的良好环境,以帮助公民实现健康权的一项功能。[⑤] 毫不夸张地说,健康权的程序保障功能是行使健康权的前提,也是实现健康权的手段。尤其在我国

---

① 李建良:《基本权利理论体系之构成及其思考层次》,载《人文及社会科学集刊》2009年第1期。

② 李建良:《基本权利的理念变迁与功能体系——从耶林内克"身份理论"谈起(下)》,载《宪政时代》第29卷第2期。

③ 李惠宗著:《宪法要义》,台湾元照出版社2002年版,第95页。

④ 法治斌、董保城著:《宪法新论》,台湾元照出版社有限公司2006年版,第139页。许宗力:《基本权的功能与司法审查》,载许宗力著:《宪法与法治国行政》,台湾元照出版公司2007年版,第196页。钟秉正、蔡怀卿著:《宪法精义》,台湾新学林出版股份有限公司2007年版,第25页。

⑤ 许宗力:《基本权的功能与司法审查》,载许宗力著:《宪法与法治国行政》,台湾元照出版公司2007年版,第198页。

“重实体、轻程序”的问题尚未解决的大环境下，强调健康权的程序保障功能尤为重要。程序保障功能的重要性体现在保护健康权的整个过程中，特别是在健康权尚未遭到侵害之前，国家通过承担提供适当的组织或者程序，防止发生侵害公民健康权的行为。健康权的程序保障功能，要求国家承担设计公平合理程序的义务，以确保公民健康权的实现。任何一项国家决定，尤其是行政机关作出的任何一项行政决定，无论是保护公民健康权免受第三方侵害的行政干预行为，还是积极为公民提供便利和利益的行政给付行为，在作出决定之前，都有必要严格遵循法定程序。[①] 健康权的程序保障功能，对于实现健康权的重要意义可谓不言自明。基于健康权的程序保障功能，国家不仅要承担对公民健康权的给付义务，还要履行保护公民健康权的义务。鉴于此，笔者以为，不仅有必要将程序保障功能单独列出来，作为健康权的功能，而且应当重视健康权的程序保障功能，国家因此应承当给付义务和保护义务两项义务，从程序层面确保健康权的实现。

(三)健康权的制度保障功能

率先提出制度性保障概念的，是德国魏玛时期的宪法学者 Carl Schmitt ，该学者认为制度性保障是指，在宪法规范之下，国家宪法应当承认某些具有特定范畴、任务和目的的制度，并由宪法给予其专门的保护，立法者不得通过制定或者修改法律加以废除。可见，当时提出制度性保障的概念，是为了区分制度与基本权利，并不是将其作为基本权利的一项功能。二战之后，制度性保障才逐渐与基本权利相结合，成为基本权利的一项功能。[②] 制度保障功能的概念直至今日尚未统一，有学者认为制度这一概念本身就十分模糊，因此，已经出现废弃“制度保障功能”这一概念的声音。[③] 辨析是否有必要继续保留基本权利的制度保障功能，不妨从探析制度保障功能的含义入手。广义的健康权的制度保障功能，是指国家为了促成健康权的完满实现，提供的一整套制度。前文探讨的保护义务功能、给付功能、程序保障功能，都属于广义的制度保障功能范畴。与广义的制度保障功能对应的，是国家为实现公民健康权所要履

---

① 许宗力:《基本权的功能与司法审查》，载许宗力著:《宪法与法治国行政》，台湾元照出版公司 2007 年版，第 200 页。

② 法治斌、董保城著:《宪法新论》，台湾元照出版社有限公司 2006 年版，140～141 页。

③ 法治斌、董保城著:《宪法新论》，台湾元照出版社有限公司 2006 年版，142 页。

行的所有积极义务。对于狭义的制度保障功能，也存在诸多分歧。有的学者认为狭义的制度保障功能，要求国家提供何种制度保障公民的健康权，立法者对此拥有形成权，因此制度保障功能的主要内容与给付功能重叠。[①] 有的学者认为狭义的制度保障功能，只吸收基本权利的程序保障功能。[②] 最原始的制度性保障的含义，对于如今探讨健康权的制度保障功能仍然有参考价值。笔者认同的狭义的制度保障功能的概念，就是受到最原始的制度性保障概念的启发。狭义的健康权的制度保障功能，主要是针对立法机关作出的拘束，要求立法机关通过立法行为确立制度形成健康权的内涵，并确保健康权的实现。[③] 也就是说，制度性保障功能要求立法者积极作为，促成健康权的实现。此处要求立法机关承担保护义务和给付义务。如果立法者未尽此项义务，就属违宪行为。可见，狭义的健康权的制度保障功能，主要是对于立法机关产生相应的拘束力。而广义的健康权的制度保障功能，是促成健康权实现的一整套制度，涵盖了给付功能、保护义务功能和程序保障功能等诸项功能，而且不仅限于此，还包括实现健康权所需的其他制度内容。审视德国联邦宪法法院近期的若干判决，其中提及的就是广义的制度保障功能。此外，我国台湾地区吴庚大法官眼中的制度保障功能也是广义的制度保障功能。综上，笔者不同意废弃制度保障功能的提法，而且认为应当采用广义的制度保障功能。虽然理论界和实务界，对于制度保障功能的内涵仍旧存在争议，之所以争议较多，从另一个侧面正好反应了制度保障功能的重要性。制度保障功能的存在，为实现公民的健康权创造了良好的制度环境，对于健康权的实现有十分重要的意义。广义的健康权的制度保障功能，确实与健康权的保护义务功能、给付功能和程序保障功能存在功能上的重叠，如何处理它们之间的关系呢？打个比方，笔者以为广义的健康权的制度保障功能，就好比一个兜底条款，主要是指除保护义务功能、给付功能和程序保障功能以外，对于实现公民健康权有意义的制度。基于此，与健康权的制度保障功能相对应，国家不仅应当承担对于公民健康权的给付义务，还包括保护义务。

---

① 李建良：《基本权利的理念变迁与功能体系——从耶林内克“身份理论”谈起(下)，载《宪政时代》第 29 卷第 2 期，第 196 页。

② 许宗力：《基本权的功能与司法审查》，载许宗力著：《宪法与法治国行政》，台湾元照出版公司 2007 年版，第 204 页。

③ 李惠宗：《宪法要义》，台湾元照出版有限公司 2002 年版，第 93 页。

二、国家的给付义务

国家履行给付义务,对于公民充分实现健康权至关重要。下面,笔者将在阐述国家对公民健康权给付义务内涵的基础上,辨析国家对公民健康权的给付义务和保护义务的不同。

(一)国家对公民健康权的给付义务的含义

所谓国家对公民健康权的给付义务,是指国家为保护公民的健康权,积极采取各项措施,为公民提供便利和利益的义务。阐述国家对公民健康权的给付义务的含义,有必要参考借鉴国际人权法学者论述的国家对公民健康权的实现义务的现有研究成果。与宪法与行政法学界较少有人关注国家对公民健康权的义务形成鲜明对比,国际人权法学界有关国家对公民健康权的义务方面的研究成果颇丰。笔者将国家对公民健康权的义务划分为尊重的义务、保护的义务和给付的义务,正是受到国际人权法学界现有研究成果的启发。国际人权法学界多将国家对公民健康权的义务划分为尊重(Respect)的义务、保护(Protect)的义务和实现(Fulfil)的义务。事实上,国家对公民健康权的给付义务与国家的实现义务含义基本相同,只是笔者以为"给付义务"的提法更规范、更贴切,才采用给付义务的说法。笔者之所以认为"给付义务"的提法比"实现义务"的表述更合理,主要基于以下几点思考:首先,国家承担对于公民健康权的给付义务,主要由于健康权具有给付功能。其次,国家承担给付义务,最主要的义务主体是行政机关,而行政中的"给付行政"又与国家的给付义务之间存在千丝万缕的联系。最后,"给付义务"的说法已经被一些宪法与行政法学者认同,并积累了一定的研究成果。[①] 无论是给付义务,还是实现义务,义务的本质内容,都指国家为公民提供给付,促进和帮助公民实现其健康权。因此,"给付"是国家承担的最后一项义务的核心内容,该提法也有利于将此种义务与国家尊重义务和保护义务区别开来。因此,笔者采用"给付义务"的提法,放弃"实现义务"的说法。在国际人权法学者眼中的国家的实现义务,

---

① 龚向和、刘耀辉:《从保护、尊重到给付的国家义务内涵拓展——以自由主义的发展、转向为视角》,载《云南师范大学学报》2011年第2期,第95页;张翔著:《基本权利的规范建构》,高等教育出版社2008年版,第81页。

要求国家采取适当的立法、行政、预算、司法等措施，包括(制定)有关的国家政策，确保那些仅凭自身努力无法获得健康权的公民，全面实现其健康权。实现的义务，又可划分为便利(facilitate)的义务(例如对医生和其他的医务人员进行适当的培训，确保提供数量充足、专业技术过硬的医务人员和提供足够数量的医院、诊所和其他有关健康方面的便利)、提供(provide)的义务和促进(promote)的义务(例如医学研究和健康教育)。[①] 事实上，国家对公民健康权的给付义务与国家的实现义务，主要内容基本一致，国家的给付义务也包括便利、提供和促进这三项内容，也要求国家投入足够的预算，通过为公民提供金钱、物质或者服务等方式，为公民实现健康权提供便利和利益，促进公民健康权的全面实现。当今社会，国家切实履行给付义务，是实现公民健康权这一系统工程的重中之重。

(二)国家对公民健康权的给付义务与保护义务的区别

国家的给付义务和国家的保护义务都是国家的积极义务，为了履行给付义务和保护义务，都需要国家积极采取措施。然而，给付义务和保护义务毕竟是国家承担的两种不同的义务，二者的差别主要表现在以下几个方面。

1. 含义不同

国家保护义务，是指国家应当采取积极的措施防止第三方侵害公民的基本权利。国家给付义务，是指国家积极为公民提供便利和利益，以帮助公民实现其基本权利。从义务所涉及的范围来看，国家给付义务的范围要比国家保护义务的范围广泛得多。而且，基于本文论述的是国家对公民健康权的义务，鉴于健康权具有社会权的属性，因此，国家对公民健康权的给付义务不仅比国家的保护义务范围更广，而且内容也更复杂并且重要。正如前文所言，国家保护义务存在广义、中义和狭义三个不同的含义，广义和中义的国家保护义务都包含国家保护义务和国家给付义务，因此有些学者论述国家的保护义务，实际上阐述的是国家给付义务的内容。然而，本文论述的国家保护义务是狭义的国家保护义务，仅限于国家保护公民的基本权利免受第三方侵害这一基本内容。

2. 主体不同

国家保护义务中主要是三个主体，即国家—基本权利人—第三人，三者之间是三角关系。通过国家各个机关积极履行义务，预防、制止、惩处第三人侵

---

① See Manisuli Ssenyonjo. Economic, *Socail and Cultural Rights in International Law*, Oxford and Porland, Oregon: Hart Publishing, 2009, p. 25, 340.

害公民的基本权利,以达到保护基本权利人免受第三人侵害的目的。而国家给付义务中并不涉及第三人,仅存在基本权利主体与国家两个主体,[①]基本权利人可以向国家请求给付义务。

3. 标准不同

国家保护义务,要求国家禁止第三方侵害公民的基本权利,内容十分明确,也对国家提出较高的标准,国家负有立即实现的义务。而国家给付义务,要求国家积极为公民提供便利和利益,对于此项义务,国家机关具有较大的权衡余地,相对而言,只能对国家设定较低的标准,国家仅负有逐步实现的义务。以立法机关履行保护义务和给付义务为例,就可以说明国家保护义务和给付义务所要达到的标准并不相同。立法机关为履行保护义务,制定法律,规定禁止第三方妨碍或者侵害公民的健康权,则任何一种妨碍或者侵害公民健康权的行为都被禁止。立法机关为履行给付义务,要求国家负担社会救助的义务,则并不是任何一种社会救助都要受到法律的拘束。就好像为了救助溺水者,游泳救助、投入游泳圈、驾船救助、喊人救助均可,法律只要求采用其中一种救助行为,而不是要求采用所有的救助行为。可见,相对而言,国家给付义务的内容不像国家保护义务那么明确、具体。国家立法机关对于国家采用什么方式履行给付义务和履行的给付义务应达到什么样的标准,都有较大的判断预测余地和衡量余地。[②] 国家对公民健康权的给付,能达到什么程度?给付的覆盖范围有多大?这些问题直接关系到国家义务的轻重,不同国家在不同时期,会得出不同的结论。毋庸置疑,国家的给付义务,与该国的经济发展水平密切相关,但国家资源的有限性不应成为国家逃避给付义务的口实。国际社会要求国家应当最大限度地利用可供利用的资源,去帮助公民实现其健康权。如果缺乏统一的标准,完全凭借各个国家的自觉性履行保护公民健康权的给付义务,那么国家对公民健康权的给付义务将处于不确定的状态,最终将导致健康权无法充分实现的后果。[③] 正是基于此,下文将详细探讨国家对公民健康权的给付义务的标准。

---

① 参见 Hans D. Jarass,陈慈阳译:《基本权作为防卫权及客观原则规范》,载《月旦法学杂志》2003 年第 7 期。

② 参见 Robert Alexy,程明修译:《作为主体权利与客观规范之基本权》,载《宪政时代》第 24 卷第 4 期。

③ 参见邓衍森:《从国际人权法论健康权之法理基础与实践方式》,载《东吴法律学报》第 11 卷第 1 期。

4. 目的和理论基础不同

国家履行对公民健康权的保护义务和给付义务的目的并不相同。国家保护义务，要求国家采取措施维持一种“现状”，通过避免第三人侵害公民健康权的间接手段，达到保护公民健康权的目的；国家给付义务，要求国家直接对需要帮助的公民提供一定的“给付”，扶助公民实现健康权。此外，对于公民的健康权，国家的保护义务和给付义务的理论基础也不相同。国家保护义务的理论基础是危险防御与法治国原则；国家给付义务的理论基础则是社会国原则。[①] 可见，国家保护义务与国家给付义务，不但履行义务的目的不同，履行义务依托的理论基础也存在较大的差别。

综上所述，国家对于公民健康权的保护义务和给付义务，虽然联系密切，都属于国家的积极义务，对于实现公民的健康权都很重要。然而，国家的保护义务和给付义务在含义、主体、标准、目的和理论基础方面，都存在差异。国家的两种义务，是从不同侧面确保公民健康权的实现。

总之，国家各个机关切实履行给付义务，与公民充分实现健康权息息相关。具体而言，国家对公民健康权的给付义务，需要行政机关、立法机关、司法机关各司其责，方可切实履行。关于行政机关、立法机关、司法机关对公民健康权给付义务的具体内容，笔者将另文阐释。

---

① 参见法治斌、董保城著：《宪法新论》，台湾元照出版社有限公司 2006 年版，第 137～138 页。

温州医疗纠纷人民调解委员会的调查与思考

“温州医疗纠纷人民调解委员会的调查与思考”课题组*

自2009年江西首创医疗纠纷人民调解委员会(以下简称“医调委”)破解“医闹”难题以来,全国各地纷纷建立医调委,在很大程度上缓解了医患矛盾,促进了医患关系的健康发展。但随着医调委工作的开展,其中存在的问题也日益凸显。本课题组对温州鹿城区、永嘉、乐清三地进行实地调研,形成以下报告。

一、温州医疗纠纷案件的特点

(一)大医院涉案数多

医院越大,级别越高,则所涉及的医疗纠纷案件则越多,这是所有医调委普遍存在的现象。究其原因,首先,大医院面对的病例难度高,对人体可能造

* 本文系浙江省温州市社科规划重点课题——“人民调解制度的转型与升级——以温州为例”(编号为15wsk090)中期成果之一,也系2015年国家级大学生创新创业训练计划项目——“温州医疗纠纷人民调解委员会的调查与思考”(编号为201510351003)中期成果之一。此处“课题组”是指“人民调解制度的转型与升级——以温州为例”总课题组之分组——“温州医疗纠纷人民调解委员会的调查与思考”课题组,分课题组负责人:段晶晶,课题组成员:甘方灵、韩小灵、许时超等。课题组总负责人:周湖勇。

成的损害风险远大于小医院，医疗纠纷发生机率相应就高。其次，大医院每日病流量很大，这也使得发生医疗意外的可能性提高。

（二）患方索赔额高

虽然医调委的相关数据汇总中不乏实际赔偿额比索赔额高的案例，但大多数案例都是索赔额比实际赔偿额高。特别是涉及致死的案件中，患方本着"人命无价"的理念，索赔额更是漫天要价，有的甚至是实际赔偿额的几倍。据此，我们可以认为，对于索赔额，患方还没有形成一个正确的认识和合理预期。

（三）医患矛盾尖锐，调解难度大

在进行诊疗过程中患方知情权未得到充分保障，医方责任心不够，当患方花费大量时间和金钱而又达不到预期治疗效果时，患方便不能接受。同时，医方则不认为自己存在过错，因此很容易造成尖锐的矛盾。加之医患双方专业信息不对等，在调解过程中难度很大。

（四）专业性强，调解周期长

相对于其他人民调解，医疗调解具有很高的专业性。不仅仅在责任认定过程中进行专家评估或者医疗事故鉴定需要一定的时间，而且，涉及的专业知识要给患方解释清楚也需要一定的时间。同时，医患双方矛盾尖锐，安抚情绪和接受调解都需要一定的时间。这些原因直接导致了医疗纠纷在调解时周期相对较长。

二、温州医疗纠纷人民调解委员会运作模式及特点

（一）基本做法

医疗纠纷调解的一般程序为：(1)接待咨询、申请；(2)决定受理或不予受理；(3)告知受理；(4)实施调解；(5)调查核实；(6)认定责任；(7)协商赔偿；(8)达成和解；(9)回访。具体实施调解模式主要有"背对背"模式和"面对面"模式。"背对背"模式：由于医患纠纷发生时医患双方矛盾尖锐，互不相让。如果让他们直接面对面进行调解必定会导致矛盾加剧。因此实施调解初期，医调委会将医患双方分开单独进行询问，既使双方情绪稳定，又有利于更好地了解

案情。“面对面”模式:经过初期的“背对背”调解双方的情绪已大致稳定,案情也大致清楚,此时则可以安排医患双方,面对面地讨论一些后续具体问题,以和平的方式解决纠纷。但纠纷有时复杂多样并不是靠按程序进行就能解决的,在调解中主要秉持“突出公正、情理法兼容”、“给患者一个明白,还医院一个清白”的理念。

1. 机构设置以及人员聘用

医调委属于独立的第三方,既不隶属医院,也不隶属卫生行政部门,和司法局也是指导和被指导的关系,从而保障调解的独立性和公正性。医疗委人员组成结构合理,实行老中青结合,优势互补,其中既有丰富调解经验和法律知识的调解员,也有具有丰富临床经验的医生;既有具有丰富实践工作经验的和较高政策水平的政法机关干部或是医院院长,也有初出茅庐的大学毕业生,从而保障调解的专业性和权威性。

2. 相关之间机构协调配合,程序衔接

医疗委、卫生局、司法局、鉴定机构、理赔中心等之间协调配合,程序衔接,以形成合力,及时化解纠纷,由此维护了患者的合法权益,促进医患关系的和谐,维护了社会的稳定。

2002年国务院发布的《医疗事故处理条例》中,就明确指出:发生医疗事故的赔偿等民事责任争议,当事人可以向卫生行政部门提起调解申请。现阶段医调委在解决医患纠纷中扮演着越来越重要的角色,其影响力也越来越大,所以一般情况下医院发生医患纠纷时会第一时间通知医调委进行调解,但是如果出现解决不了纠纷,医调委及时引导当事人申请行政调解,或走诉讼程序。当患者向卫生行政部门或法院寻求救济时,卫生行政部门或法院认为适合人民调解解决的,及时引导当事人到医疗委进行调解,即使已经进入诉讼程序的案件,法院认为更适合调解的,也尽量委托医疗委进行调解。

对涉案金额为十万元以上的纠纷规定是必须要做医疗事故鉴定的,因此当医调委对案件认定事故的责任需要做医疗事故鉴定时,医调委会跟医疗事故鉴定机构协调,及时作出鉴定,鉴定机构会尽量引导当事人通过调解予以解决。理赔中心的成立后,保险公司及时参与调解,从而认可人民调解协议的效力,从而提高了医疗纠纷理赔的速度,使理赔更便捷、透明,也提高赔偿的效率,防止医患纠纷的激化。

3. 建立多方参与调解机制,以形成调解合力

医疗委实行专职调解员与兼职调解员配合调解制度。温州市将全市的司法所长编入兼职调解员队伍。当各地发生重大医患纠纷时,考虑到当地的人

情世故，聘请当地的司法所所长协助调解，提高调解的权威，有助于及时化解纠纷。

建立两代表一委员。“两代表一委员”指党代表、人大代表和政协委员，聘请他们作为兼职调解员，主要针对重大的敏感案件让他们参与调解，既可以使他们能更好调解民情社意，更好履行自己的职责，也能够提高调解的权威性，增加当事人调解的认可度。

4. 建立专家评估等技术认定制度

建立医学、法学专家库。由于医疗事故鉴定机构现阶段公正性遭受质疑，且鉴定的耗时长、费用高，所以对于迫切想要解决纠纷的患方来说有时并不是好的选择。为此医疗委建立有医学、法学专业技术人员组成的专家库，当有医疗纠纷发生时，面临医疗技术或法律专业问题时，聘请他们对医疗事故进行评定，以区别鉴定。医疗事故评定专业，不收费，时间短，既解决了调解的专业性和技术性问题，节省当事人的时间和经济成本，提高纠纷解决的效率，深受患者欢迎。

（二）医调委的特点

1. 中立性

首先，医调委是中立的第三方纠纷处理机构，既不隶属卫生行政部门，也不属于医院，是一个中立的群众性组织。其次，医调委的调解行为独立。调解员根据调解案件的案情情况，以及病历资料等作为依据，辅以专家评估或医疗事故鉴定意见进行责任认定，并听取当事人的诉求以及医院的意见，做医患双方合意的调解。再次，调解人员中立。医调委的调解员并非行政人员，而是聘用社会上既懂医学，又懂法学，并且有一定调解经验的人员。这不仅保障了调解员的中立性，更是对医疗纠纷调解质量的保障。

2. 无偿性、高效性

医调委对医疗纠纷案件的调解不收取任何费用，其办公经费由国家财政统一保障。但若调解中需要进行医疗事故鉴定，则相关费用另计。相对于诉讼，进行医疗纠纷人民调解是一条省人力、物力、财力高效的途径。同时，这也在很大程度上减少了患者的顾虑，为其权益救济开通了一条绿色通道。

3. 组成人员少而精

一般来说，医调委的组成人员较少，即使是市级医调委也只有六人组成，其中包含一名后勤人员。但是医调委的调解人员都具有很高的素质，不但要懂医学、法学，而且要有过硬的调解技能。从实地调研的三个医调委来看，都

存在聘用公安局、司法局等相关专业退休人员担任调解员的现象,这可以充分保障调解员的专业素质,同时也有高超的调解技能和较高的社会影响力。此外,医调委都有订阅相关的医学、法学杂志,并定期参加相关的培训,注重对调解员专业素质的提升。

4. 建有专家库

医疗纠纷中涉及的专业性强,因此,为提高医调委对纠纷解决的效率和质量,医调委都有配套的法学专家库和医学专家库以供咨询。专家库由多位业内专家组成,涉及业内的不同领域,从数量和质量上都有一定的考核和限制。同时,医调委每年每季度都会请法学专家过来查看卷宗,以保证卷纸的质量。对于一些相对简单的案件,或者是当事人不同意进行医疗事故鉴定的案件可以提供相关材料通过专家评估来进行责任认定。医学专家库和法学专家库的建立大大提高了医调委的专业性。

三、温州医疗纠纷人民调解委员会运行状况分析

(一)运行基本状况

温州医调委于2009年10月26日正式挂牌成立,主要负责鹿城、龙湾、瓯海三个区所辖的省属、市属、区属的医疗机构、私人诊所发生的医疗纠纷,同时也承接县、市、区医调委遇到的重大、疑难的医患纠纷,或给予相应的指导。自成立至2015年底共调解纠纷900多起,平均每年调解纠纷1200多起。其中,75%的纠纷是因一方存在过错,45%以上的纠纷达到医疗事故标准,涉及死亡的纠纷277起。

乐清医调委2010年成立,并于2014年9月应省司法厅的要求归入新成立的调解中心,以实现有效资源共享,提高调解效率。至2014年10月,共接待256批次,咨询人数达995人。受理医疗纠纷107件,成功调解107件,其中死亡人数达52人。随着医调委的建立和法制思想的宣传,医疗纠纷受理案件逐年下降,2014年1月至10月共受理22件,并且所辖区域内未发生“医闹”事件。

永嘉医调委自2010年成立至2013年10月,共接待投诉案件160件,咨询案件55件,共受理纠纷149件,调处成功141件,其中死亡案件42件。患方总申请赔偿2662.613万元,调解实际赔付565.821669万元;存活案件99

件,患方总申请赔偿2257.1453万元,调解实际赔付604.042663万元。未发生因调处不当或推诿拖拉引起矛盾纠纷激化导致信访或民转刑,未发生因调解不公等不良行为导致当事人投诉医调委。

(二)存在的主要问题

1. 医调委内部人员配置

温州市医调委平均每年调解纠纷220件,基本上每个工作日都要处理一起纠纷。而相对于繁杂庞大的纠纷数量,温州市医调委仅有六名调解员,可见医调委人力资源的缺乏。与此同时,医调委人员流动性较大,人才流失现象较严重,而导致这一现象的原因可概括为两点。

(1)人员编制制度

由于医调委的性质,人民调解员没有被纳入国家编制之内。并且,作为一个中立性机构,医调委不太适用国家编制,但在实际中,许多年轻的调解员向往更高的人员制度保障,大多通过公务员考试离开医调委。这对医调委内部队伍的稳定性造成极大冲击。

(2)工资福利保障

《人民调解委员会组织条例》第11条规定:"人民调解委员会调解民间纠纷不收费。"据此,温州市医调委的工资薪酬等都来自政府的财政拨款。但人民调解工作经费标准总体还是偏低,并普遍投入不足。薪酬待遇偏低,退休福利得不到保障,这对人才的去留有较大的影响力。

2. 医疗事故责任认定

责任认定是整个医疗调解中至关重要的程序,做到责任认定公正、公平,是医调委调解公正、公平性的必然要求。但就目前情况来看医疗纠纷调解中的责任认定的方式仍存在一定的缺陷,其公正、公平性仍受到质疑。

(1)责任认定公信力

《医疗事故处理条例》(以下简称《条例》)第23条规定鉴定专家库成员除医疗卫生专业技术人员和法医外,均为本地的专家。这项规定就意味着鉴定专家可能与被鉴定案件的负责医生存在着某些关系,可能会出现庇护的情况,同时这些本地专家某天也可能成为被鉴定事故的负责医生,所以他们在做鉴定时彼此心照不宣地留有余地,甚至有时形成行业潜规则,这在一定程度上影响认定的公正性,这也是人们对其公正性和中立性质疑的地方。

(2)患方存在一定风险

如果患者或其家属申请医疗鉴定,需要先行垫付费用。在调解解决医疗纠纷中,本着和谐原则,即使医院不构成责任也会出于人道主义给予少量的补偿,但如果患者或其家属申请医疗鉴定但结果认定医院或其医务人员不应承担责任时,此时患者不仅要支付鉴定费用,同时得不到赔偿,这也是很多患者所担心和顾虑的地方。

3. 医方法律意识不足

温州市医调委调解的纠纷中75%为医方责任引起。大部分医护人员为医学专科毕业,缺乏对患者知情权及相关法律知识的了解,再加上其长期处于医学的单一环境下,对权力责任方面的阅历认识也较为缺乏。由此可见,医护人员法律责任意识的欠缺是医疗纠纷产生与调解阻碍的主要因素之一。

4. 患者权利意识淡薄,对医疗委的了解不多

患者权利意识较为薄弱,笔者调查显示:73%的患者知情权受到侵犯时虽然气愤,却未采取任何措施,20%的患者选择与医院理论,4%的患者向法院起诉或寻求医调委的调解。在实际调解中,患方对医疗委的性质及运行了解不多,配合度不高,无法做到正确地行使自身权利,一定程度上减缓医调委调解的进程。

四、进一步完善医调委的建议和思考

(一)完善医调委机制模式

就目前而言可以考虑通过政府向医调委的专职调解员发放专项编制的方式,积极推进以奖代补的薪酬模式。这不但可以有效提高调解员的薪酬待遇,而且有利于提高调解员的积极性,进而提高调解的效率和质量。从长远来看,应当成立非营利性的社会组织,广泛接受社会捐助,实现收入来源的多样化。由该组织聘用调解员,发放薪酬,缴交各项社会保险,提供薪酬以及各种福利;将原来的财政拨款变向对社会组织购买社会服务,通过合同对调解组织进行考核,由此既可以保障医疗委的民间性和独立性,也可以实现调解的专业化和社会化。由此无论从社会角度还是从个人角度,调解员的生活境遇将会有显著的提高和明显的保障,在人民调解的专业化和职业化迈出坚实的一步。

(二)提高责任认定的公信力

调整鉴定专家组的组成,将异地临床专家与法医邀请到鉴定专家组中。

同时，应提高鉴定机构的中立性，使医学会独立于纠纷主体，更主要的是独立于卫生行政部门，从而使鉴定结构更具说服力。在此基础上，还应从完善相关的法律法规、加强鉴定意见书的论证、鉴定人员出席调解等三方面来完善医疗鉴定的监督机制。此外，完善专家评估制度，尤其是需要进行必要的解说与宣传，使其地位和公信力得到充分保障。

（三）提高医护人员的责任法律意识

一个主体行使权利、履行义务的前提必须是对其权利义务内容及法律后果的认知。首先对医护人员进行定期的法律知识课堂培训。这在一定程度上有助于增强医护人员的法律责任意识，促使其在与患者行为接触时更加注重其义务的履行，从而进一步保障患者的知情权。其次，对医科专业学生开设相关法律课程。对未来可能从事医护工作的群体进行法律知识普及，更有利于权利义务意识的形成与加深，防患于未然。

（四）增强患者的权利意识，保障患者的知情权

患者的知情权不仅依靠医务人员的义务履行和医疗机构的制度优化来实现，更重要的是通过患者自身的提升来实现。从外力来看，医疗机构、医调委等组织应加强患者知情权的宣传力度，既是对患者的负责，也是对自身的一种监督。各居民社区也应举行相关社区活动以增强居民对这方面权利的法律意识。从自身来看，患者应积极主动地学习患者知情权的相关知识，了解各类维权途径，增强维权意识是很有必要的。

从金牌体育向民生体育转型的法制化路径研究

布特* 白晓蓉 韩成祥

【摘要】 本文运用因子分析、回归分析、逻辑分析等研究方法,对金牌体育向民生体育转型发展影响因素进行分析,并从中创新研究提出转型时期的发展路径。主要从金牌体育的内涵与转型的思考、转型的影响因素的因子分析、民生体育的发展和选择的必要性、转型时期的路径创新研究等方面进行阐述。为此,从因子分析法中得出体育转型的影响因素,使得金牌体育向民生体育转型所面临的困境提供借鉴,为转型时期发展路径的创新奠定基础。因此研究金牌体育向民生体育转型发展影响因素及路径研究,对充分认识国家和社会在体育转型时期所面临的挑战以及困难,并采取果断举措推进体育发展转型具有现实意义。

【关键词】 四个全面 新常态 体育转型 双引擎 两微一端

一、金牌体育与转型的思考

“运动”自身的真谛是强身健体,从健身中体会到快乐。但是现阶段的体

* 布特,男,温州大学体育学院教授。

育运动被赋予太多的政治性元素,不仅仅是简单的商业运作,更多的被沦为政绩考核的资本。要想了解金牌体育必须从金牌体育的内涵着手,并对金牌体育的弊端以及转型的必要性作出分析和论证。

(一)、金牌体育内涵

"金牌"在汉语词典网上查询定义是我国古代官员的一种身份凭证,是达官贵人的地位符号。在体育理论界,金牌则代表着运动员运动技术水平以及国家在世界竞技舞台的竞技实力。无论是从运动员自身发展考虑还是从国家整体利益考虑,金牌在不同的时段凸显出的价值是不同的。在我国"金牌体育"的研究颇多。在后奥运时代,许多专家学者对我国竞技体育出现的弊端进行分析并理解金牌体育内涵。何强在肯定我国从 20 世纪 90 年代实施"奥运争光计划"以来所取得的辉煌成绩的同时,也对实施"奥运战略"出现的弊端进行反思:"奥运战略"造成多元利益失衡,使得我国竞技体育后劲力量不足、活力不够;官办一体的运作模式也造成与新形势下的深化改革趋势相背离;专业化竞技人才培养效率低以及结构不合理的状况,使得在集体性项目上出现严重失衡。[①] 骆毅、关亚军对我国出现的"锦标主义"特征进行理性分析:狭隘的小集团、个人主义、庸俗功利主义的蔓延滋长,竞技体育政治化的消极影响,竞技体育过度商业化、职业化的消极影响,以及竞技体育道德教育的偏失和运动员道德修养的边缘化。[②] 谢琼恒从竞技体育伦理道德出发,对我国体育行政官员采用非常规手段获取金牌进行批判,并阐明要正视我国"金牌体育",强调全面客观,不偏不倚,不低估也不夸大金牌对我国竞技体育的价值。[③] 无论是从"奥运战略",还是到"锦标主义",都显现出过度追求金牌的体制弊端。这种弊端我们定义为"金牌体育",即指人们在追求金牌的过程中或者在获取金牌后,所引起消极的社会反应。

(二)金牌体育转型必要性

金牌体育的种种弊端的显露,促使转型的步伐必须加快。

---

① 何强:《我国竞技体育奥运战略的历史审视:兼论奥运战略的可持续发展》,载《首都体育学院学报》2012 年第 24 期。

② 骆毅、关亚军:《我国竞技体育"锦标主义"盛行原因的理性思考》,载《哈尔滨体育学院学报》2014 年第 32 期。

③ 谢琼桓:《论北京奥运会后中国竞技体育的价值取向和策略取向》,载《天津体育学院学报》2011 年第 26 期。

首先,金牌体育与竞技体育异化。异化是反制于人的行为结果。由于金牌在国际竞技舞台具有巨大的诱惑力,使得金牌成为多国群雄追求的目标。一方面是地方政府的金牌政绩观,使竞技体育从本质、过程、结果均出现不同程度的异化现象,出现运动员文化素质低,身体和精神上受到不同程度的摧残的异化问题。[①] 另一方面是过度的政治化、商业化以及媒体宣传的副作用等,造成除了金牌,其他似乎都引不起人们的兴趣,谁拿到银牌、铜牌也兴奋不起来。[②] 奥林匹克的精神更强调的是身心和谐发展,是为建立一个和平的、维护人的尊严的社会服务。[③] 所以奥林匹克精神追求不仅是一个健全的人物形象,是人们的精神楷模,是更好地为社会服务,凸显的更是"人文精神"。姚明说得好:"金牌不能超越价值观!就像不能靠服用兴奋剂等一系列作假、欺骗手段赢得金牌一样,所谓君子爱财取之有道。否则体育将不再是世界上一项最透明阳光、最公平公正的美好活动,其激励作用和教化功能也将荡然无存。"

其次,金牌体育与后备竞技人才培养机制。一方面由于原有的由"业余体校—体育运动学校—专业队—国家队"的培养体系逐渐萎缩;另一方面是随着改革开放不断深入,市场经济的不断完善,市场、学校、俱乐部、体育协会在一定程度上也弥补或者提高了我国后备人才的数量和质量。但有二十多个运动项目管理中心却阻断了体育社团实体化的改革进程,他们集政府部门、事业单位、企业、社团于一身,垄断赛事,垄断中介,垄断运动员,并从中谋利,已经成为体育的既得利益集团,也成了体育改革的绊脚石。[④] 在竞技后备人才转型发展期,必然会冲击金牌体育的惯性思维模式,但我国要真正成为体育强国,必须经历这些阵痛,这样才能逐步建立和完善适应我国多元化社会、经济、体制需求的多元化竞技后备人才培养模式和运行机制。[⑤]

最后,金牌体育与全民体育。提高全民体育素质是体育强国的价值选择,才有坚强保障实现中华民族复兴的伟大事业。[⑥] 我国自实施举国体制办竞技

---

① 屈雯喆:《竞技体育异化现象的社会学探析》,载《河北体育学院学报》2010年第24期。

② 何振梁:《奥林匹克精神及其实质》,载《体育文史》1996年第5期。

③ 卢元镇:《以时代精神考量中国竞技体育体制改革》,载《体育与科学》2013年第34期。

④ 周冬、刘建国等:《中国竞技后备人才多元化培养模式与运行机制分析》,载《河北师范大学学报(自然科学版)》2014年第38期。

⑤ 布特、华勇民:《"体育强国"的价值选择论》,载《山东体育学院》2011年第27期。

⑥ 刘然:《"唯金牌论"引发的思考》,载《运动》2014年第13期。

体育以来，在竞技体育领域实现“赶超式发展”，在世界竞技舞台上取得骄人的成绩，民族自尊心和国家政治影响力得到极大的提升。但在金牌林立的同时，举办大型赛事(全运会)、场馆利用率以及竞技人才培养上等，造成大量的资源浪费，使得竞技体育与全民健身发展在资源配置上严重失衡。国民体质没有得到实质性的提高，甚至出现下降，在全国开展如火如荼的“阳光体育运动”，虽声势浩大，但也是徒有其表。[①] 如果国民体质连年下降、“三高”人数不断飙升，学生体质下降健康状况堪忧，这样的体育无论如何都不能算是成功的。[②]

金牌体育出现的症结，也是新时代对体育的新要求，也是促使金牌体育向更关乎民生体育方向上转型。就如赵龙委员在人民大会堂的发言：“展望未来，我们正面临着从金牌体育向民生体育转型的关键机遇期。”[③]

二、基于因子分析法的转型影响因素分析

对转型时期的影响因素，本文通过对国内专家学者进行调查，利用因子分析法对转型时期影响转型因素进行分析。

(一)影响因素的相关分析

本研究依据 14 位国内专家学者提出的影响金牌体育向民生体育转型的所有要素，并将其代表性的观点进行系统梳理，得出资金投入、宣传发动、领导重视组织保障、政策执行力、健身场所、体育专业人员和管理人才、体育政绩观、政策及法规、体育健身需求一级影响因素，并依次确定了 13 个二级子要素和 41 个三级变量。

本研究根据因子分析原理及要求，采用 Kaiser－Meyer－Olkin(KMO)检验和球形检验(Barlett Test of Sphericity)的方法考察其适用性问题。如表 2 所示，通过 SPSS17.0 统计软件分析调查问卷中 41 个形象变量，其 BTS 值(球形检验)的显著性为 Sig. ＝0.000＜0.001，表明具有非常显著性。这说明拒绝变量相关系数矩阵是一个单位阵的零假设，进一步说明变量间不是独立的，而是存在着关联性，因而初步说明适合作因子分析。同时 KMO 校验值为 0.931

---

① 高伟：《成功的体育不能只有金牌》，载《新华日报》2012 年第 9 期。

② 耿联：《“金牌体育”须向“民生体育”转型》，载《新华日报》2011 年第 3 期。

③ 平萍：《体育是民生体育是精神体育是文化》，载《中国体育报》2012 年第 3 期。

＞0.90(KMO＞0.9,非常适合),这进一步说明非常适合进行因子分析。

表 1　KMO and Bartlett's Test

Kaiser－Meyer－Olkin Measure of Sampling Adequacy.	Bartlett's Test of Sphericity		
	Approx. Chi－Square	df	Sig.
0.931	35926.513	1485	0.000

通过因子分析转轴前的特征值及解释的总方差百分比,以及在此基础上的正交旋转中的方差最大法进行因子模型的旋转变换进一步消除、减少拟提取的9个主因子之间的相关性,通过方差最大法的正交旋转得出其因子载荷矩阵。在确定了主因子的基础上,根据因子的分析理论,对41个原始变量进行归类。初始因子经过极大正交旋转后,大部分指标只在某一个主因子的载荷量较大,而在其余主因子上的载荷量小。因此,按照因子载荷量的大小进行规律,把41个原始变量归纳在9个主因子上,并按各个主因子中各个原始变量所具有的共同特点及载荷量较高的变量所具有的特征进行主因子命名,即9个主因子形象分别是:资金投入、宣传发动、领导重视、组织保障政策执行力、健身场所、体育专业人员和管理人才、体育政绩观、政策及法规、体育健身需求9个主因子形象。在这里,笔者将这9个主因子形象称为"转型影响因素的9主因子学说"。(参见表1)

(二)转型影响因素的得分分析

本研究已经构造了十个主因子形象作为综合变量,为进一步构建出回归分析中所要的自变量(即为十个主因子的因子得分),采用回归法估计因子得分,调用 Display factor score coefficient matrix 选项,得到因子得分矩阵表。通过 Regression Methos (回归算法)产生因子得分函数矩阵,并通过因子得分公式和综合因子得分公式分别计算出了9个主因子形象得分及综合因子(整体形象)得分数值(具体数值详见表2)。

表 2

编号	主因子命名	因子权重	因子得分	有效样本量(N)	因子平均得分(M)	排序
F1	资金投入(主因子)	0.05157	1707.988	657	2.5997	7
F2	宣传发动(主因子)	0.07106	1899.321	657	2.8909	5
F3	领导重视 *(主因子)	0.16241	2456.25	657	3.7386	1
F4	健身场所(主因子)	0.03215	1428.458	657	2.1742	9
F5	体育专业人员 *(主因子)	0.08916	2153.332	657	3.2775	3
F6	体育政绩观(主因子)	0.07333	2001.714	657	3.0467	4
F7	政策执行力(主因子)	0.12002	2256.365	657	3.4343	2
F8	政策及法规(主因子)	0.05469	1755.924	657	2.6726	6
F9	健身需求(主因子)	0.04823	1697.582	657	2.0000	8
F 总	整体影响(综合因子)	0.70262	1928.548	657	2.9353	——

领导重视 *:领导重视及组织保障;体育专业人员 *:体育专业人员和管理人才

(备注:根据因子得分原理,通过回归算法只能得到主因子得分的估计值。即上表中 9 因子得分及综合因子得分都为估计值而非实测值。)

为了进一步对体育转型影响因素进行评价。本研究将 10 个主因子得分分别除以有效样本统计量(N=657),计算出 9 个子形象评价的平均得分并进行排序:领导重视以及组织保障、政策执行力、体育专业人员和管理人才、体育政绩观、宣传发动、政策及法规资金投入、体育健身需求、健身场所。

对于数据的分析与计算可以看出:领导重视及组织保障被视为首要影响体育转型的因素。要把体育转型工作落实到全民,领导重视及组织保障是关键。竞技体育的发展以金牌为奋斗目标。随着时间的推移,全民体质下降已经成为不争的事实。现阶段全民健身事业发展新格局主要以“政府主导、部门协同、社会联动、全民参与”。这说明领导的重视及组织保障是竞技体育发展的首要前提,也是关乎民生体育发展的重中之重。“经验再一次证明,哪里的领导重视到位,措施得力,哪里的基层工作就深入扎实,哪里的全局工作就充满活力。”因为领导重视所以这些事务会被迅速提上日程,并且实施保障措施予以快速完成社会的任务。在领导的重视以及强力的保障实施的过程中,执行力就是事务完成的速度。只有领导重视起来,才能更好地发挥政府的社会职能,执行力的好坏将直接影响民生体育的建设以及民生体育的物品供给质量等等。无论是民生体育的建设,还是体育强国的建设一定是大家齐心协力,从顶层设计到基层都是需要经过高效的执行力才能快速实现的。要想进一步完善执行力,就要有高效的专业团队予以实施保障,体育管理人才对竞技体育的可持续发展的研究,对金牌体育的探讨和论证,对民生体育路径建设等等都需要专业的团队对这些问题进行探讨和论述。

要想真正改变人们对金牌体育观念的看法,就必须从上至下改变人们的意识。从政府对体育的金牌政绩观来看,为金牌不择手段的政绩观是行不通的。只有政府的观念转变才能影响他人对体育的看法。改变人们对金牌体育的政绩观,就需要通过宣传手段,推动民生体育的发展,金牌体育的需要宣传早就已经在人们心中根深蒂固了,从现阶段就是把民生体育的宣传力度加大让民生的认识提升到一定的高度,与金牌体育同等重要的位置上,从观念上逐渐改变人们的意识。

领导的重视,宣传力度加大等等,都需要有一定的政策法规来依托,最好的宣传力度就是政策法规的出台,为体育的发展指明方向。政策法规的出台需要社会各界的人们共同努力,才能推动体育的发展,体育的发展离不开资金的大力投入。举国体制下每块奥运会金牌背后的投资都上达7亿元,那么这些资金全部来源于政府的话,政府是不堪重负的,那么必须减少政府对金牌的投资才能让其他体育事业的发展有资金可用,这种砸钱的金牌模式一定要减弱,否则全民的体质健康会继续令国人堪忧。

三、民生体育发展必然性分析

“民生”一词源于《左传·宣公十二年》中的“民生在勤,勤则不匮”,1905年孙中山提出“民生主义”。此后,1924年孙中山对“民生”做了详细的解释:民生就是人民的生活、社会的生存、国民的生计、群众的生命。[①] 随着社会经济结构的不断变化,体育问题频频出现,弱势群体体育不受重视,体育不公平现象,以及人民大众对体育的需求不断提高等等,从体育的社会问题中延伸出

① 谭联斌:《浅论篮球运动的文化特征》,载《北京体育师范学院学报》1999年第4期。

许多基本民生问题,进而民生体育应运而生。到北京奥运会表彰大会上胡锦涛主席在提到体育内的民生问题,要求民生体育被重视起来。随后党的十七大上,胡锦涛总书记提出了“加快推进以改善民生为重点的社会建设”的战略目标,以“民生”为关键词的时代已经悄然来临。民生的含义是什么呢?汉语字典中,“民”指的是人民、百姓。“生”指的是生存、生计。那么民生就是百姓的生存和生计。民生体育就是在体育的维度上理解民生,体育的基本功能是强身健体。回归到体育本质,以“健康第一”为理念的身体教育和社会文化活动为基点理解民生体育的含义,广义的民生是指人民大众对强身健体的诉求,人民大众对自身健康权力,以及体育健身所带来的娱乐性、幸福感等符合当代经济发展的一种身体教育和社会文化活动。“群众体育就是民生体育之本”[①],关注群众体育,大力扶持民生体育是体育发展转型的必然结果。“精英与大众的粘合剂和凸现政府责任的公共产品。”[②]那么狭义的民生体育就是指在政府保障公共服务的提供,处理好“金牌体育”与“全民体育”的关系,不断满足人民大众对体育的物质及精神需求,提供满意的体育服务以及体育物品。

从2009年8月8日被确定为“全民健身日”以来,年年有新招,年年不相同。2014年的“全民健身日”以全民健身促健康,同心共筑中国梦为活动主题,刘鹏局长本着“公益惠民”的活动原则,“天天都是健身日”的活动理念,积极推动体育健身常态化。“四个全面”最早是习近平总书记2014年12月提出的,2015年的两会也聚焦“四个全面”,不仅关系到全民的生活大计,也了解到了国家对民生的承诺。国家体育总局带头与国家民生大计的高度关注,“民生体育”发展将被提上日程。那么我们分析一下“金牌体育”向“民生体育”发展方向转移的必要性。

首先,实施全民健身国家战略的客观需要。北京奥运会51块金牌让竞技体育发展为不可逾越的高度,有些学者认为我国已成为名副其实的体育强国,但是外国媒体却对我国的体育强国发出质疑之声,因为全民身体素质降低是不争的事实。这时,《全民健身计划2011—2015》与国务院颁布的《意见》,在国家的推动下积极落实,并开展《国家基本公共服务体系“十二五”规划》的评估,统筹全民的发展需要,保障落实《全民健身计划》。国家中央预算8亿元,落实《“十二五”公共体育设施建设》,从惠及全民到统筹全民健身需要,完善全民健身锻炼场所等惠及民生的体育公共服务。从“四个全面”提出到2015年

---

① 孙志鹏:《我国民生体育发展探索》,载《南京体育学院学报》2009年第23期。

② 陈小林、王正伦、周瑜:《民生体育论》,载《南京体育学院学报》2007年第21期。

“两会”提及民生,“民生体育”发展之势是不可阻挡的,是实现全面建设小康社会的要求,也是实现全面发展战略不可或缺的一部分,更是全民健身国家战略的客观需求。

其次,全面落实“四个全面”的必然要求。直属机关党委印发了《2015年党建工作要点》,各直属党委、支部要加强学习,结合自己的实际,制订工作计划,认真贯彻落实杨树安的讲话精神。其中指出,“主要以‘四个全面’为引领,以落实全面从严治党要求为主线,强化党建工作责任,严明政治纪律和政治规矩,持续改进作风,严党内政治生活,坚定不移推进党风廉政建设和反腐败斗争,为进一步深化体育事业改革、全面促进体育事业发展,努力建设体育强国提供坚强保证实。”①

与此同时国家体育总局,为贯彻落实“四个全面”。近年来,机关服务中心对机关事务法治建设迈出了坚实的步伐,“积极开展法律法规知识学习与教育,新常态下机关事务遇到的法律问题必然很多,进一步认真学习机关事务法治建设相关政策要求,准确把握机关事务法治建设的主要任务,充分发挥领导干部带头示范作用,提高制度建设科学化水平,提升机关事务工作人员法制思维和依法办事能力,确保机关事务法治建设各项任务落到实处。”②

进一步全面深化体育改革,是紧随时代步伐的。自《关于体育加快体育产业促进体育消费的若干意见》的政策出台,从国家高度上讲体育的发展,是全面深化体育改革的开端。国家体育总局为了贯彻落实四个全面的精神积极开展会议。从政策、法律、法规及全面从严治党等等几个方面来落实,并且全面落实习近平总书记的讲话要点,使全面建设小康社会的步伐更近一步。

最后,体育文化的发展需要。文化是渗透和传承的,“金牌体育”赋予体育文化“更快,更高,更远”的奥林匹克精神。体育精神的宣扬,不仅是树立全民健身的锻炼意识,也是体现公民在参与体育竞赛同时所渗透的理念。单单发展“金牌体育”是不全面的。我们要秉承“金牌体育”的精神,鼓励社会大众共同参与体育,享受体育所带来的乐趣。习近平总书记说“争金夺银是体育的一

---

① 王灿:《国家体育总局直属机关党委工作会议召开》,http://www.sport.gov.cn/n16/n1077/n1212/n3742737/n3743039/6229909.html,下载日期:2015年3月5日。

② 《机关服务中心组织机关事务法治建设专题学习》,http://www.sport.gov.cn/n16/n33193/n33223/n34674/n2245430/6469480.html,下载日期:2015年5月20日。

个方面，但更重要的是自强不息的精神内涵”。① 湖北省体育局局长胡德春说“体育不仅仅是破纪录，拿金牌，更是民生大计，这关乎到身心健康和幸福生活”。所以“民生体育”将是我国未来体育发展的新航标、新导向。

伴随着经济发展“新常态”的新鲜出炉，体育事业的发展也紧随其后。从“民生”的高度发展“民生体育”，设身处地为全民着想。那么民生体育发展将成为体育事业发展的“新常态”。这是全面深化改革的必然要求，是实现民生体育全面发展的基础，也是全面建设小康社会的出发点。

四、金牌体育向民生体育转型发展路径研究

如果说 2014 年是体育发展的新纪元，那么体育事业的发展在《意见》出台后进入新的节点，我们要审时度势把握 2015 年经济发展“新常态”带来的福利，直面“新常态”带来的挑战。结合经济发展的新理念，努力推进体育事业的发展，充分发挥“双引擎”的力量，实现体育事业发展与社会发展同步。深刻理解“四个全面”的含义，是发展体育事业路径的理论基础，也是体育事业发展道路的新航标、新方略。

（一）加大实施全民国家健身战略，发展民生体育，促进体育发展新常态

回顾 2014 年习近平总书记讲话，他强调“持之以恒的开展群众活动”②。转变政府职能，让体育转变带来的成果惠及广大群众，以走“民生体育”道路为主线。习近平总书记强调：“体育是社会发展和人类进步的重要标志，是综合国力和社会文明程度的重要体现。”[20] 体育肩负着实现“两个一百年”的历史重任，充分挖掘体育的价值与意义，体育为全面建设小康社会，实现中国梦做出了独特的贡献。2015 年会议通过《中国足球改革总体方案》。会议强调，实现中华民族伟大复兴的中国梦与中国体育强国梦息息相关。[21] 习近平总书记同时强调发展足球是体育强国的必然要求，“这是全国人民的热切期盼”。以

① 《专家解读习近平讲话：关注金牌精神价值而非数量》，http://sports.163.com/14/0209/21/9KM0QLOB00051CAQ.html，下载日期：2014 年 2 月 9 日。

② 《习近平看望奥运健儿时的讲话在国内体育界引起强烈反响》，http://politics.people.com.cn/n/2014/0208/c70731－24302454.html，下载日期：2014 年 2 月 8 日。

足球为出发点,大力发展全民健身体系,为大众谋福利,让“民生体育”生根发芽。

中国体育大国的的形象已经树立起来了,但是金牌背后的全民体质仍然是我国成为体育强国的一个短板。进而,体育的发展被提升到国家战略的高度,从党的十八大以来,习近平总书记讲话的重要精神中有许多关于体育事业发展的论断,第一,“中国梦的本质是国富民强、民族振兴、人民幸福”[22],为体育事业的发展指明了方向,从国家的层面理解民生体育,是实现中国梦的起点,从人民体质健康过渡到精神追求对幸福的期盼,都是实现中国梦的本质要求。以人民的角度为出发点,“以人为本”亦是建设民生体育的核心,实现人的全面发展,满足人民的物质精神的追求,让体育发展为民生体育带来福利,实现体育的科学化发展。第二,“建设社会主义文化强国,提高国家文化软实力”。[23]这是国家富强人民富裕的根本价值追求,也是惠及民生,完善体育事业发展的现实目标。体育发展道路上有多重阻碍,比如,民生体育建设的公平与效率中存在的问题。体育权是每个公民应该享有的权利,不受出生的家庭环境和社会背景的约束;重视和鼓励弱势群体参与体育,建设社会主义强国,注重制度公平;建设良好的公共服务环境,在公共服务提供过程中,注重效率,利用最少的资源,最大限度地惠及全民。第三,“发挥好政府在保障和改善民生方面保基本、兜底线的作用,多谋民生之利,多解民生之忧,实现从传统社会管理向现代社会治理转变”。[24]在民生体育发展过程中,政府应指引监察,引入社会各界的力量,充分利用《全民健身条例》与《全民健身计划》的助力作用,大力扶持全民体育的发展,促进民生体育发展的系统升级。刘鹏局长在《全国群众体育工作会议上讲话》提到“全国各级体育部门协同推进全民健身事业持续发展”[23],紧扣习近平总书记的讲话精神,把政策落到实处。据了解,2010年至2014年,国家体育总局和新疆维吾尔自治区财政对新疆体育民生工程共投入资金3.46亿元。目前,全区体育健身场地设施遍布天山南北,建设了64个县级“全民健身活动中心”、119个乡镇“农民体育健身工程”、4418个行政村“农牧民体育健身工程”,安装了2000多条健身路径;各地全民健身活动日益普及,培训各级社会体育指导员1.8万多人,全民健身志愿服务队伍不断壮大。[24]民生体育已遍布天南地北,这是体育回归本源,迈向体育强国的基点,让全民体育扎根于中国体育大国。政府应做好职能转变,改变传统的管理方式,把握“四个全面”的治理理念,提高政府自身能力水平,加大对民生体育的资源投入,完善体育法律为民生体育建设创造良好条件,实现体育服务均等化。充分体会习近平总书记对人民群众的关怀,推进民生体育的建设进程。

大力推进和发展民生体育，是体育发展的不二选择，为百姓谋利，为百姓着想，完善体育公共设施的配备，推动全民健身，为人民群众提供良好的健身环境，提高健身意识，增强全民身体素质，为促进我国体育强国发展实现质的飞跃。向实现人的全面发展逐级靠近，使“中国梦”的步履加快，让全民共同奋斗实现“中国梦”。“中国梦”不断深入人心，“梦”不再遥远。

（二）全面深化体育管理体制改革，彻底清除发展民生体育的体制性障碍，释放改革红利

2015 年被称为体育改革的关键年，也是全面落实《意见》的关键之年。刘鹏局长基于《意见》以及与国家的治理模式的切合，对体育改革制定了相应的计划。中国足球就事先迎来了春天，全面深化改革领导小组第十次会议通过《中国足球改革方案》，国家把中国足球作为体育改革的头阵。那么为什么要全面深化改革？

首先，从改革本身来看，改革是一场全方位、多阻力的社会变革。因此，以政府为“带头人”的强力改革，是必然选择。在这一过程中，对政府本身要求比较严格，这样才能聚集社会各界的力量参与改革，清除改革路上的障碍。为此十八届二中全会所确立的“深入推进政企分开、政资分开、政事分开、政社分开，健全部门职责体系，建设职能科学、结构优化、廉洁高效、人民满意的服务型政府”为政府提供了一个建设方向和目标，为进一步深化改革，避免部分官员权力寻租的行为出现，造成体育发展速度受阻。十八届三中全会上，中央再次强调要“敢于啃硬骨头，敢于涉险滩，以更大决心冲破思想观念的束缚、突破利益固化的藩篱，推动中国特色社会主义制度自我完善和发展”，进一步优化了政府部门的结构设置，理顺部门之间的关系，使政府的目标越来越明确，政府的治理路线更加清晰。十八届四中全会依然提出“简政放权、放管结合、加快政府职能转变”，强调依法治国是深化改革的关键点，继续推进政府职能的转变，政府体育职能的宏观管理转变为政府体育职能的微观管理，让权力“不再任性”。以及《第十二届全国人民代表大会三次会议》中李克强总理报告中提到，行政审批权简化程序“用政府权力的减法，换取常活力的乘法”。针对束缚体育体制改革、政府职能转变的障碍、释放市场活力的压力，对体育改革进行全面深化加快步伐。

其次，政府职能转变后，政府权力的“减法”，有大量的社会因子填补政府权力的空缺，弥补政府失灵。从 2006 年党的十六届六中全会首次提出“加强社会组织建设，促进社会主义和谐社会”，到党的十七大、十八大以及十八届二

中、三中、四中全会，都将社会组织建设作为完善国家治理体系，创新社会管理体制，优化社会治理能力的重要途径。十八届二中全会就明确提出“改革社会组织管理制度，处理好政府与社会的关系，更好地发挥社会力量在管理社会事务中的作用”。到了十八届三中全会，社会组织建设重点转向了通过实施“直接依法申请登记制度”来积极培育和发展各类社会组织，使社会组织实现“明确权责、依法自治、发挥作用”，最终实现激发社会组织活力，改革社会治理方式，创新社会治理体制。十八届四中全会提到“更好统筹社会力量、平衡社会利益、调节社会关系”。因此，社会力量不容忽视，也是未来体育发展的必然趋势，是实现体育事业发展的驱动力。发挥“双引擎”的力量，为全面深化体育改革提供源源不断的力量，为体育事业的改革打下坚实的基础。

在体育事业改革的路途中，改革的方式取决于国家的现实背景。改革开放之后，我国的改革路径以“摸着石头过河”的方式进行“试错”改革。当时的经济基础薄弱，人民生活水平低下，文革后的社会形态处在一片混乱中，邓小平同志从摸索、探索、尝试、总结中一步步推进改革的前行，取得了阶段性的成果。但是在今天看来，改革还是存在许多漏洞、瑕疵。由于没有认清楚社会发展的本质，出现了渐进式的发展方式，虽然短时期内成果显著，但是改革的成本比较昂贵。因此，为探索出新的改革路径，十八届三中全会明确提出“加强顶层设计和摸着石头过河相结合，整体推进和重点突破相促进，提高改革决策科学性，广泛凝聚共识，形成改革合力”。我们要走出新的改革的深水区，要探索全新的改革路径，十八届四中全会指出“整体上都已进入攻坚期和深水区，依法治国在党和国家工作全局中的地位更加突出、作用更加重大”。以法律为依托，冲破改革道路上的藩篱，保证改革的合法性，让改革的经验成为可推广的制度。2015年李克强总理政府报告中指出，“改革有新的突破，全面深化改革系列重点任务启动实施，政府减少1/3的行政审批事项的目标提前实现”。[25]“简政放权，房管结合”依然是2015年改革的重头戏，体育事业应该抓住机遇，奋力向前，争取这一年以足球为起点，带动其他运动项目活跃起来。深刻理解“四个全面”的内涵，让体育事业繁荣起来，早日实现5千万亿的目标。

(三)加快体育法制建设进程，依法创新体育治理结构

2014年12月16日，习近平总书记首次提出“四个全面”的发展战略，其中提到全面推进依法治国进程，这是自党的十八届四中全会《中共中央关于全面推进依法治国若干重大问题的决定》之后又一次明确的提出，这表明建设法

制国家、依法行政不仅是时代的要求，更是人民对社会美好蓝图的憧憬。自1995年《体育法》颁布之后，20年的发展进程，社会结构已经发生了巨大的变化，体育法已经不能适应体育产业、体育职业、体育商业、体育现代化发展。2015年是改革的关键之年，加上依法治国理念的渗透，体育法制建设迫在眉睫。1995年《体育法》存在诸多问题。

第一，体育法律意识淡薄。存在有法不依、执法不严、违法不究的现象。比如个别同志法律意识淡薄，在执法过程中存在为谋取私利，挪用体育公共设施、商业开发等问题。第二，体育法律体系不健全。比如，拆迁体育场地设施，进行商业化发展。2012年12月8日消失在商业开发中的体育公共设施，兰州市体工大与兰州市体校因建在兰州市繁华地段，被迫租房办校，这让许多体育人士汗颜。高层次立法较少，对于竞技体育的立法多于大众体育。我国体育立法相对滞后，体育法律法规相对较少，随着体育法律的完善加上国家对体育事业的高度关注，体育法制建设必须加快步伐，跟上社会发展的节奏。

我们要如何加快体育法制建设呢？第一，应该完善和修订《体育法》，更加明确公民体育权利，依法保障公民合法体育利益。保护运动员合法权益，依法追究侵害运动员合法权利的违法行为；更加明确界定政府体育行政部门的权力边界，指出体育行政部门向社会提供公共服务的法律责任；更加明确界定体育社会组织法律地位，指出其依法运行法律程序。第二，依法推进体育改革，各级体育政府部门要依法行政，"清理和废除不符合改革要求的法规和制度"，创造有利于体育法制化发展的大环境。第三，依法推进政府和体育社会组织合作治理体育，提高体育公共服务能力和水平。治理过程中不仅要协调政府与体育社会组织关系、政府与社会大众关系，还要建立起第三方评估机制，保证法制治理过程中，有反馈，有修改，使体育法制治理结构更加趋于完善和进步。第四，体育社会组织和团体，加强法律意识，依法治理体育，不断提升治理能力和水平，促进体育职业化，在商业化道路中发挥积极作用。依法治理体育，依法改革体育，这是个长期艰苦过程，但是必须坚持原则，这是我国体育发展的希望所在。第五，完善学校体育法律制度，尤其是学生意外伤害处理办法和学生安全保护法，体育课本身就存在很多风险，造成教师现阶段给学生上课难度越来越小，也是我国学生体质下降不可忽视的原因之一。第六，公共设施保护法亟须完善。比如，体育公共设施的主管权、使用权，权责不明，体育公共设施损害后无人问津。第七，竞技体育法律完善。比如，运动员的注册、转会、流动等都没有明确的法律规定，造成运动员无法保障自身的合法权力。

体育法制建设进程的加快将使体育产业的经济目标早日实现，是推动"四个全面”发展的助力，是与依法治国相接轨的正确选择。

（四）构建体育发展的公平竞争环境，促进体育公平化、均等化发展

随着社会结构的分化，社会问题逐渐显现出来，体育问题也日益凸显，比如全民体质健康问题，但是自《意见》出台后体育事业的发展备受国家以及社会大众的关注。

那么什么是体育公平呢？不同的历史文化背景下对体育公平的理解是不同的。参照公平的释义，一般认为体育权利平等和体育机会均等是体育公平应有之义。体育权利平等指的是与政治、经济上的平等权利相对应的体育上的平等权利；体育机会均等是指政府为社会成员提供的体育资源始终是均等的，并毫不偏袒地为所有人提供同样的体育参与机会。[26]《体育法》中的体育权不仅是体育权利，而且包括体育的参与权。

那么从体育资源配置、地区之间的体育发展公平来看，“金牌体育”占用大量的体育资源，致使国家发展全民体育的动力不足。现阶段在推进落实《全民健身计划2011—2015》的收官之年，国家把体育事业提升到国家战略，比如，《意见》中到2025年人均运动场地达到2平方米，在城市社区建设15分钟健身圈，新建社区的体育设施覆盖率达到100%。推进实施农民体育健身工程，在乡镇、行政村实现公共体育健身设施100%全覆盖。[27]这些体育公共设施的提供，都为人民群众创造了公平的条件。这要求我们应该尽快落实政策，解决东西部体育发展不平衡，城镇与农村体育发展不平衡，促进体育公平化，让全民体育的宏伟蓝图早日实现。

每个公民参与体育的权利均等，包括弱势群体。所谓弱势群体是指“依靠自身的力量或能力无法保持个人及其家庭成员最基本的生活水准、需要国家和社会给予支持和帮助的社会群体”[28]。据《中国老龄事业发展“十五”计划纲要》预计到2015年60岁以上老龄人口将超过2亿，占人口总数的14%。这还不算智障人口。据鲁长芬[29]对我国各地区农村与城市弱势群体体育需求的调查显示，“非常需要”体育健身与保健的被调查对象占52.4%，“不需要”的仅为7.9%。且在表示“非常需要”体育健身与保健的人群中85.4%的人期望获得免费健身场地。但在现实中，弱势群体被忽视，虽然法律规定弱势群体被一视同仁，但是现实中人们对弱势群体还是存在一些偏见和歧视。不能公平地为弱势群体提供相应的服务，体现了体育公共服务的不均等化。要提高对智障人口的关注，为特殊群体专门设置体育设施。如国家的健身路径鲜有

为特殊人群提供特殊性体育设施，使他们无处可练，这些问题都值得关注。

从体育市场发展的平等、公平化，政策制定和信息的透明度来看，政策的制定，都是政策制定者为了达到自身利益的最大化来制定的，对政策利益相关者人民群众不够关注，人民群众基本没有参与政策的制定，毫无知情权，所制定的制度很少体现“公平性”。第十二届全国人大常务委员会第三次会议，李克强总理明确提出，“实行全面规范，公开透明预算管理制度，除法定涉密外，中央和地方所有部门都要公开，接受社会大众的监督”。[25]除此之外，还开通了“两微一端”让国家和人民之间“零距离”，随时都可以给政府留言，听百姓关于社会发展、关于体育发展的“最强音”。这让人民群众快速获取政策，加大对政府部门的监督力度，为社会力量进入体育事业发展行列创造良好的空间，实现体育发展的科学化，为体育事业的可持续发展奠定一定的基础。

五、总　　结

体育作为国家新兴产业，随着社会对体育的重视，体育从金牌体育向民生体育转型是与时代背景相呼应的，是对体育发展前景的探索，也是对四个全面中全面建设小康社会、深化体育改革的最好论述。金牌体育向民生体育转型的影响因素研究对体育转型带来一定的借鉴，对体育转型体育路径的创新发展提供一定的基础。

参考文献

[1]何强．我国竞技体育奥运战略的历史审视:兼论奥运战略的可持续发展[J]. 首都体育学院学报，2012，24（3）:240－244.

[2]骆毅，关亚军．我国竞技体育“锦标主义”盛行原因的理性思考[J]. 哈尔滨体育学院学报，2014，32（6）:5－9.

[3]谢琼桓．论北京奥运会后中国竞技体育的价值取向和策略取向[J]. 天津体育学院学报，2011，26(6)：461－469.

[4]屈雯喆．竞技体育异化现象的社会学探析[J]. 河北体育学院学报，2010，24（2）：22－24.

[5]何振梁．奥林匹克精神及其实质[J]. 体育文史，1996(5):5－6.

[6]卢元镇．以时代精神考量中国竞技体育体制改革[J]. 体育与科学，2013，34(1)：19－20.

[7]周冬，刘建国等．中国竞技后备人才多元化培养模式与运行机制分析[J]. 河北师

范大学学报(自然科学版),2014，38 (4) :413－417.

[8]布特,华勇民．“体育强国”的价值选择论[J]．山东体育学院，2011 ,27(11) :1－4.

[9]刘然．“唯金牌论”引发的思考[J]运动，2014,13:9－10.

[10]高伟．成功的体育不能只有金牌[N]．新华日报,2012—9—19 (B05).

[11]耿联．“金牌体育”须向“民生体育”转型[N]．新华日报,2011—3 —13(A02).

[12]平萍．体育是民生体育是精神体育是文化[N]．中国体育报,2012 —3 —28 (004).

[13]谭联斌．浅论篮球运动的文化特征[J]．北京体育师范学院学报,1999(4).

[14]孙志鹏．我国民生体育发展探索[J]．南京体育学院学报,2009,23(6):28－31.

[15]陈小林,王正伦,周瑜．民生体育论[J]．南京体育学院学报,2007,21(4):5－8.

[16]国家体育总局直属机关党委工作会议召开[N]．国家体育总局网,2015－03－05.

[17]机关服务中心组织机关事务法治建设专题学习[N]．国家体育总局,2015－05－20.

[18]关注金牌背后精神价值[N]．新华网,2014－02－09.

[19]习近平看望奥运健儿时的讲话在国内体育界引起强烈反响[N]．新华网，2014－2－8.

[20]深入学习贯彻习近平同志关于体育工作的重要论述[N]．人民日报,2014－03－31.

[21]中国称,未来的足球明星需要从小训练[N]．体育网,2015－02－27.

[22]习近平．关于实现中华民族伟大复兴的中国梦论述摘要[N]．新华网,2013－12－3.

[23]刘鹏．全国群众体育工作会议上讲话[N]．国家体育总局,2015－01－23.

[24]体育民生工程遍布天南地北[N]．人民日报,2015－2－27.

[25]李克强 2015 年政府工作报告[N]．中国政府网,2015－03－05.

[26]卢志成,郭惠平．社会公平语境中我国城乡群众体育发展的差异与统筹[J]．天津体育学院学报,2011(2):15－19.

[27]国务院关于加快发展体育产业促进体育消费的若干意见[N]．新华网,2014－10－20.

[28]郑杭生．中国人民大学社会发展研究报告[M]．北京:中国人民大学出版社,2003:7.

[29]鲁长芬,罗小兵,王健等．对弱势群体体育健身需要、意愿和态度的研究[J]．武汉体育学院学报,2006(11):26－30.

弱势群体保护法

老年人权益保障地方立法的实证研究

——以广东为例

杨源哲　杨振洪*

【摘要】 落实《老年人权益保障法》的地方立法必须解决"为何立,立什么,怎样立"三大问题。明确老年人权益保障地方立法不是立"诸权合体法"、"抄袭照搬法"和"叠床架屋法",而是要立社会权利之法、补充细化之法和地方性法规。老年人权益保障的地方立法内容一方面应该将成功的经验成文法化,将成熟的老龄政策法律化;另一方面应对解决重大老龄问题做出前瞻性的制度性安排。本文概括了广东需要通过老年人权益保障地方立法解决的十大问题。具体进行老年人权益保障的地方立法时,应该坚持"不抵触、有特色、可操作"的总体要求,结合本地老年人实际情况落实上位法规则,吸收外地经验,以实现好老年人权利为宗旨,以老龄问题为导向,革故鼎新,反映时代要求,设计既切实可行又具有前瞻性的法律保障制度。

【关键词】 老年人权益保障　地方立法　社会法　法律保障　制度创新

2012年12月28日全国人大常委会修订了1996年8月29日通过的《中华人民共和国老年人权益保障法》。以后各省纷纷根据上位法修订本省地方性法规。山东、陕西捷足先登,湖南省接踵而至,第十二次人大常委会第十八

* 杨源哲:华南理工大学法学院博士后,广东省法学会社会法学会常务理事;杨振洪:华南师范大学法学院教授,广东省法学会社会法学研究会会长。

次会议通过了《湖南省实施〈中华人民共和国老年人权益保障法〉办法》，安徽等地也陆续出台修订送审稿。广东省与兄弟省、自治区和直辖市一样，紧紧围绕"五个老有"老龄工作目标和"党政主导、社会参与、全民关怀"的老龄工作方针，着力建立健全老年社会保障体系和养老服务体系，紧锣密鼓地进行地方立法的前期准备工作。为了提高地方立法质量，有必要进行前期理论探索，弄清地方性老年人权益保障条例的必要性、立法性质、应有内容，摒弃下位法抄上位法，后出台的地方法抄先出台的地方法现象，确实做到"不抵触、有特色、可操作"。

一、老年人权益保障地方立法正当性的理论分析

（一）逻辑理由——从平等保护到特别保护的时代课题

老年人权益保障法顾名思义，是保障"老年人"这类特殊人群权益的法。从现在至2030年人口老龄化高峰到来之前是我国应对老龄化挑战的关键准备期，需要从战略高度来认识和谋划老龄工作。何谓"老年人"，国际上65周岁以上的人确定为老年；中国规定60周岁以上的公民为老年人。1999年，我国进入老龄化社会。2014年末，中国大陆总人口136782万人；60周岁及以上人口21242万人，占总人口的15.5%。65周岁及以上人口13755万人，占总人口的10.1%。① 到2020年将达到19.3%，到2050年中国老年人口将达到全国人口的38.6%。广东省从1996年开始步入老龄化社会，老年人以每年3%左右的速度递增。以后广东省老年人口呈现出增速快、寿龄高、空巢多、需求广、持续化等特征。截至2014年底，广东省60岁以上老年人口1194万，占全省户籍总人口的13.4%，其中80岁以上的高龄老人187万。显然，广东已进入人口老龄化的快速发展期。②

根据平等原则，所有公民平等地享有宪法和法律规定的权利。老年人作

① 《中国大陆总人口达13.6亿人男性比女性多3376万》，中国新闻网2015年01月20日。

② 《广东60岁以上老年人口达1192万(2015最新)》，载《信息时报》，2015年7月31日。本文引用数据资料除了脚注指明来源的以外，其余数据来自广东省老龄办、省民政厅、省发改委和各地级市老龄办，在此一并致谢。

为成年公民的一部分,其法定权利本在宪法和法律中明确规定。但现实社会中每个人的天赋、能力、继承得来的财产判若云泥,事实上人们享有的权益可能大相径庭。社会必须直面这种不平等有差异的现象,给予弱势群体平等权和给予特殊关照,[①]这样才能减少社会冲突促进整个社会和谐发展。如果"不同对待",他们的生存就成问题。老年人作为生理性弱势群体,其法定权利也具有"弱势"的特征:权利分配的非主宰性、权利的易受侵犯性、权利实现的低层次性、权利救济的脆弱性。老年人权益保障法的宗旨,就是实现宪法和法律的平等原则,保障老年人与其他自然人一样享受实质上的平等权利,这也是对法律正义本质的具体践行。

(二)现实理由——下位法在上位法修订后的与时俱进

修法属于广义的立法。为什么要对地方性法规中原有的老年人权益保障条例或实施条例进行修订,现实理由在于:

1. 必须根据新上位法补充下位法内容

如2005年《广东省老年人权益保障条例》仅1条规定优待内容,新的上位法"社会优待"有8条规定优待内容;新上位法增加了普惠制的高龄津贴制度,在养老补贴、护理补贴制度、司法救助、法律援助方面对老年人给予照顾,而这些在现行地方性法规中没有出现。作为上位法的具体化、细化的规范性文件,需要及时跟进。

2. 原有规定中部分不合理,缺乏可操作性

例如2005年的《广东省老年人权益保障条例》第15条规定,各级人民政府应当加强对老年教育工作的领导,统一规划,保障老年人继续教育的权利。现实情况是:老年教育暂未有哪个单位统筹规划。第12条规定:老年人持本人身份证或者老龄工作委员会制发的优待证到医疗单位就医,医疗单位应当给予优先服务。事实上,许多地方如广州市老年人优待证不是由老龄工作委员会制作的(老龄委为虚设机构),而是由市人社局制作,由老龄办发放。有的用语也欠规范,如第3条提及的"老人事业"。

3. 原有条例需要因势而变,革故鼎新

原有条例在当时起到了应有的作用,并非一无是处,不能"将小孩与脏水

---

① 弱势群体是指由于自然、经济、社会和文化方面的低下状态而难以像正常人那样去化解社会问题造成的压力,导致其陷入困境、处于不利社会地位的人群或阶层。弱势群体可以分为生理性弱势群体和社会性弱势群体。老年人属于前者。

一起倒掉”，推倒全部重来，修法不能弄得原条例面目全非。原则上经过实践证明行之有效的规则应该保留下来，可改可不改的规则不予修改，以保持制度的连续性。但2005年《广东省老年人权益保障条例》一共只有24条，内容规定得过于简单，立法理念显得比较落后，已不适应老龄事业发展的形势要求，时过境迁，需要与时俱进。本次修法应在内容方面，从指导思想、基本原则、老年人基本权利到权利救济以及基本制度的内容删去过时的内容。

二、老年人权益保障地方立法内容的探赜索隐

(一)老年人权益保障立法的性质

老年人权益保障立法，首先需要弄清立法的性质。这可以从法规名称中管中窥豹。[①]

综观各国权利的保障无一例外地采取两种方式：其一是权利宣告；其二是对法定权利的实现提供条件。对老年人这种社会弱势群体应给予其一般成年公民应当享有的权利，亦应给予其特殊权利，以保障其权利得以更好地实现。保障老年人权益立法，是社会保障事业(养老保险、公共扶助事业和社会福利服务等)立法中最主要的立法。1889年德国公布了世界第一部《养老保险法》，目前世界上已有160多个国家制定了这类立法。

新中国成立后，国家制定了大量的有关保护老年人口的法律法规和政策。标志性、里程碑性的法律文件有3个：1991年《关于企业职工养老保险制度改革的决定》，1995年《关于深化企业职工养老保险制度的决定》，1997年《关于深化企业职工养老保险制度的决定》。1996年8月29日第八届全国人民代

---

① 老年人权益“保障法”可以从不同的角度进行解读。许多法律法规均保障老年人的社会权益，但老年人权益保障的规范性文件主旨是保障老年人的社会权利。从一般意义上讲，第一，宪法是具有最高法律效力的权利保障法，宪法作为最高法和根本法，是老年人权益的最高保障法，宪法对老年人基本权利做了根本性的法律保障。当然现行宪法对老年人基本权利的规定是否完善是值得探讨的。第二，刑法是其他一切法律部门的保障法。刑法是国家强制力的依据和象征，是包括宪法在内的其他部门法的保护法，其他法律保护的老年人合法权益都借助于刑法保护，刑法是老年人权利救济的最后措施。第三，程序法是实体法规定的权利实现的保障法。老年人实体权利的实现有赖于程序法的保障。这里的“保障法”需寻另外的渠道进行解读。

表大会常务委员会第二十一次会议通过了《老年人权益保障法》,它是中国历史上第一部专门保护老年人特殊权益的法律,2012年该法进行了修订。除此以外,国务院和地方人大和政府制定的行政法规和地方性法规、政府规章也有不少相关规定。我国已经形成以《宪法》有关老年人基本权利的规则为统帅,以《老年人权益保障法》为主干,以《刑法》《婚姻法》《继承法》等法律中有关规则为重要补充,以行政法规、行政规章和地方性法规、政府规章中有关规则为辅助的老年人权益保护的法律体系。

国家保障老年人权益是一种综合性的法律要求,包括多样化的内容,呈现多龙治水,政出多门。但老年人社会权利以外的法定权利已有相应的规范性文件予以保障,而社会权利尚无专门法予以规定和保障。专门的保障老年人社会权利的规范性文件应运而生。《老年人权益保障法》第3条规定"国家保障老年人依法享有的权益。老年人有从国家和社会获得物质帮助的权利,有享受社会服务和社会优待的权利,有参与社会发展和共享发展成果的权利"。从此可以看出,老年人权益保障法主要保障的权利是老年人的社会权利。[①]

老年人权益属于法定权利。从内容结构上分析,它可以分为自由权、防御权、受益权、权利救济权等。老年人法定权利首先是自由权,例如老年人再婚自由权;其次,老年人法定权利中包含防御权,立法机关不得制定侵犯老年人权利的法律,其他国家机关也不得非法侵犯老年人权利,国家还要防止来自第三方对老年人合法利益的侵害,禁止其他公民和法人非法侵犯老年人法定权利;再次,老年人法定权利大多属于受益权,国家有义务为实现老年人权利提供物质帮助和其他服务,为老年人权利的实现创造条件;最后,无救济就无权

---

① 保障,作为名词,是指起保障作用的事物;作为动词,是指保护,使不受侵犯和破坏。"权益保障法"中的"保障"是作为动词使用。"权益"在不同的学科中有不同的解读。会计学上"权益"是指资产,或是指投资人实际拥有的资产价值。在法学上"权益"是指公民受法律保护的权利和利益。权利,简单地讲就是公民或社会组织可以做的行为和享有的利益,这种行为和利益是国家通过宪法和法律予以保障的。公民有权依法自己去实施某种行为,也有权要求其他公民或者国家机关、社会团体、企事业组织去做或者不做某种行为,从而使本人得到一定的利益或者实现某种愿望。利益:有合法的利益如继承的财产;有违法的利益如赃款;有既不合法也不违法的利益,它得不到法律的保护,比如超过了诉讼时效的债权。权益是权利和利益的结合体,权利和权益是密不可分的,权利是前提,而权益是结果,没有权利谈不上权益,不能维护权益,权利也是空洞的。权利是权利主体所享有的利益,利益是权利的主要内容。老年人权益保障的地方性立法保障的是老年人的合法利益,这一点毫无异议。但是否保障老年人的所有法定权利?抑或主要是保障老年人的社会权利?我们认为是后者。

利，老年人权利包括权利救济权，当其社会权利遭到侵犯时应及时启动行政救济和司法救济程序，老年人权利遭到侵犯后应有权请求调解、进行信访、提起行政复议和诉讼。

与老年人民事权利、政治权利相比，其社会权利的实现过程更为复杂，社会权利本身容易遭到侵犯，需要给予特殊救济。弱势群体社会权利不能通过市场来自发实现。老年人社会权利的实现需要一整套社会服务体系，应"让弱势群体遇到问题时能够知道去哪里解决、有部门解决、有办法解决、有资源解决"[①]。老年人社会权利的实现涉及社会各阶层关系的调整以及国家、家庭、企业、社会各类组织的功能调整，是社会利益和社会责任重新分配的过程。

老年人权益保障立法，旨在通过实施各种社会保障措施，使老年人得以平等地分享文明社会成果，获得生存和发展的基本物质条件，促进社会实质公平，推动老龄事业的发展。通过建章立制，将老年人这种弱势群体实现社会权利的正当利益诉求制度化和法律化。

(二)走出原有的三大误区，正本清源

1. 老年人权益保障地方立法并非立老年人"诸权合体法"，而是社会权利之法

依据老年人所参与的社会关系的性质，可以将老年人权利划分为属于政治权利、民事权利、文化权利、社会权利、诉讼权利等。上位法和以前本省条例将老年人所有的法定权利放在一个篮子里，杂乱无章。毋庸忌讳，包括老年人权益保障法在内的所有特殊群体保障法均定性不清，定位不准，语焉不详。

从逻辑上说，老年人权益保障法的部门法属性可以有两种结果，一是将老年人依法享有的政治权利、民事权利、社会权利和诉讼权利等各种权利及其取得的合法利益放在一部法里系统集中规定，"诸权合体"，寓于一体；另一种安排就是将老年人权益保障法确定为社会法部门，基本上只宣示和保障老年人的社会权利。

在《公民权与社会阶级》一文中，英国著名社会学家马歇尔(1893－1981)指出公民权包括三个基本维度，即民事权、政治权、社会权。社会权利是作为社会成员分享社会发展成果的资格和拥有文明生活条件的权利，是自然人从社会共同体主要是国家中获得满足其基本生活需求的条件的基本权利。弱势群体的社会权利与政治权利、民事权利三足鼎立。《老年人权益保障法》中强

---

① 向德平主编:《社会问题》，中国人民大学出版社 2011 年版，第 335 页。

调的老年人的财产所有权、继承权等民事权利就是民法中的私权,社会法没有必要面面俱到去重复规定。马歇尔认为"社会权利是20世纪的伟大成就,它为全体社会成员得以享受满意的生活提供了可能性"。[①] 社会权利是因传统自由权无法解决的诸如贫苦、失业等社会问题而应运而生。资本主义进入垄断阶段以后,社会矛盾急剧增加,贫富差别显著扩大,国家由"守夜人"变成了社会福利的分配者和社会弱势群体的救助者,社会权作为第二代人权入宪,各国相继将社会权规定为宪法权利,并在社会法部门和领域具体化。

我们认为,应开门见山、一针见血地规定老年人权益保障法属于社会法部门,旨在保障老年人的社会权利。理由是:

(1)《老年人权益保障法》宣示和保障的基本上属于老年人社会权利。该法第3条规定:"国家保障老年人依法享有的权益。老年人有从国家和社会获得物质帮助的权利,有享受社会服务和社会优待的权利,有参与社会发展和共享发展成果的权利。"老年人权益保障法规定的老年人受赡养权、婚姻自由权、社会保障权、社会服务权、社会优待权和参与社会发展权均属于老年人的社会权利。

(2)包括老年人权益保障法在内的特殊群体(弱势群体)保障法属于社会法范畴。我国已经确定社会主义法律体系由7大部门法组成,社会法是其中之一。老年人权益保障法是社会法的组成部分。国务院法制办公室编的《新编中华人民共和国常用法律法规全书》就是将老年人权益保障法和妇女权益保障法都编排在"社会法类"中。[②]

(3)其他部门法已经明确保障的老年人权益再由本法本条例规定属于立法资源浪费。老年人的政治权利已经由政治性法律予以保障;老年人人身权利、财产权利,已由民法予以规定。老年人权益保障的法律和条例也没有必要叠床架屋,重复规定。在老年人权益保障法中规定"禁止遗弃、虐待老年人",只是起到宣示性作用,这种法律规则完全属于《治安管理处罚法》和《刑法》的内容。

2. 老年人权益保障地方立法并非立"抄袭照搬法",而是补充细化之法

现在地方立法存在两个错误的倾向:一是下位法抄上位法,垂直复制;二

---

① [挪威]A. 艾德:《人权对社会和经济发展的要求》,刘俊海、徐海燕译,《外国法译评》,1997年第4期。

② 参见国务院法制办公室编:《新编中华人民共和国常用法律法规全书》,中国法制出版社2009年版,目录第8页。

是后出台的抄先出台的，横向照搬。这种抄袭、重复上位法，照搬先出台其他地方性法规的现象可以称之为“抄袭照搬法”。老年人权益保障地方立法不能直接抄上位法的条文，应该突出地方化、具体化；不宜照搬外地条文，应该突出本地特色。例如，上位法第2条规定，“老年人是指六十周岁以上的公民”，有的下位法仅将“本法”改为“本条例”，与上位法如出一辙。另外，上位法中有不少纯道德性、提倡性的条文，以及操作性不强的条文，诸如“国家提倡”、“国家鼓励”、“国家支持”、“国家应当重视”等诸多空泛词语，需要下位法根据当地实际予以接地气，补充具体内容，将大而不当过于原则的规定细化。

3. 老年人权益保障地方立法并非立与老年人优待办法“叠床架屋法”，而是地方性法规

2013年12月4日广东省人民政府第十二届16次常务会议通过了《广东省老年人优待办法》，广东各地级市也大都出台了本地的老年人优待办法，如茂名市出台了《茂名市老年人优待办法》。[①] 在此基础上有无制订《广东省老年人权益保障法》的必要性？有人认为，前者已经对老年人权益保障进行了系统规定，没有必要另起炉灶，重复制订地方性法规。

全国老龄办发[2013]97号文《关于进一步加强老年人优待工作的意见》规定：“老年人优待是政府和社会在做好公民社会保障和基本公共服务的基础上，在医、食、住、用、行、娱等方面，积极为老年人提供的各种形式的经济补贴、优先优惠和便利服务。”老年人优待只是老年人权益保障法的内容之一。并且，《广东省老年人优待办法》属于地方政府规章，还不属于地方性法规。地方

① 相比于原《茂名市老年人优待暂行办法》，此次《办法》老年人在享受公交、旅游、医疗优待方面有了很多新的变化。主要有：第一，在老年人乘坐城区公交车优待方面，简化了老年人到属地公交企业办理公交车IC卡所需证件。老年人凭居民身份证、户口本（或6个月以上的居住证）即可到属地公交企业办理公交车IC卡，免费或半价乘坐市（区）、县级市城区范围内行驶的公交车。第二，在老年人旅游优待方面，下延了老年人到市内政府投资主办或者控股的旅游景点、风景区游览门票减免年龄段，免收门票年龄由70周岁以上下延至65周岁以上。第三，在老年人医疗优待方面，下延了老年人到市内公办医疗机构看病免收挂号费年龄段，免收挂号费年龄由70周岁以上下延至60周岁以上，60周岁以上老年人凭居民身份证或《茂名市老年人优待证》到市内公办医疗机构看病均免收普通门诊、急诊、专家门诊挂号费。第四，将近年来已经实施和新近增加的老年人优待项目均在《办法》中反映出来。如规定农村五保供养老年人等特殊老年人困难群体参加城乡居民医疗保险个人缴费部分由属地政府予以全额资助；对本市户籍80周岁以上的高龄老年人实行政府津贴制度；对户籍在本行政区域内的老年人，去世后遗体实行火化的，实行殡葬基本服务费全免除，免除费用由县（区、市）财政负担。

政府规章只能就执行法律、行政法规和地方性法规规定的事项以及属于本行政区域具体行政管理的事项出台规范性文件。地方上老年人权益保障条例与老年人优待办法不是具有同等法律效力的规范性文件,二者不是半斤八两,前者法律效力高于后者,前者的内容也多于后者。我们修法修的是地方性法规。

(三)将保障老年人权益成功的经验、成熟的政策予以法律化

多年来,在省委、省政府的领导下,在民政部的大力支持和指导下,广东省各级民政部门发挥职能作用,积极应对人口老龄化问题,在重点保障高龄、独居、空巢、失能和低收入老人群体的同时,充分发挥政府主导作用,积极引导社会力量参与养老服务业发展,大力推进养老机构建设和社区居家养老服务网络建设,初步建立起以居家为基础、社区为依托、机构为支撑的具有广东特色的社会养老服务体系。广东省在依法保障老年人权益方面取得了丰富的经验,有许多成功的做法和成熟的老龄政策。这些可以进一步抽象化为基本行为规则,使之成文化、法律化。

1. 将保障老年人权益成功的经验成文化

(1)推行老年人意外伤害综合保险的经验。我省去年以来启动“银龄安康行动”,在全省推广“老年人意外伤害保险”,成绩斐然,效果显著。

(2)发挥养老机构作用的经验。一是充分发挥公办养老机构保基本作用。[①] 在省层面,广东省积极开展创建广东省示范性养老机构活动,采取省级财政专项资金和省级福彩公益金统筹补助的办法,对各地示范性养老机构项目建设,每个给予200万元～500万元的支持,目前共投入资金2亿多,打造了50个广东省示范性养老机构,增加养老床位2万张。各地认真贯彻落实国家和省的部署要求,采取有力措施,大力推进养老机构建设。截至2015年6月底,广东省共有养老机构2780个,养老床位27.7万张,每千名老人拥有床位23.2张。目前,在公办养老机构集中服务的政府供养老人有43284名。此外,广东省各级各类公办养老机构在保证政府供养对象的同时,还面向社会优

① 全省共有各类养老机构2771个,养老床位26.18万张(包括城市民办养老机构307个,床位数5.9万张),每千名老人拥有床位21.93张。到2014年底,城市居家养老服务设施覆盖率达到87%,农村居家养老服务设施覆盖率达到70.6%;基本上每个地级市有一所专业性护理机构,每个市、县(区)有一所综合性社会福利机构;2011年至今,全省经过培训的养老护理员共有1.96万名;到2015年底,普惠型的80岁以上高龄老人津贴制度覆盖全省21个地级以上市。

先保障经济困难的孤寡、失能、高龄和失独老年人的养老服务需求。如广州市还率先建立了公办养老机构轮候制度,出台了《广州市公办养老机构入住评估轮候试行办法》,凡具有广州市户籍经济困难的孤寡、失能、高龄和失独的老年人都优先轮候入住公办养老机构。二是促进民办养老机构发展的经验。给予床位建设补助和运营补贴,大力推进"公建民营"管理模式,有力地促进了民办养老机构的发展。目前,全省有民办养老机构 287 个,养老床位达 7.1 万张,占全省养老床位总量的 28.5%。三是规范、提升农村敬老院的经验。敬老院是政府举办的专门为五保对象提供生活和养老的场所,广东省通过"四个狠抓"加强敬老院建设,提升供养服务水平。[①] 四是促进医养融合型养老机构发展的经验。广东省各地积极推行养老机构内设医务室或护理院,鼓励养老机构单独设立医疗机构,推动养老服务机构与医疗卫生机构建立起相对稳定的合作关系,支持医疗机构到养老机构内部设置医疗机构延伸服务,鼓励医疗资源富余地区的部分综合医院转型为康复医院、护理院或以小综合、大专科方式增加康复医疗和长期护理床位,鼓励和支持社会资本举办护理院或康复医院。截至目前,全省医养结合模式的养老机构共有 247 个,床位 5.96 万张,收住老人 3.49 万人。设有养老、护理一体化的护理院 8 家,康复医院 35 家,设置老年病科或老干科的医疗机构共 150 家,设有临终关怀床位的医疗机构共 161 家。

(3)养老服务方面的经验。广东省各地以保障高龄、独居、空巢、失能和低收入老人为重点,借助专业化养老服务组织、养老服务信息平台以及养老服务站点,为居家老年人提供生活照料、家政服务、康复护理、医疗保健、精神慰藉、心理疏导等上门服务。一些地区如广州、深圳、珠海、佛山、东莞、中山、江门等地对经济困难、高龄、重点优抚对象等老年人,每月发放一定金额的"综合养老

---

① 一是狠抓机构建设。2011 年至 2015 年,省级共补助各地敬老院改扩建经费 20102 万元(其中省级福利彩票公益金 4546 万元,省财政资金 15556 万元),共改扩建敬老院 348 所。目前,全省共有乡镇敬老院 1285 所,床位 69989 张。二是狠抓法人登记。2014 年广东省全面部署推进敬老院事业单位法人登记工作,明确敬老院法人地位,切实理顺敬老院管理体制,为下一步加强运营管理、改善敬老院管理状况奠定基础。三是狠抓运营管理。为切实提升敬老院管理服务水平,从 2014 年起,广东省每年从省级养老服务体系建设资金中安排一定数量的资金来支持全省已具备事业单位法人资格的敬老院配齐服务人员,加强运营管理。截至 2015 年,省级共安排了 1761 万元经费支持 247 所敬老院落实管理服务人员,确保敬老院事有人干、责有人负。四是狠抓安全管理。为确保敬老院健康、安全运营,今年,省民政厅安排 4650 万元用于粤东西北地区养老机构消防等设施改造。

服务券”,老年人可凭券享受等值的养老服务。全省每年平均服务居家老年人4387万人次。广东省还积极开展了“爱心助行惠万家”活动,为社区老年人特别是贫困家庭的老年人免费或低偿安装助行康复辅助器具。

中山市颐老一键通(慈善爱心铃)项目从2009年开始研发,2010年8月正式投入使用,由中山市民政局主管,中山市慈善总会负责管理,中山市公共信息服务公司运营,同时委托市信息产业协会负责服务监督,至今已发展用户约3.4万户。颐老一键通项目因其完善的安全保障功能和优良的服务体系而深受欢迎,中央电视台等新闻媒体曾多次报导,省委书记胡春华同志、前省长黄华华同志及北京、长沙、香港等地政府相关领导都参观了该项目并给予了高度评价。目前除中山本土外,香港、澳门、广州、济南、长沙、重庆等多个城市都在使用该项目的设备。经过3年多的实践,颐老一键通项目在实现居家安全养老、居家轻松养老的服务中正发挥着越来越重要的保障作用。

在居家养老服务方面,广东省积极开展城乡居家养老服务示范活动,采取省级财政补助、福彩公益金资助的办法,对各地城市居家养老服务示范项目建设,每个给予100万元～200万元的资助,目前共投入资金1.347亿元,打造了105个市、区、街道三级居家养老服务示范中心;对各地农村养老服务“幸福计划”示范项目,省级福彩公益金给予每个40万元的资助,目前共投入资金8000万元,打造了200个农村居家养老服务示范点。全省各地在示范带动下,通过财政投入、公益金资助、动员社会捐助等多种渠道筹资,建设了一大批城乡社区养老服务设施。截至2015年6月底,广东省城乡社区养老服务设施共有2.5万多个,其中城市8490个、农村16751个,城市社区养老服务设施覆盖率87.1％,农村覆盖率73.7％。在各类居家养老服务设施中,居家养老服务中心(街道层面)354个,居家养老服务站(社区层面)1674个,日间照料机构1327个,星光老年之家5422个,农村颐养居710个。

在社区养老服务方面,广东省各地不断提升社区养老服务水平,为老年人提供就近、方便、快捷、多样的日托服务和文娱活动场所,珠三角许多城市都打造了10分钟服务圈。与此同时,各地还积极推进社区和养老服务信息化工作,建设居家养老信息化服务平台,采取“平安通”“平安宝”“一键通”等便民信息网、电信服务、电话专线、爱心门铃、健康档案、服务手册等形式,为老年人提供方便快捷的信息化服务。如中山市以慈善捐赠和政府购买服务的方式,为全市60岁以上老年人安装紧急呼叫装置,为老人提供紧急情况的119、110、120等紧急救助,累计成功救助老人1500多人次。惠州市积极打造养老服务和社区服务信息惠民工程项目,目前已开发养老智能化系统集成软件,提供养

老供需分析决策，为老年人实现无线定位求救、智能手环、跌倒监测、夜间监测、老人行为智能分析、痴呆老人防走失、视频智能联动等智能设备的应用，应用健康监测、远程医疗等技术实现与医疗机构的数据对接、共享等。

(4)规范养老服务队伍的经验。广东省积极开展养老护理员和养老机构管理人员的培训工作，推行养老护理员职业资格鉴定，同时引进社会工作服务理念和工作模式，利用毗邻港澳的区位优势，建立粤港两地养老从业人员的合作培训机制，不断提高养老服务队伍专业素质。截至目前，全省累计组织养老护理人员鉴定 15651 人，获得国家职业资格证书 13782 人。

(5)建立"银龄储备"、"时间银行"的经验。广东省老龄组织年轻且有能力的老年人通过志愿者服务和义工服务等形式，为居家或参与社区活动、托老的行动不便的老年人提供帮助和照顾服务。全省每年平均有 7.5 万名老年人参加了"银龄储备"、"时间银行"等计划。

2. 将成熟的老龄政策予以法律化

(1)将对老年人社会救助的政策法律化。广东在全国率先实行低保标准自然调整和分类管理机制，最低生活保障最低标准每年 4 月底由省政府分四类地区制定，农村五保供养标准每年按照不低于当地上年度农村居民人均纯收入的 60%确定(因 2014 年国家统计部门将"农民人均纯收入"指标调整为"农民人均可支配收入"，广东省自 2015 年起农村五保供养标准按照不低于当地上年度农村居民人均可支配收入的 60%确定)，确保困难老年人基本生活保障水平随着经济社会发展同步提高。截至 2015 年 7 月底，全省月人均城乡低保补差分别为 400 元、190 元，在全国均排第 8 名；2015 年人均农村五保集中、分散供养标准分别为 8400 元、6500 元，在全国均排第 6 名；全省困难群众政策范围内住院自负医疗费用的救助比例提高到 70%以上，年均每人次住院医疗救助标准提高到 1695 元。社会救助水平的大幅度提高，有效保障了困难老年人的基本生活。

(2)将老年人优待政策法律化。[①] 2014 年，广东省颁布了《广东省老年人优待办法》，规定"对户籍在本省行政区域内经济困难的老年人，县级以上人民政府应当逐步给予养老服务补贴"，"对户籍在本省行政区域内的农村五保供养老年人、享受最低生活保障的老年人、丧失劳动能力的残疾老年人、低收入

① 老年人优待措施属于社会福利范畴。特殊群体权益保障法原则上保障的是其生存权，作者主张将社会福利制度从社会保障制度中移出。否则社会保障制度难以用生存权一条"红线"贯穿。

老年重病患者、低收入家庭中的老年人等参加城乡居民医疗保险的个人缴费部分,政府予以全额资助”,“县级以上人民政府应当建立本地户籍80周岁以上高龄老人政府津贴制度”等等一系列优惠政策的规定。这些政策成熟的可以上升为法的规则。

(3)基本养老政策进一步法律化。国家建立和完善以居家为基础、社区为依托、机构为支撑的社会养老服务体系。2009年由国家民政部、发改委提出,并选择黑龙江、江苏、湖北、重庆、甘肃五个省份进行试点的基本养老服务体系。从理论上讲,养老方式可以分为家庭养老、社会养老与社区养老。以家庭为核心、以社区为依托、以专业化服务为依靠,为居住在家的老年人提供以解决日常生活困难为主要内容的社会化服务即居家养老,将成为未来中国的主要养老方式。广东在积极探讨基本养老制度,出台了一系列有关政策。如出台一系列促进社会力量参与养老服务体系建设的优惠政策。省政府出台的《广东省民办社会福利机构管理规定》(广东省政府133号令)、《广东省民政厅广东省国土资源厅广东省住房和城乡建设厅关于解决养老服务设施建设用地问题的通知》(粤民福〔2013〕31号)、《广东省发展改革委广东省民政厅关于进一步落实广东省人民政府加快社会养老服务事业发展意见价格优惠政策的通知》(粤发改价格函〔2014〕3475号)等,这些政策在税收、用地、用水、用电、用气以及行政事业性收费等方面都明确了优惠规定,以鼓励和支持民办养老机构发展。

广东各地也相继出台了一系列扶持民办养老机构政策措施,通过资金扶持,落实用地、税费、水电气等优惠政策,有力地促进了民办养老机构的发展。如广州、深圳、珠海、江门等市出台了养老服务设施布局规划。全省21个地市和顺德区都出台了扶持民办养老机构发展的补贴政策,床位建设补贴1000元~15000元不等,机构运营补贴按入住老人每人每月100元~300元不等。中山市还出台了《中山市老龄服务机构资助办法》,将依法登记的民办社区居家养老服务中心等同类民办养老机构列入资助范围等等。截至目前,全省具有一定规模的民办养老机构281个,养老床位达8.2万张,占全省养老床位总量的29.6%。

(4)基本养老服务方面的政策法律化。近年来,广东省坚持以政策扶持为导向,着力政策法规创制,为养老服务体系建设提供了制度保障。如2011年,省民政厅与省发展改革委联合印发了《广东省2011—2015年社会养老服务体系建设规划》(粤民福〔2011〕51号);2012年,省政府办公厅印发了《关于加快社会养老服务事业发展的意见的通知》(粤府办〔2012〕73号),省民政厅印发

了《<广东省开展"社会养老服务体系建设年"活动暨"敬老爱老助老工程"实施方案>的通知》(粤民福〔2012〕6号);2015年初,省政府出台了《关于加快发展养老服务业的实施意见》(粤府〔2015〕25号),明确了加快广东省养老服务体系建设和养老服务业发展的指导思想、基本原则、主要任务和保障措施,强调要突出社会力量的主体作用,鼓励和支持社会各界积极参与养老服务体系建设,引导社会资本进入养老服务业领域,为老年人提供形式多样、品种丰富的养老服务产品,以满足多样化的养老服务需求。

广东省还出台了养老服务行业标准等规范性文件。如广东省地方标准《社区居家养老服务规范》(DB44/T 1518—2015)、《广东省养老机构规范化建设指引》(粤民福〔2012〕33号)、《广东省居家养老服务规范化指引》(粤民福〔2013〕12号)和《广东省民政厅关于养老机构设立许可的实施细则》(粤民发〔2014〕164号),对养老服务的准入许可、服务质量以及事中事后监管都提出了标准和明确要求。全省城乡政府供养对象、低保对象、失独家庭等困难群体中的失能、失智、高龄老人通过政府购买服务实行机构集中养老或实行分散居家养老;中低收入家庭失能、失智、高龄老人享受政府护理补贴,以保障失能、失智、高龄护理需求。[①]

(5)对外地来粤定居老年人的优待政策法律化。广东冬天气温宜人,投奔在广东工作的子女的外地老人络绎不绝。广东各地政府在力所能及的范围内出台"对常住本行政区域内的外埠老年人给予同等优待"的政策,对常住本地的外埠户籍老年人在公共交通、文化娱乐、体育活动、公园旅游景点方面实施优待。这些政策成熟了可以进一步升级。

(6)殡葬基本服务由政府免费提供的政策。自2011年7月1日起,凡农

---

① 一是出台促进养老服务业发展配套文件。今年我省省政府先后印发由省民政厅会同省发改委编制的《广东省人民政府关于加快发展养老服务业的实施意见》(粤府〔2015〕25号)和发改委牵头编制的《广东省促进健康服务业发展行动计划(2015—2020年)》(粤府〔2015〕75号),分别围绕我省养老和健康服务业发展总体目标、基本原则,提出了具体行动任务、职能分工和保障措施,重点强调要激发社会力量的主体作用、社会资本的投资积极性,鼓励和支持社会力量积极参与养老服务体系建设,引导社会资本进入养老服务业领域,为老年人提供覆盖面广、不同层次的养老设施和服务产品,满足多样化的养老服务需求。二是出台社会力量投资养老服务业政策。省发改委联合省民政厅出台了《关于进一步落实广东省人民政府加快社会养老服务事业发展意见价格优惠政策的通知》(粤发改价格函〔2014〕3475号)等政策文件,明确对养老服务业有关用水、用电、用气以及行政事业性收费等方面的优惠和减免措施,鼓励和支持民办养老机构发展。

村五保户、城乡低保对象和生活困难的优抚对象以及城市“三无”人员去世的，由政府免费提供殡葬基本服务；至2014年底，全省已有深圳等6个地级以上市和广州市花都区等13个县(市、区)实施了城乡户籍居民殡葬基本服务免费政策；2015年，省政府首次将“实施城乡户籍居民殡葬基本服务由政府免费提供政策，减免7项基本服务收费”纳入省十件民生实事；2011年7月1日至2015年6月30日，全省共免费提供殡葬基本服务292718宗，免除费用3.4亿元。这项政策已经日臻成熟，可以吸收入地方性法规。

(四)须就解决重大现实老年问题做出前瞻性制度安排

广东对老年人权益保障进行地方立法，需要深入研究如何通过立法解决以下问题：

1. 老年人权益保障观念落后

社会上普遍认为老年人权益保障更多的是个人问题和家庭问题，不是社会问题。例如，老年人再婚自由往往遭到成年子女的干涉，一些子女未尽到赡养父母的义务。不少人没有从老龄事业的角度高瞻远瞩，认为这是子女的个人素养问题，清官难断家务事，国家不宜做出过多干预。

2. 老年人权益保障的负责主体缺位

上位法规定，保障老年人合法权益是全社会的共同责任。国家机关、社会团体、企业事业单位和其他组织应当按照各自职责，做好老年人权益保障工作。但实际上难以落实。

(1)县级以上人民政府老龄办人手有限，经费不足，捉襟见肘，更多的是从事老龄事业的宏观管理。乡镇一级则没有老龄办，没有专人去维护老年人权益。

(2)相对于其他特殊群体权益保障法，老年人权益保障缺乏专门的维权主体。妇女权益有妇联进行维权，未成年人权益有共青团负责维权，残疾人权益有残联负责维权。政府老龄办作为民政部门下属的二级机构，负责组织、协调、指导、督促有关部门做好老年人权益保障工作，它本身不是专门对老年人权益进行维权的机构。

3. 养老服务供给能力总体不足

社会老龄化形势日趋严峻，老年服务需求大幅攀升，粤东西北地区养老服务体系基础薄弱，各级财政尤其省级财政资金投入严重不足。2011年至今，广东省省级财政每年投入养老服务体系建设资金仅5520万元，而2012年山东省级财政就投入了7亿元、江苏4亿元、浙江3亿元；2013年山东投入11亿

元、江苏 4.7 亿元、浙江 1.35 亿元；2014 年山东投入 11.8 亿元、江苏 6.35 亿元、浙江 34.5 亿元。财政资金的投入不足，极大地影响了广东省养老服务供给能力建设。政府兴办的养老机构缺乏收养失能老人的设施和专业服务人员，实际服务人数与应该得到服务保障的人数差距较大。目前，广东省有养老床位 27.7 万张，每千名老年人拥有养老床位仅有 23 张，少于全国平均水平的 26 张，其中 8.7 万张乡镇敬老院床位主要用于收住农村“五保”供养对象，3 万张社区照料床位主要用于居家老人日间托老和午间休息，实际用于社会老人养老的机构床位仅有 16 万张，难以满足老年群体日益增长的生活照料、康复护理、精神慰藉、临终关怀等服务需求。

4. 养老服务能力区域失衡

区域和城乡之间的发展不平衡，珠三角地区公办养老机构“一床难求”与欠发达地区养老机构床位空置率较高的现象并存。目前广东省 60 岁以上老人 1194 万，有各类养老机构 2780 个，床位 27.7 万张。其中珠三角 60 岁以上老人 461.6 万（含惠州、肇庆），养老机构 673 个，床位 13.53 万张，每千名老人拥有床位 29.4 张；非珠三角地区 60 岁以上老人 732.4 万，养老机构 2107 个，床位 14.17 万张，每千名老人拥有床位 19.3 张。全省有民办养老机构 281 个，其中珠三角 177 个，非珠三角地区 104 个。养老床位数相对集中在珠三角地区，非珠三角地区床位少、机构分散、管理质量不高。

5. 养老和医疗资源整合乏力，老年人护理保障制度尚不健全，养老服务人力短缺矛盾突出

广东省具有一定规模、功能较齐全、医养结合模式的养老机构仅有 39 个。其中养老机构内设医疗康复机构（养医结合）的有 34 个，医院办养老院或设置养老床位的有 5 个，健康养老需求矛盾突出。医养结合省级层面的支持政策不明确，医养服务“碎片化”、医养资源整合乏力。各地在为失能、半失能老人提供医养一体服务政策差异较大，医养合作机制较为落后。有的地方明确地将长期护理费用排除在医保报销范围外，有的地方将养老机构内的医疗护理纳入医保报销范围内，不同地区的失能老人保障水平不一样，经济欠发达地区的失能老人困难更大，政策的公平性不足。

在应对老年失能风险等方面，缺少基本制度安排，特别是低收入高龄老人护理制度尚未健全，老年护理事业发展相对滞后，现有养老机构大多不具备医疗护理功能，护理型床位数所占比重不到 1/5，且养老机构内设医疗机构门槛高，已设医疗机构纳入医保定点难，老年人护理保障制度和家庭养老支持政策亟待建立健全。养老服务人才队伍建设亟待加强，管理和服务人员工资福利

待遇偏低,专业素质有待提升。

目前广东省各类养老机构收住老人约16万人,按每10个健康老人或3个失能、半失能老人配备1个护理人员要求,广东省仅养老机构就需养老护理员约3万人。全省失能、半失能老人约80万人,需养老护理员27万人。但广东省现有护理人员约2.3万人,其中取得职业资格的仅1.4万人。护理人员社会地位和经济待遇较低,职业吸引力不大,专业人才流失严重,养老服务专业化、职业化水平亟待提高。

6. 支持社会力量进入养老服务领域力度不够

政府在发展养老服务业与提供基本养老保障的界限缺乏清晰界定,政府购买服务机制还不健全,制约了社区居家养老服务机构的发展;鼓励社会力量参与养老服务业发展的引导政策措施"碎片化"问题亟待解决。对民办养老机构的扶持力度还有待加强,特别是资金扶持、土地供应、人才供给等方面与公办养老机构有较大差距。当前,政府对经济困难老年人主要是生活救助,但是老年人尤其是特困供养老人,由于无儿无女,生活单调寂寞,缺乏家庭式的关爱和照顾,靠政府的力量难以满足他们的精神需求,亟须发动社会团体、社工等社会力量对老年人给予精神慰藉。

养老服务发展规划不够,政府各部门职能交叉,权责不清,缺乏合力;支持社会力量举办养老服务机构政策不够完善、配套,已有的扶持优惠政策有的落地难,如养老用地政策、医养融合政策等,有的标准偏低,如民办养老机构建设补贴,多数地方每张床位补助仅3000元,最多的广州也只有1.5万元,且分三年到位,广东省现有民办机构床位数仅8万张,不足总床位数的1/3。政府购买养老服务政策不健全,各类养老服务社会组织生存空间有限,亟待加大培育发展的力度。

7. 失能老人无力负担长期护理费用,五保老人护理费用渠道亟须拓展

城乡老年人总体收入水平偏低,收入来源主要依靠养老金;城乡老年人收入水平差异明显,农村老人仅有政府不到100元的基础养老金,难以支付长期医疗护理费用。即使是经济发达的中山市,调查显示该市超过三成老人认为养老负担很重,老年人79.6%的支出在生活费上,15%的支出在医疗方面,失能老人经济能力低、医养老难问题愈加突出。

虽然广东省将农村五保供养对象(2014年12月农村五保供养对象24万人)纳入居民基本医疗保险范围,规定对其自付部分的门诊和住院费用给予全额补助,由于五保供养对象的护理费用不属于基本医疗保险报销范围,而有的失能、半失能五保供养对象所需护理费用甚至高于医疗费用,造成地方财政压

力较大。

8. 敬老院现状难以满足日益增长的养老需求

国务院《关于加快发展养老服务业的若干意见》(国发〔2013〕35 号)提出,“在满足农村五保对象集中供养需求的前提下,支持乡镇五保供养机构改善设施条件并向社会开放,提高运营效益,增强护理功能,使之成为区域性养老服务中心”。但是,目前广东省仍有 325 所乡镇敬老院供养床位不到 40 张,规模较小,同时,由于大多数敬老院建设时间早,消防设施不齐全或者过于残旧,普遍存在着消防安全隐患。据统计,全省 1285 所乡镇敬老院仅有 158 所取得了消防资质,尚有 1127 所未取得消防资质,占全省乡镇敬老院数量约 88%。消防安全隐患突出。这些问题制约着其发展成为区域性养老服务中心,无法为更多的老人提供养老服务。

9. 广东省居家养老存在的问题和不足

广东省居家养老业务开展与广东省经济地位不符,已落后国内外第一梯队,起步较晚、层次较低。目前四川、海南、江苏、福建、浙江等地已经或正在开展居家养老模式的创新工作,总体来看,落后于国内其他经济发展水平相当的地区。

(1)没有统一信息化平台规划,省级层面顶层设计缺失。主要表现在:各地市各自为政,标准不统一、系统呈现碎片化管理,缺乏整体性规划安排、系统衔接和统筹协调;缺乏省一级建设标准和指南;资源消耗大、重复投资缺乏统一的业务标准、标识,管理信息化系统等比较杂乱,数据无法共享,不能体现整体性与公平性。

(2)平台技术落后,运营机制不完善,创新不足。存在“重建设轻运营”的倾向;有的未充分尊重居家养老运营企业的市场主体属性,结果运营企业投入大、收益少而不可持续;有的在业务规范等方面做得不够,导致老百姓心存疑虑、业务开展不好、老年人不满意等。

(3)与当下物联网技术、移动互联网技术、云计算、大数据等信息化先进手段没有融合起来,管理系统等未实现良性互动。

10、养老与医疗界限不明,医疗保险支出难以控制

由于现行的医疗保险制度不能解决老人的长期护理问题,一些机构打政策的“擦边球”。个别医疗机构开设老年病区,由于缺乏合理的流转和合适的社保报销机制,部分有医保的老年人处于康复期或达到出院标准的,仍将医院当作护理场所,长期住院导致医疗保险支出激增,加大了医保基金支付压力。

如何保障失能老人,沿海发达地区或一线城市先行做一些试点。山东省

青岛市建立长期医疗护理保险制度，该市于2006年依托社区医疗机构和养老护理机构开展老年医疗护理试点；2012年7月，山东省政府推广青岛市的经验做法，出台了《关于建立长期医疗护理保险制度的意见(试行)》，对覆盖范围、基金筹集方式及标准、定点护理机构管理、保险报销标准及支付办法做出了总体规定，取得“患者减负担，医保少支付，机构得发展”的共赢效果。上海做出了系统的老年护理保险的制度安排，北京也在探讨增加养老护理保险，把在养老院的医疗室看病费用也纳入医疗保险报销范围。

三、老年人权益保障地方立法路径的现实选择

(一)按照“不抵触、有特色、可操作”的总体要求进行立法

修法不是著书立说，不能凭个人兴趣信手拈来。要从实际出发，从可能着想，对照上位法研究现行条例值得保留的内容、缺陷和过时的规定。法有良法劣法之分。我们立法不能纸上谈兵，凭主观臆想设计“理想法”。

(二)问题导向，理论先行

立法不是为立法而立法，而是要通过建章立制解决实际问题。只有找准老年人权益保障实践中客观存在的难点重点，才能提出解决问题的理论模型，设计解决问题的路径。课题组应该列出本省老年人权益保障存在的问题清单，进行课题规划，广泛深入进行调查研究，听取基层老龄部门和广大老年人的意见和建议，并以科学的理论和先进的理念作为指南，运用科学的先进的理论指导修法。如果就事论事，没有正确理论的指引，立法势必停留在低水平的抄袭和经验层面的设计上。

(三)他山之石，借鉴移植

他山之石，可以攻玉。对反映老龄事业共同发展规律和特点，有利于老年人权益保障的外地做法，应该虚怀若谷，海纳百川，采纳其条文中的真知灼见。

1. 老年人权益保障是各国各地区共同面临的任务，类似的问题具有共同的解决机制。我们需要研究省外、境外、国外保护老年人权益的经验，特别是吸收香港、澳门特别行政区保障老年人权益的可取之处。比较借鉴，合理移植，吸收人类社会的文明成果，可以节约立法成本，也是在没有现成的路径可

供选择时的明智之举。

2. 借鉴未成年人权益保障法、妇女权益保障法、残疾人权益保障法的立法经验，取长补短。

（四）实现宗旨，制度创新

针对上面提到的10大问题，有的放矢，提出法律对策，特别是针对下列问题做出制度安排：

1. 建立专业化、市场化、信息化和社会化养老机制。出台全省公办、公建养老机构公办民营、公建民营制度，完成公办、公建养老机构运营体制改革；继续加大政府资助力度，落实彩票公益金资助不低于50%，落实各项优惠扶持政策，吸引养老服务社会资本投入，建立和完善养老服务市场；探索试行底线民生保障部分的养老服务由政府向市场主体购买服务；凡底线民生保障对象中的失能、失智、高龄老人由县级民政部门按照轮候的方式安排入住养老机构（包括民办养老机构）集中养老或安排居家养老；继续完善养老服务机构（组织）监管体系，规范养老服务市场行为，提高养老服务专业水平；建立中低收入失能、失智、高龄老人护理补贴制度；农村敬老院，凡规模较大、硬软件条件较好、能承担机构养老服务任务的可以保留，同时实行公办民营，其余的分期分批撤销；城乡社区的老年人活动场所、设施，在解决运营经费的前提下全面对社区老人开放，使社区老人能够就近享受日托照护、康复保健、配餐助餐、文化娱乐等社区服务，发挥支持老人居家养老的功能；按照部门分工落实老年人各项权益保护和优待，司法部门尤其要做好老年人权益保护的司法工作，对于侵害老年人权益的典型案件进行公开披露，树立法律保护的权威；以宣传和传播孝文化为抓手，广泛开展敬老活动，营造爱老、敬老、助老社会氛围。

2. 建立护理保险制度，解决失能老人护理资金难问题。开展政府主导、社会参与的长期护理险种保险的前期调研工作，鼓励经济发达地区开展试点探索。护理保险制度是一种新型的老年人社会保障制度。根据养老护理的需求，可将40岁以上的人全部加入护理保险，并为自己在今后能够得到公共护理服务而缴纳一定的保险费。失能老人护理服务的费用，主要由护理保险支付，个人只承担其中一部分。建立合理的筹资机制，参照职工和城乡医保的做法，政府出一部分、社会（企业）出一部分、个人出一部分。已经退休的失能老人，由政府通过财政专项和彩票收益出大头，个人承担部分从医保个人账户中扣减，减轻他们的支出负担。同时，医保或工伤保险结余较大的统筹区，可以从结余拿出一部分，降低个人的缴费比重。

推动金融机构加快金融产品和服务方式的创新,拓宽信贷抵押担保物范围,支持养老服务业的融资需求,利用财政贴息、小额贷款等多种方式,加大对养老服务业的信贷投入、土地供应、税费减免等扶持力度。

3. 推进医养有序融合,解决失能老人机构养老难问题。医养结合需要加大制度创新力度,要将分属人社、卫计、民政部门现行的医疗保险、医疗服务与养老服务支持政策无缝衔接、有机整合,形成支持健康养老产业发展的合力。医养结合政策要突出医养主题、细化医养结合指标,制定医养服务标准、合理界定医养边界,实现养老机构基本医疗服务和基本公共卫生服务全覆盖。通过内部整合、外部整合、社区进驻等途径,提高医养结合的老年护理机构的比例。养老机构内设医疗机构符合城镇职工基本医疗保险和城乡居民医疗保险的定点条件的,优先纳入定点范围,逐步形成政府引导、多方参与的健康养老服务发展格局。

将困难老年人尤其是五保老人的护理费用,纳入基本医疗保险报销范围。适度提高民办养老机构床位建设和运营补贴标准,探索政府一般性财政预算购买服务、投资补贴等优惠政策或可行方式。

4. 加大特困老年人供养力度。供养标准不低于当地(县、市、区)居民上年度人均可支配收入的60%,供养标准保持在全国前列;2016年底前建立城乡供养对象中的孤老、重残等失能、失智供养人员,城乡低保家庭中的失能失智老人及重残人员,失独家庭老人中的失能、失智人员等护理补贴,介助对象每人每月护理补贴费2000元以上;介护对象每人每月护理补贴费4000元以上。

5. 加大老年人医疗救助力度。城乡低保对象、特困供养人员全部资助参加城乡居民基本医疗保险;健全医疗救助"一站式"即时结算服务,建立完善重特大疾病医疗救助制度,实现城乡医疗救助与城乡基本医疗保险,大病保险和商业保险衔接;到2017年,医疗救助重点对象在定点医疗机构发生的政策范围内住院费用中,经基本医疗保险、城乡居民大病保险及各类补充医疗保险、商业保险报销后的个人负担费用,按不低于80%的比例给予救助。

6. 其他。针对广东老年人权益保障的现实需要,需要规定:失独家庭的老人有权以房养老;教育行政部门主管老年教育;子女赡养父母义务为连带义务,不得主张按份赡养义务;被赡养人失智时赡养协议须经基层自治组织见证并经公证处公证;未形成扶养关系但一起共同生活的成年继子女,对继父母是否具有赡养义务,通过老人再婚时签订赡养协议进行约定;老年人开展群众性文体活动应当遵守法律和公共场所管理秩序,不得危害交通秩序,不得恶化社

区生活环境和制造干扰居民休息的噪音；老龄部门设立调处老年人权益纠纷中心等等。

综上所述，进行老年人权益保障地方立法，应该明确立法性质，主要规定老年人社会权利及其法律保障措施。在修订原有条例时，保留行之有效的规则，删去与上位法不一致之处，将成功做法和成熟政策予以法律化，直面本地老年人权益保障的重大现实问题，做出具有前瞻性的具有时代特点、地方特色的制度安排。

论未成年人犯罪记录封存与社区矫正制度之融合

夏群佩　洪海波*

【摘要】 未成年人犯罪记录封存制度和社区矫正制度都是我国刑事诉讼演进的新制度,由于法律对两种制度规定过于原则,导致认识上对两种制度关系出现误区,实践中出现将社区矫正与犯罪记录封存互相排斥的做法。从两种制度的关系分析,两种制度就目的和性质而言具有同一性,司法实践中两种制度的融合也在不断尝试,两种制度从理论和实践上都有融合的基础。社区矫正机构作为犯罪记录封存的法定主体之一,但仅在执行期间和结束后履行封存和保密职责,而不能以此为由影响社区矫正机构依法履行社区矫正职能。减少矫正措施对犯罪记录封存效果的不利影响应当通过观念的转变和制度的完善加以解决。

【关键词】 未成年人　犯罪记录封存　社区矫正　融合

* 作者简介:夏群佩,女,温岭市人民法院党组成员,办公室主任,审判员;洪海波,男,台州市中级人民法院审判员。本文为台州市哲学社会科学规划"首届社科优秀青年专项课题"(项目编号:15GHQ15)阶段性成果之一。课题组成员:林恩伟,温岭市法院办公室副主任、助理审判员,李晓红:路桥区人民检察院检察员,江俊溢:温岭市人民法院助理审判员。

引言：一则案例引发的思考

小李16岁，因盗窃获缓刑一年，W市法院决定对其犯罪记录实行封存，并决定对其进行社区矫正。但在将其移交社区矫正组织的过程中，小李的家属向法院提出异议，认为既然法院已经决定对小李实施犯罪记录封存，那么社区矫正决定将有可能泄露小李的犯罪记录，对小李的回归社会产生不利影响。

上述案例后经法院耐心与家属沟通取得家属理解后得以妥善解决，但该事实暴露出犯罪记录封存制度与社区矫正制度的协调存在新生的问题：如何理解两种制度看似矛盾的规定？两者之间的关系如何？制度实践如何协同？这些问题的呈现，一方面对制度的实施提出挑战，另一方面也为制度的完善提供了契机。

一、背景与问题："和而不同"的两种制度

（一）背景：理念变迁中的制度演进

未成年人犯罪以后的上学、就业以及回归社会问题，一直以来是社会、未成年人及其家庭最为关切的问题，也是一个国家维护健康社会有机体必须要正视的问题。贝卡利亚曾说："对人类心灵发生较大影响的，不是刑罚的强烈性，而是刑罚的延续性。因为最容易和最持久地触动我们感觉的，与其说是一种强烈而暂时的运动，不如说是一些细小而反复的印象。"[①]贝卡利亚这段名言，对于描述未成年人遭受刑罚后回归社会过程中遭受的心灵折磨可谓一语中的，再加上传统社会固有的对犯罪人的偏见，使得未成年人的犯罪记录犹如贴在未成年人身上的"标签"，这个"标签"无声无息，却如影随形，随时随地折

---

① "标签理论"是20世纪60年代兴起的从社会反应角度探讨犯罪原因及对策的"社会反应犯罪学"的核心理论之一。它打破了传统理论以作案人为中心的犯罪学研究定式格局，将视线从始发的犯罪行为，切换到社会对犯罪行为做出反应所造成的继发犯罪行为，将犯罪这一现象与广泛的心理学、社会学以及政治学紧密联系在一起。参见李冬梅：《标签理论的犯罪观对我国青少年犯罪防治的启示》，载《青少年犯罪研究》2003年第3期。

磨其心灵,影响他们重新做人的信念,延缓甚至阻碍他们复归社会的进程。因此,为避免未成年犯罪人陷入"犯罪——贴标签——再犯罪"的恶性循环,刑事立法和政策应从立法和规范层面对如何预防未成年犯罪人的再犯罪进行规制,其方向是要撕去人为贴在未成年犯罪人身上的"标签",保证未成年人的合法权益和发展机会免受不当限制。可喜的是,随着我国社会经济、法治环境的改善,我国越来越注重对国际先进法学理念的本地化吸收,"标签"理论和"国家亲权主义"①本土化研究的兴起,与我国传统的"恤幼"思想的发扬相得益彰,大大推动了我国未成年人犯罪后归正社会各项制度的建构和优化。

社区矫正制度和犯罪记录封存制度在2011年《中华人民共和国刑法修正案(八)》《中华人民共和国刑事诉讼法(2012修正)》中相继出台,从该两项制度的规制内容来看,社区矫正制度要求司法机关和社会矫正机构采取积极的措施,充分落实"教育、感化、挽救"方针以及"教育为主、惩罚为辅"原则,帮助未成年犯罪人重新融入社会;而犯罪记录封存制度则从消极的一面要求司法机关对未成年犯罪人的犯罪记录采取谦抑的政策,最少范围内传播和查询未成年人犯罪记录。上述两项制度虽因规定的过于原则在具体操作层面引发学界和实务界的不少争论,但其毕竟使我国在未成年犯罪人保护和教化层面从理念向实践迈出了坚实的一步,也使得地方政法部门在实践层面的探索有了明确的立法依据,理论与实践的良性互动将使这两项制度不断得以完善。

(二)问题:实践背景下的制度解读

1. 认识层面:制度理解错位

《刑事诉讼法(2012修正)》第275条是关于未成年人犯罪记录封存制度的规定,该条规定:"对于犯罪的时候不满十八周岁,被判处五年有期徒刑以下刑罚的未成年人,应当对相关犯罪记录予以封存。"同时,《刑事诉讼法(2012修正)》第258条进一步确立了社区矫正制度,规定:"对被判处管制、宣告缓

① 国家亲权学说源于古罗马时期,又称为国王亲权、国家监护权、国亲思想,是指"父母只是一家之主,而国王则是一国之君,他是他的国家和全体臣民的家长。因此,他有责任也有权利保护他的臣民(在当时主要指保护他的臣民的财产),特别是必须保护那些没能力照管自己及财产的儿童",12、13世纪后,英国将该学说发展为"国家是少年儿童最高监护人,而不是惩办官吏"的平衡法学理论。未成年人犯罪的刑事责任制度内在需要国家亲权理念的树立,以使对罪错未成年人既体现惩罚性,又内涵亲权意味。参见周长军、李军海:《论未成年人犯罪的刑事责任——从亲权到"国家亲权"》,载《青少年问题研究》2005年第5期。

刑、假释、暂予监外执行的罪犯，依法实行社区矫正，由社区矫正机构负责执行。”根据对以上两条法律条文的理解，社区矫正制度和犯罪记录封存制度应当共同适用于被判处管制、宣告缓刑、假释或者暂予监外执行的未成年罪犯。对于此，实践中有这样一种认识，认为虽然社区矫正制度的本意是为了保护未成年犯罪人，但开展社区矫正却无意中扩大犯罪记录的扩散范围，本来只是在很小范围内知晓的案件，由于开展社区矫正被更多人了解，这不仅不利于保护未成年人隐私，同时也在一定程度上与犯罪记录封存的立法原意相矛盾。因为犯罪记录封存目的在于保障未成年人的隐私，减小犯罪的影响面，为未成年犯罪嫌疑人再次融入社会创造有利条件，而社区矫正却在一定程度上扩大了犯罪的影响面，二者同时适用必将削减犯罪记录封存的法律效果。

2. 操作层面：制度衔接不力

制度的生命在于实践，实践会使制度初衷得到检验，也会使制度存在的问题得以呈现。未成年人社区矫正措施在一定范围内对犯罪记录封存产生排斥效果，影响犯罪记录封存制度目的的实现。

(1)犯罪记录封存之实践解读

犯罪记录封存制度在《刑事诉讼法》中的规定只有一条，内容规定非常有原则，缺乏可操作性。各地司法部门在实施过程中一般都结合当地实际，制定适合本地区情况的实施意见或办法，指导和规范该项制度的实施，如笔者所在的Z省多个部门联合出台了《未成年人犯罪记录封存实施办法》，笔者所在的法院根据该规定，联合相关部门也出台了相应的管理办法。分析上述实施办法可以发现犯罪记录封存的操作性内容主要有以下几个方面：一是封存的决定主体与执行主体。对未成年人犯罪记录进行封存，首先需要明确的是决定封存的主体与执行主体，即由谁来决定哪些单位和个人应当对未成年人的犯罪记录进行封存。实施办法明确了人民法院是封存的决定主体，检察院、公安机关、司法行政机关是封存的执行主体。但是，可能知晓未成年人犯罪记录的主体还包括未成年犯管教所，未成年人所在的学校、单位、居住地基层组织以及刑事案件的当事人、辩护人、诉讼代理人等，对于这些单位和个人所掌握的未成年人的犯罪记录是否应当封存，相关的法律都没有明确。二是封存的程序。人民法院在裁判生效后10日内作出封存决定，并制作“犯罪记录封存决定书”及时送达刑罚执行机关、其他掌握未成年人犯罪记录的司法机关、附带民事诉讼当事人及其诉讼代理人、未成年罪犯及其辩护人、法定代理人或者其他监护人。公安机关、人民检察院、人民法院、司法行政机关应当对犯罪记录封存的未成年罪犯卷宗档案标明“档案封存”字样，并进行单独存放，由专人实行保密管理。但对于诉讼当事人、辩护人等如何保守秘密没有规定。三是封存的法律后果。犯罪记录被封存的,不得向任何单位和个人提供,但同时也规定了记录查询的例外和程序。但未规定有关人员和机构违法泄露未成年被追诉者的犯罪信息时应当承担何种责任,未成年当事人及其法定代理人、近亲属、诉讼代理人通过何种途径来进行维权。从犯罪记录封存的地方性规定来看,地方司法机关在积极落实刑法及刑事诉讼法的相关规定和要求,虽然这项工作刚刚起步,但各方力量的推动,已使这项工作进入实际的操作层面。当然,由于立法的过于原则,地方在制定实施办法时难免受其制肘,这也是该项制度与其他制度协调存在障碍的主要原因。

(2)未成年人社区矫正之实践解读

就社区矫正制度而言,社区矫正机构承担着教育矫正和监督管理职责。① 2012年1月10日,最高人民法院、最高人民检察院、公安部、司法部联合制定了《社区矫正实施办法》,多数地方根据该实施办法,制订了具体的社区矫正操作流程,②一般为:法院作出社区矫正决定,司法行政机关完成适用社区矫正监管条件的调查评估,调查对象包括被告人、罪犯所在的村(居、社区)和企业、直系亲属、邻居等,对符合条件的,接收入矫,入矫时举行宣告仪式,矫正小组成员、村(居、社区)社区矫正工作站及其他相关人员到场。入矫后建立档案、查访等举措加强监管,并根据表现作出奖罚处理。期满,作出解矫宣告,组织相关人员到场。对未成年的入矫、解矫宣告不公开进行,其管理等级、矫正档案不对外公开,但社区矫正程序、参与人员与其他罪犯无异。因此,社区矫正机构在履行法定职责时必然会对未成年犯罪人的有关信息在一定范围内公开,而犯罪记录封存制度却是基于要保护未成年人的犯罪记录信息而设计的,从这两种制度的事实效果来看,如果社区矫正机构采取过于积极的行为,会减损甚至消除犯罪记录封存所要达到的效果,实践中也有出现社区矫正应当服

---

① 对未成年人执行刑罚可以分为执行监禁刑罚和非监禁刑罚。由于执行监禁刑罚的未成年犯管教所相对封闭和独立,采取犯罪记录封存措施更容易实现。但由于社区矫正执行的公开性和社会性,对未成年人采取社区矫正措施则可能会削减犯罪记录封存所要达到的效果。因为经过多年的发展和总结,对未成年人进行社区矫正已经形成了较为成熟的做法,社区矫正机构主要通过执行禁止令、审批外出和变更居住地等措施来加强对未成年社区服刑人员的监督管理,通过定期到社区、学校进行核查、定期或者不定期要求未成年人到社区矫正机构汇报情况、要求定期参加公益劳动等加强对未成年社区服刑人员的教育矫正。

② 如《浙江省社区矫正实施细则》《温岭市社区矫正程序规定》

从犯罪记录封存的观点。反之，如果过于强调犯罪记录封存的“封存”效果，那就意味着社区矫正措施也应当在“封存”的状态中进行，未成年犯罪人或其家属由此会主张社区矫正活动可能外泄其犯罪记录，从而对社区矫正活动产生抗拒心理，这显然不利于社区矫正制度的发展，也不利于未成年犯罪人真正回归社会。

综上，两种制度在实践中出现的问题，一方面原因源自于对两种制度认识的错位，另一方面源自制度之间衔接不够到位，“增之一分则多，减之一分则少”的原则很难掌握。当然如果两个制度能够在实践中达到高度融合，认识层面的错位也可以因此而消弥，扫清认识误区，反过来也促进实践融合。从制度演进分析，两种制度在保护未成年人这一点上应该是共同的，囿于立法过于原则，需要进一步从理论和实践层面探讨两种制度有没有融合的基础，然后方能“对症下药”提建议。

二、应然与实然：制度融合的基础与实践尝试

（一）制度融合之应然：基于两种制度之价值分析

制度在司法实践中的走向，终究由这种制度设立目的指引，对于本文所述两种制度的关系认识，也应当从刑事立法的制度设计目的出发，分析其所要实现的目标和价值。两种制度具体措施的制定、实施遵循和服务于制度的目的和价值，厘清后者以后，前者之间的关系才能予以妥善的处理。

2010 年《刑法修正案(八)》和 2012 年修改后的《刑事诉讼法》正式确立社区矫正的法律地位。一般认为，社区矫正是刑罚理论从报应刑转变为目的刑的一个制度成果，[①]其性质是一种非监禁刑罚的执行方式，是将符合条件的罪犯置于社区内，由专门国家机关，在相关社会团体和民间组织以及社会志愿者协助下，在判决、裁定或决定确定的期限内，矫正其犯罪心理和行为恶习，并促进其顺利回归社会的非监禁刑罚执行活动。由于未成年罪犯多属初犯，具有可塑性强等特点，未成年犯罪人一直就是社区矫正工作的重点对象。对未成年人进行社区矫正，坚持“教育、感化、挽救”的方针，采取适宜未成年人特点的矫正方式和措施，主要目的在于通过有效措施帮助未成年罪犯认识到自己行

---

① 王牧：《社区矫正理论研究的启发与思考》，载《法制日报》2011 年 1 月 12 日。

为的后果、促使其悔过自新的同时,也帮助未成年人回归正常的学习、生活,使其更好地融入社会。

对犯罪记录封存制度的研究,肇始于对未成年人权益保护的关注和重视。保护未成年人,不仅仅需要为他们提供良好的生活环境、优质的教育,还需要对他们的心理健康问题有所关注。特别是对那些曾经犯错的未成年人,需要给予他们更多的关注。如果在他们因为一时冲动犯下错误走向违法犯罪道路之后,不仅缺少我们的宽容和帮助,还被迫贴上终身制的标签,难免会受到社会各界的歧视。再加上我国长期以来形成的重刑观念,他们的犯罪记录就会伴随一生,为他们带来诸多不便,导致他们无法正常融入社会。这不仅仅是对他们个人的影响,甚至会影响社会整体的秩序以及法治建设进程。为此,我国借鉴国外犯罪前科消灭制度,[①]从我国国情和现有法律制度出发,创建了犯罪记录封存制度,从各地的初步实践来看,该制度是符合现阶段我国经济社会发展状况和社会公众思想观念的。从法律上理解,我国犯罪记录封存制度的目的主要在于减少或者消除社会对失足未成年人的歧视观念,使失足未成年人不会因为过去的犯罪行为而影响就业、生活等。这种制度设计既考虑了未成年人年龄的因素,同时也充分衡量了未成年罪犯的社会危险性因素,主要通过保密和不提供犯罪记录证明等措施来减少或者消除犯罪行为对未成年人的不利影响,是国家采取的针对失足未成年人的一种保护制度。

综上,社区矫正与犯罪记录封存在制度设计上的性质和目的具有同一性,都是基于保护未成年犯罪人、帮助其顺利回归社会的考量,只不过制度的着力点有所不同,社区矫正通过积极的监督管理和教育矫正来帮助未成年人回归社会,而犯罪记录封存制度是通过封存犯罪档案等材料以消除可能给未成年人带来的消极影响。可以说,相对于社区矫正这一积极的保护制度而言,犯罪记录封存则是一种消极的未成年人保护制度。因此,作为法定的两种保护未成年犯罪人的刑事制度,其性质和目的的同一性决定了功能上应相互协同,任何以二者目的冲突而否定其中之一的观点应予纠正。

(二)制度融合之实然:基于“阳光驿站”之实践尝试

犯罪记录封存的目的是保护未成年人,方便他们再次走向社会,重头再来。然而,封存本身并不能毕其功于一役,需要包括社区矫正在内的各种配套

---

① 犯罪前科消灭制度是指将符合条件的未成年罪犯的犯罪记录从档案中销毁,以完全消除犯罪行为对未成年人的影响。

措施的全力协助。如果说封存解决的是昨天的问题，那么社区矫治、就业帮扶等手段解决的就是明天的问题。由于帮教工作在W市起步较早，通过多年的工作积累，W市的未成年人保护工作上的制度安排、机构设置、协调机制、工作配置各方面工作日趋成熟，这些都为社区矫正制度与犯罪记录封存制度的协同工作提供了可靠的基础。基于此，W市法院在开展犯罪记录封存工作中充分发挥与社区矫正组织的协作能力，以加强保密工作作为推进犯罪记录封存工作的抓手，在各项矫正和帮教工作中推进该项工作展开。

图1-1以W市"阳光驿站"工作流程为例，展示犯罪记录封存制度与社区矫正工作的协同展开。

从以上机制运行的效果来看，两种制度基本上能够按照制度设计的要求运转，犯罪记录封存制度适用效果较好，试点的8名未成年犯罪人的犯罪记录信息无一外泄，现该8名未成年犯罪人全部实现重新就业或入学，无一人再次犯罪，两种制度的协同运行对促进未成年人改造的作用得以彰显。上述制度有效运转得益于以下三点：

1. 参与未成年犯罪人保护工作的人员素质较高且岗位相对固定。为了有效开展未成年犯罪人保护工作，W市在构建整个制度体系时，即充分考虑了人员素质对工作的影响，在各个环节的人员选任上高度重视，要求各机关单位成立未成年人保护的专门机构，由具备丰富工作经验的人员任职，同时，对社区、企业参与的人员也进行尽职甄别，确保筛选出责任心和工作能力强的工作人员，如专门组织"五老"加入到未成年人保护队伍中来，特别是老教师、老政法干部，他们热爱青少年教育工作，懂得教育心理，掌握教育方法和技巧，有丰富的工作经验，善于团结群众共同开展工作，效果显著。

2. 与媒体和案件代理人有良好的沟通机制。未成年人犯罪案件的不当报道和扩散，会对未成年犯罪人造成不可估量的影响。2013年12月初，北京律协就因"李某某案"决定对6名相关辩护及代理律师涉嫌违反律师执业规范的行为进行调查，该案例从一个侧面反映了媒体、案件代理人的不当行为对未成年犯罪人的伤害。为了尽量规避该类行为的负面影响，W市法院针对未成年人刑事案件曾专门召集相关媒体和律师管理部门人员会议，就该类案件的报道和代理提出专门的要求，并建立了专人联络机制，便于及时沟通协调。

3. 相关部门沟通基本顺畅。W市在实施社区矫正工作以来，建立了多种联动机制，尤其是W市法院牵头与市关工委成立关护团，与司法局、教育局共同设立青少年教育基地等，正常性开展座谈、帮教等活动。这些机制的有效运行，使得各参与机关的沟通和交流变得顺畅。

当然,新制度的实施需要一个发现问题并磨合的过程,犯罪记录封存制度在与社区矫正制度的协同运行中也不可避免地暴露一些问题。(1)由于参与社区矫正工作的任职人员年龄偏大,有些老同志仍然难以摆脱“惩罚”的旧刑罚思想,对未成年犯罪人的犯罪记录保护不够重视。(2)由于未成年心智不成熟的特点,犯罪记录的存在对被记录人的工作、生活和学习产生很多有形的(如法律明确规定的从业禁止)或无形的(如在生活中遭遇歧视)的不利影响,且心理很容易形成“一朝为贼,终身为贼”的“标签效应”,对社区矫正的功能和目的缺乏正确的认识,潜意识中有排斥的思想,未成年人包括家属对两种制度性质和功能的同一性也缺乏正确的认识,从而出现上文中的家属阻挠社区矫正工作的不当行为。(3)两种制度的具体落实措施及协调机制没有明确的规范,法院在制定实施办法和落实工作过程中可以说是摸着石头过河,边试边总结。在协调法院内部工作时问题不大,但在协调与其他机关的关系时,有时因没有相应依据而遇到推诿的问题。(4)制约措施乏力。由于相关法律、法规未规定违反犯罪记录封存制度的法律责任,有个别“阳光驿站”的工作人员对保密规定不够重视,保密意识也比较淡薄,曾发生工作人员将未成年犯罪人的保密档案随意扔放的行为,虽然未造成泄密后果,但反映了由于法律责任缺失导致的部分工作人员责任心不强的事实。

三、观念与规则:趋向“和而同”的两种制度

(一)更新观念:制度融合之扬抑

如前所述,两种制度从目的和性质上而言是同一的。因此,在制度的实施过程中,应当要求两种制度在实施的具体措施和效果上也一致。但从司法实践中可以看到,两种制度的融合还存在不协调之处。究其原因,主要是实施主体对两种制度的性质认识出现了偏差,没有准确理解未成年人社区矫正制度和犯罪记录封存制度的性质定位,没有正确认识制度协调需要的配合与克制。

法院根据生效判决作出犯罪记录封存决定后,司法机关和刑罚执行机关按照规定应当依法对未成年人的犯罪记录和信息予以封存,但犯罪封存记录制度对未成年人的保护属性,不能削弱法律对有罪未成年人的惩戒规范,也不能排斥作为非监禁刑罚执行制度的社区矫正制度的执行。社区矫正制度作为实现刑事诉讼目的的重要环节,其功能定位是解决未成年罪犯刑事责任和帮

助其顺利回归社会。为了实现这一功能,社区矫正机构需要随时介入未成年犯罪人的改造,及时掌握未成年犯罪人的思想动态、行为趋向,对其心理和行为模式及时做出评价,采取适时调整的矫正措施。因此,社区矫正机构只要在法定职权范围内对未成年犯罪人采取的监管和教育矫正措施,都是其执行刑罚的必然要求,也是实现社区矫正目的的重要内容,不能因犯罪记录封存制度的介入而对社区矫正制度的实施有所削弱。

就犯罪记录封存制度而言,其作为保护未成年人的消极保护制度,其实施的形态是一种静态的法律保护状态,这种状态的维持和平衡需要其他制度在实施过程中的克制和配合。社区矫正制度在实践中的积极展开,需要社区矫正主体遵守犯罪记录封存的有关规定,在履行法定职责的同时,根据未成年人的特点,制定更能保障未成年人权益的矫正方案,恰当处理好社区矫正与犯罪记录封存之间的关系。

(二)规则建议:制度融合之趋向

1. 厘清制度规范关系

犯罪记录封存是一种静态的法律状态,依据是判决生效后据此作出的封存决定,内容涉及可能影响失足未成年人学习、就业的有关档案和信息,措施仅是保密和不提供犯罪记录证明。这是司法机关的法定义务,未成年犯罪人有要求法定机关保护其犯罪记录和信息,并对违反法律规定的行为提出申诉控告的权利。但法律并未据此免除或减轻未成年罪犯的刑事责任,不能以未成年人保护的特别制度来排斥社区矫正这一刑事诉讼基本制度的执行。基于此,立法或司法解释有必要对两者之间的关系作出规定,明确两者共存且相互协同的关系,使未成年人犯罪记录封存制度与社区矫正制度有效协同,发挥最大的制度合力。

2. 细化制度运行程序

制度协调最大的操作性障碍在于程序混乱,职责不明,尤其是在两种制度关系不明,在具体规范没有法定依据的情形下,这一弊端不仅容易造成制度刚性的弱化,也容易造成制度功能偏向的问题。未成年人犯罪记录封存制度的目的之一是将犯罪记录封存纳入程序性控制,实现对犯罪信息的强化保护,为未成年人提供有效的法律救济,但这种程序性控制从纵向上来说贯穿整个刑事诉讼程序,横向上来说涉及众多部门与组织,需要法院、公安局、检察院、司法局、人力资源和社会保障局、教育局、民政局等相关单位以及社区矫正相关组织的共同配合,否则制度的效果将大打折扣。[①] 显然,现行法律对该项制度仅作政策性的指导规定与制度实践的需要相脱节,需要进一步细化和明确。基于此,需要明确以下:第一,明确封存主体、封存方式。从公检法相关定来看,采用的是各自决定的模式。[②] 笔者认为,长远来看,应该从立法上明确知晓未成年人犯罪记录的社区矫正机构应该列为封存主体,同时各机关内部可以再制订详细的封存规定。但在目前犯罪信息管理不健全的情况下,可以借鉴Z省模式。[③] 相关司法机关作出犯罪记录封存时,应当将《封存犯罪记录决定书》送达有关组织和个人,要求他们对于被封存的犯罪记录及涉及的有关信息,履行保密义务,明确相关的法律责任。第二,明确适合犯罪记录封存的未成年犯罪人不公开矫正。做到矫正宣告不公开、矫正点不公开、法制教育不公开、矫正措施不公开、矫正档案不公开。

3. 强化制度保密责任

刑事诉讼法对封存未成年人犯罪记录的主体没有恰当履行保密义务,或者查询犯罪记录的机关不当使用该犯罪信息,仅以“不得向任何单位和个人提供”与“应当对被封存的犯罪记录的情况予以保密”的表述对保密义务作概括性强调,这种概括性规定的原则性和缺乏强制性,使得违反该项制度给未成年人造成损害的救济手段缺失。对此,就犯罪记录封存与社区矫正的制度融合而言,笔者认为:第一,立法层面,应当对违反封存义务的社区矫正机构及责任人规定相应的违纪、违法责任,以加强制度的制约刚性,也有利于增强制度实施者的责任心。第二,操作层面,各机关对于未成年人犯罪记录档案应当实行分类管理,有条件可设专人或者专门部门负责保管、落实保密措施。各机关之间调档案及知悉未成年人犯罪的人员均需签订保密承诺书。

4. 创新制度联动机制

为了使犯罪记录封存和社区矫正工作协同发挥功效,公检法司等司法机关、教育部门、社区等单位应共同配合,探讨制度协同的配套机制,各单位应当根据各自工作的实际情况提出可行性方案,通过协调共同制定出一套行之有效的配套机制。该机制需对未成年人犯罪记录封存的启动以及后续矫正等问

---

① 黄晓亮,徐啸宇:《论我国未成年人前科消灭制度的构建》,载《法学杂志》2012年第3期。

② 详见《高法解释》第490条,《高检规则》第503条,《公安部规定》第320条第1款规定

③ 如浙检发未字〔2014〕1号,《浙江省未成年人犯罪记录封存实施办法(试行)》。

题作出明确的规定。同时，对于这些未成年犯罪人，社区矫正机构要坚持“教育、感化、挽救”的方针，可与卫生部门相联合，聘请专业的心里辅导人员，对未成年人的心理进行辅导，帮助他们纠正错误的思想和观念，消除他们对犯罪记录封存与社区矫正相容性的不当认识。

四、结语

对于犯罪未成年人的保护及矫正工作，是当前刑事司法政策中的一个重大命题，对此，我国司法有不断进行制度优化的责任感和使命感，同时也因考虑国情在制度设计时显得犹豫和棘手。域外国家未成年人司法改革经验和我国的司法实践不断警醒我们改革需要长时间的制度积累才能日臻完备，未成年人犯罪记录封存制度作为一种新的制度尝试，其与社区矫正以及其他未成年人保护制度的融合，需要理性的制度探讨和沉淀，也需要合理的法律解释指导条文的理解和适用，以期进一步推动未成年人权益保护制度的演进，区分矫正相容性的不当认识

广东省老年人权益保障条例(专家建议稿)[①]

① 本条例专家建议稿受广东省老龄办委托由本起草小组起草,组长由广东省法学会社会法学研究会会长、华南师范大学法学院杨振洪教授担任,广东省法学会社会法学研究会常务副会长、华南师范大学法学院周贤日教授任副组长,成员还有暨南大学李招忠教授、华南理工大学法学院杨源哲博士、韶关学院雷群安教授和刘华律师。本专家建议稿由杨振洪和杨源哲在各位起草条文的基础上综合改写而成,广东省社会法学研究会顾问、广东省民生事业发展研究服务中心主任王先胜和周贤日教授参与定稿。本条例专家建议稿正在修改,请各位同仁不吝指教。

第1章　总　则

第一条[宗旨和依据]　为了保障本省老年人合法权益和发展本省老龄事业,根据《宪法》和《老年人权益保障法》以及有关法律、行政法规,结合本省实际,制定本条例。

第二条[保障老年人社会权利]　老年人享有与其他社会成员平等的宪法、民法和其他法律规定的法定权利。老年人受赡养权、婚姻自由权、社会保障权、社会服务权、社会优待权和参与社会发展权受全社会尊重和国家保护。

本省各级人民政府应当建立健全以老年人社会保险、社会救助、社会福利为基础的老年人社会保障制度和以居家为基础、社区为依托、机构为支撑的社会养老服务体系,逐步提高对老年人的保障和服务水平,改善保障老年人生活、健康、安全以及参与社会发展的条件,实现老有所养、老有所医、老有所为、老有所学、老有所乐。

社会服务设施和社会优待措施逐步向非户籍老年人开放。

第三条[基本原则]　根据经济社会发展水平、人口老龄化程度确定老龄事业的发展目标和具体指标,坚持老年人权益保障、服务水平与国民经济同步增长的目标原则。

坚持政府负责老年人底线民生,引入市场机制发展老年人社会福利、实现老年人合法权益的导向原则。

保障老年人权益遵循政府主导、社会参与、全民关怀的工作原则。

第四条[政府职责]　本省各级人民政府应当将老龄事业纳入国民经济和社会发展规划,将老龄事业经费纳入财政预算,建立稳定的经费增长机制,并对贫困地区的老龄事业从制度和经费支持方面给予一定倾斜,尊重和保护老年人权利,保障底线民生中老年人权益的实现。

第五条[主管部门与有关部门职责]　本省县级以上人民政府老龄工作部门主管老龄工作,制定本地人口老龄化战略,调解老年人权益纠纷,依照本条例具体负责老年人维权工作,协助政府首长组织、协调政府有关部门推进老龄事业,指导、督促全社会各类组织按照各自职责维护老年人合法权益。

县级以上人民政府民政、发展和改革、财政、人力资源和社会保障、住房和城乡建设、国土资源、卫生和计划生育、文化、体育、教育、交通运输、旅游、公安、司法行政等有关部门,按照各自分工履行保护老年人合法权益职责。

乡镇人民政府、街道办事处应当确定专人,具体负责老年人权益保障工作。

第六条[专业化、市场化、信息化和社会化养老机制]　推行政府主导、专业养老机构主营、市场化运作的社会化养老模式。

省人民政府老龄工作部门建设全省性互联共享的养老服务信息管理系统。各级人民政府应当促进当地养老服务信息的整合和共享,统筹协调有关部门建立老年人信息库和信息共享机制,运用现代技术手段,综合、归并老年人生活状况调查和登记、核实以及养老、医疗、金融、交通服务等信息,为保障老年人权益和优待老年人提供便捷服务。

孤寡老人可以与基层群众性自治组织、养老机构和集体经济组织签订养老协议或遗赠扶养协议。

第七条[社会组织参与养老工作]　鼓励依法成立的慈善组织、其他合法组织以及个人依法为老年人提供物质帮助和社会服务。

慈善组织、其他组织和个人不得利用为老年人提供物质帮助的名义或机会,向老年人推销商品、提供不适当服务和进行其他损害老年人的合法权益的行为。

第八条[宣传教育]　全社会应当大力弘扬敬老、养老、助老的社会意识,青少年组织、学校和幼儿园应当对青少年和儿童进行敬老、养老、助老教育,新闻媒体应当为老年人提供丰富多彩的老年人节目或栏目。

第九条[敬老月]　每年农历九月为全省敬老月。敬老月期间,各级人民政府和有关社会组织应当组织开展老年人权益保障法制宣传、老年人文体娱乐、走访慰问等活动,营造敬老、养老、助老的社会氛围,倡导老年人积极、健康、科学的生活方式。

第十条[老年人义务]　老年人应当正确行使自己的合法权利,履行相应的法律义务。

第1章　老年人受赡养权和婚姻自由保障

第十一条[受赡养权]　老年人享有从赡养人处得到经济上供养、生活上照料和精神上慰藉的权利。赡养人应当依法履行对老年人的赡养义务,保障老年人的基本生活需要;不得遗弃、虐待负有赡养义务的老年人,不得以老年人婚姻关系变化、房屋产权没有指定本人继承或者其他原因为由拒绝履行赡养义务。与老年人分开居住的赡养人,应当经常看望或者以电话、网络、书信等方式问候老年人。

平辈亲属间对老年人的扶养内容与前款赡养内容相同。具有夫妻关系的老年人之间有相互扶养的义务;由兄、姊扶养的弟、妹成年后,有负担能力的,对年老无赡养人的兄、姊有扶养的义务。

第十二条[子女平等赡养义务] 老年人的子女,包括婚生子女、非婚生子女、养子女、形成抚养关系的继子女和其他被抚养人,均有赡养老年人的义务。老年人的子女死亡后或者子女无力赡养,有负担能力的孙子女、外孙子女有赡养老年人的义务。

老年人的子女具有平等的赡养老年父母的义务,出嫁女儿不得以放弃继承权为由拒不赡养父母。子女赡养父母义务为连带义务,不得主张按份赡养义务。

对共同生活的老年夫妇,赡养人应当尊重他们的意愿,不得强行将他们分开赡养。

用人单位应当按照国家有关规定保障赡养人年休假和探亲休假的权利。

第十三条[居家养老内容] 赡养人应当保障被赡养人的居住、衣被、饮水食物方面的基本生活需求和看病就医的需求。赡养人不得强迫老年人迁居条件低劣的处所,应当向被赡养人提供不同季节换洗衣服和冬夏被服,应当提供足够的卫生饮用水和食品。

被赡养人可以自愿参加与自身条件相适应的社会活动,赡养人不得非法限制其出行和人身自由。

对生活不能自理的被赡养人,赡养人应该亲自照料,或者委托他人和社会养老机构照料。

对患病的被赡养人,赡养人应当及时送往医院看病就诊,对经济困难的被赡养人应当提供力所能及的医疗费用,赡养人本身经济困难的应及时为被赡养人申请医疗救助。

第十四条[老年人力不能及劳务的豁免] 赡养人不得要求其从事力不能及的体力劳动和家务。

第十五条[赡养协议] 赡养人二人以上协商赡养义务时应征求被赡养人意见,被赡养人失智时赡养协议须经基层自治组织见证并经公证处公证。

第十六条[非户籍老人随迁] 老年人可以按照户籍管理规定和居住证管理规定将户口随迁至赡养人处。政府主管部门应为老年人随配偶或者赡养人迁徙,与家庭成员共同生活或者就近居住、照料提供条件。

第十七条[老年人婚姻自由] 具有完全民事行为能力的老年人具有婚姻自由。老年人子女和其他亲戚不得干涉其离婚、再婚和婚后正常生活。

老年人再婚的,老年人有权进行婚前财产公证;子女不得要求对再婚父母的财产进行分割。

老年人再婚后,非家庭成员的成年继子女对没有血缘关系的尊亲属没有赡养义务;子女对亲生父母,有扶养关系的继子女对继父母,均有赡养义务;未形成扶养关系但一起共同生活的成年继子女,对继父母是否具有赡养义务,通过老人再婚时签订赡养协议进行约定。

第十八条[尊重和保护其他法定权利] 老年人在家庭中与其他家庭成员平等享有的其他法定权利,家庭其他成员必须尊重,不得侵犯。

第3章 老年人社会保障权

第十九条[老年人社会保障权的内容] 老年人享有社会保险权、社会救助权和社会福利权。

烈属中的老年人、为国家做出重大贡献的有功老年人应当受到全社会的尊重,享有社会优抚权。

第二十条[老年人社会保险权] 各级人民政府建立基本养老保险制度和基本医疗保险制度,保障老年人的养老保险权和医疗保险权。

第二十一条[养老保险] 建立城乡居民依照城乡居民养老保险缴费制度。各地人民政府和其他国家机关都应当依法保护老年人依法应当享有的养老保险金,养老金经办机构应当按时、足额发放养老金,任何单位和个人不得侵占、挪用、欺骗、盗用或者其他方式侵害老年人的养老保险金。

老年人享受补充养老保险。鼓励、支持职工和城乡居民购买商业养老保险,提高养老保障水平。

失独家庭的老人有权以房养老。以拥有产权的房屋提供给保险公司或银行,保险公司或银行每年向该老年人提供一定生活费,房屋价格除自然折旧以外,逐年递减每年支付的生活费直至为零,中途如果投保老年人逝世则房产余额全部归属于保险公司或银行。

第二十二条[老年人医疗保险] 通过城镇职工基本医疗保险制度、新型农村合作医疗制度和城镇居民基本医疗保险制度保障老年人老有所医。

参加职工基本医疗保险的个人,达到法定退休年龄时累计缴费达到国家规定年限的,退休后不再缴纳基本医疗保险费,按照国家规定享受基本医疗保险待遇;未达到国家规定年限的,可以缴费至国家规定年限。

城乡低保对象参加城乡居民基本医疗保险,供养救助对象中的老年人参

加城镇居民基本医疗保险或新型农村合作医疗,所需个人自费部分,均由政府全额资助。

鼓励和支持老年人购买商业医疗保险。县级人民政府应当利用市场机制,建立老年人意外伤害保险制度。

第二十三条[老年人长期护理保障制度] 通过发放老年护理补贴或者采取政府购买服务的方式,建立失能、失智老年人长期护理保障制度;建立城乡供养对象中的孤老、失能、失智老人,城乡低保家庭中的失能、失智老人,失独家庭老人中的失能、失智人员等护理补贴制度。设区的市、县(市、区)人民政府根据当地经济社会发展状况和实际情况,制定具体的措施和补贴范围、标准。介助对象每人每月护理补贴费不低于2000元;介护对象每人每月护理补贴费不低于4000元。

有条件的地方逐步建立老年人护理保险制度。鼓励商业保险公司开展针对老年人的长期护理保险业务。

第二十四条[老年人社会救助权] 国家对经济困难的老年人给予基本生活、医疗、住房、法律和临时救助。逐步向老年人扩大救助面,逐步提高救助水平。

供养救助对象中老年人的供养标准不低于当地(县、市、区)居民上年度人均可支配收入的60%;在尊重老年人自主选择的前提下,及时、优先安排上述老年人到政府主办的或者政府购买服务的养老机构供养或者接受救助。

推行医疗救助"一站式"即时结算服务,建立完善重特大疾病医疗救助制度,实现城乡医疗救助与城乡基本医疗保险,大病保险和商业保险衔接。

县级以上人民政府在实施廉租住房、公共租赁住房等住房保障制度或者进行危旧房屋改造时,对符合条件的老年人或者老年人与子女共同居住的家庭,应当优先安排。

对流浪乞讨、遭受遗弃等生活无着的老年人,由地方各级人民政府依照有关规定引入救助站给予临时救助。

第二十五条[老年人社会福利权] 老年人社会福利面向户籍老年人。

省人民政府建立80周岁以上老年人高龄津贴制度,补贴标准为每人每月300元,所需资金由省人民政府财政部门按人直接发放到本人银行实名账户。

建立和完善计划生育家庭老年人扶助制度。政府老龄部门协同人口计生部门做好计划生育特殊困难家庭的生活照料、养老保障、大病治疗、精神慰藉工作。县级以上卫生和计划生育部门应当将符合条件的老年人纳入农村计划生育家庭奖励扶助和独生子女伤残死亡家庭特别扶助制度的范围,按照国家

和本省规定给予扶助。独生子女或者农村双女户家庭的老年人按照有关法律、法规和县级以上人民政府的规定享受计划生育奖励补助优惠。

农村可以将未承包的集体所有的部分土地、山林、水面、滩涂等作为养老基地,收益供老年人养老。农村集体经济组织的其他收益,应当安排一定比例资金用于本村老龄事业。

县级以上人民政府社会福利彩票本级留成的公益金,50%以上应当用于老年人社会保障。

第4章　老年人社会服务及养老设施保障

第二十六条[发展老年人社会服务业]　各级人民政府应当采取措施,发展老龄产业,鼓励、引导、支持企业开发、生产、经营老年人需要的文化、生活用品,开发适合老年人需要的服务产品,方便老年人生活。

第二十七条[　老年人日常生活服务]　社公共服务应当设立老年人优先窗口,为老年人办理相关事项提供咨询引导、操作指导、优先办理等服务,为老年人及时、便利地领取养老金、结算医疗费和享受其他物质帮助提供便利。

县级以上人民政府应当根据老龄事业发展的需求,合理布局商业网点,引导商场、超市、批发市场设立老年用品专区专柜。商业、饮食、维修、供水、供电、供暖、燃气、通讯、电信、邮政、快递等各类服务行业,应当优先为老年人提供服务并给予照顾。

金融机构为老年人办理转账、汇款业务或者购买金融产品,应当明确提示其相应的风险。

县级以上住房和城乡建设部门应当会同民政、财政、残联、老龄工作机构等部门,推动和扶持老年人家庭无障碍设施的改造,推进坡道、电梯、扶手、座椅等与老年人日常生活密切相关的公共设施改造,方便老年人生活。

第二十八条[老年人医疗服务]　医疗机构应当通过完善挂号和诊疗系统、开设老年人专用窗口或者快速通道、提供导医服务等方式,为80周岁高龄老人和重病、失能、失智老年人就诊实行绿色通道制度。

省、市、(县)区各级人民政府和有关部门应当将老年医疗卫生服务纳入城乡医疗卫生服务规划,将老年人健康管理和常见病预防等纳入基本公共卫生服务项目。鼓励为老年人提供保健、护理、临终关怀等服务,依法将老年人健康管理和常见病预防等纳入基本公共卫生服务项目。

第二十九条[养老服务体系]　充分发挥政府主导作用,积极引导社会力

量参与养老服务业发展，建立起以居家为基础、社区为依托、机构为支撑的社会养老服务体系，提供基本生活照料、护理康复、精神关爱、紧急救援和社会参与等设施、组织、人才和技术要素。

建立健全养老服务市场，通过社会化市场服务为空巢老人、高龄老人、失能失智老人提供养老服务；加大民办养老机构建设，公办养老机构实行公办民营、公建民营。

第三十条［*居家养老服务*］　充分发挥家庭养老功能，完善居家养老服务机制．乡镇人民政府以及慈善组织和专业化养老机构为居家老年人提供生活照料、家政服务、康复护理、医疗保健、精神慰藉、心理疏导等上门服务。

第三十一条［*社区养老服务*］　县（区）、乡镇人民政府和街道应当逐步提升社区养老服务水平，为老年人提供就近、方便、快捷、多样的日托服务和文娱活动场所。城乡社区的老年人活动场所、设施，在解决运营经费的前提下全面对社区老人开放，使社区老人能够就近享受日托照护、康复保健、配餐助餐、文化娱乐等社区服务。

社区以及居民委员会、村民委员会应当对本社区内的老年人建立信息档案和日常巡访制度，了解老年人特别是困难家庭和单独居住老年人的生活状况。

发展老年人互助服务，组织年轻且有能力的老年人通过志愿者服务和义工服务等形式，为在社区养老的老年人提供帮助和照顾服务。为提供志愿服务和义工服务的老年人计算服务分值，一定分值换取一定额度的“综合养老服务券”，具体换取办法由各市民政部门根据各地情况制定具体办法。

第三十二条［*机构养老服务*］　吸引社会资本投入，建立市场化、专业化的养老机构。设立养老机构应当向县级以上民政部门申请行政许可；经许可的，依法办理相应的登记。农村敬老院和城市公办养老机构逐步改造成为公办民营的养老机构，大力发展民营养老机构；底线民生保障对象中的失能、失智、高龄老人由县级民政部门按照轮候的方式安排入住养老机构集中养老或安排居家养老，底线民生保障部分的养老服务由政府向养老机构购买；县级人民政府应当完善养老服务机构（组织）监管体系，规范养老服务市场行为，提高养老服务专业水平。

养老机构应当按照国家标准和规定以及服务协议为收住的老年人提供生活照料、康复护理、精神慰藉、文化娱乐等服务。县级以上民政部门应当建立养老机构分类管理和养老服务第三方评估制度，建立健全养老服务的准入、退出机制，推进养老服务规范化、标准化建设，提高为老年人服务的能力和水平。

第三十三条[养老服务设施的规划] 各市、县(区)应当将为老年人提供安全、便利和舒适的养老设施和环境;将养老服务设施建设用地纳入城镇土地利用总体规划和年度用地计划,优先安排养老服务用地。县级以上人民政府在制定城市总体规划、控制性详细规划时,应当按照人均用地不少于0.1平方米的标准,分区分级规划设置老年人日间照料中心、托老所、老年活动中心等社区养老服务设施。

新建居住区应当按照标准要求配套建设养老服务设施,并与住宅同步规划、同步建设、同步验收、同步交付使用;已建成居住区无养老服务设施或者现有设施没有达到规划和建设指标要求的,应当制定规划和年度计划,按照就近方便的原则,通过购置、置换、租赁等方式按期建设养老服务设施。

第三十四条[养老服务设施的建立] 市内社区普遍建立托老站、老年人日间照料中心、老年康复中心等社区养老服务设施;农村以敬老院为依托,增设日间照料和短期托养床位,并逐步向区域性养老服务中心转变。

社会力量举办非营利性养老机构与政府举办的养老机构享有相同的土地使用政策,可以依法使用国有划拨土地或者农村集体所有的土地。营利性养老机构建设用地,按照国家对经营性用地依法办理有偿用地手续的规定,优先保障供应。

公共老年服务设施未经县级以上人民政府批准,不得改变用途或者拆除;因国家建设需要,经批准改变用途或者拆除的,应当及时补建,补建的规模和标准不得低于原有规模和标准。

第5章 老年人社会优待权保障

第三十五条[完善优待老年人制度] 县级以上人民政府应当不断改进老人优待办法,增加老人优待项目,逐步提高老年人优待水平,并通过完善居住证制度逐步把非户籍常住老人纳入优待对象。

县级以上人民政府老龄部门,应当为户籍在本行政区域65周岁以上的老年人免费办理《广东省老年人优待证》。

第三十六条[出行优惠权] 公共交通运营企业应当为老年人交通出行提供便利服务。65周岁以上老年人免费乘坐城市市内公共交通工具,不满65岁的老人半价乘坐城市市内公共交通工具。

老年人优先购买车船票、飞机票,优先上下车船、飞机,优先托运行李、物品。火车站、汽车站、港口、机场等客运站点应设置老年人优先窗口和等候专

区,候车室、候机室、候船室和不实行对号入座的公共交通工具应当设置老年人座(席)位。老年人乘坐公共交通工具,乘务员和乘客应当给予照顾和扶助。

公共厕所应当配备便于老年人使用的无障碍设施,并对老年人实行免费。

第三十七条[进入公共场所优惠权] 老年人免费进入公园(园林)、各类公共博物馆(院)、美术馆、科技馆、纪念馆、烈士纪念建筑物(纪念陵园)、名人故居、图书馆、文化馆(站)、文化宫;老年人凭"老年人优待证"(或者身份证)享受旅游景区、景点优惠票价或者免费待遇;公办各类老年人活动场所,不得改变用途,不得向老年人收取费用;公共文化、体育场所应当为老年人健身活动提供方便和优惠服务,为老年文艺团体开展活动优惠提供场地。

第三十八条[社会义务豁免权] 任何单位和个人不得强迫老年人承担各种社会集资,不得强迫农村老年人承担集体生产和公益事业的筹资、筹劳任务。

第三十九条[法律服务优惠权] 基层人民法院应当建立老年人立案快速通道,提供优先接待、优先处理等服务,方便老年人立案。对高龄、失能等行动不便的老年人,可以预约上门立案。经济困难老年人合法权益受到侵害申请法律援助的,法律援助机构应当依法及时受理、审查和指派法律援助人员办理。

律师事务所、公证处、基层法律服务所和司法鉴定机构等法律服务机构应为经济困难的老年人提供免费或者优惠服务。

基层人民调解委员会应当优先受理老年人的调解申请,帮助其解决实际困难。

第6章　老年人参与社会发展权保障

第四十条[老有所为] 根据老有所为的原则保障老年人参与社会发展权。各级人民政府和社会应当采取措施,加强老年人才资源开发,为老年人发挥特长、参与社会活动创造条件。人力资源社会保障部门应当在人力资源市场中建立老年专家库。

第四十一条[老年人参加政治、文化和社会活动的权利] 老年人有权在经济、政治、社会和文化建设中继续发挥作用。老年人有权对青少年和儿童进行优良传统教育和传授文化知识与社会经验,兴办社会公益事业,参与维护社会治安、协助调解民间纠纷。老龄部门和教育、卫生部门应当组织身体健康的退休老教师、老医生到经济不发达地区进行支教和支医活动,还可聘请老专家

参加其他适宜老年人参与的社会活动。

对有专业知识、特殊技能的老年人,人才交流服务机构可以根据本人申请,把他们的有关情况录入人才信息库,供有关用人单位征聘时查询。

第四十二条[老年人继续参加劳动的权利] 老年人可以根据自身特点、业务专长、健康状况,依法从事生产经营、传授文化科学知识、进行科技开发、写作编译、提供咨询服务等活动。其劳动收入受法律保护。

用工单位、赡养人以及其他家庭成员不得要求老年人从事有毒、有害、重体力、高空、井下、水下、高温、低温以及其他不宜老年人从事的工作。

第四十三条[老年人继续受教育的权利] 老年人有权根据老有所学和终身教育的理念享有继续受教育的权利。各级人民政府应当将老年教育纳入终身教育体系,将老年教育经费列入财政预算;政府教育部门应当主管老年教育;公办老年学校应对全体有行为能力的老年人开放;支持社会办好各类老年学校,支持高等院校、职业学校、职业培训机构开设养老服务相关专业和课程,开展养老服务专业人才教育和从业人员培训;老年学校应当根据老年人生理特点和参与社会发展的需求设置教学课程和教学内容。

老年教育机构不得在开展老年教育中向老年人推销商品、提供有偿服务或者开展其他损害老年人合法权益的活动。

第四十四条[老年人参加文体活动的权利与义务] 老年人根据老有所乐的原则有权进行文体娱乐活动。乡镇人民政府和街道应当整合资源,利用公园、闲置的体育场所等公共场所为老年人群众性文体活动提供条件,定期举办老年人体育比赛和文艺表演。

老年人开展群众性文体活动应当遵守法律和公共场所管理秩序,不得危害交通秩序,不得恶化社区生活环境和制造干扰居民休息的噪音。

第7章　权利救济与法律责任

第四十五条[老年人权利救济] 老年人有权要求政府保障自己合法权益得到实现。政府除保护老年人权益不受非法侵犯外,还有义务提供物质保障和其他条件。

第四十六条[老年人权利救济的新闻监督] 新闻媒体对政府、社会组织和个人履行保护老年人权益义务的情况进行新闻监督,扬善抑恶,营造老年人权利救济的舆论氛围。

第四十七条[老年人权益纠纷的人民调解] 老年人与家庭成员因赡养、

扶养或者住房、财产等发生的民事纠纷,老年人与家庭成员以外的人发生的民事纠纷,或直接向人民法院提起诉讼,或申请人民调解委员会进行调解。

人民调解委员会调解老年人权益纠纷,应当分清是非,明辨事理,通过说服、疏导等方式化解矛盾和纠纷。

第四十八条[老龄部门调处与行政复议] 作为当事人的老年人对人民调解委员会的调解协议不服,有权向乡镇人民政府和街道的老龄部门投诉;接到投诉后老龄部门应在一个月内做出裁决。对该裁决不服的,老年人有权向上级人民政府的老龄部门提起行政复议。

另一方当事人在人民调解前后或乡镇人民政府老龄部门裁决后直接向人民法院起诉的,由人民法院进行司法救济。

各级老龄工作委员会对侵犯老年人合法权益的,应当及时督促有关部门查处,有关部门应当将查处结果告知老龄工作委员会。

第四十九条[老年人信访] 老年人合法权益遭受损害或侵犯,有权通过信访途径向国家有关机关和部门反映情况和诉求,信访部门审查后应当及时转达老年人合理诉求并督促有关部门办理。各有关部门应当及时受理、查处侵犯老年人合法权益的投诉。拒不查处或者不及时查处的,由其上级主管部门对直接责任者给予批评教育并督促其改正;造成严重后果的,由有关主管部门给予行政处分。

第五十条[老年人权益的司法救济] 老年人合法权益实行司法最终保护原则。

公安、司法机关和其他有关部门依法处理老年人案件,应当及时、便捷,不得推诿、拖延、刁难。对老年人追索赡养费、扶养费以及其他因情况紧急需要先予执行的案件,人民法院可以依法裁定先予执行。

第五十一条[侵犯老年人合法权益的民事责任] 未经许可设立的养老机构造成老年人权益损害的,依法承担民事责任。

养老机构及其工作人员侵害老年人权益或未按约定提供服务的,依法承担民事责任。

涉及老年人的建筑工程质量不合格,或者无障碍设施所有人、管理人未尽到维护和管理职责而造成老年人人身伤害和财产损失的,责任方承担民事责任。

遗弃被赡养人,经救助站通知仍拒不接回被赡养者的,救助站可以起诉追究赡养人的民事赔偿责任。

第五十二条[侵犯老年人合法权益的行政责任] 政府有关部门未依法履

行对老年人的给付义务,由上级人民政府责令给付。

城乡规划主管部门不履行规定的保护老年人相关职责的,由本级人民政府责令限期履行职责,对直接负责的主管人员和其他直接责任人员依法给予行政处分。其他国家工作人员违法失职,致使老年人合法权益受到损害的,依法给予行政处分。

违反《治安管理处罚条例》,干涉老年人婚姻自由的;对老年人负有赡养义务、扶养义务而拒绝赡养、扶养的;虐待老年人或者对老年人实施家庭暴力的;家庭成员盗窃、诈骗、抢夺、侵占、勒索、故意损毁老年人财物的;侮辱、毁谤老年人的,均依法给予治安管理处罚。

养老机构及其工作人员侵害老年人权益或未按约定提供服务的,有关主管部门依法给予行政处罚;国家有关机关和部门滥用职权、玩忽职守、徇私舞弊的,对直接负责的主管人员和其他直接责任人员依法给予行政处分;涉及老年人的建筑工程质量不合格,或者无障碍设施所有人、管理人未尽到维护和管理职责而造成老年人人身伤害和财产损失的,对有关单位和个人依法给予行政处罚。

第五十三条[侵犯老年人合法权益的刑事责任] 国家工作人员违法失职,致使老年人合法权益受到损害构成犯罪的;干涉老年人婚姻自由,对老年人负有赡养义务、扶养义务而拒绝赡养、扶养,虐待老年人或者对老年人实施家庭暴力构成犯罪的;家庭成员盗窃、诈骗、抢夺、侵占、勒索、故意损毁老年人财物构成犯罪的;侮辱、毁谤老年人构成犯罪的;养老机构及其工作人员侵害老年人权益或未按约定提供服务构成犯罪的;国家有关机关和部门滥用职权、玩忽职守、徇私舞弊构成犯罪的;涉及老年人的建筑工程质量不合格,或者无障碍设施所有人、管理人未尽到维护和管理职责而造成老年人人身伤害和财产损失构成犯罪的,均依据《刑法》追究刑事责任。

第8章 附 则

第五十四条[生效日期] 本条例自2016年 月 日起施行。原条例同日废止。

说明:本专家建议稿提出吸收上位法和其他地方已有的新规则,如建立“老年人意外伤害保险制度”;建立“专业化、市场化、信息化和社会化养老机制”;规定“出嫁女儿不得以放弃继承权为由拒不赡养父母”;“老年人再婚的,老年人有权进行婚前财产公证”;提出建立“老年人长期护理保障制度”等。

本专家建议稿首次提出的新规则:失独家庭的老人有权以房养老;教育行政部门主管老年教育;子女赡养父母义务为连带义务,不得主张按份赡养义务;被赡养人失智时赡养协议须经基层自治组织见证并经公证处公证;未形成扶养关系但一起共同生活的成年继子女,对继父母是否具有赡养义务,通过老人再婚时签订赡养协议进行约定;老年人开展群众性文体活动应当遵守法律和公共场所管理秩序,不得危害交通秩序,不得恶化社区生活环境和制造干扰居民休息的噪音;老龄部门设立调处老年人权益纠纷中心;老年人长期护理补贴标准,介助对象每人每月护理补贴费不低于2000元,介护对象每人每月护理补贴费不低于4000元等。

总则对老龄工作和老年人权益保障的基本原则以及共性制度做了规定。通过第2条明确了上位法语焉不详的地方(上位法和以前本省条例将老年人所有的法定权利放在一个篮子里,杂乱无章),开门见山表明本条例属于社会法部门,旨在保障老年人的社会权利,包括老年人受赡养权、婚姻自由权、社会保障权、社会服务权、社会优待权和参与社会发展权。其他部门法已经明确保障的老年人的人身权利、财产权利本条例不再叠床架屋,重复规范。为了保持与上位法的一致性,第二条规定"老年人享有与其他社会成员平等的宪法、民法和其他法律规定的法定权利"。

第2章对老年人在家庭中的社会权利保障进行了规定,主要是规定受赡养权和再婚自由。我国传统习惯是养儿防老,现在养老仍然以居家养老为基础。

第3章集中规定了老年人的社会保障权及其保障问题,主要是规定老年人的社会保险权、社会救助权和社会福利权。上位法和外地已经出台的地方性法规对老年人社会福利权、社会优待权和社会服务权没有做严格区分,本条例关于老年人社会福利主要规定了高龄津贴等。

第4章为"老年人社会服务及养老设施保障",具体化了上位法第4章和第6章的内容。"社会服务"重点讲服务"项目"内容,包括日常生活服务、医疗服务、养老服务体系和服务设施的规划与建立。如果服务体现为对老年人的照顾,则相关内容放到第5章中予以规定。

第5章为"老年人社会优待权保障",主要阐述老年人出行优惠权、进入公共场所优惠权、社会义务豁免权、法律服务优惠权的保障。

第6章为"老年人参与社会发展权保障",阐述老年人参加政治、文化和社会活动的权利,老年人继续参加劳动的权利,老年人继续受教育的权利,老年人参加文体活动的权利与义务等。

第 7 章为“权利救济与法律责任”,采用与上位法不同的立法体例。该章系统规定了老年人权利救济的途径和方式,例如人民调解、老龄部门调处与行政复议、信访和诉讼,法律责任采取民事责任、行政责任和刑事责任的分类规定。

第 8 章附则,规定本条例的生效日期等。

《东方社会法评论》第四辑征稿启事

《东方社会法评论》系浙江省法学会社会法学研究会和温州大学法政学院创办，旨在为粤闽浙鲁四省社会法学者提供交流平台，以推动粤闽浙鲁社会法学研究而创设的专业期刊（以书代刊）。自 2011 年创刊至今已经出版三辑：第一辑由中国社会科学出版社出版，第二、三辑已由厦门大学出版社出版，在全国产生较好的社会效应。经过四省社会法学研究会协商，决定 2016 年继续出版《东方社会法评论》（第四辑，主编陈艾华）。

一、继续开设社会法基础理论、劳动与社会保障法、教育法、体育法、卫生法、社会治理（包括商会治理等）等专栏，每一专栏设一至两名编辑，负责该栏目的论文组稿和编辑工作。各栏目的编辑暂定如下："社会法基础理论"栏目编辑周湖勇、周一颜（温州大学法政学院，zhyy171@163. com）；"劳动与社会保障法"栏目编辑周湖勇（温州大学法政学院，zhouhuyong2006@163. com）；"教育法"栏目编辑朱家德（温州大学法政学院，chinazhujd@126. com）；"卫生法"栏目编辑谭浩（温州医科大学，48400744@qq. com）、汤优佳（福建医科大学，wsfztyj@163. com）；"体育法"栏目编辑布特（温州大学体育学院，616387696@qq. com）；"社会治理"栏目编辑王勇（温州大学法政学院）、何平（温州大学法政学院，358562572@qq. com）。

二、本刊优先刊发调研报告和国家社科基金、教育部社科项目以及省社科规划课题成果，尤其优先刊发上述项目系列论文，且不限篇幅。

三、欢迎广大学者自行组稿，开设专栏。

《东方社会法评论》编辑部

2015 年 12 月 15 日

编辑部地址：浙江省温州市茶山高教园区温州大学法政学院

邮编：325035　电话：15258087475

邮箱：zhouhuyong2006@163. com

联系人：周湖勇（暂定）